Contraste insuffisant
NF Z 43-120-14

14
flé --- grég.

RÉPERTOIRE

DE LA

LITTÉRATURE

ANCIENNE ET MODERNE.

IMPRIMERIE DE F. POCHARD,
RUE DU POT-DE-FER, N° 14, À PARIS.

RÉPERTOIRE

DE LA

LITTÉRATURE

ANCIENNE ET MODERNE,

CONTENANT :

1° LE LYCÉE DE LA HARPE, LES ÉLÉMENTS DE LITTÉRATURE DE MARMONTEL, UN CHOIX D'ARTICLES LITTÉRAIRES DE ROLLIN, VOLTAIRE, BATTEUX, etc ;

2° DES NOTICES BIOGRAPHIQUES SUR LES PRINCIPAUX AUTEURS ANCIENS ET MODERNES, AVEC DES JUGEMENTS PAR NOS MEILLEURS CRITIQUES, TELS QUE :

D'Alembert, Batteux, Bernardin de Saint-Pierre, Blair, Boileau, Chénier, Delille, Diderot, Dussault, Fénelon, Fontanes, Ginguené, La Bruyère, La Fontaine, Marmontel, Maury, Montaigne, Montesquieu, Palissot, Rollin, J.-B. Rousseau, J.-J. Rousseau, Thomas, Vauvenargues, Voltaire, etc.;

Et MM. Amar, Andrieux, Auger, Burnouf, Buttura, Chateaubriand, Duviquet, Feletz, Gaillard, Le Clerc, Lemercier, Patin, Villemain, etc.;

3° DES MORCEAUX CHOISIS AVEC DES NOTES.

TOME QUATORZIÈME.

A PARIS,

CHEZ CASTEL DE COURVAL, LIBRAIRE-ÉDITEUR,

RUE DE RICHELIEU, N° 87;

ET BOULLAND ET Cie, PALAIS ROYAL, GALERIES DE BOIS, N° 254.

M DCCC XXV.

RÉPERTOIRE

DE LA

LITTÉRATURE

ANCIENNE ET MODERNE.

FLÉCHIER (Esprit), naquit à Pernes, dans le comtat d'Avignon, le 10 juin 1632, de parents obscurs et pauvres, mais dont les aïeux avaient été nobles, et s'étaient même signalés par leurs services. Le jeune Fléchier fut élevé par son oncle, le père Hercule Audifret, supérieur général de la Doctrine chrétienne, homme d'esprit et de mérite, auteur de quelques ouvrages de dévotion estimés dans leur temps, quoique peu connus aujourd'hui. Fléchier, tant que son oncle vécut, fut membre de la congrégation; mais après la mort d'Audifret, un autre général voulut imposer à ses confrères de nouveaux règlements, auxquels Fléchier ne jugea pas à propos de se soumettre.

Devenu libre, mais sans fortune, et sans autre ressource que lui-même, Fléchier vint à Paris. Il embrassa d'abord le genre qu'il crut le plus propre à le faire connaître, s'il ne l'était pas à l'enrichir. Il fut poète, et commença par l'être en vers latins dans une description qu'il fit du fameux carrousel, donné par Louis XIV. Cette description fit d'autant plus d'honneur au poète, qu'il était très difficile d'exprimer dans la langue de l'ancienne Rome, un genre de divertissement et de spectacle que l'ancienne Rome n'avait pas connu, et pour lequel Virgile et Ovide auraient été presque obligés de créer une langue nouvelle. Fléchier fit aussi quelques vers français, qu'on trouva plus médiocres, peut-être parce qu'on était plus en état de les juger : cependant ils furent reçus avec une indulgence qui pouvait même passer pour justice, parce qu'alors on n'en lisait guère de meilleurs : Corneille vieillissait, Despréaux se montrait à peine, et Racine n'existait pas encore.

Comme le jeune poète, malgré les talents qu'il annonçait, était sans protecteurs, parce qu'il était sans manège et sans intrigue, il fut réduit à se confiner dans une paroisse, où cet homme, destiné à briller un jour par son éloquence, fut chargé du modeste emploi de faire le catéchisme aux enfants. Il se dégoûta bientôt de cette fonction, pour en prendre une autre plus fastidieuse encore, celle de précepteur. Enfin après avoir essayé tant d'états différents, et tant de genres de travaux auxquels il n'était pas propre, l'impulsion opiniâtre et irrésistible de la nature le fit entrer dans la véritable carrière qui convenait à son génie. Il se livra au ministère de la chaire, et s'y fit une réputation à laquelle il mit le comble par ses oraisons funèbres. Dans les deux premières qu'il prononça*, la matière était sèche et stérile; néanmoins, sans avoir recours aux lieux communs de morale, le refrain éternel et l'écueil ordinaire de ces sortes de discours, il sut intéresser un auditoire par des vérités utiles et touchantes, élégamment et noblement exprimées. Mais un sujet plus grand, plus digne de l'exercer, était réservé à son éloquence. Il fut chargé de l'oraison funèbre de Turenne, et remplit de la manière la plus distinguée tout ce que son héros et ses talents faisaient attendre de lui. Il était difficile de louer dignement aux yeux de la nation cet homme déjà loué d'une manière si touchante par les gémissements de la France entière, par le trouble et l'effroi des peuples qui fuyaient les campagnes dont il n'était plus le défenseur, par le désespoir des soldats qui criaient à leurs chefs de les mener venger sa mort, par le respect des ennemis, qui honoraient en lui le vainqueur humain et généreux, enfin par les regrets même des courtisans que sa modestie forçait à lui pardonner sa gloire. Organe de la douleur publique, qui, rassasiée de pleurs, ne s'exprimait plus que par son silence, Fléchier sut encore en tirer quelques accents, et faire couler de nouveau des larmes qu'elle croyait taries. Ce succès fut d'autant plus flatteur, qu'il effaça celui qu'avait obtenu Mascaron, évêque de Tulle, en traitant le même sujet. Ceux qui avaient entendu et applaudi ce dernier orateur,

---

* *L'Oraison funèbre de madame de Montausier*, et celle de madame d'Aiguillon.

ne croyaient pas qu'on pût l'égaler, et lui annonçaient déjà la victoire sur son rival. Bien préparés contre l'admiration, ils allèrent entendre Fléchier, et se virent forcés d'avouer qu'il était vainqueur. Madame de Sévigné, qui était du nombre de ses convertis, et qui dans ses lettres parle avec transport de l'ouvrage de Fléchier, ne se doutait pas que dans ces mêmes lettres elle faisait du héros de la France une oraison funèbre plus éloquente encore, en peignant le deuil général de la nation par ces détails si vrais de la consternation publique, par ces traits naïfs, mais pénétrants, qui tirent de leur simplicité même le plus touchant intérêt, et qui expriment sans art et sans recherche la profondeur et l'abandon de la désolation universelle.

Dans les oraisons funèbres qui suivirent celle de ce grand homme, Fléchier n'avait plus de Turenne à célébrer; mais l'estime ou la sévérité publique exigeait presque autant de lui que s'il avait eu encore à louer des Turenne. Malgré cette redoutable disposition dans ses auditeurs, il eut le bonheur de soutenir une renommée qu'il était si difficile de ne pas voir s'affaiblir. C'est que dans tous ses discours, l'orateur, même en s'élevant au-dessus de son sujet, ne paraît jamais en sortir; c'est qu'il sait se garantir de l'exagération, qui, en voulant agrandir les petites choses, les fait paraître plus petites encore; c'est surtout qu'il respecte toujours la vérité, si fréquemment et si scandaleusement outragée dans ce genre d'ouvrages, et qu'on ne voit point chez lui le mensonge, qui assiège les grands pendant leur vie, venir ramper encore autour de leur tombe pour infecter leur cendre d'un vil encens, et pour célébrer leurs vertus devant un auditoire qui n'a connu que leurs vices. Fléchier s'indignait en homme de bien d'un tel avilissement de l'art oratoire; il a exprimé ce sentiment d'une manière sublime dans l'oraison funèbre du duc de Montausier; c'est là qu'on trouve ce trait admirable, qu'auraient envié Démosthène et Bossuet : « Oserais-je employer le mensonge dans « l'éloge d'un homme qui fut la vérité même? Ce « tombeau s'ouvrirait, ces ossements se ranimeraient « pour me dire: Pourquoi viens-tu mentir pour moi, « qui ne mentis jamais pour personne? » Osons avouer cependant, avec l'auteur de l'éloquent *Essai sur les Éloges* que Fléchier, ayant à louer l'instituteur d'un dauphin, semble n'avoir pas assez vu toute la dignité et tout l'intérêt de son sujet; qu'il a peint d'une touche trop faible la noble et dangereuse fonction d'élever l'héritier d'un grand royaume, la difficulté presque insurmontable de lui montrer le néant de sa grandeur dans une cour fastueuse et rampante, de lui inspirer l'horreur du vice dans le séjour de la séduction, de le rendre en même temps sensible à la gloire et sourd à la flatterie, de le préserver également et de la faiblesse qui encourage le mensonge, et de l'excessive défiance qui repousse la vérité, de lui développer enfin toutes les ruses de la perversité humaine pour le tromper ou pour le corrompre, et de lui apprendre cependant à aimer ses semblables. Il est surprenant que Bossuet, qui avait concouru avec Montausier à cette éducation, et qui, par la nature de son génie, était si propre à tracer cette grande peinture, l'ait abandonnée à un autre pinceau que le sien. Entrait-il de la politique dans son silence, et l'éloquent Bossuet craignait-il, ou de faire un portrait trop ressemblant de la cour qu'il avait à peindre, ou de rester, par un excès de prudence, trop au dessous de son sujet?

La réputation des oraisons funèbres de Fléchier s'est conservée jusqu'à nos jours; on peut ajouter qu'elles en sont dignes, si l'on se souvient qu'elles ont été prononcées dans un temps où les véritables lois de l'éloquence étaient encore bien peu connues. Le style est non-seulement pur et correct, mais plein de douceur et d'élégance; à la pureté de la diction, l'orateur joint une harmonie douce et facile, quoique pleine et nombreuse; harmonie que nos plus illustres écrivains n'avaient mise jusqu'alors que dans leurs vers, et que personne n'avait encore su introduire dans la prose française, à l'exception de Balzac, chez qui même elle est trop souvent exagérée, emphatique, et presque aussi enflée que son style. La poésie à laquelle Fléchier s'était adonné, avant de se montrer dans la chaire, et par laquelle il avait comme préludé à l'éloquence, l'avait rendu très sensible au charme qui résulte de l'heureux arrangement des paroles; on sent en le lisant qu'il avait commencé par être poète; rien n'est en effet plus utile à un orateur pour se former l'oreille, que de faire des vers, bons ou mauvais, comme il est utile aux jeunes gens de prendre quelques leçons de danse pour acquérir une démarche noble et distinguée. L'avantage qu'on ne saurait refuser à Fléchier, d'avoir été pour nous le modèle de l'harmonie oratoire, doit lui faire pardonner les défauts qu'on peut reprocher d'ailleurs à sa manière d'écrire. Il n'est presque point d'orateur qui n'ait une figure favorite qu'il emploie par préférence, et dont souvent il abuse; l'antithèse est la figure de Fléchier, et souvent son écueil; elle se montre chez lui à chaque instant, et presque toujours dans les mots plus encore que dans les idées; cette uniformité continuelle d'oppositions, quelquefois frivoles et puériles, est bien éloignée du langage de la douleur, qui s'abandonne dans ses mouvements, et ne songe point à compasser ses expressions. Il résulte de ces contrastes symétrisés et accumulés, une monotonie qui, dans les discours dont nous parlons, fatigue enfin le lecteur, et qui finirait par le glacer, si elle n'était de temps en temps rompue et réchauffée par quelques traits d'une sensibilité touchante, dont la douce chaleur donne à toute la masse un léger souffle de vie. Cette teinte de pathétique se faisait sentir encore davantage, quand Fléchier prononçait ses oraisons funèbres; son action un peu triste, et sa voix un peu faible et traînante, mettaient l'auditeur dans la disposition convenable pour s'affliger avec lui; l'âme se sentait lentement pénétrée par l'expression simple du sentiment, et l'oreille par la molle cadence des périodes. Aussi était-il quelquefois obligé de s'interrompre lui-même dans la chaire, pour laisser un libre cours aux applaudissements; non à ces éclats tumultueux dont retentissent nos spectacles profanes, mais à ce murmure universel et modeste que l'éloquence sait arracher jusque dans nos temples à des auditeurs vivement émus ; espèce d'explosion involontaire de l'enthousiasme public, que la sainteté même du lieu ne peut retenir et comprimer. Cet enthousiasme, il est vrai, a diminué beaucoup depuis que les oraisons funèbres de Fléchier sont réduites à n'avoir plus que des lecteurs. Mais malgré les défauts qu'on leur reproche, l'auteur semble avoir conservé dans ce genre difficile la seconde place que son siècle lui avait donnée. On fera plus ou moins grand l'intervalle entre Bossuet et lui, selon qu'on sera plus ou moins entraîné par l'éloquence impétueuse de l'un, ou séduit par l'harmonieuse élégance de l'autre. Mais il paraît au moins décidé que les autres oracles de la chaire, les Massillon et les Bourdaloue, si différents d'eux-mêmes dans leurs oraisons funèbres et dans leurs sermons, ne peuvent être placés dans cet intervalle. Peut-être oserions-nous ajouter qu'il a été rempli de nos jours, et que l'Académie jouit de cette gloire dans un de ses membres*, si nous ne savions qu'il est dangereux de comparer et d'apprécier les auteurs vivants, quand on ne veut choquer ni la modestie, ni la vanité de personne.

---

* « Voyez les oraisons funèbres du dauphin, de la reine, et sur-tout celle du roi, par l'abbé de Boismont; dans ces discours l'auteur a su réunir l'éloquence à la finesse, et l'élévation à la sensibilité. Nous pourrions en rapporter plusieurs exemples, et nous ne serions embarrassés que du choix. »

Ce jugement de d'Alembert se sent de cette complaisance qui se mêle toujours à l'éloge des contemporains. Voyez BOISMONT. H. P.

Cette lenteur d'action, qui avait contribué au succès des oraisons funèbres de Fléchier, nuisit à celui de ses sermons, que d'ailleurs sa composition étudiée ne ranimait pas. Il parut froid et languissant dans un genre qui exige de l'énergie, de la chaleur et de la véhémence, et où il ne savait mettre qu'une harmonie douce, peu faite pour émouvoir ses auditeurs, et encore moins pour les convertir. Aussi, quoiqu'on rendît justice au mérite de ses discours, toujours écrits avec pureté, et même avec noblesse, les oraisons funèbres les ont fait entièrement oublier.

Il ne fut guère plus heureux dans ses panégyriques des saints, et sembla moins propre à louer les héros de la religion que ceux du siècle. Peut-être les écueils que présentait l'éloge des grands, aiguisaient son génie par la difficulté même, et offraient à son éloquence un objet d'émulation qu'il ne trouvait pas dans l'éloge des saints. l'éloignement où ces derniers sont de nous, et l'habitude où nous sommes de les entendre louer, nous rendent plus indifférents sur leurs louanges mêmes, et plus indulgents pour le panégyriste; les oraisons funèbres, au contraire, nous offrant des hommes avec qui nous avons vécu, piquent bien autrement notre curiosité sur les traits dont l'orateur peindra son héros, et sur l'art qu'il emploiera pour en couvrir les taches. Nous le défions secrètement de s'élever à la hauteur de son sujet dans l'éloge des grands hommes; d'en remplir le vide dans l'éloge des hommes médiocres; enfin, d'en arracher les épines dans l'éloge de ceux qui ont eu de grands vices ou fait de grandes fautes.

Mais ce défi même est pour le vrai talent le seul aiguillon propre à l'exciter; rien ne l'intéresse davantage que l'honneur de lutter contre de grands obstacles, il languit dès qu'il n'a plus d'efforts à faire.

Fléchier avait beaucoup lu les vieux sermonaires, comme Virgile lisait Ennius, pour tirer *de ce fumier* quelques *parcelles d'or* qui s'y cachaient. Il cherchait dans ces restes de la barbarie gothique les traits d'éloquence naïve et sauvage qu'on voit y briller quelquefois, comme des éclairs dans une nuit profonde; et il savait se les rendre propres de la manière la plus heureuse. C'est ainsi qu'il a fait usage dans l'*Oraison funèbre de Turenne*, du parallèle si brillant et si pathétique de Judas Machabée avec son héros. Un ancien prédicateur avait déjà employé ce parallèle, pour honorer les mânes de je ne sais quel prince; mais le sermonnaire n'avait su, ni appliquer aussi bien sa comparaison, ni la mettre aussi éloquemment en œuvre. Fléchier prétendait tirer encore un autre fruit de la lecture de ces écrivains surannés, qu'il appelait ses *bouffons;* c'était de se rendre plus sensibles les défauts dont ils abondent, et d'apprendre par là plus efficacement à les éviter. Mais en voulant se familiariser avec ce poison de l'éloquence, dans la vue d'en braver les atteintes, il n'eût pas le même succès que Mithridate pour les poisons physiques; il contracta quelquefois, sans qu'il s'en aperçût, l'affectation d'esprit qu'il ne cherchait dans ces vieux sermons que par le désir de s'en préserver; il embellit à la vérité les défauts des anciens prédicateurs; mais il les rendit plus dangereux par l'embellissement même qu'il y donnait; et on a dit assez finement de lui, qu'il prêchait avec un vieux goût et un style moderne.

L'éloquence de Fléchier l'appelait à l'Académie française. Il y fut reçu le même jour que Racine; il y parla le premier, et obtint de si grands applaudissements, que l'auteur d'*Andromaque* et de *Britannicus* désespéra de pouvoir atteindre au même succès. Le grand poète fut tellement intimidé et déconcerté en présence de ce public qui, tant de fois, l'avait couronné au théâtre, qu'il ne fit que balbutier en prononçant son discours, on l'entendit à peine, et on le jugea néanmoins comme si on l'avait entendu. Sa chute, plus marquée encore par le succès de Fléchier, lui parut à lui-même si complète et si irréparable, que l'amour-propre d'auteur n'eut pas même en cette occasion sa ressource ordinaire, d'espérer à l'impression plus de justice; il supprima, sans regret et sans murmure, cette production infortunée; mais il dut être consolé, s'il en avait besoin, par l'oubli où tomba bientôt le discours de Fléchier, comme tous les ouvrages qui n'ont que le mérite local et passager du moment de l'à-propos. Cette petite disgrace académique, arrivée au grand Racine, doit soulager ceux qui pourront en essuyer une semblable; il est vrai qu'il s'en trouvera peu qui soient aussi sûrs que lui de la faire oublier.

Outre les ouvrages oratoires de Fléchier, nous avons de lui un recueil de lettres, où le luxe de l'esprit se montre encore plus que dans ses pièces d'éloquence, parce que l'esprit y est encore moins à sa place; une négligence aimable est le mérite du style épistolaire, et Fléchier ne se permettait pas plus d'être négligé dans une lettre que dans une oraison funèbre. Mais s'il est rarement simple, même en écrivant à ses amis, il est au moins toujours noble avec les grands, toujours honnête avec ses égaux et ses inférieurs, toujours plein de zèle pour l'Église et pour l'état, en un mot toujours citoyen toujours homme et toujours évêque, mérite si précieux dans de pareilles lettres, qui les dispense d'en avoir un autre.

Il s'est aussi exercé dans le genre de l'histoire. Celle de Théodose, quoiqu'elle soit écrite encore d'un ton trop éloigné de la simplicité historique, se fait lire avec intérêt. On l'accuse pourtant d'avoir trop loué son héros, qui, sans doute, est très digne d'éloge dans les fastes de l'Église, mais à qui la sévérité de l'histoire est en droit de faire plus d'un reproche. Cependant, si le motif le plus louable peut excuser un historien peu fidèle, on doit pardonner à Fléchier d'avoir pallié les défauts d'un empereur qu'il voulait donner pour modèle au dauphin; car il avait écrit cette histoire pour l'instruction de l'héritier du trône.

Outre l'histoire de Théodose, Fléchier écrivit encore celle du fameux cardinal Ximenès; mais son ouvrage fut effacé par l'histoire du même cardinal, que Marsollier fit paraître à peu près dans le même temps.

Quoi qu'il en soit, c'est dans cette histoire de

Ximenès que Fléchier rapporte un trait qui, seul, vaut tout l'ouvrage. « Ce cardinal, dit-il, avait pour « principe, qu'un particulier calomnié doit rarement « son apologie aux autres hommes, mais qu'un « prince injustement accusé la doit toujours à ses « sujets. »

Les talents de Fléchier furent récompensés, comme l'étaient sous le règne de Louis XIV tous les talents; il fut nommé à l'évêché de Lavaur : « Je « vous ai fait un peu attendre une place que vous « méritiez depuis long-temps, lui dit ce monarque, « qui savait donner un nouveau prix à ses bienfaits « par la manière dont il les accordait : mais je ne « voulais pas me priver sitôt du plaisir de vous enten- « dre. » De l'évêché de Lavaur il fut transféré à celui de Nîmes; ce ne fut pas sans avoir résisté long-temps à cette translation; il écrivit au roi une lettre pressante et touchante pour lui faire agréer son refus; on voyait aisément, au ton de force et de vérité qui régnait dans cette lettre, que Fléchier n'était pas de ces ambitieux hypocrites, qui, en rejetant faiblement l'offre des dignités, seraient fâchés qu'on les crût inflexibles; et voudraient joindre l'honneur du désintéressement aux avantages de la fortune. Louis XIV ne vainquit sa répugnance, qu'en lui représentant qu'il aurait beaucoup plus de bien à faire dans sa nouvelle église que dans celle qu'il avait tant de peine à quitter; qu'on lui offrait, non de plus grandes richesses, mais un plus grand travail; et qu'un intérêt si puissant devait être pour lui la mesure et la règle de l'ambition. En effet, le diocèse de Nîmes était alors rempli de calvinistes, et par conséquent d'autant plus difficile à gouverner, qu'il fallait joindre au zèle de faire des conversions, la patience qui sait les préparer et les attendre. L'édit de Nantes venait d'être révoqué; la persécution violente que les réformés essuyaient agitait et échauffait toutes les têtes, il était nécessaire de donner pour pasteur à ces âmes aigries, et exaltées par l'idée du martyre, un prélat dont les lumières, l'éloquence et la douceur fussent également propres à détruire leurs préjugés et à calmer leurs murmures. Personne n'en était plus capable que Fléchier; aussi remplit-il les espérances qu'on avait conçues de sa sagesse et de ses talents; il fit plus de prosélytes par sa modération, que l'intendant de la province par la rigueur qu'il exerçait.

Fléchier, quelque temps avant de mourir, eut un songe qui fut pour lui un pressentiment de sa fin prochaine; il ordonna sur-le-champ à un sculpteur de faire le dessin très modeste de son tombeau; car il craignait que la reconnaissance ou la vanité ne voulût élever à sa cendre un monument trop remarquable, et le forcer en quelque manière après sa mort au faste qu'il avait tant méprisé durant sa vie. Le sculpteur fit deux dessins; mais les neveux du prélat empêchèrent l'artiste de les lui présenter, cherchant à écarter, s'il était possible, de l'esprit de leur oncle, une idée affligeante pour eux, si elle ne l'était pas pour lui. Fléchier se plaignit de ce délai, dont le sculpteur ne put lui cacher la cause. « Mes neveux, répondit le prélat, font peut-être

« ce qu'ils doivent, mais faites ce que je vous ai de-
« mandé. » Il examina les deux dessins, choisit
celui qu'il devait préférer, le plus simple des deux, et
dit à l'artiste : « Mettez la main à l'œuvre car le
« temps presse. » Il mourut en effet peu de temps
après, le 16 février 1710, pleuré des catholiques,
regretté des protestants, et ayant toujours été pour
ses confrères un digne modèle de zèle et de charité,
de simplicité et d'éloquence. Son oraison funèbre,
faite par un orateur très médiocre, ne fut pas même
prononcée.

Le seul Fénelon fit en deux mots l'éloge funèbre
de l'évêque de Nîmes : « Nous avons, dit-il perdu
« notre maître. » Ainsi, le seul de tous les confrères
de Fléchier qui lui fût alors supérieur, car Bossuet
n'existait plus, fut le seul dont la modestie rendit hommage aux talents de celui qui avait imité ses vertus.

D'ALEMBERT, *Éloge de Fléchier.*

M. Menard, auteur d'un *Éloge de Fléchier*, préparait une collection des œuvres de cet écrivain ; dont
il n'a paru qu'un vol. in-4°, l'abbé Ducreux, chanoine d'Auxerre, a donné cette collection sous le
titre d'*OEuvres complètes de messire Esprit Fléchier*,
Nîmes, 1782, 10 vol. in-8° ; cette édition, la seule que
nous possédions complète, laisse beaucoup à désirer, sous le rapport de l'exécution typographique.

JUGEMENTS.

I.

Ce qui domine dans M. Fléchier, est une pureté
de langage, une élégance de style, une richesse

d'expressions brillantes et fleuries, une grande beauté de pensées, une vivacité d'imagination, et, ce qui en est une suite, un art merveilleux de peindre les objets, et de les rendre comme sensibles et palpables.

Mais il me semble qu'on voit régner dans tous ses écrits une sorte de monotonie et d'uniformité. Presque partout mêmes tours, mêmes figures, mêmes manières. L'antithèse saisit presque toutes ses pensées, et souvent les affaiblit en voulant les orner. Cette figure, quand elle est rare et placée à propos, produit un bel effet. Ainsi elle termine heureusement le magnifique éloge que M. Fléchier fait du roi Louis XIV. « Toujours roi par autorité, « et toujours père par tendresse*. » Quand elle roule sur un jeu de mots, elle est moins estimable. « Heu- « reux qui n'alla pas après les richesses! Plus heu- « reux qui les refusa quand elles allèrent à lui**! » Elle peut même devenir ennuyeuse, quelque solide qu'elle soit, quand elle est trop souvent répétée. « Qui ne sait qu'elle fut admirée dans un âge où les « autres ne sont pas encore connues; qu'elle eut de « la sagesse en un temps où l'on n'a presque pas « encore de la raison..... et qu'elle fut capable de « donner des conseils en un temps où les autres « sont à peine capables d'en recevoir***? »

Une éloquence plus ornée, telle par exemple qu'est celle de M. Fléchier, ne convient point pour

---

* *Oraison funèbre de M. Le Tellier.*

** *Oraison funèbre de M. de Lamoignon.*

*** *Oraison funèbre de M. de Montausier.*

des plaidoyers. Je ne lis jamais le portrait que fait Cicéron d'un orateur de son temps, nommé Callidius, sans y reconnaître presque en tout les principaux caractères de M. Fléchier. « Ce n'est point,
« dit-il, un orateur du commun, mais d'un mérite
« rare et singulier. Ses pensées sont nobles et ex-
« quises, et il sait les revêtir d'expressions fines
« et délicates. Il fait du discours tout ce qu'il lui
« plaît : il sait lui donner telle forme qu'il veut :
« jamais orateur n'en fut plus le maître que lui,
« et ne le mania avec tant d'art. Rien de plus pur,
« rien de plus coulant que son langage. Chaque mot
« est en son lieu, et comme artistement enchâssé
« où il doit. Il n'en admet point de dur, d'inusité,
« de bas, ou qui puisse déranger le discours. La
« métaphore chez lui est fréquente, mais si natu-
« relle, qu'elle paraît n'avoir point usurpé la place
« d'un autre mot, mais être entrée dans la sienne.
« Tout cela est accompagné d'un nombre, d'une
« cadence, qui a une merveilleuse variété, et ne
« montre aucune affectation. Les plus belles figures
« y sont employées à propos, et y jettent un grand
« éclat. L'ordre et le plan de l'ouvrage sont pleins
« d'art et de justesse, et partout règne un style
« doux, tranquille, et d'un goût exquis. En un mot,
« si l'éloquence consistait dans l'agrément, il n'y
« aurait rien au-dessus de cet orateur. Des trois par-
« ties qui la composent, il a les deux premières
« dans un souverain degré; je veux dire celles qui
« tendent à instruire et à plaire : mais la troisième,
« qui est la plus importante, et qui consiste à tou-

« cher et à émouvoir les esprits, lui manque abso-
« lument. » (*Brut.*)

On ne peut certainement ne pas faire un grand cas d'une éloquence de ce genre ; mais de quel prix doit-elle paraître en comparaison du grand et du sublime qui fait le caractère de celle de Démosthène ? Cette dernière ressemble à ces beaux et magnifiques bâtiments, construits dans le goût de l'ancienne architecture, qui n'admettait que des ornements simples, dont le premier coup-d'œil, et encore bien plus, le plan, l'économie et la distribution des parties, ont quelque chose de grand, de noble et de majestueux, qui frappe et saisit les connaisseurs. L'autre pourrait être comparée à ces maisons bâties dans un goût d'élégance et de délicatesse où l'art et l'opulence ont amasssé tout ce qu'il y a de plus brillant et de plus riche, où l'or et le marbre se montrent de toutes parts, et où les yeux ne sauraient tomber sur aucun endroit qui ne leur présente quelque chose de rare et d'exquis.

Rollin, *Traité des Études.*

II.

Fléchier procède toujours par antithèses et par contrastes symétrisés. S'il nous parle de la vie mortelle de ses héros, c'est pour nous persuader de leur bienheureuse immortalité. Il va retracer dans notre mémoire les graces que Dieu leur a faites, pour qu'on loue la miséricorde qu'il vient de leur faire. Il cherche à édifier plutôt qu'à plaire ; il vient annoncer que tout finit, afin de ramener à Dieu qui ne finit point; il nous fait souvenir de la fatale nécessité de mourir, pour nous inspirer la sainte résolution de bien vivre*. Il faut en convenir, cette marche est loin de celle de Bossuet : on a souvent comparé ces deux hommes, je ne sais s'ils furent rivaux dans leur siècle, mais aujourd'hui ils ne le sont pas. Fléchier possède bien plus l'art et le mécanisme de l'éloquence qu'il n'en a le génie ; il ne s'abandonne jamais; il n'a aucun de ces mouvements qui annoncent que l'orateur s'oublie, et prend parti dans ce qu'il raconte. Son défaut est de toujours écrire, et de ne jamais parler. Je le vois qui arrange méthodiquement une phrase, et en arrondit les sons. Il marche ensuite à une autre, il y applique le compas, et de là à une troisième. On remarque et l'on sent tous les repos de son imagination : au lieu que les discours de son rival, et peut-être tous les grands ouvrages de l'éloquence, sont ou paraissent du moins comme ces statues de bronze que l'artiste a fondues d'un seul jet.

Après voir vu les défauts de cet orateur, rendons justice à ses beautés. Son style, qui n'est jamais impétueux et chaud, est du moins toujours élégant; au défaut de la force, il a la correction et la grace. S'il lui manque de ces expressions originales, et dont quelquefois une seule représente une masse d'idées, il a ce coloris toujours égal, qui donne de la valeur aux petites choses, et qui ne dépare point les grandes; il n'étonne presque jamais l'imagina-

---

* Voyez ses deux premières oraisons funèbres.

tion, mais il la fixe : il emprunte quelquefois de la poésie, comme Bossuet; mais il en emprunte plus d'images, et Bossuet plus de mouvements. Ses idées ont rarement de la hauteur, mais elles sont toujours justes, et quelquefois ont cette finesse qui réveille l'esprit, et l'exerce sans le fatiguer. Il paraît avoir une connaissance profonde des hommes; partout il les juge en philosophe, et les peint en orateur. Enfin, il a le mérite de la double harmonie, soit de celle qui, par le mélange et l'heureux enchaînement des mots, n'est destinée qu'à flatter et à séduire l'oreille, soit de celle qui saisit l'analogie des nombres avec le caractère des idées, et qui, par la douceur ou la force, la lenteur ou la rapidité des sons, peint à l'oreille en même temps que l'image peint à l'esprit. En général, l'éloquence de Fléchier paraît être formée de l'harmonie et de l'art d'Isocrate, de la tournure ingénieuse de Pline, de la brillante imagination d'un poète, et d'une certaine lenteur imposante qui ne messied peut-être pas à la gravité de la chaire, et qui était assortie à l'organe de l'orateur.

Il n'y a aucun de ces discours qui n'ait de riches détails. Les oraisons funèbres de madame de Montausier, de la duchesse d'Aiguillon et de la dauphine de Bavière, ne pouvant offrir des évènements, offrent une foule d'idées morales qui en sortent et qui les embellissent.

L'oraison funèbre de Marie-Thérèse est du même genre et offre les mêmes beautés. L'éloge d'une reine qui, par caractère autant que par les circonstances, éloignée des grand intérêts et des affaires, n'a pu avoir qu'une grandeur modeste et des vertus presque obscures sur le trône, peut être difficilement piquant. Il faut admirer l'orateur qui, à force d'art, d'esprit, de peinture de mœurs et de philosophie, tantôt délicate et tantôt profonde, vient à bout de suppléer à ce que son sujet lui refuse ; et il ne faudrait pas condamner ceux qui ont eu moins de succès.

L'oraison funèbre du premier président de Lamoignon présente d'un bout à l'autre le tableau d'un magistrat et d'un sage. Ce tableau, dont les couleurs ne sont peut-être pas assez vives, a sur tout le mérite de la vérité. On sait que le président de Lamoignon fut aussi célèbre par ses connaissances que par ses vertus : ce fut sa seule brigue pour parvenir aux places. Sous Louis XIV, il soutint l'honneur de la magistrature, comme les Turenne et les Condé soutinrent l'honneur des armes. Il fut lié avec les plus grands hommes de son siècle, ce qui prouve qu'il n'était pas au-dessous d'eux ; car l'ignorance et la médiocrité, toujours insolentes ou timides, se hâtent de repousser les talents qu'elles redoutent et qui les humilient. L'amitié de Racine et de Bourdaloue ; et les beaux vers de Despréaux ne contribueront pas moins à sa gloire que cet éloge funèbre, et apprendront à la postérité que l'orateur a parlé comme son siècle.

Je passe rapidement sur tous ces discours, pour venir à celui qui a, et qui mérite en effet le plus de réputation ; c'est l'éloge funèbre de Turenne, de cet homme si célébre, si regretté par nos aïeux, et dont nous ne prononçons pas encore le nom sans respect : qui, dans le siècle le plus fécond en grands hommes, n'eut point de supérieur, et ne compta qu'un rival; qui fut aussi simple qu'il était grand, aussi estimé pour sa probité que pour ses victoires; à qui on pardonna ses fautes, parce qu'il n'eut jamais ni l'affectation de ses vertus, ni celle de ses talents; qui, en servant Louis XIV et la France, eut souvent à combattre le ministre de Louis XIV, et fut haï de Louvois, comme admiré de l'Europe; le seul homme, depuis Henri IV, dont la mort ait été regardée comme une calamité publique par le peuple, le seul, depuis Du Guesclin, dont la cendre ait été jugée digne d'être mêlée à la cendre des rois, et dont le mausolée attire plus nos regards que celui de beaucoup de souverains dont il est entouré, pare que la renommée suit les vertus et non les rangs, et que l'idée de la gloire est toujours supérieure à celle de la puissance. Ici Fléchier, comme on l'a dit souvent, paraît au-dessus de lui-même, il semble que la douleur publique ait donné plus de mouvement et d'activité à son âme; son style s'échauffe, son imagination s'élève, ses images prennent une teinte de grandeur; partout son caractère devient imposant. Cependant, entre cette oraison funèbre et celle du grand Condé, il y a la même différence qu'entre les deux héros. L'une a l'empreinte de la fierté, et semble l'ouvrage d'un instinct sublime; l'autre dans son élévation même, paraît le fruit d'un art perfectionné par l'expérience et par l'étude. Ainsi, par un hasard singulier, ces deux grands hommes ont trouvé dans leurs panégyristes un genre d'éloquence analogue à leur caractère.

L'oraison funèbre de Turenne n'en est pas moins un des monuments de l'éloquence française; l'exorde sera éternellement cité pour son harmonie, pour son caractère majestueux et sombre, et pour l'espèce de douleur auguste qui y règne. Les deux premières parties peignent avec noblesse les talents d'un général et les vertus d'un sage; mais à mesure que l'orateur avance vers la fin, il semble acquérir de nouvelles forces. Il peint avec rapidité les derniers succès de ce grand homme; il fait voir l'Allemagne troublée, l'ennemi confus, l'aigle prenant déjà l'essor et prête à s'envoler dans les montagnes, l'artillerie tonnant de toutes parts pour favoriser la retraite, la France et l'Europe dans l'attente d'un grand évènement. Tout à coup l'orateur s'arrête, il s'adresse au Dieu qui dispose également et des vainqueurs et des victoires, et se plaît à immoler à sa grandeur de grandes victimes. Alors il fait voir ce grand homme étendu sur ses trophées; il présente l'image de ce corps pâle et sanglant, auprès du quel, dit-il, fume encore la foudre qui l'a frappé, et montre dans l'éloignement les tristes images de la religion et de la patrie éplorées. « Turenne meurt, « tout se confond, la fortune chancelle, la victoire « se lasse, la paix s'éloigne, le courage des troupes « est abattu par la douleur et ranimé par la ven- « geance; tout le camp demeure immobile; les

« blessés pensent à la perte qu'ils ont faite, et non
« aux blessures qu'ils ont reçues; les pères mou-
« rants envoient leurs fils pleurer sur leur général
« mort, etc. »

Cependant, malgré l'éloquence générale et les beautés de cette oraison funèbre, peut-être n'y trouve-t-on point encore assez le grand homme que l'on cherche; peut-être que les figures et l'appareil même de l'éloquence le cache un peu, au lieu de le montrer; car il en est quelquefois de ces sortes de discours comme des cérémonies d'éclat, où un grand homme est éclipsé par la pompe même dont on l'environne. Je ne sais si je me trompe, mais il me semble que quelques lignes que madame de Sévigné a jetées au hasard dans ses lettres, sans soin, sans apprêt, et avec l'abandon d'une âme sensible, font encore plus aimer M. de Turenne, et donnent une plus grande idée de sa perte. Il y a des mots qui disent plus que vingt pages, et des faits qui sont au dessus de l'art de tous les orateurs; par exemple, le mot de Saint-Hilaire à son fils : « Ce n'est pas moi qu'il faut pleurer, c'est ce
« grand homme; » et ce trait du fermier de Champagne qui vint demander la résiliation de son bail, parce que, Turenne mort, il croyait qu'on ne pouvait plus ni semer, ni moissonner en sûreté; et cette réponse, si grande et si simple, à un homme qui lui demandait comment il avait perdu la bataille de Rhétel, *par ma faute;* et cette lettre qu'il écrivit au sortir d'une victoire : « Les ennemis sont venus
« nous attaquer; nous les avons battus; Dieu en

« soit loué. J'ai eu un peu de peine; je vous sou-
« haite le bonsoir, je vais me mettre dans mon lit; »
et cette humanité envers un soldat qu'il trouve au
pied d'un arbre, accablé de fatigue, à qui il donne
son cheval, et qu'il suit lui-même à pied. Il faut
en convenir, on a regret que la dignité de l'oraison funèbre et sa marche soutenue, ou du moins
le ton sur lequel le préjugé et l'habitude l'ont mon-
tée, ne permettent point d'employer ces traits d'une
simplicité touchante, et qui mettraient souvent le
héros à la place de l'orateur.

Quinze ans après l'oraison funèbre de Turenne,
Fléchier traita un autre sujet, aussi beau peut-être,
quoique d'un genre différent; c'était l'éloge du fameux duc de Montausier. S'il faut à l'orateur,
comme au peintre, des physionomies à caractère,
on peut dire qu'il n'y en eut jamais une plus marquée que celle-là. On connaît cette vertu rigide au
milieu d'une cour; cette âme inflexible, incapable
et de déguisement et de faiblesse; cette probité
qui se révoltait contre la fortune, quand la fortune
devait coûter quelque chose au devoir; cet attachement à la vérité, et tous ces principes de conduite
si fermes, que les âmes d'une honnêteté courageuse appellent tout simplement vertu, et que les
âmes faibles ou viles, ce qui est trop souvent la
même chose, sont convenues d'appeler misanthro-
pie pour n'avoir point à rougir*. Pour tracer un

* On sait ce qu'il dit au grand Dauphin, après avoir achevé son éducation : « Monseigneur, si vous êtes honnête homme, vous m'aimerez ; si
« vous ne l'êtes pas, vous me haïrez, et je m'en consolerai. » Plusieurs per-

pareil caractère, il fallait avoir une grande vigueur de pinceau, et Fléchier ne l'avait pas. Son éloquence était plus dans son imagination que dans son âme, et par ses mœurs même il était trop loin de cette mâle austérité pour la saisir et pour la peindre : ce n'était point à Atticus à faire l'éloge de Caton.

Cette oraison funèbre offre cependant des morceaux qui ne sont pas indignes du sujet. Fléchier avait été l'ami du duc de Montausier : « Ne craignez pas, « dit-il, que l'amitié ou la reconnaissance me pré-« vienne ; vous savez que la flatterie jusqu'à présent « n'a pas régné dans mes discours. Oserais-je dans « celui-ci, où la franchise et la candeur sont le sujet « de nos éloges, employer la fiction et le mensonge ? « ce tombeau s'ouvrirait ; ces ossements se ranime-« raient pour me dire : Pourquoi viens-tu mentir pour « moi, qui ne mentis jamais pour personne ?.... Laisse-« moi reposer dans le sein de la vérité, et ne viens « pas troubler ma paix par la flatterie que j'ai haïe. »

Et ailleurs, après avoir parlé des conseils qu'on lui donnait sur la manière de se conduire à la cour, l'orateur ajoute : « Ces conseils lui parurent lâches ; « il allait porter son encens avec peine sur les autels « de la fortune, et revenait chargé du poids de ses

---

sonnes ont lu cette fameuse lettre qu'il écrivit au même prince, et qu'on ne saurait trop citer : « Monseigneur, je ne vous fais pas compliment sur la « prise de Philipsbourg ; vous aviez une bonne armée, des bombes, du « canon et Vauban. Je ne vous en fais point aussi sur ce que vous êtes « brave ; c'est une vertu héréditaire dans votre maison ; mais je me réjouis « avec vous de ce que vous êtes libéral, généreux, humain, faisant valoir « les services d'autrui, et oubliant les vôtres : c'est sur quoi je vous fais « mon compliment. »

« pensées, qu'un silence contraint avait retenues.
« Ce commerce continuel de mensonges...... cette
« hypocrisie universelle par laquelle on travaille
« ou à cacher de véritables défauts, ou à montrer
« de fausses vertus, ces airs mystérieux qu'on se
« donne pour couvrir son ambition, ou pour relever
« son crédit, tout cet esprit de dissimulation et d'im-
« posture ne convinrent pas à sa vertu. Ne pouvant
« encore s'autoriser contre l'usage, il fit connaître
« à ses amis qu'il allait à l'armée faire sa cour.....
« qu'il lui coûtait moins d'exposer sa vie que de
« dissimuler ses sentiments, et qu'il n'achèterait ja-
« mais ni de faveurs, ni de fortune aux dépens de sa
« probité. »

Je pourrais encore citer d'autres endroits qui ont une beauté réelle, mais le discours en général est au-dessous de son sujet; on y trouve plus d'esprit que de force et de mouvement; on s'attendait du moins à trouver quelques idées vraiment éloquentes sur l'éducation d'un dauphin, sur la nécessité de former une âme d'où peut naître un jour le bonheur et la gloire d'une nation; sur l'art d'y faire germer les passions utiles, d'y étouffer les passions dangereuses, de lui inspirer de la sensibilité sans faiblesse, de la justice sans dureté, de l'élévation sans orgueil, de tirer parti de l'orgueil même quand il est né, et d'en faire un instrument de grandeur; sur l'art de créer une morale à un jeune prince et de lui apprendre à rougir, sur l'art de graver dans son cœur ces trois mots, *Dieu, l'univers et la postérité*, pour que ces mots lui servent de frein quand il aura le malheur de pouvoir tout; sur l'art de faire disparaître l'intervalle qui est entre lui et les hommes; de lui montrer à côté de l'inégalité de pouvoir, l'humiliante égalité d'imperfection et de faiblesse; de l'instruire par ses erreurs, par ses besoins, par ses douleurs même, de lui faire sentir la main de la nature qui le rabaisse et le tire vers les autres hommes, tandis que l'orgueil fait effort pour le relever et l'agrandir; sur l'art de le rendre compatissant au milieu de tout ce qui étouffe la pitié, de transporter dans son âme des maux que ses sens n'éprouveront point, de suppléer au malheur qu'il aura de ne jamais sentir l'infortune; de l'accoutumer à lier toujours ensemble l'idée du faste qui se montre avec l'idée de la misère et de la honte qui sont au-delà et qui se cachent; enfin, sur l'art plus difficile encore de fortifier toutes ces leçons contre le spectacle habituel de la grandeur, contre les hommages et des serviteurs et des courtisans, c'est-à-dire contre la bassesse muette et la bassesse plus dangereuse encore qui flatte. Il est étonnant que Fléchier ait passé si légèrement sur un pareil sujet. Et quand on pense que l'homme qu'il avait à peindre donnant ces leçons, était le duc de Montausier, quel parti l'orateur pouvait encore tirer d'un gouverneur qui respectait bien plus la vérité qu'un prince; qui, pour être utile, aurait eu le courage de braver la haine, et se serait indigné même de se souvenir que celui qui était aujourd'hui son élève, pouvait être le lendemain son maître!

Thomas, *Essai sur les Éloges.*

III.

On a dit que Bossuet avait moins d'harmonie que Fléchier; je n'en crois rien; il fallait dire seulement qu'en cette partie, comme dans toutes les autres, ils diffèrent entièrement. Bossuet n'a pas fait, comme Fléchier, une étude particulière de la construction des phrases, de l'arrangement des mots, et de la symétrie des rapports. Notre langue a dans cette partie des obligations à Fléchier, que l'on peut appeler *l'Isocrate français :* il s'est appliqué à donner aux formes du langage, de la netteté, de la régularité, de la douceur, du nombre; c'est en quoi il excelle, et l'on peut dire qu'il est plus nombreux que Bossuet; mais le nombre n'est pour ainsi dire que la partie élémentaire de l'harmonie du style, comme les accords sont les éléments de l'harmonie musicale. Il y a une autre harmonie, d'un ordre bien supérieur, et qui, pour le poète, l'orateur, le musicien, est celle du génie, parce que la première peut s'apprendre, et que celle-ci il faut la créer : elle consiste dans le rapport des effets que l'on produit dans l'oreille avec ceux que l'on produit dans l'âme et dans l'imagination. Ce rapport, toujours saisi par quiconque est heureusement organisé, est un des moyens de l'art, si essentiel, que sans lui il n'y a point de grand écrivain ni en prose ni en vers; car sans lui tout effet serait manqué. Or, cette espèce d'harmonie, personne ne l'a possédée plus éminemment que Bossuet. Il n'évitera pas toute consonnance vicieuse, tout défaut de nombre : cette sorte de négligence peut se rencontrer chez lui, comme quelques autres négligences de diction; mais il n'a guère de grandes images, de grandes idées, de grands mouvements, où l'arrangement, le son, le retentissement de ses phrases ne frappe l'oreille dans un rapport exact avec l'imagination et la pensée; et sans cela serait-il orateur? C'est le propre du grand talent, en éloquence comme en poésie, de disposer ce qu'il conçoit, de manière à ce que tout concoure à l'effet. L'organe si important de l'oreille doit être chez lui un des plus heureux, et sans cela serait-il fait pour s'adresser à la nôtre?

Fléchier s'occupa sur-tout à la flatter, mais, comme il arrive toujours, d'une manière conforme à la nature de son talent, et proportionnée à ses conceptions. L'esprit, l'élégance, la pureté, la justesse et la délicatesse des idées, une diction ornée, fleurie, cadencée, telles sont ses qualités distinctives : c'est un écrivain disert, un habile rhéteur qui connaît son art, mais qui n'est pas assez riche de son fond pour éviter l'abus de cet art. Il emploie trop souvent les mêmes moyens; il répète trop souvent les mêmes figures, et spécialement l'antithèse dont il use jusqu'à la profusion, jusqu'à l'excès, jusqu'au dégoût. Il s'est trouvé deux fois en concurrence avec Bossuet dans les mêmes sujets, dans l'oraison funèbre de Marie-Thérèse, et dans celle du chancelier Le Tellier; et, quoiqu'elles soient les moindres de Bossuet; il s'offre encore dans celui-ci assez de traits de sa force pour que Fléchier ne l'atteigne pas. Il n'en approche pas davantage dans celle de madame de Montausier,

de madame d'Aiguillon, de la dauphine de Bavière, et du président de Lamoignon. Deux seuls discours où il a été au-dessus de lui-même, ceux où il a célébré Turenne et Montausier, ont assez de beautés pour lui assurer le premier rang dans son siècle parmi les orateurs du second ordre, mais toujours à une grande distance des chefs-d'œuvre de Bossuet. L'exorde de l'oraison funèbre de Turenne, imitée de celle d'Emmanuel de Savoie, composée par le jésuite Lingendes, mais fort embellie par Fléchier, est un des morceaux les plus finis qui soient sortis de sa plume : il a sur-tout l'avantage de convenir parfaitement au sujet, et d'y entrer d'une manière très heureuse. L'orateur prend pour texte ces mots du livre des Machabées : *Fleverunt illum omnis populus Israël planctu magno, et lugebant dies multos, et dixerunt : Quomodò cecidit potens qui salvum faciebat Israël!* « Les peuples désolés le pleurèrent ;
« ils le pleurèrent long-temps, et ils dirent : Com-
« ment est tombé l'homme puissant qui sauvait le
« peuple d'Israël ! »

« Je ne puis, Messieurs, vous donner d'abord une
« plus haute idée du triste sujet dont je viens vous
« entretenir, qu'en recueillant ces termes nobles et
« expressifs dont l'Écriture-Sainte se sert pour louer
« la vie et pour déplorer la mort du sage et vaillant
« Machabée. Cet homme, qui portait la gloire de sa
« nation jusqu'aux extrémités de la terre, qui cou-
« vrait son camp d'un bouclier, et forçait celui des
« ennemis avec l'épée, qui donnait à des rois ligués
« contre lui des déplaisirs mortels, et réjouissait

« Jacob par ses vertus et par ses exploits, dont la
« mémoire doit être éternelle; cet homme, qui dé-
« fendait les villes de Juda, qui domptait l'orgueil
« des enfants d'Ammon et d'Ésaü; qui revenait
« chargé des dépouilles de Samarie, après avoir brûlé
« sur leurs propres autels les dieux des nations étran-
« gères; cet homme que Dieu avait mis autour d'Israël
« comme un mur d'airain où se brisèrent tant de
« fois les forces de l'Asie, et qui, après avoir défait
« de nombreuses armées, déconcerté les plus fiers
« et les plus habiles généraux des rois de Syrie,
« venait tous les ans, comme le moindre des Israé-
« lites, réparer avec ses mains triomphantes les
« ruines du sanctuaire, et ne voulait d'autre récom-
« pense des services qu'il rendait à sa patrie que
« l'honneur de l'avoir servie; ce vaillant homme,
« poussant enfin avec un courage invincible les en-
« nemis qu'il avait réduits à une fuite honteuse,
« reçut le coup mortel, et demeura comme enseveli
« dans son triomphe. Au premier bruit de ce funeste
« accident, toutes les villes de Judée furent émues;
« des ruisseaux de larmes coulèrent des yeux de
« tous leurs habitants : ils furent quelque temps saisis,
« muets, immobiles : un effort de douleur rompant
« enfin ce long et morne silence, d'une voix entre-
« coupée de sanglots que formaient dans les cœurs
« la tristesse, la piété, la crainte, ils s'écrièrent :
« Comment est mort cet homme puissant qui sau-
« vait le peuple d'Israël! A ces cris, Jérusalem
« redoubla ses pleurs, les voûtes du temple s'ébran-
« lèrent, le Jourdain se troubla, et tous ses rivages

« retentirent du son de ces lugubres paroles : Com-
« ment est mort cet homme puissant qui sauvait le
« peuple d'Israël! »

L'adresse et l'intérêt de ce magnifique exorde con-
sistent à présenter d'abord, sous le nom d'un héros de
l'Écriture-Sainte, le tableau allégorique et fidèle du
héros de ce discours; à le faire reconnaître, avant de
l'avoir nommé, dans chacun des traits de cette peinture; à faire entendre dans la répétition d'un texte
bien choisi le cri qu'avait jeté toute la France à la
mort de Turenne. Vous avez pu remarquer d'ailleurs, Messieurs, le choix des termes et la structure
nombreuse des phrases : rien n'y manque ; mais
pour mieux concevoir ce qu'était cet exorde pour
ceux qui l'entendirent, il faut se rappeler les souvenirs et les allusions qui frappaient à tout moment
les auditeurs. Cet homme qui *donnait à des rois ligués contre lui des déplaisirs mortels*, faisait souvenir
de ce mot du roi d'Espagne : *M. de Turenne m'a fait
passer de bien mauvaises nuits.* « Cet homme, que
« Dieu avait mis autour d'Israël comme un mur
« d'airain, » n'était-ce pas celui qui, tout récemment,
dans une campagne à jamais mémorable, avait dissipé les alarmes de toute la France, en dissipant
avec vingt mille hommes soixante mille Impériaux
qui inondaient les frontières d'Alsace et menaçaient
d'envahir nos provinces? « Cet homme, qui de ses
« mains triomphantes venait réparer les ruines du
« sanctuaire, » caractérisait dans M. de Turenne
l'union de la piété avec les talents militaires, et le
zèle qu'il avait montré pour la conversion des héré-

tiques. Tous les autres traits de conformité ne sont pas moins justes, et il ne faut pas s'étonner de l'impression vive que fit ce discours, où l'orateur s'était tout d'un coup saisi si habilement de l'imagination de ses auditeurs avant d'avoir prononcé le nom de Turenne : c'était vraiment un des grands coups de l'art, et cet exorde en est un modèle. D'autres morceaux n'en sont pas indignes : je citerai entre autres celui ou Fléchier parle de la modestie de Turenne : il respire le bon goût des anciens, et même en est imité en quelques endroits. « Cet honneur, Mes-
« sieurs, ne diminue point sa modestie. A ce mot
« je ne sais quel remords m'arrête : je crains de pu-
« blier ici des louanges qu'il a si souvent rejetées,
« et d'offenser après sa mort une vertu qu'il a tant
« aimée pendant sa vie. Mais accomplissons la justice,
« et louons-le sans crainte en un temps où nous ne
« pouvons être suspects de flatterie, ni lui suscep-
« tible de vanité. Qui fit jamais de si grandes choses?
« qui les dit avec plus de retenue? Remportait-il
« quelque avantage, à l'entendre, ce n'était pas qu'il
« fût habile, c'est que l'ennemi s'était trompé. Ren-
« dait-il compte d'une bataille, il n'oubliait rien,
« sinon que c'était lui qui l'avait gagnée. Racontait-il
« quelques-unes de ces actions qui l'avaient rendu
« si célèbre, on eût dit qu'il n'en avait été que le
« simple spectateur, et l'on doutait si c'était lui qui
« se trompait ou la renommée. Revenait-il de ces
« glorieuses campagnes qui ont rendu son nom im-
« mortel, il fuyait les acclamations populaires, il
« rougissait de ses victoires; il venait recevoir des élo-

« ges comme on vient faire des apologies ; il n'osait
« presque aborder le roi, parce qu'il était obligé
« par respect de souffrir patiemment les louanges
« dont S. M. ne manquait jamais de l'honorer. C'est
« alors que, dans le doux repos d'une condition
« privée, ce prince, se dépouillant de toute la gloire
« qu'il avait acquise pendant la guerre, et se ren-
« fermant dans une société peu nombreuse de quel-
« ques amis choisis, s'exerçait sans bruit aux vertus
« civiles. Sincère dans ses discours, simple dans
« ses actions, fidèle dans ses amitiés, exact dans
« ses devoirs, réglé dans ses désirs, grand même
« dans les moindres choses, il se cache, mais sa ré-
« putation le découvre ; il marche sans suite et sans
« équipage, mais chacun dans son esprit le met sur
« un char de triomphe : on compte, en le voyant,
« les ennemis qu'il a vaincus, non pas les serviteurs
« qui le suivent ; tout seul qu'il est, on se figure
« autour de lui ses vertus et ses victoires qui l'ac-
« compagnent. Il y a je ne sais quoi de noble dans
« cette honnête simplicité, et moins il est superbe,
« plus il devient vénérable. »

Voilà du sens, des choses, de la vérité et de l'expression vraiment oratoire. Si Fléchier écrivait ordinairement de ce style, ce ne serait pas encore Bossuet, mais il aurait une bien belle place tout près de lui. Ce qu'il dit ici de Turenne, on peut le dire de ce morceau : « Il y a je ne sais quoi de « noble dans cette honnête simplicité. » Ailleurs Fléchier en est souvent fort loin ; mais dans ce discours et dans l'éloge de Montausier, il se soutient

3.

assez sur le ton du genre : par exemple, dans cet autre endroit, qui est un de ces lieux communs de morale que développe et relève la figure de l'amplification : « Qu'il est difficile, Messieurs, d'être « victorieux et d'être humble tout ensemble ! Les « prospérités militaires laissent dans l'âme je ne sais « quel plaisir touchant * qui l'occupe et la remplit « tout entière. On s'attribue une supériorité de puis-« sance et de force; on se couronne de ses propres « mains; on se dresse un triomphe secret à soi-« même; on regarde comme son propre bien ces « lauriers qu'on cueille avec peine, et qu'on arrose « souvent de son sang; et lors même que l'on rend « à Dieu de solennelles actions de graces, et qu'on « pend aux voûtes sacrées de ses temples des dra-« peaux déchirés et sanglants qu'on a pris sur les « ennemis, qu'il est dangereux que la vanité n'é-« touffe une partie de la reconnaissance; qu'on n'y « mêle, *aux vœux* ** qu'on rend au Seigneur, des « applaudissements qu'on croit devoir à soi-même, « et qu'on ne retienne au moins quelques grains « de cet encens qu'on va brûler sur ses autels ! »

Il y a du pathétique dans l'exposé de la mort de Turenne, comme dans celle de Montausier; mais ce sont à peu près les seuls endroits où en ait Fléchier, qui est d'ailleurs très faible dans cette partie, et qui manque en général de force dans les idées et

---

* Cette épithète ne me paraît pas juste, j'aimerais mieux *je ne sais quel plaisir enivrant.*

** Le mot propre était *hommages : on rend des hommages* et non pas des *vœux.*

dans l'expression. Je ne rapporterai point le morceau cité dans toutes les rhétoriques, qui commence par ces mots : « N'attendez pas, Messieurs, que j'ouvre « ici une scène tragique, etc. » Quoiqu'il ne soit pas sans effet, il ne m'a jamais paru tout-à-fait aussi beau que l'ont dit quelques rhéteurs; je ne crois pas que la figure si commune que l'on nomme *prétérition* fût là ce qu'il y avait de mieux : je crois que le détail des circonstances, toutes si intéressantes, et l'épanchement d'une douleur qui eût répondu à la douleur publique, eût pu produire plus d'émotion. Mais j'observerai, à propos de ce morceau, combien Fléchier est sujet au retour des mêmes figures. Il dit ailleurs dans cette même oraison funèbre : « N'attendez pas, Messieurs, que « je suive la coutume des orateurs, et que je loue « M. de Turenne comme on loue les hommes « ordinaires. » Et dans celle du président de Lamoignon : « N'attendez pas, Messieurs, que je « fasse ici un dernier effort, etc. » Et dans celle de Montausier : « N'attendez pas que je vous repré- « sente, etc. » Il répète aussi beaucoup trop fréquemment ces formules, qu'il faudrait d'autant plus ménager, qu'elles sont plus usées, *je ne vous dirai pas*, etc., *je ne m'arrêterai pas à vous peindre*, etc., *que ne puis-je vous dire*, etc., *que ne m'est-il permis*, etc., *que ne m'est-il possible!* Cette monotonie accuse la faiblesse, sur-tout dans un petit nombre d'ouvrages du même genre.

L'oraison funèbre de Montausier mérite d'être distinguée, comme le portrait fidèle et bien tracé d'un homme qui fut, à la cour, droit, intègre et véridique. Elle a cela de remarquable, qu'elle paraît exempte de toute exagération, et que tout ce que dit le panégyriste est confirmé par les traditions qui nous restent, et conforme à l'opinion générale. Le style a plus de sévérité et de gravité que dans les autres ouvrages du même auteur : il était ami de Montausier, et il semble qu'il ait emprunté cette fois quelque chose de son caractère. Il n'est pas non plus dépourvu de force et de précision; en voici quelques traits : « Il allait porter son encens avec peine « sur les autels de la Fortune, et revenait chargé « du poids des pensées qu'un silence contraint avait « retenues. » Après avoir parlé des services qu'il avait rendus dans le temps de la Fronde, Fléchier continue ainsi : « Quelle justice lui rendit-on? On « approuva ses services, et bientôt on les oublia. « Dans ces jours de confusion et de trouble, où les « graces tombaient sur ceux qui savaient à propos « se faire soupçonner ou se faire craindre, on le « négligea comme un serviteur qu'on ne pouvait pas « perdre, et l'on ne songea pas à sa fortune, parce « qu'on n'avait rien à craindre de sa vertu. » C'est peindre en traits concis et énergiques l'esprit de la cour et celui du temps; Tacite n'aurait pas mieux dit.

A l'occasion du respect qu'inspirait l'austère piété de Montausier, il en donne une preuve digne de remarque : « L'insensé ferma devant lui ses lèvres « impies, et retenant sous un silence forcé ses vaines « et sacrilèges pensées, se contenta de dire en son « cœur : il n'y a point de Dieu. » Si Montausier revenait aujourd'hui, je ne sais si son pouvoir irait jusque-là. Fléchier, huit ans auparavant, avait aussi rendu le même devoir funèbre à la digne épouse de cet homme vertueux, madame de Montausier, la célèbre Julie d'Angennes, l'un des principaux ornements de ce fameux hôtel de Rambouillet, qui, bien que frappé d'un juste ridicule dans ses abus, ne fut pourtant pas, dans son origine, inutile aux lettres, dont il contribuait à répandre le goût dans la société des grands. Mademoiselle de Rambouillet fut l'objet des hommages de tout ce qu'il y avait alors de plus renommé pour l'esprit et la politesse. Elle fut peinte, dans les romans de mademoiselle Scudery, sous le nom d'*Arténice*; et ce portrait eut tant de vogue, que Fléchier ne crut pas trop rabaisser son ministère en lui donnant ce nom dans l'éloge qu'il lui a consacré. Ce fut aussi pour elle que fut composée *la Guirlande de Julie*, bouquet poétique où tous les beaux-esprits du temps apportèrent leurs fleurs, aujourd'hui, il est vrai, presque toutes fanées, mais qui partagèrent alors la France entière sur le choix et la préférence. Quand on se défierait de tous ces hommages, il faudrait pourtant croire qu'une femme qui captiva le sévère Montausier ne devait pas être d'un mérite médiocre. Elle fut gouvernante du dauphin, Monseigneur, fils aîné de Louis XIV; et cette première éducation mérita de précéder celle qui fit ensuite tant d'honneur à son mari. C'est dans ce sujet que Fléchier fit avec succès le premier essai de ses talents pour l'oraison funèbre. Mais on pourrait penser qu'il y avait encore en lui quelque reste du goût singulier et de la politesse affectée de l'hôtel de Rambouillet, du moins si l'on en juge par les passages suivants : « Ce nom de « Rambouillet, qui renferme *je ne sais quel mélange* « *de la grandeur romaine et de la civilité française.* » *On ne sait* en effet ce que peut signifier ce *mélange*, ni ce que *la grandeur romaine* a de commun avec le *nom de Rambouillet.* « Un ancien disait *autrefois* « que les hommes étaient nés pour l'action et pour « la conduite du monde..... que *les dames* n'étaient « nées que pour le repos et pour la retraite. » Ce mot de *dames* est ici bien étrangement placé, surtout dans la bouche d'un ancien : mais ce qui étonne davantage, c'est de retrouver ce mot quelques pages après, et toujours en faisant parler un ancien. « Son caractère était d'être bienfaisante, et, pour « me servir des termes d'un célèbre Romain, elle « ne paraissait pas tant *une dame mortelle* qu'une « divinité favorable aux malheureux. » Ceci est encore bien plus extraordinaire : il semblerait que Fléchier ait craint de se servir du mot de *femme*, quelque nécessaire qu'il fût, comme trop au-dessous de la dignité oratoire ou de madame de Montausier. C'est là, certainement, de la politesse bien mal entendue. Une *dame mortelle* est aussi ridicule qu'un *monsieur mortel* ; et pourquoi d'ailleurs faire cette injure aux femmes, de croire le nom de leur sexe trop peu noble ou trop peu respectueux ? A n'en juger que par ce qu'il doit naturellement exprimer, ce nom est leur plus beau titre : il signifie la bonté, la douceur, la modestie et les graces.

Vous trouverez dans Fléchier d'autres endroits qui prouvent que, dans sa diction scrupuleusement soignée, il ne laisse pas de pécher quelquefois par l'affectation, le défaut de propriété dans les termes, ou de justesse dans les idées, comme Bossuet, dans son élocution ardente et inspirée, laisse passer de temps en temps quelques inexactitudes.

La pieuse duchesse d'Aiguillon avait équipé à ses frais un vaisseau pour la Chine, chargé de missionnaires : le vaisseau fit naufrage. Fléchier dit à ce sujet : *Les eaux de la mer n'éteignirent pas l'ardeur de sa charité* : c'est une antithèse puérile, fondée sur un abus de mots.

« Telle est l'heureuse condition des justes : ils « sentent aux approches de la mort un redouble- « ment d'ardeur et de force. Leur âme *se resserre en* « *elle-même*, et croit voir à chaque moment les por- « tes de l'éternité s'entr'ouvrir pour elle. »

Si Fléchier avait dit : Leur âme se recueille en elle-même pour contempler l'éternité, etc., il y aurait un juste rapport entre l'idée et l'expression, parce que la contemplation est la suite du recueillement; mais que *l'âme du juste se resserre* quand *elle croit voir les portes de l'éternité*, l'idée est absolument fausse. L'âme du juste, au contraire, doit s'ouvrir, se dilater, s'élancer au devant de l'éternité.

« La moindre *louange* qu'on puisse donner à « Turenne, c'est d'être sorti de l'ancienne et illustre « maison de la Tour-d'Auvergne. » Ce mot de *louange* est très déplacé. Fléchier voulait dire *le moindre lustre*, *le moindre titre*. Ce ne peut jamais être une *louange* ni grande ni petite, d'être sorti d'une maison plutôt que d'une autre. Le hasard peut-il être un sujet de *louange?* Cette inadvertance est choquante; elle paraît tenir à l'habitude de flatter, d'autant plus que j'en aperçois ailleurs un exemple du même genre. Il dit, en parlant des soins particuliers que Dieu prend des rois : *Ce sont ses créatures les plus nobles.* Ministre de l'Évangile, où avez-vous pris cette erreur? Les rois sont les *créatures les plus nobles* dans l'ordre social et politique; mais dans l'ordre moral et religieux, *la créature la plus noble* devant Dieu, c'est celle qui s'en rapproche le plus par sa vertu bienfaisante. Vous ajoutez *qu'elles sont faites proprement à sa ressemblance et à son image.* C'est ce que l'Écriture dit en propres termes de tous les hommes : pourquoi les appliquer *proprement* aux rois. Vous dites : « Il les conduit par son esprit, il les « fortifie par sa vertu, il les couronne dans ses mi- « séricordes. » C'est encore ce que l'Écriture dit des justes seuls, et ce qui ne peut convenir aux rois que quand ils sont justes. Voudriez-vous rendre *l'esprit de Dieu* comptable de tout ce qu'ont fait les princes injustes? Il est inconséquent et dangereux d'énoncer ainsi d'une manière générale et affirmative ce qui n'est vrai que dans des applications restreintes, et même rares.

On s'attend bien que Fléchier n'est pas plus exempt que Bossuet de ces traits d'adulation qui étaient alors si fort à la mode. Il eut le bonheur d'avoir à louer dans Turenne un véritablement grand homme. Il était dispensé de parler de ses faiblesses, si ce n'est pour dire, ce que personne ne lui aurait contesté, qu'elles avaient été suffisamment rachetées par ses services et ses vertus. Mais pourquoi parler de lui comme s'il ne les eût jamais eues, ces faiblesses? Pourquoi dire que *son cœur s'était sauvé des dérèglements que causent d'ordinaire les passions?* Quel *dérèglement* plus grand que de faire la guerre au roi pour plaire à madame de Longueville, que de révéler le secret de l'État à une autre femme, et à une femme qui le trompait? Voilà les souvenirs que retrace maladroitement l'indiscrète *louange* de l'orateur. Il en rappelle d'autres qui ne sont pas moins fâcheux, par cette phrase qui n'est d'ailleurs en elle-même qu'une exagération vide de sens : « Il eût voulu « pouvoir attaquer sans nuire, se défendre sans of- « fenser. » C'est vouloir relever la modération de son héros aux dépens de toute raison : Turenne en avait trop pour former un vœu aussi absurde que celui *d'attaquer sans nuire;* ce qui se contredit dans les termes : c'est comme si Turenne eût désiré de faire la guerre aux ennemis sans leur faire aucun mal. Et que font ces hyperboles, si ce n'est de réveiller plus vivement la mémoire de l'embrasement du Palatinat, exécuté à regret sans doute, mais enfin exécuté, et sur les ordres de Louvois, qui en donna de semblables à Catinat, mais qui n'en fut pas obéi!

Un orateur peut saisir avec empressement l'occasion de caractériser la politique et les talents d'un ministre aussi fameux que le cardinal Mazarin, et ce devrait être un des embellissements de l'oraison funèbre du chancelier Le Tellier, élève et créature de ce ministre. Mais il n'y avait pas plus d'art que de vérité à nous dire que Mazarin *avait appris à Louis XIV l'art de régner et les secrets de la royauté*. Il était trop public qu'il ne lui avait rien appris du tout, ni souffert qu'on lui apprît rien. Fléchier dit de Le Tellier dans ce même discours : « Au milieu « des grandeurs humaines, il en connut le néant, *il* « *se vit mortel*. » N'y a-t-il pas là un peu d'emphase ? Qu'un monarque tel que Louis XIV dise à sa cour, qui pleure autour de son lit de mort : « Pourquoi « pleurez-vous ? M'avez-vous cru immortel? » Cette parole est belle : elle est d'une âme tranquille, qui se prononce à elle-même son arrêt sans le craindre; mais quoique la place de chancelier soit une grande dignité, il n'est pourtant pas très extraordinaire qu'un chancelier *se voie mortel.*

Quant aux éloges de Louis XIV, comme ennemi et destructeur de l'hérésie, ils sont les mêmes dans Fléchier que dans Bossuet, quoique moins fréquents; mais Fléchier pousse les choses plus loin. Comme les Hollandais étaient hérétiques, il appelle la guerre de Hollande *une guerre sainte*, où Dieu *triomphait avec le prince*. L'invasion de la Hollande *une guerre sainte!* Voilà de ces traits qui justifieraient la mauvaise humeur de quelques philosophes qui ont totalement réprouvé l'éloquence du panégyrique, si jamais un excès pouvait en justifier un autre.

Le P. de **La Rue** a dit de Fléchier : « L'amour « de la politesse et de la justesse du style l'avait saisi « dès ses premières études. Il ne sortait rien de sa « plume, de sa bouche, même en conversation, qui

« ne fut travaillé; ses lettres et ses moindres billets
« avaient du nombre et de l'art. Il s'était fait une
« habitude et presque une nécessité de composer
« toutes ses paroles, et de les lier en cadence. » Les
ouvrages de Fléchier prouvent la fidélité du témoignage que lui rend le P. de La Rue. Il faut de ces hommes-là pour achever de limer et d'épurer une langue récemment perfectionnée; mais ce ne sont pas ceux qui en portent le plus haut la gloire et la puissance*. Celui qui donne tant de soin et de temps à ses paroles n'est pas pressé par ses idées; et mettre *du nombre et de l'art* dans ses moindres billets, c'est être né plutôt pour la perfection des petites choses que pour la création des grandes.

La Harpe, *Cours de Littérature.*

MORCEAUX CHOISIS.

I. Mort de Turenne.

Turenne meurt, tout se confond, la fortune chancelle, la victoire se lasse, la paix s'éloigne, les bonnes intentions des alliés se ralentissent, le courage des troupes est abattu par la douleur et ranimé par la vengeance, tout le camp demeure immobile; les blessés pensent à la perte qu'ils ont faite, et non

---

* Fléchier n'est pas assez goûté de nos jours; on s'est trop accoutumé à ne voir en lui qu'un adroit artisan de paroles. Par une injustice assez commune, la qualité dominante de son talent a passé pour la seule; et, par une fausse doctrine, cette qualité, précieuse en elle-même, n'a paru mériter qu'une médiocre estime. On a pensé que si l'art de choisir les mots, l'emploi des tours heureux, des constructions savantes, enfin tous les secrets et tous les détails de l'élégance et de l'harmonie formaient un titre de gloire

aux blessures qu'ils ont reçues. Les pères mourants envoient leurs fils pleurer sur leur général mort. L'armée en deuil est occupée à lui rendre les devoirs funèbres; et la renommée, qui se plaît à répandre dans l'univers les accidents extraordinaires, va remplir toute l'Europe du récit glorieux de la vie de ce prince, et du triste regret de sa mort.

Que de soupirs alors, que de plaintes, que de louanges retentissent dans les villes, dans la campagne! L'un, voyant croître ses moissons, bénit la mémoire de celui à qui il doit l'espérance de sa récolte; l'autre, qui jouit encore en repos de l'héritage qu'il a reçu de ses pères, souhaite une éternelle paix à celui qui l'a sauvé des désordres et des cruautés de la guerre : ici, l'on offre le sacrifice adorable de J. C. pour l'âme de celui qui a sacrifié sa vie et son sang pour le bien public; là, on lui dresse une pompe funèbre, où l'on s'attendait de lui dresser un triomphe : chacun choisit l'endroit qui lui paraît le plus éclatant dans une si belle vie; tous entreprennent son éloge; et chacun, s'interrompant lui-même par ses soupirs et par ses larmes, admire le passé, regrette le présent, et tremble pour l'avenir. Ainsi tout le royaume pleure la mort

---

aux commencements de notre littérature et de notre langue, ce mérite, d'abord personnel à l'écrivain, devait s'affaiblir et se perdre à mesure que la langue elle-même se perfectionnait, cultivée par des mains habiles et soigneuses. Mais on aurait dû se souvenir combien la décadence est près de la perfection. Ces écrivains, long-temps admirés comme créateurs de notre langue, en sont aujourd'hui les conservateurs : leur usage a changé d'objet; mais il n'a rien perdu de son prix.

VILLEMAIN, *Essai sur l'Oraison funèbre.*

de son défenseur, et la perte d'un homme seul est une calamité publique[*].

Oraisons Funèbres.

II. L'Esprit.

Qu'est-ce que l'esprit dont les hommes paraissent si vains ? Si nous le considérons selon la nature, c'est un feu qu'une maladie et qu'un accident amortissent sensiblement; c'est un tempérament délicat qui se dérègle, une heureuse conformation d'organes qui s'use, un assemblage et un certain mouvement d'esprits qui s'épuisent et qui se dissipent. C'est la partie la plus vive et la plus subtile de l'âme qui s'appesantit, et qui semble vieillir avec le corps. C'est une finesse de raison qui s'évapore, et qui est d'autant plus faible et plus sujette à s'évanouir, qu'elle est plus délicate et plus épurée. Si nous le considérons selon Dieu, c'est une partie de nous-mêmes, plus curieuse que savante, qui s'égare dans ses pensées. C'est une puissance orgueilleuse qui est souvent contraire à l'humilité et à la simplicité chrétiennes, et qui, laissant souvent la vérité pour le mensonge, n'ignore que ce qu'il faudrait savoir, et ne sait que ce qu'il faudrait ignorer.

Oraison funèbre de mad. de Montausier.

III. Le cardinal de Richelieu.

Déjà, pour l'honneur de la France, était entré dans l'administration des affaires un homme plus

---

[*] Voyez, dans les jugements, les morceaux cités par Thomas et par la Harpe. F.

grand par son esprit et par ses vertus, que par ses dignités et par sa fortune; toujours employé, et toujours au-dessus de ses emplois; capable de régler le présent, et de prévoir l'avenir; d'assurer les bons évènements, et de réparer les mauvais; vaste dans ses desseins, pénétrant dans ses conseils, juste dans ses choix, heureux dans ses entreprises, et, pour tout dire en peu de mots, rempli de ces dons excellents que Dieu fait à certaines âmes qu'il a créées pour être maîtresses des autres, et pour faire mouvoir ces ressorts dont la Providence se sert pour élever, ou pour abattre, selon ses décrets éternels, la fortune des rois et des royaumes.

Oraisons funèbres.

IV. Mazarin.

Déjà pour le soutien d'une minorité et d'une régence tumultueuses, s'était élevé à la cour un de ces hommes en qui Dieu met ses dons d'intelligence et de conseil, et qu'il tire de temps en temps des trésors de sa providence pour assister les rois, et pour gouverner les royaumes. Son adresse à concilier les esprits par des persuasions efficaces, à préparer les évènements par des négociations pressées ou lentes, à exciter ou calmer les passions par des intérêts et des vues politiques, à faire mouvoir avec habileté les ressorts de la guerre ou de la paix, l'avait fait regarder comme un ministre non seulement utile, mais encore nécessaire. La pourpre dont il était revêtu, la capacité qu'il fit voir, et la douceur dont il usa, après plusieurs agitations, le mirent enfin au-dessus de l'envie; et, tout concourant à sa gloire, le ciel même faisant servir à son élévation et sa faveur et ses disgraces, il prit les rênes de l'état : heureux d'avoir aimé la France comme sa patrie, d'avoir laissé la paix aux peuples fatigués d'une longue guerre, et plus encore d'avoir appris l'art de régner et les secrets de la royauté au premier monarque du monde.

Ibid.

FLEURY (CLAUDE), fils d'un avocat au conseil, originaire de Rouen, naquit à Paris, le 6 décembre 1640. Son père le destinant au barreau, il se livra tout entier à l'étude du droit civil et de l'histoire; il y joignit celle des belles-lettres, pour lesquelles il était passionné, et se fit recevoir avocat au parlement, en 1658. Il fréquenta le Palais pendant neuf ans; mais une inclination naturelle pour un genre de vie plus tranquille, lui fit abandonner cette carrière pour prendre l'état ecclésiastique. Dès lors il tourna toutes ses pensées vers l'étude de la théologie, des Pères, de l'Écriture-Sainte et du droit canonique : en peu de temps il y devint fort habile. Il y avait déjà quelques années qu'il avait pris l'ordre de prêtrise, lorsqu'en 1672, son mérite le fit choisir pour précepteur des fils du prince de Conti, que Louis XIV faisait élever auprès du dauphin. Cette éducation finie, le roi, qui l'avait apprécié, le chargea, en 1680, de celle du comte de Vermandois, qu'il n'acheva point, ce jeune prince étant mort trois ans après. En 1684, l'abbé Fleury fut nommé à l'abbaye de Loc-Dieu, ordre de Cîteaux; enfin, en 1689, il fut sous-précepteur des ducs de Bourgogne, d'Anjou et de Berry, fils du dauphin. Il se trouva ainsi associé aux travaux de Fénelon, dont il mérita l'estime et l'amitié, et ne contribua pas moins que lui au succès de cette importante éducation. Deux ans après, commencèrent à paraître les premiers volumes de son *Histoire ecclésiastique*, « ouvrage, dit « l'abbé Desfontaines, dont tous les savants et les « personnes d'esprit et de goût ont fait jusqu'ici beau-« coup d'estime. Il renferme une critique excellente. »

C'est en 1696, lorsqu'il était encore attaché aux jeunes princes, que l'abbé Fleury fut choisi par l'Académie française pour remplacer La Bruyère. Au reste, la position brillante dans laquelle il se trouvait, les hommes dont il était entouré, ne purent le distraire de la vie retirée qu'il menait au sein de la cour. L'éducation des princes terminée, Louis XIV récompensa l'abbé Fleury par le don du riche prieuré d'Argenteuil; ce fut alors que, libre de tous soins, il se livra à des travaux dignes de son état. Mais, à la mort de Louis XIV, en 1716, Fleury se vit rappelé à la cour par le régent, pour être confesseur du jeune roi. Il remplit avec zèle et sagesse des fonctions si délicates, et les quitta en 1722, à cause de son grand âge. Il mourut le 14 juillet 1723, dans sa quatre-vingt-troisième année.

Parmi les nombreux ouvrages qu'a laissés l'abbé Fleury, on remarque: *Histoire du droit français*, Paris, 1674, in-12; *Catéchisme historique*, 1679, in-12: c'est l'histoire de la religion, depuis la création du monde jusqu'à la paix de l'Église, sous Constantin. Il a été traduit en plusieurs langues; *les Mœurs des Israélites*, 1681, in-12. *Les Mœurs des Chrétiens*, 1682, in-12. On joint souvent ce dernier ouvrage au précédent, dont il forme comme la suite. On les a réunis en 3 vol. in-12, 1802, jolie édition. *Traité du choix et de la méthode des études*, 1686, in-12; *Devoirs des maîtres et des domestiques*, 1688, in-12; *Histoire ecclésiastique*, Paris, 1691 et suiv., 20 vol. in-4°, continuée par le père Fabre, de l'Oratoire, 1726 et suiv., 16 vol. in-4°; en tout 36 vol. in-4° et in-12. Il y a eu d'autres éditions à Bruxelles et à Caen. Un grand nombre de petits ouvrages de l'abbé Fleury ont été recueillis par Rondet, et publiés sous le titre d'*Opuscules*, Nîmes, 1780, 5 vol. in-8°. M. Émery, supérieur général de la congrégation de Saint-Sulpice a aussi réuni quelques pièces inédites, et notamment le discours sur les libertés de l'Église gallicane, et en a formé un volume de *Nouveaux Opuscules*, Paris, 1807, in-12.

JUGEMENTS.

I.

Le plus considérable des ouvrages de l'abbé Fleury est l'*Histoire ecclésiastique*, à laquelle il travailla durant trente années, et dont il donna vingt volumes qui renferment l'espace de quatorze siècles, depuis l'établissement du christianisme jusqu'à l'ouverture du concile de Constance.

Cet ouvrage fut reçu avec les plus justes applaudissements. Il ne faut pourtant s'attendre à y trouver, ni cette beauté de style, ni cette chaleur de description, ni cette force ou cette finesse de pinceau, ni cette profondeur de réflexions qu'on cherche dans le commun des historiens, qu'on admire dans quelques-uns, et qui même dans ces derniers ont plus d'une fois le défaut de faire trop penser à l'écrivain, et oublier ceux dont il parle; l'auteur a suppléé à ces qualités brillantes par un ton de vérité scrupuleuse et naïve, qui lui concilie et lui attache son lecteur. On dirait que l'abbé Fleury s'est proposé pour modèle la simplicité des livres saints, et qu'il a tracé la propagation du christianisme de la même plume dont les écrivains sacrés en ont décrit la naissance.

Nous ne devons pas négliger de dire, comme un trait qui fait honneur à la modestie de l'abbé Fleury, qu'il hésita long-temps à entreprendre d'écrire l'*Histoire ecclésiastique*. Il regardait ce travail comme trop au-dessus de ses forces; il s'était contenté de recueillir, pour son propre usage, quelques matériaux de cette histoire; ses amis le pressèrent de les mettre en œuvre : *Je tâcherai donc*, leur dit-il presque en tremblant, *de faire ce que vous désirez....* *Savez-vous bien*, ajouta Bossuet, *qu'il est homme à tenir parole?* et Bossuet ne se trompa point.

L'abbé Fleury avait préludé à la composition de l'*Histoire ecclésiastique* par d'autres ouvrages non moins utiles, et qui tous avaient pour objet le bien de la religion et de l'humanité. Dans celui qui a pour titre *les Mœurs des Israélites et des Chrétiens*, la première partie est une description intéressante de la vie des anciens patriarches, et des mœurs de la nation choisie, que Dieu semble avoir voulu venger du mépris des autres peuples, en se faisant connaître plus particulièrement à elle, et en lui prescrivant cette manière de vivre, simple, uniforme et modeste, qui est ici-bas la principale source du repos et du bonheur. La seconde partie offre un tableau plus intéressant encore de la vie toute céleste qu'on peut mener sur la terre, en la regardant comme un lieu de passage, qui doit conduire l'homme à une vie meilleure et plus heureuse.

Le style de cet ouvrage est, comme celui de l'*Histoire ecclésiastique* et des autres productions de l'auteur, sans recherche, sans éclat, quelquefois même négligé, mais toujours net et précis; la négligence même aide beaucoup à la séduction, si on peut employer ici ce terme; et on ne craint point de dire que cette négligence si noble est bien plus digne de la grandeur du sujet, que ne l'eût été la vaine élégance des ornements.

L'abbé Fleury a écrit plus simplement encore son *Catéchisme historique*, et sur-tout l'excellent *Abrégé de ce catéchisme*, destiné à l'instruction des enfants; cet ouvrage est fait avec une méthode et une clarté digne de servir de modèle à tous les écrits où l'on se propose d'instruire la jeunesse. Quelques philosophes ont formé dans ces derniers temps le projet d'un catéchisme de simple morale, à l'usage de tous les peuples, de tous les temps, et même de toutes les religions et de tous les hommes, c'est-à-dire à l'usage des enfants de tous les âges et de tous les lieux. La meilleure forme qu'on pût donner à ce catéchisme, est celle que l'abbé Fleury a donnée au sien, quoique l'objet en soit très différent. Cette forme consiste à exposer d'abord dans un article court, net et précis, les principes et les vérités que l'auteur se propose d'établir, et à développer ensuite ces vérités dans une espèce de dialogue, par des demandes très courtes et des réponses très simples, de manière qu'on puisse s'assurer si les enfants les ont comprises, et les leur rendre propres quand ils les ont saisies.

Dans le *Traité du choix et de la conduite des études*, on voit la même logique, le même fond de sens et de raison qui a dicté les *Discours sur l'Histoire ecclésiastique*. L'auteur ne regardait pourtant cet ouvrage que comme une esquisse et une espèce de projet. Il avouait lui-même qu'il *y manquait bien des choses*, et sur la fin de ses jours il se proposait de le refondre et de l'augmenter beaucoup. On doit regretter que sa vie n'ait pu être prolongée jusqu'à ces derniers temps, où la matière des études a été tant agitée, et avait si grand besoin de l'être après tant de siècles d'ignorance, de préjugés et de routine. L'abbé Fleury, appuyé de l'autorité que lui aurait donnée sa considération personnelle, et ajoutant à ses lumières naturelles celles de notre siècle, eût peut-être fixé la manière de penser sur ce grand objet de l'éducation particulière ou publique, que nos philosophes désirent tant de réformer, et dont la réforme trouve tant d'obstacles de la part de ceux qui craignent que les peuples ne s'instruisent et ne s'éclairent; objet très intéressant, mais sur lequel l'intérêt perfide des uns, et la doctrine suspecte des autres, répandront long-temps des nuages, plus difficiles peut-être à écarter qu'à détruire.

Il est un autre ouvrage de l'abbé Fleury, moins connu et moins lu, parce qu'il intéresse une partie du genre humain qu'on s'accoutume trop à mépriser; c'est son *Traité du devoir des maîtres et des domestiques*. Il y expose en homme et en chrétien les obligations que la religion et les lois de la société imposent à ces hommes qui ont le malheur d'être destinés à servir leurs semblables; mais en leur traçant leurs devoirs, l'abbé Fleury n'oublie pas leurs intérêts. Il commence son livre par l'exposé rigoureux des obligations des maîtres, comme tous les ouvrages qu'on fait sur les devoirs des sujets et des enfants, devraient commencer par ceux des rois et des pères.

Pour ne parler ici que des domestiques et des maîtres, combien de gens, dit l'abbé Fleury, qui reprochent aux princes de se croire d'une autre espèce que le reste des hommes, agissent à l'égard du malheureux qui est à leurs ordres, comme s'ils se croyaient en effet d'une autre espèce que lui? Mais ce qui est le plus humiliant pour la nature humaine, c'est que les inférieurs, comme l'observe encore notre sage et vertueux écrivain, aident eux-mêmes à fomenter ce préjugé qui leur est si nuisible; depuis ceux qui gémissent sous l'esclavage forcé d'un tyran, jusqu'à ceux qui se sont soumis à une servitude volontaire, la partie du genre humain qui obéit et qui souffre, n'est pas éloignée de se persuader que celle qui commande et qui opprime est réellement d'une autre nature qu'elle, et formée d'un limon plus noble et plus précieux.

D'ALEMBERT, *Éloge de Fleury*.

II.

Il est honorable pour le christianisme que ce soit un prêtre qui ait fait l'*Histoire de l'Église*, et qu'il l'ait faite en vrai philosophe et en vrai chrétien. Ces deux titres, loin de s'exclure, se rapprochent et se fortifient l'un par l'autre dès qu'ils sont dans leur vrai sens, et l'abbé Fleury en est la preuve. On n'a pas une piété plus vraie ni plus éclairée; plus il aime la religion, plus il sépare dans son histoire, ce qui est de Dieu et ce qui est du monde; et on lui rend ce témoignage, que chez lui le prêtre n'a jamais nui à l'historien. Ses *Discours*, entremêlés d'abord dans son ouvrage, et réunis ensuite en un seul volume, ont été loués même par les ennemis de la religion. Ces louanges n'étaient que justes; ils les croyaient adroites, elles ne l'étaient pas. Fleury, en devançant leur censure sur tout ce que la corruption humaine a pu mêler à la sainteté d'une institution divine, leur ôtait le mérite, quel qu'il soit, d'un genre de critique très facile, et gardait pour lui le mérite beaucoup plus rare de ne jamais confondre la chose avec l'abus. En se faisant juge impartial, il les avait convaincus d'avance de déclamation et de calomnie. Il dissimule d'autant moins les fautes, qu'il gémit plus sincèrement sur le scandale; et dans tout ce que l'ignorance des peuples ou l'ambition des grands a pu produire de mal, au nom d'une religion qui ne fait et ne veut que le bien, le clergé et la cour de Rome n'ont point eu de censeur plus sévère; et ceux qui en ont été les calomniateurs forcenés se condamnaient eux-mêmes en louant l'abbé Fleury.

Au reste son volumineux ouvrage, continué depuis sa mort, et dans le même esprit, quoique avec moins de talent, est plutôt une compilation qu'une histoire. Elle pourrait être élaguée considérablement sans y rien perdre, et serait beaucoup plus lue. On pourrait réduire les faits à l'essentiel, en prendre la substance, et laisser à Baronius, aux érudits, aux biographes, aux controversistes, les détails du martyrologe, les procès verbaux des miracles, les disputes des hérésiarques et les cahiers des conciles. En général, on ne distingue pas assez l'histoire de ce qui doit servir à la faire; et là-dessus les modernes ont été long-temps moins judicieux que les anciens, et beaucoup moins sobres de paroles. Il est trop aisé et trop inutile de recueillir tout ce qu'on a lu. Le discernement consiste à laisser aux savants, ou à ceux qui veulent l'être, ce qui est de leur ressort et à se resserrer dans ce qui convient au plus grand nombre des lecteurs selon la nature des objets, et le degré d'intérêt et d'attention qu'ils peuvent y donner : c'est là l'esprit de l'histoire. Il est comme étouffé sous des monceaux de volumes; au lieu que, dans un espace borné, l'on recueille ce qu'il y a de substantiel et de fructueux.

Le style de Fleury, clair, simple et naturel, a un caractère de candeur qui va, s'il est permis de le dire, jusqu'à une sorte de bonhomie affectueuse, qui ne rabaisse point l'écrivain, et qui fait aimer et estimer l'homme.

La Harpe, *Cours de Littérature.*

FLORIAN (Jean-Pierre-Claris, chevalier de) naquit le 6 mars 1755, au château de Florian, que son grand père avait fait bâtir près de Sauve, dans les Basses-Cévènes. Ce fut dans ce lieu qu'il passa les premières années de son enfance sous les yeux d'un aïeul qui, n'ayant pas su borner ses goûts à l'état de sa fortune, ne laissa en mourant qu'une succession des plus obérées. Après avoir fait une partie de ses études dans une pension à Saint-Hippolyte, Florian fut présenté à Voltaire, par le marquis de Florian, son oncle, qui avait épousé une des nièces du philosophe de Ferney. La gaieté vive et franche du jeune chevalier et ses réparties spirituelles, le firent prendre en amitié par celui qui se plaisait alors à faire et à défaire tant de réputations. Il encouragea Florian dont il reconnut les heureuses dispositions, et fortifia en lui le goût que sa mère, Gilette de Salgue, Castillane d'origine, lui avait inspiré pour la littérature espagnole, trop négligée en France depuis le siècle de Louis XIV; mais le chevalier ayant été nommé page du duc de Penthièvre, ne profita pas long-temps des leçons de Voltaire, dont il se sépara à l'âge de quinze ans.

De même qu'à Ferney, son amabilité, son esprit, et sur-tout cette douce sensibilité qui le caracactérisait, le firent réussir à la petite cour du château d'Anet, dont l'illustre maître lui témoigna dès ce premier moment une bienveillance qui ne s'est jamais démentie.

Au sortir des pages, Florian entra d'abord dans une école d'artillerie, qui existait alors à Bapaume mais les sciences exactes ayant peu d'attrait pour son esprit, il sortit de cette école, et passa en qualité de sous-lieutenant dans les dragons de Penthièvre, où son protecteur lui accorda bientôt une compagnie. Quoique tous ses loisirs en garnison fussent remplis par la culture des belles-lettres, Florian ne tarda pas à sentir que sa profession s'accordait peu avec sa passion dominante : alors il sollicita une réforme au moyen de laquelle son service comptât toujours sans qu'il fût obligé de rejoindre son régiment. L'ayant obtenue, il accepta avec reconnaissance la place de gentilhomme ordinaire que lui offrit le duc de Penthièvre, dont il devint tout-à-fait l'ami et le confident. Un emploi qui lui parut non moins doux fut celui de distribuer les bienfaits que la belle âme de son protecteur se plaisait à répandre. Florian était digne d'aussi nobles fonctions; son cœur savait le secret de ménager les malheureux, et la grace qu'il mettait en leur offrant les dons du prince, et souvent les siens, en doublait encore le prix.

Le genre de vie que Florian était désormais destiné à mener, lui permit de se livrer presque exclusivement à son goût favori. Il débuta à l'Académie française, dans laquelle il fut reçu en 1788, par son *Éloge de Louis XII.* Ce morceau ne fut pas généralement goûté; mais il réussit mieux dans une épître intitulée : *Voltaire et le Serf du Mont Jura.* L'Académie couronna cette pièce en 1782. L'année suivante Florian obtint un nouveau prix pour sa jolie églogue de *Ruth*, dédiée au duc de Penthièvre. Doué d'une imagination riante, Florian voulut rajeunir les peintures de l'amour chevaleresque et les douces chimères de l'amour pastoral, et publia *Galatée* en 1783. Les trois premiers livres sont une imitation embellie de Cervantes, le quatrième est de sa composition. Cet ouvrage eut la plus grande vogue. *Estelle*, qui parut en 1788, et qui lui appartient en entier, ne se fit pas moins remarquer par la fraîcheur des peintures et la teinte du sentiment qui y domine. Ses *Six Nouvelles*, suivies des *Nouvelles Nouvelles*, formèrent un ensemble de tableaux charmants qui furent accueillis du public avec le plus vif intérêt. Florian, qui peignit avec tant de graces les anciennes mœurs pastorales, fut moins heureux lorsqu'il voulut traiter un sujet où il fallait plus d'enthousiasme et d'énergie. *Numa Pompilius*, qu'il publia en 1786, contient des détails agréables, mais n'est qu'une faible imitation du poème de l'immortel Fénelon. *Gonzalve de Cordoue*, qui parut en 1791, a, comme *Numa Pompilius*, les défauts d'un genre indéterminé; mais le précis historique sur les Maures, placé en tête de cet ouvrage, pour lui servir d'introduction, est généralement considéré comme un excellent morceau d'histoire, qui prouve que Florian aurait pu traiter ce genre avec succès.

Outre que nous lui devons d'avoir, en quelque sorte, recréé parmi nous le roman pastoral, on peut dire aussi qu'il a su se faire un genre à part dans ses petites pièces de théâtre, que non seulement il a rendues très piquantes, mais encore originales, en donnant une physionomie toute nouvelle au personnage d'Arlequin, de la comédie italienne, dont nous ne connaissions que les lazzis et les balourdises.

C'est sur-tout dans ses fables, imprimées en 1792, qu'on retrouve l'empreinte de son caractère et de son talent. Elles l'ont placé, dans l'opinion générale, le second de nos fabulistes français, et ce rang est encore assez beau pour assurer sa gloire.

Cet écrivain, qui sut réunir l'élégance du style avec tout ce que les graces de la simplicité ont de plus facile et de plus aimable, se voyait comblé de marques d'intérêt et d'attachement par tous ceux qui le connaissaient. Partageant ses jours entre les muses et l'amitié, il jouissait en sage du fruit de ses vertus et de ses travaux, et rien ne semblait devoir troubler les douceurs de sa situation, lorsque la mort de son protecteur et les horreurs de notre révolution vinrent successivement porter les coups les plus funestes à sa sensibilité.

Banni en 1793, par le décret qui défendait aux nobles de rester à Paris, Florian se refugia à Sceaux, où le souvenir des bienfaits qu'il y avait répandus lui avait concilié la reconnaissance et l'affection de la plupart des habitants; mais il ne tarda pas à être arraché de cette retraite pour subir un emprisonnement dans la maison d'arrêt de la *Bourbe*, dite alors

Port-libre. C'est-là qu'il composa en grande partie *Guillaume Tell*, sa plus faible production.

Il recouvra sa liberté après le 9 thermidor ; mais il ne fit plus que languir dans de continuelles alarmes, et une nouvelle dénonciation l'ayant mis sur le point de rentrer en prison, la frayeur lui causa une maladie violente dont il mourut à Sceaux, le 13 septembre 1794, à l'âge de trente-huit ans.

C'est dans cette retraite qu'il avait composé et lu à plusieurs amis *Éliézer et Nephtalie*, production qui a été imprimée pour la première fois en 1803. Ce n'est aussi que long-temps après sa mort qu'on a publié sa traduction de *Don Quichotte*. On reproche avec raison à Florian de n'avoir pas conservé à cet ouvrage sa couleur originale ; cependant le style pur et facile de cette traduction la fera toujours lire avec plaisir.

Florian, en méritant la réputation d'excellent écrivain, sut aussi mériter dans le monde celle d'homme aimable ; sa conversation, toujours piquante et animée, faisait qu'on trouvait quelquefois plus de plaisir encore à l'entendre qu'à le lire. Les qualités de son cœur ne le cédaient pas à celles de son esprit ; bon, sensible et généreux, il fut sur-tout esclave de l'honneur : on le vit consacrer la meilleure partie du produit de ses travaux à liquider les dettes de son grand père, que l'économie de son père n'avait pu éteindre.

On doit encore faire remarquer à sa louange que, malgré les funestes exemples d'un grand nombre de littérateurs de son temps, Florian respecta toujours dans ses écrits la morale et la religion.

Peu d'auteurs sont aussi répandus que Florian : ses ouvrages, dont plusieurs ont été traduits dans la plupart des langues de l'Europe, ont eu un nombre considérable d'éditions parmi lesquelles on distingue celle de M. Renouard, 16 volumes in-18, y compris le supplément donné par M. Guilbert de Pixérécourt, et celle en 12 volumes in-8°, qu'imprime en ce moment M. Rignoux. La plus jolie édition des *Fables* est sans contredit celle qui est sortie des presses de M. Pochard, Paris 1824, in-32, vélin, avec gravures. MM. Bosny, Jauffret et Lacretelle, ont publié des éloges de Florian. Ducis, avec lequel il avait été intimement lié, a fait à sa mémoire l'hommage du succès de sa *Famille arabe*.

W.

JUGEMENT.

Gonzalve de Cordoue ou Grenade reconquise.

On sait que les bons juges, les vrais connaisseurs, n'ont jamais goûté ce genre d'ouvrage, qu'ils ne savent même comment appeler. Ce n'est pas d'eux sans doute qu'on apprit à le nommer poème, car ils ne savent ce que c'est qu'un poème en prose; c'est à leurs yeux une contradiction dans les termes, une monstruosité dans les arts. Ils ne le nommeront pas non plus un roman : la prétention à la marche imposante et au ton héroïque de l'épopée interdit à ces compositions bizarres cette simplicité de détails, cette vérité des mœurs sociales et des passions ordinaires, qui font le mérite des bons romans, où le cœur humain se retrouve. Ce n'est donc autre chose qu'un récit moitié historique, moitié fabuleux, en prose poétique, et ces critiques sévères prétendent que ce genre offre toute sortes d'inconvénients. D'abord, il n'a point les beautés propres et particulières à la bonne prose, qu'il dénature en voulant l'élever jusqu'à la poésie, et il reste infiniment au-dessous de cette poésie qu'il veut atteindre, parce qu'il est dénué des moyens inappréciables de l'harmonie et du rhythme, moyens d'où dépendent tous les grands effets de la poésie. Ensuite il manque de cet accord entre l'instrument et l'effet, accord nécessaire à tous les arts d'imitation. En effet, qui est-ce qui ne sent pas que le langage harmonieux et cadencé, qu'on appelle versification, monte naturellement l'imagination au merveilleux des grands évènements qui sont de l'essence de l'épopée? que ce langage, au-dessus de l'ordinaire, favorise l'illusion, et relève les hommes et les choses? Qui est-ce qui peut ignorer que cette espèce de perspective est la magie des arts imitateurs qui doivent nous montrer la nature embellie et agrandie? La prose contrarie ce dessein : vous voulez m'élever dans les cieux, me transporter dans le pays de l'imagination, et votre langage me laisse sur la terre : il y a disparate. Je ne saurais croire que ce soit Achille et Gonzalve que je vois agir et que j'entends parler, quand ils se servent de la même langue dans laquelle M. Jourdain dit à Nicole : « Apportez-moi ma robe « de chambre et mes pantoufles. »

Enfin (et c'est ici peut-être le plus grand de tous

les désavantages), vous ne sauriez composer votre récit prétendu épique que du même fond, des mêmes éléments que l'épopée ancienne et moderne; ce sont nécessairement des actions héroïques, des batailles, des assauts, des combats singuliers, des descriptions de toute espèce, des tempêtes, des jeux, des fêtes, des édifices, des campagnes, des cérémonies pompeuses, ou lugubres, ou riantes; des palais, des cachots, etc.; ce sont de grandes et terribles passions, de grands dangers, de grands obstacles, etc. Eh bien, dans tout cela, votre prose rencontre inévitablement la poésie qui l'a précédée, et, je le demande à tout homme de bonne foi, cette prose, quelle qu'elle soit, peut-elle soutenir la concurrence? S'agit-il de scènes de passion, vous retrouvez la tragédie; et la mémoire de l'homme instruit, qui vous oppose sans cesse tout ce qu'il a lu, ne peut être que frappée partout de l'infériorité et de l'impuissance.

Le succès du *Télémaque*, qu'on a souvent allégué, ne prouve rien du tout contre l'opinion si bien motivée des critiques judicieux que je viens de faire parler. Ils répondent que c'est un exemple unique qu'il ne fallait pas imiter, parce qu'il ne faut pas imiter ce qui est par soi-même une exception à des principes reconnus généralement vrais; que si cette exception a réussi, c'est une bonne fortune qui tient à des causes particulières qui ne peuvent pas se reproduire. Fénelon a fondu dans son ouvrage la substance de tout ce qu'il y avait de plus beau dans Homère, dans Virgile et dans Sophocle; et il a mis ces beautés à la portée de tous les lecteurs par un charme de style qui lui est propre, par cette magie de l'antique, qui a été le secret de son génie, et qui fait croire, en le lisant, qu'on lit un ancien. On ne doit pas plus se flatter d'un talent semblable que de celui de La Fontaine : ce sont des dons particuliers de la nature ; et c'est parce qu'il y a un *Télémaque* qu'il ne fallait pas essayer d'en faire un second.

Nous avons eu cependant une foule d'ouvrages de ce genre : aucun n'a réussi ; et si M. de Florian, qui a fait preuve du talent d'écrire en vers et en prose, n'a pu cependant surmonter le vice essentiel de cette espèce de composition : si, en mettant dans la sienne à peu près tout le mérite qu'elle comporte, il n'a pu éviter aucun des nombreux inconvénients qui rendent ce mérite à peu près nul aux yeux des connaisseurs, il n'en résultera rien contre lui, si ce n'est qu'il aurait pu faire un meilleur emploi de son temps ; mais on en peut tirer un autre résultat vraiment instructif, et que l'intérêt des lettres ne me permet pas de dissimuler : c'est que les auteurs capables de bien écrire doivent renoncer enfin à ce genre faux et radicalement vicieux. C'est sous ce point de vue que je crois de mon devoir d'examiner son ouvrage, sans croire offenser un homme de lettres qui a d'autres titres, et dont j'estime la personne et les talents ; mais qui, par cette raison même, ne doit pas trouver mauvais que je lui préfère la vérité, sans laquelle ce ne serait pas la peine d'écrire.

Son plan est régulièrement conçu ; l'action principale est bien graduée, son héros est intéressant sous tous les rapports, comme guerrier, comme ami, comme amant ; les autres personnages sont bien disposés pour figurer dans l'ordonnance générale ; les épisodes sont bien entremêlés à l'action, qu'ils suspendent sans trop la retarder ; le péril de Gonzalve et de sa maîtresse Zuléma va croissant, suivant les principes, jusqu'au dénouement, qui satisfait le lecteur ; il y a dans le style de l'élégance et de la noblesse, je citerai un de ses tableaux où l'on remarquera de l'expression, et je ferai observer en même temps qu'il est de ceux où l'auteur a su éviter la ressemblance avec ce que nous connaissons. En voilà sans doute assez pour faire voir que l'ouvrage est estimable, considéré sous le rapport des principes que l'auteur a suivis, et des efforts qu'il a pu faire. Entrons dans quelques détails.

Gonzalve, le héros de l'Espagne, est amoureux de Zuléma, fille de Muley Hassem, père de Boabdil, roi de Grenade : cette ville est assiégée par Ferdinand et Isabelle ; et Gonzalve, dans une attaque, a pénétré (sans que l'on explique trop comment) jusque dans l'intérieur de cette ville, que l'on nous représente comme très bien fortifiée.

Tout pliait devant lui, quand il aperçoit Zuléma éperdue sur les marches du palais, et qui semble implorer la protection du Ciel et la pitié du vainqueur. Attendri à cette vue, il suspend le carnage, il s'éloigne lentement, et remporte au fond du cœur l'image de la princesse. Quelque temps après il se

5.

trouve (par une suite d'évènements qu'il serait trop long de détailler) à portée de délivrer Zuléma, qu'un prince africain, Alamar, a fait enlever. Gonzalve, en l'arrachant à ses ravisseurs, reçoit plusieurs blessures qui le mettent en danger de perdre la vie; mais la princesse qu'il a sauvée le fait transporter à Malaga, ville de sa dépendance, et lui prodigue, sans le connaître encore, tous les soins qu'elle doit à son libérateur. Elle le croit de la même nation, de la même religion qu'elle, parce qu'il était vêtu d'un habit maure quand il l'a rencontrée. Elle l'aime déjà, comme on peut bien s'y attendre; elle lui fait, pendant sa maladie, le récit de tout ce qui lui est arrivé depuis sa naissance, et dans ce récit se trouve naturellement amené tout ce qu'il faut que le lecteur sache de ce qui a précédé le moment où commence l'ouvrage. Cette manière d'entrer dans son sujet par le milieu est conforme à l'usage et aux règles, malgré la bonne plaisanterie d'Hamilton : « Bélier, mon ami, com-« mence par le commencement; » ce qui n'est pas une loi pour l'épopée. Gonzalve, en écoutant le récit de Zuléma, a le double plaisir de s'apercevoir qu'elle n'a encore aimé personne, et d'entendre ses louanges et sa renommée par la bouche de l'objet qu'il aime. Tout cela est bien arrangé; mais il faut avouer aussi que tout cela se retrouve dans la plupart des grands romans du dernier siècle, où ces mêmes ressorts sont fréquemment employés; et de plus, la situation de Gonzalve avec Zuléma, quoique intéressante, l'est beaucoup moins, et sur-tout est bien moins originale que celle de Gonzalve de l'excellent roman de *Zaïde*, de madame de La Fayette; ceux qui voudront comparer ont une belle occasion de relire ce charmant ouvrage.

En continuant d'examiner les autres situations, je suis forcé de les reconnaître pour les mêmes que j'ai vues souvent ailleurs. Si le roi de Grenade, Boabdil, épris de Zoraïde, ne lui laisse que cette cruelle alternative, ou de l'épouser, ou de voir périr Abenhamet son amant; si Gonzalve, pressé par l'honneur et le devoir d'aller combattre le prince Almanzor, est retenu par les larmes de Zuléma, sœur de ce prince, et menacé de perdre la sœur en combattant le frère; si Zuléma descend dans le cachot où est renfermé Gonzalve, et lui porte du poison pour le dérober aux bourreaux et pour mourir avec lui, toutes ces situations, et tant d'autres semblables, ne sont-elles pas connues? Quelques variations dans les circonstances peuvent-elles les faire paraître nouvelles? Non: il n'y a que la poésie qui puisse alors tenir lieu d'invention, et rajeunir ce qui est usé. Quelle aventure est, au fond, plus commune que les amours de Henri IV et de Gabrielle dans *la Henriade?* Otez les vers, il ne restera rien; mais ces vers sont pleins de charme, et tous les amateurs savent par cœur le neuvième chant de *la Henriade*.

Que sera-ce des descriptions, qui sont de nature à revenir souvent, celles des batailles, des assauts, des combats particuliers? C'est là que se fait sentir encore davantage le besoin de la poésie. Après Homère, Virgile, le Tasse, Voltaire, un poète peut colorier encore une bataille, un assaut, un combat, et s'approprier le tableau par les couleurs qu'il y emploiera. Mais le prosateur, comment fera-t-il? La poésie, qui est un art, a des ressources infinies pour les artistes; mais la prose n'est qu'un langage, et ses ressources sont infiniment bornées.

L'auteur est plus heureux quand son sujet lui permet d'échapper à la comparaison. On lit avec plaisir cette description d'un combat de taureaux:
« Au milieu du camp est un vaste cirque, environné
« de nombreux gradins : c'est là que l'auguste reine,
« habile dans cet art si doux de gagner les cœurs de
« son peuple en s'occupant de ses plaisirs, invite
« souvent ses guerriers au spectacle le plus chéri
« des Espagnols. Là les jeunes chefs, sans cuirassse,
« vêtus d'un simple habit de soie, armés seulement
« d'une lance, viennent sur de rapides coursiers
« attaquer et vaincre des taureaux sauvages. Des
« soldats à pied, plus légers encore, les cheveux
« enveloppés dans des réseaux, tiennent d'une main
« un voile de pourpre, de l'autre des flèches aiguës.
« Un alcade proclame la loi de ne secourir aucun
« combattant, de ne leur laisser d'autres armes que
« la lance pour immoler, le voile de pourpre pour se
« défendre. Les rois, entourés de leur cour, pré-
« sident à ces jeux sanglants; et l'armée entière,
« occupant les immenses amphithéâtres, témoigne
« par des cris de joie, par des transports de plaisir
« et d'ivresse, quel est son amour effréné pour ces
« antiques combats.

« Le signal se donne, la barrière s'ouvre, le tau-
« reau s'élance au milieu du cirque; mais, au bruit

« de mille fanfares, aux cris, à la vue des specta-
« teurs, il s'arrête inquiet et troublé; ses naseaux
« fument; ses regards brûlants errent sur les am-
« phithéâtres : il semble également *en proie à la*
« *surprise*, à la fureur. Tout-à-coup il se précipite
« sur un cavalier qui le blesse et fuit rapidement à
« l'autre bout : le taureau s'irrite, le poursuit de
« près, frappe à coups redoublés la terre, et fond
« sur le voile éclatant que lui présente un combat-
« tant à pied. L'adroit Espagnol, dans le même ins-
« tant, évite à la fois sa rencontre, suspend à ses
« cornes le voile léger, et lui darde une flèche aiguë,
« qui de nouveau fait couler son sang. Percé bientôt
« de toutes les lances, blessé de ces traits pénétrants
« dont le fer courbé reste dans la plaie, l'animal bon-
« dit dans l'arène, pousse d'horribles mugissements,
« s'agite en parcourant le cirque ; secoue les flèches
« nombreuses enfoncées dans son large cou, fait
« voler ensemble les cailloux broyés, les lambeaux
« de pourpre sanglants, les flots d'écume rougie,
« et tombe enfin épuisé d'efforts, de *colère* et de
« douleur.

« Ce fut dans un de ces combats que le téméraire
« Cortez pensa terminer une vie destinée à de si
« grands exploits. Brûlant de se signaler aux yeux
« de la belle Mendose, qui depuis long-temps pos-
« sède son cœur, Cortez, sur un andalous, blessait
« et fuyait un taureau furieux. Malgré le péril dont
« il est menacé, le jeune amant regarde toujours la
« beauté qui toujours l'occupe, lorsqu'il voit tomber
« dans l'arène la fleur d'oranger qui parait son sein :

« Cortez se précipite à terre, court, se baisse, et le
« taureau vole, il va frapper l'imprudent Cortez....
« un cri de Séraphine l'avertit : Cortez, sans quitter
« la fleur, dirige, d'un œil sûr, sa lance à l'épaule
« de l'animal, qu'il jette expirant sur le sable. »

Ce récit est vif et animé, et le trait de Cortez caractérise heureusement la galanterie courageuse des chevaliers espagnols; mais observez sur-tout que ce qui assure l'effet de ce morceau, c'est que la peinture est neuve, et que nous ne l'avions vue dans aucun poème. Au reste, si nos chevaliers français ne se battent pas contre des taureaux, ils se battent quelquefois entre eux; et l'un d'eux, qui joue aujourd'hui un assez grand rôle, donna, dans un de ces combats, un exemple fort singulier de cette intrépidité tranquille qui semble se jouer avec le danger. Forcé de tirer l'épée contre un de ses camarades, sur la place d'armes, il tenait alors par hasard une rose entre ses lèvres; elle tombe : l'officier français, sans cesser de se battre d'une main, de l'autre ramasse sa rose. Ce sang-froid a bien de la grace; et sa maîtresse n'était pas là.

M. de Florian s'est fait une loi de commencer chacun des dix livres de son *Gonzalve* par une espèce de prologue; mais il n'a pas songé, en voulant imiter l'Arioste, à la différence des genres. Le piquant de ces prologues de l'Arioste tient au ton badin, délicat, naïf, familier, qu'il est autorisé à prendre par le dessein et la nature de son poème; mais quel attrait peuvent avoir des lieux communs de morale, toujours gravement sentencieux, parce que le ton de l'ouvrage l'exige? Ces morceaux on ne peut le dissimuler, sont d'une monotonie mortelle. « Le plus « grand, le plus heureux des rois, celui que la vic- « toire et la fortune ont comblé de leurs faveurs, « celui qui rassemble autour de son trône tout l'éclat, « toutes les jouissances de la gloire, manque du « bonheur le plus pur, le plus cher pour une âme « tendre, de la certitude d'être aimé. Les hommages « qu'on lui prodigue, les louanges dont on l'ac- « cable, la fidélité même qu'on lui témoigne, es- « pèrent une récompense : ce n'est pas à lui, c'est à « son rang que l'intérêt adresse des vœux. Cette « seule idée vient flétrir son âme; une juste défiance « se mêle aux sentiments doux de son cœur : mal- « heureux de pouvoir tout payer, il doit penser « qu'on ne lui donne rien. »

D'abord, il eût fallu restreindre la généralité trop absolue de cette proposition : elle n'est vraie que des rois qui n'ont pas su mériter un ami; le serait-elle de Henri IV, de Trajan, de Titus, de Marc-Aurèle? Mais ce qui fait le plus de peine, c'est de voir que des idées si communes et si rebattues forment l'exorde d'un livre, et que l'auteur semble en avoir fait un morceau de marque, par la place où il l'a mis. Tous les autres sont du même ton, et ne sont guère plus saillants : il fallait, ou les supprimer, ou les faire tout autrement.

L'auteur paraît avoir senti lui-même le vide d'idées dans ces morceaux, car il veut souvent les relever par la tournure; mais alors il donne dans la recherche et l'affectation, qui d'ailleurs est un défaut rare chez lui. Il veut, par exemple, dans le début du dixième livre, comparer les jouissances de l'amour et celles de l'amitié. « Les pleurs de l'amitié, « dit-il, sont plus doux..... l'amour se dérobe aux « regards..... l'amitié se plaît au contraire à se mon- « trer aux yeux des mortels, etc. » Mais ces idées naissent-elles les unes des autres ? Si l'amour heureux ne verse des *pleurs* que dans le sein de l'objet aimé, s'ensuit-il que ces *pleurs* soient moins *doux ?* « L'amitié, *aussi délicate et plus courageuse,* ne « craint pas de révéler ses peines et ses jouissan- « ces, etc. » Est-ce donc faute de *délicatesse* et de *courage* que l'amour cache les siennes ? L'auteur s'est égaré dans ses idées en les subtilisant.

Ces prologues offrent d'autres défauts de justesse quand on les applique au sujet où ils se rapportent dans l'intention de l'auteur. Zuléma croit que Gonzalve, son amant, a tué son frère Almanzor : Gonzalve, en prison, ne peut la détromper : là-dessus l'auteur nous dit, dans l'exorde du neuvième chant : « Qu'importent au véritable amant les vaines louan- « ges, les hommages, les respects du monde entier ? « c'est le *suffrage* de son amante, c'est son *estime* « dont il a besoin : sans cette estime, il n'est pas « sûr de mériter la sienne propre. » Mais Zuléma est convenue elle-même que Gonzalve ne pouvait, sans manquer à l'honneur et au devoir, refuser le combat contre Almanzor qui l'a défié. Elle lui montre tout son désespoir, la crainte de perdre son frère par les mains de son amant; elle déteste ce combat; mais il ne peut, dans aucun cas, perdre *son estime* ni *la sienne propre*. Ce prologue, qui est fondé tout entier sur cette idée, porte donc absolument à faux. Je ne chicanerai point l'auteur sur quelques endroits où la vraisemblance pouvait être mieux ménagée; mais à l'égard de la diction, comme il est du petit nombre de ceux qui écrivent en général avec pureté, et qui se sont préservés de la contagion, j'oserai lui faire observer que, sur-tout en qualité d'académicien, il aurait dû soigner plus sévèrement son style.

« O vous, *généreux* Espagnols, peuple vaillant « et *magnanime, dont les amants* passionnés ser- « viront toujours de modèles aux cœurs sensibles... » Cette construction n'est point du tout française : *les amants passionnés des Espagnols* ne peut se dire pour signifier ceux des Espagnols qui sont amants passionnés; cette particule *dont*, qui exprime le génitif, est donc très mal placée; il était indispensable de construire la phrase autrement.

« Isabelle marche le front élevé, appuyée sur *sa* « vertu. » Le pronom *sa* gâte tout, parce qu'il fait de la vertu une qualité personnelle de la reine. Pour que la figure exprimée par ce mot, *appuyée*, fût juste, il fallait que la vertu pût être personnifiée : elle ne l'est pas dès que c'est l'attribut moral d'Isabelle. C'est une faute très commune, et l'une des plus légères que l'on commette aujourd'hui; mais je parle à un homme qui sait écrire et qui m'entendra.

« Leurs cœurs (ceux de Gonzalve et de Lara)..... « tremblaient *pour* les moindres hasards qui pouvaient

« *menacer leur ami.* » Cette phrase est incorrecte de plus d'une manière : d'abord, on ne *tremble* point *pour les hasards*; on tremble *des* hasards, et on tremble *pour* celui qui va s'y exposer. De plus, cette expression, *leur ami*, désigne, en rigueur grammaticale, une troisième personne, *amie* de Gonzalve et de Lara, et l'auteur veut dire au contraire que ces deux amis tremblent l'un pour l'autre des dangers que chacun d'eux peut courir. La réciprocité n'est point exprimée ; elle devait l'être.

Ces fautes se trouvent dans le premier livre, et en le parcourant je tombe sur un endroit qui va rendre bien palpable ce vice capital dont je parlais tout à l'heure, de redire faiblement en prose ce qui a été dit supérieurement en vers : c'est une tempête.
« Les étoiles ont disparu, la lune a perdu sa lumière;
« ses rayons ne percent qu'à peine le voile sombre
« qui l'environne : des nuages amoncelés s'avancent
« du côté du midi, les ténèbres marchent avec eux :
« un souffle léger et rapide ride la surface des eaux,
« les vents impétueux le suivent ; une profonde nuit
« couvre les ondes; les éclairs déchirent la nue ; le
« tonnerre mugit au loin, son bruit redouble, la foudre
« approche; les flots s'élèvent en bouillonnant; les
« aquilons sifflent, se heurtent : les vagues montent jusqu'aux cieux; et la barque, tantôt suspendue sur une montagne écumante, tantôt précipitée dans l'abîme, touche au même instant les
« nuages et le sable profond des mers. »

J'oserai le demander à l'auteur lui-même. Y a-t-il une seule de ces expressions, une de ces phrases qui n'ait été employée par tous les poètes qui ont décrit des tempêtes bien ou mal ? Et où est donc le mérite d'une prose qui ne contient que des lambeaux de tous les vers connus ? Voilà pourtant ce qu'est continuellement la prose qu'on appelle poétique. Je reviens aux incorrections du style.

« Elle n'ose exiger de lui qu'il *ménagera* ses jours. » Ce futur indicatif, après le *que* entre deux verbes, est un solécisme. On ne dit point, j'exige que vous *ferez* telle chose, mais que vous *fassiez* : le subjonctif est de règle absolue.

« Elle tombe sans sentiment *parmi les pieds* des « chevaux. » Cette phrase ne peut passer en aucune manière; il fallait dire sous les pieds ou entre les pieds : on ne dit pas plus *parmi les pieds* que *parmi les mains*.

On peut relever aussi quelques fautes de goût. Voici un exemple de cette exagération de pensées, par laquelle on cherche quelquefois à suppléer, dans cette espèce de prose, la force de la poésie. « Ils « ne s'estimaient, à leurs propres yeux, que par les « vertus de celui qu'ils aimaient : si Lara connaissait « l'*orgueil*, c'était en parlant de Gonzalve; si Gon- « zalve *cessait d'être modeste*, c'était en racontant « les exploits de Lara....' Leurs plus secrètes pensées « étaient un poids au-dessus de leur force, dont ils « couraient se délivrer en se les communiquant. » Tout ce morceau me paraît forcé. Comment le plaisir que l'on goûte à louer son ami peut-il être de l'*orgueil ?* et sur-tout comment peut-on blesser la *modestie en racontant les exploits* d'un autre ? Il est très naturel de n'avoir guère de *pensées secrètes* pour un ami ; mais ce n'est point qu'elles soient un *poids au-dessus des forces de l'âme*, c'est que leur communication est un épanchement naturel, qui est un des plaisirs de l'amitié : on ne les confie point parce qu'elles oppressent, mais par la douce habitude de tout dire.

Zuléma dit, en parlant d'une déclaration d'amour que lui avait faite Alamar : « Incapable de respect « tendre, de cette délicate timidité qui rendent *con-* « *tagieux* l'amour. » Je ne sais si je me trompe; mais il me semble que ce mot de *contagieux*, qui offre une idée désagréable, peut se trouver sous la plume d'un moraliste qui parle de l'amour, mais non pas dans la bouche d'une femme qui aime : c'est peut-être un scrupule peu fondé; les femmes en jugeront.

L'auteur dit d'un héros blessé : « *Le front couvert* « *de cette pâleur, fard de la gloire et des héros.* » J'avoue que cette *pâleur, fard de la gloire*, ne me paraît qu'une expression recherchée : la gloire n'a pas besoin de *fard* quelconque, et *fard* se prend toujours en mauvaise part.

Zuléma écrit à Gonzalve son amant, pour l'engager à venir délivrer son père, enfermé avec elle dans un cachot. « Mon cœur ne sera point ta récom- « pense; *je ne le donne pas deux fois :* ma main pourra « seule acquitter ce que tu feras pour mon père. » *Je ne le donne pas deux fois* est un jeu d'esprit fort déplacé, pour dire qu'elle ne peut donner à Gonzalve un cœur qui depuis long-temps est à lui : on sait que *donner son cœur deux fois* s'entend tout différemment, et signifie donner son cœur successivement à deux personnes : ce n'est pas dans la situation de Zuléma qu'on se permet de ces abus d'esprit.

Alamar, ennemi furieux de Gonzalve, s'écrie, en s'armant pour aller le combattre : « Je cours punir, « exterminer le détestable.... *Il ne peut achever ;* sa « colère ne lui permet pas de prononcer le nom « qu'il abhorre. » Je crois cette réticence déplacée : on a toujours la force de proncer le nom de ce qu'on aime ou de ce qu'on hait.

Gonzalve est précédé d'un *Précis historique sur les Maures*, excellent morceau où il y a de la méthode, du choix, du jugement ; où l'auteur sait se resserrer sans sécheresse, et quelquefois s'étendre à propos, de manière à montrer qu'il connaît le style de l'histoire, qu'il sait écrire, raconter et réfléchir. Ce précis fait mieux connaître les Maures qu'aucun autre des livres qu'on a faits sur cette intéressante nation. Ce seul morceau suffirait pour faire désirer l'acquisition de l'ouvrage de M. de Florian à ceux qui lisent pour s'instruire, et qui veulent trouver le plaisir avec l'instruction. Je ne serais pas surpris que bien des lecteurs le préférassent, ainsi que moi, à *Gonzalve*, ni même que M. de Florian fût quelque jour de cet avis. J'ai dit le mien d'autant plus librement, qu'il ne peut pas attacher sa réputation à des productions de cette nature. Il a des titres littéraires connus et appréciés. Sa *Galatée* est la plus jolie pastorale que nous ayons dans notre langue ; et c'est jusqu'ici tout ce qui nous reste d'un genre épuisé autrefois, et depuis long-temps oublié. Ses petites comédies du théâtre Italien se sont fait remarquer par un caractère de délicatesse et de finesse qui n'exclut pas le naturel. Ses contes en vers sont pleins d'esprit, d'agrément et d'élégance. Ce que nous connaissons de ses fables nous promet un recueil d'un mérite peu commun. Avec tant de moyens pour réussir dans la bonne littérature, il peut renoncer à la prose poétique. En mon particulier, je l'en conjure par tout l'intérêt que je prends à ses talents, et par l'aversion que j'ai toujours eue pour ce genre si malheureusement facile : il peut être sûr que cette aversion est insurmontable, puisque ni *Gonzalve* ni *Numa* n'ont pu m'en guérir.

Les Nouvelles nouvelles.

Ces Nouvelles au nombre de six, sont toutes plus ou moins intéressantes. Toutes offrent, ou des situations, ou des caractères, ou de la morale : toutes sont écrites avec soin et élégance; et l'auteur, en variant le lieu de la scène, varie le ton de ses couleurs. Il nous fait passer d'Angleterre en Italie, de l'Afrique aux Indes, des Alpes au Paraguay ; et, en le suivant, on voyage avec un philosophe aimable et avec un homme sensible.

Des nouvelles qui composent ce volume, celle que peut-être bien des gens préféreront est intitulée *Claudine*. Le fond en est très-simple : c'est une jeune et intéressante paysanne de la vallée de Chamouny, séduite et abusée par un jeune voyageur anglais qui lui a promis de l'épouser, et qui l'abandonne enceinte et délaissée. Contrainte de se dérober à la présence et au courroux d'un père qui ne pardonne pas une faute contre les mœurs, dans un pays où elles sont respectées; réfugiée près d'un bon curé qui cache, autant qu'il peut, sa faiblesse et son malheur en les consolant, bientôt il ne lui reste plus que cette cruelle alternative, de ne revoir jamais la maison paternelle, ou de se séparer de cet enfant, fruit de ses amours, que le père de Claudine ne peut consentir à recevoir chez lui. L'inflexible vieillard ne voit dans cet enfant qu'un monument de scandale, le témoin des erreurs d'une de ses filles, et un mauvais exemple pour l'autre. L'amour maternel l'emporte et devait l'emporter; l'infortunée Claudine prend un parti courageux, car qui a plus de courage qu'une mère? Son enfant est en état de la suivre; elle revêt un habit d'homme, et tout l'accoutrement de ces petits savoyards qui viennent à Paris, sans autre ressource qu'une sellette et une brosse : elle vient comme eux dans la capitale, et associe à sa profession son fils Benjamin, qu'elle fait passer pour son petit frère. On s'imagine bien qu'elle y rencontre son séducteur; mais la reconnaissance se fait avec toutes les convenances du sujet : c'est en le décrottant qu'elle le reconnaît; et sa brosse, qui lui tombe des mains, est ramassée par l'enfant, qui veut continuer l'ouvrage interrompu : c'est un tableau de Greuze, ou de l'école flamande. L'Anglais, qui a d'abord reconnu Claudine malgré son déguisement, feint cependant de la prendre pour ce qu'elle veut paraître : il lui propose de quitter sa sellette pour se mettre en service chez lui; elle y consent, et voilà la mère et l'enfant chez M. Belton (c'est le nom du jeune Anglais),

Claudine garde toujours le silence, et sa patience et son amour sont à de rudes épreuves, car Belton a une maîtresse; et Claudine, devenue Claude, porte les lettres, et pleure en secret. Domestique chez son amant, et messager chez sa rivale, il est difficile qu'une femme qui aime descende plus bas et souffre davantage. Belton, dégoûté de cette maîtresse (c'était une marquise), en prend une autre : nouvelles angoisses pour la pauvre Claudine : mais la marquise, outrée de l'inconstance de Belton et de l'inutilité des efforts qu'elle a faits pour le ramener, médite une vengeance horrible, et aposte des scélérats pour l'assassiner. Le fidèle Claude est assez heureux pour défendre et sauver son maître, et reçoit un coup de poignard dans la poitrine. On s'attend bien que le dénouement approche, et que l'amour et la vertu vont recevoir leur récompense. En secourant Claudine, Belton retrouve une bague qu'il lui avait donnée, et qu'elle portait toujours sur son sein : il se jette à ses genoux, et obtient le pardon de son amante et la main de sa libératrice.

Ce petit conte est charmant; il est plein d'intérêt et de grace : il y a de la nouveauté dans les situations et dans les détails, sur un fond qui paraissait usé. L'auteur suppose que cette histoire est racontée par un de ces habitants des montagnes qui servent de guides aux voyageurs. La simplicité naïve du récit ne dément point cette fiction, qui est très adroite; car l'état et le langage du montagnard commandent naturellement une manière de narrer qui convient très bien à ce sujet, qu'on ne pouvait mettre en de meilleures mains : aussi le ton de la narration est celui de la bonhomie sans grossièreté, et tout y respire l'intérêt de l'innocence et l'attrait des mœurs champêtres. « J'écrivis cette « histoire, dit M. de Florian, telle que Paccard me « l'avait dite, sans chercher même à corriger les « fautes de goût et de style que les connaisseurs « doivent y trouver ? » Ces connaisseurs seraient donc bien sévères ! quant à moi, je n'y ai point vu de ces *fautes*, et il m'a paru que l'auteur avait montré beaucoup de *goût* en prenant le style de Paccard.

Une nouvelle africaine, intitulée *Sélico*, rappelle un tableau tiré de l'*Histoire des Voyages*, celui des conquêtes et des cruautés du roi de Dahomay ; car l'Afrique a eu aussi ses conquérants, et peut mettre celui-là au nombre de ses monstres et de ses fléaux. C'est en 1727 que Truro-Audati ravagea le royaume de Juida, et livra de vastes contrées à toutes les horreurs du carnage. Ce nègre féroce avait des boucheries de chair humaine dont il nourrissait ses soldats antropophages. L'imagination est révoltée de cette idée plus que la raison ; car, dès qu'une fois on fait un métier et une gloire de massacrer des hommes, c'est du moins une sorte d'excuse que de les manger ; et le roi de Dahomay eut cette excuse que n'avait pas Attila. Dans cette *nouvelle africaine*, l'auteur a dessiné avec énergie des caractères fiers et des mœurs atroces.

Il s'est amusé, dans *Valérie*, nouvelle italienne, à rajeunir une espèce de conte de revenant qui depuis long-temps passe pour une histoire réelle : c'est celle d'une femme enterrée comme morte, et qui ressuscite dans les bras d'un amant désespéré qui est venu la chercher jusque dans sa tombe. Elle donne sa main, comme cela est trop juste, à celui qui l'a rendue à la vie; mais son premier mari, qu'elle n'aimait pas, la réclame, et voilà matière à procès. De qui des deux est-elle la femme? L'autorité du pape intervient fort à propos et casse le premier mariage. L'auteur amène fort plaisamment le récit de cette aventure, qu'il met dans la bouche de la femme ressuscitée. Elle a conservé une pâleur habituelle et une mélancolie silencieuse au milieu d'une société à qui sa résurrection n'est pas connue. On y parle souvent d'histoires de revenants, qui produisent ou la surprise, ou la terreur, ou l'incrédulité, selon les dispositions de chacun : elle seule écoute tout avec beaucoup de sang-froid, et paraît trouver tout simple ce que tout le monde trouve merveilleux. Enfin, un jour, elle leur dit tranquillement qu'ils ne doivent pas être étonnés des revenants, puisqu'ils voient en elle une revenante, morte depuis dix ans. A ces mots, tout le monde est prêt à prendre la fuite, et ce n'est pas sans peine qu'elle parvient à se faire écouter, et à rassurer son auditoire après l'avoir effrayé.

La critique trouverait fort peu à redire à la diction de M. de Florian, qui est très soignée; mais elle pourrait lui faire beaucoup d'objections sur ses idées, qui ne sont pas toujours justes. Ce défaut se fait sentir sur-tout dans un conte oriental, allégorique et philosophique, qui a pour titre *Zulbar* : le fond en a été employé bien des fois dans toutes les langues ; ce sont des hommes changés en différents animaux, et dont les récits et les discours ont pour objet des points de morale et des règles de philosophie pratique. Dans ce genre de fiction, comme dans tout apologue rien n'est plus essentiel que la justesse des résultats, et ceux de l'auteur seraient souvent combattus avec avantage. Zulbar, qui, d'une condition fort obscure, a été élevé à la dignité de visir du sultan des Indes, et n'a été disgracié que pour avoir fait son devoir, se plaint de l'injustice des hommes à une fourmi philosophe qu'il rencontre dans le bois des Métamorphoses, et cette fourmi était auparavant le fils d'un roi. C'est elle qui fait le personnage de moraliste, et qui veut prouver à Zulbar qu'il ne doit s'en prendre qu'à lui de tous ses malheurs, qui ne seraient pas arrivés, s'il s'était souvenu de cette maxime des sages, qu'*il faut cacher sa vie*. Cette maxime, fort connue et fort ancienne, est comme toutes celles du même genre ; il faut bien se garder d'en rendre l'application générale ; et celle-ci, en particulier, ne tendrait qu'à décourager le talent et la vertu. Adressez cette maxime à un ambitieux, et vous aurez raison ; mais si vous l'adressez à celui qui n'a jamais songé qu'à se rendre utile à ses semblables (et tel est Zulbar), vous aurez grand tort, et vous n'aurez prêché que l'égoïsme ; j'aime infiniment mieux celui qui dit comme Cicéron :

Et sauvons les Romains, dussent-ils être ingrats.

Voilà mon homme, voilà l'homme de la patrie,

l'homme de l'univers; et qui donc serait grand, s'il n'y avait pas des ingrats? D'ailleurs, les hommes sont-ils donc toujours injustes? Cela n'est pas plus vrai que de dire qu'ils sont toujours justes.

M. de Florian, dans ce même conte, me paraît donner dans un de ces extrêmes qui sont toujours si loin de la raison; et cet endroit mérite d'être remarqué. Voici comment Zulbar rapporte la cause de sa disgrace :

« L'impunité dont les grands jouissaient leur avait
« persuadé que les lois n'étaient pas faites pour eux.
« Je saisis l'occasion de les détromper. Le magis-
« trat chargé de la police vint m'avertir un matin
« que deux jeunes naïres ayant pris querelle la
« veille avec un pauvre tisserand, l'avaient frappé
« de leurs bambous jusqu'à le laisser sur la place.
« Aussitôt j'envoyai chercher les deux naïres (ce
« sont les nobles de l'Inde), j'entendis l'aveu de
« leur crime, je leur montrai la loi qui les condam-
« nait, et je les fis livrer aux éléphants. Cette écla-
« tante justice, dont jamais on n'avait vu d'exemple,
« indigna toute la cour; mais je devins l'idole du
« peuple, qui m'appela son ami, son père, et ne
« douta point, parce qu'il me voyait son appui lors-
« qu'il était attaqué, que je ne le fusse de même
« s'il attaquait à son tour. Le jour d'après, deux
« tisserands ayant pris querelle avec un naïre, le
« frappèrent de leurs bâtons, et le firent expirer
« sous leurs coups. J'envoyai chercher les deux tis-
« serands, j'entendis l'aveu de leur crime, je leur
« montrai la loi qui les condamnait, et je les fis li-

« vrer aux éléphants. Dès ce moment, je devins l'exé-
« cration de ce peuple qui m'avait adoré la veille;
« une foule immense courut à mon palais, le fer et
« la flamme à la main, etc. »

M. de Florian a-t-il bien réfléchi aux conséquences naturelles et nécessaires de cet étrange et funeste apologue? Il n'y en a pas d'autres, si ce n'est que le peuple est absolument incapable d'avoir aucune idée, aucun sentiment de justice; que, s'il n'est pas victime, il devient bourreau, et qu'il ne peut être que l'un ou l'autre. Certes, M. de Florian a trop de raison et d'équité pour adopter, encore moins pour propager un principe si faux, destructeur de tout ordre social; c'est proprement calomnier la nature humaine : sans doute il ne voulait pas le faire, et pourtant il l'a fait : pour peu qu'il veuille y réfléchir, il verra que l'homme n'est point fait ainsi, même parmi les dernières classes de la société. Il ne faut pas confondre les erreurs avec les habitudes, ni prendre les fautes pour un système de perversité. Il est trop vrai que la multitude ignorante est facile à égarer, sur-tout dans un temps de trouble et de licence; mais c'est précisément dans ce temps-là qu'il est plus dangereux de représenter le peuple comme irrémédiablement dépravé. La nature et l'expérience prouvent, au contraire, qu'à moins de circonstances extraordinaires, le commun des hommes demande non pas à opprimer, mais à ne pas être opprimé; que c'est là leur disposition habituelle, par une raison bien simple : c'est que leur intérêt même le leur apprend autant que leur conscience.

Dans tout ouvrage de fiction, il y a toujours un acteur qui a raison; c'est lui qui est l'interprète des pensées de l'auteur caché sous le personnage; tel est *Camiré*, dans la Nouvelle américaine, dont la scène se passe au Paraguay. C'est un jeune Guarani plein de candeur et de vertu, élevé par un jésuite honnête et éclairé. Celui-ci voudrait engager son élève à prendre un état; Camiré ne comprend rien à cette proposition : il montre les plaines immenses du Paraguay remplies de tout ce que la nature, aussi libérale que riche, peut prodiguer à l'homme pour sa subsistance. Jusque-là Camiré a raison; mais il en vient à la satire de l'état civilisé, toujours si facile dans la bouche de l'homme qu'on appelle sauvage. Il parcourt les différentes professions; il ne veut point être légiste, parce que les lois sont mauvaises. Soit; mais je lui aurais répondu : Tu travailleras à en proposer de meilleures, que l'on n'aurait jamais, si tous ceux qui ont du bon sens et de la justice parlaient comme toi. Il ne veut point du métier de la guerre, qui lui fait horreur; je lui aurais répondu, si j'avais été à la place du jésuite : J'ai horreur comme toi du sang de mes frères; mais tous les hommes ne sont pas pénétrés de cette fraternité; ils ont des passions qui les rendent méchants, et les sauvages même, qui ne font pas un métier de la guerre pourtant. Les peuples civilisés la font avec plus d'art, et même les peuples libres se massacrent comme les autres en bataille rangée, parce que les peuples ont des passions tout comme les rois. J'espère que cette rage insensée diminuera à mesure que les nations seront plus éclairées; mais, en attendant, il faut tâcher de n'être la proie de personne; et tant qu'il y aura des loups, il faut se garder de la morale des moutons.

Camiré ne veut pas non plus du commerce; il commence pourtant par en faire l'éloge, mais il ajoute : « J'ai vu que *les plus honnêtes* négociants
« ne se faisaient pas de scrupule de porter aux sau-
« vages des armes meurtrières, de les enivrer de
« liqueurs fortes, pour conclure des marchés plus
« avantageux; enfin, je les ai vus amener ici des
« Africains, qu'ils exposaient sur la place comme
« des bêtes de somme. — Vendre des hommes, mon
« père, cela s'appelle le commerce! Mon ami, je
« ne serai point commerçant. Maldonado (c'est le
« nom du jésuite) *ne trouvait rien à répondre à*
« *son jeune philosophe.* Il convenait que le disciple
« avait surpassé le maître, etc. »

Quand l'auteur qui raconte s'exprime ainsi, il est clair qu'il est de l'avis de celui qu'il fait parler. J'avoue, moi, que je n'en suis point, et que, si le jésuite *ne trouve rien à répondre*, c'est qu'apparemment il ne le veut pas. Rien n'était plus aisé que de répondre à Camiré : Mon ami, tu prends l'abus pour la chose. Tu raisonnerais juste, si, pour être commerçant, il fallait absolument vendre des hommes aux Européens, ou de la poudre à canon aux sauvages; mais comme rien ne t'y oblige, et que tu avoues toi-même que le commerce est bienfaisant de sa nature et la source d'une quantité de biens et d'avantages pour les nations, je ne vois pas comment tu peux conclure de ce qu'il y a des commerçants malhonnêtes que tu ne seras pas un commerçant honnête. Cela n'est pas conséquent, mon ami, et ici ta logique est en défaut.

L'auteur, qui a quelques obligations à la littérature espagnole, dont il a su tirer encore des richesses oubliées, pousse, ce me semble, la reconnaissance un peu trop loin, et jusqu'à la partialité, dans une conversation établie entre un Espagnol et lui sur les reproches que les deux nations peuvent se faire réciproquement. Aux cruautés commises dans le Nouveau-Monde l'Espagnol oppose nos guerres civiles et la Saint-Barthélemi; il conclut : « Ne nous reprochons rien, nous sommes tous « des barbares. » Cela est vrai : mais je ne laisserais pas ainsi passer tout-à-fait une conclusion qui tend à une égalité de crimes. Je dirais à l'Espagnol : Je consens que vous mettiez notre Saint-Barthélemi en compensation avec vos massacres en Amérique; mais il reste un petit article dont vous ne parlez pas, l'inquisition, qui dure depuis trois cents ans. Songez-vous ce que c'est que l'inquisition, aux yeux de quiconque a lu et n'est pas Espagnol? Je vous en demande pardon; mais pour ce qui est de l'inquisition, il n'y a point de balance à établir, quand vous mettriez ensemble tous les crimes de l'univers.

Plus M. de Florian est accoutumé à écrire avec élégance, plus on est autorisé à lui indiquer quelques taches légères qu'il peut faire disparaître aisément. « Les deux amants, *certains l'un de l'autre*, « etc. » Il y a ici impropriété de termes : il fallait dire *sûrs* au lieu de *certains*. On est *certain* d'une chose; on est *sûr* d'une personne.

Ailleurs, en parlant du besoin qu'ont des âmes douces de s'unir à une autre âme, il ajoute : « C'est « le lierre qui, sans son appui, tombe et sèche « dans la poussière, mais qui, s'attachant au chêne, « s'élève avec lui verdoyant. » *S'élève verdoyant* commencerait fort bien un vers, et finit mal une phrase; mais ce n'est pas cela qui me ferait retrancher la comparaison; c'est qu'elle est trop usée : quand certaines figures et certaines expressions sont devenues trop communes, il faut les laisser aux écrivains vulgaires. Ce sont là de petites corrections à faire dans les éditions subséquentes que ne peut manquer d'avoir cet ouvrage, dont la lecture est si agréable.

Fables.

Des nombreux recueils de fables qui ont paru dans ce siècle, celui-ci me paraît le meilleur : c'est celui où il me semble qu'on a le mieux saisi le véritable esprit et le vrai ton de la fable. La morale est généralement bien choisie et bien adaptée au sujet. Il ne s'agit pas du mérite de l'invention: l'auteur avoue lui-même (dans un discours préliminaire sur la fable) qu'il a emprunté d'Ésope, de Pilpay, de Gay, des fabulistes allemands, et sur-tout d'un poète espagnol (Yriarte), *qui lui a fourni ses apologues les plus heureux*[*]. Il a tout mis à contribution, il a bien

[*] Les fables que Florian a traduites d'Yriarte sont au nombre de huit. M. Joly les a énumérées dans la notice qu'il a donnée sur le poète espagnol. Voyez t. XXX de notre *Répertoire*.

fait; il ne s'en cache pas, et c'est encore mieux. Je ne vois là-dessus nulle chicane à lui faire; car s'il existe un fond littéraire qui appartienne particulièrement à celui qui le fait valoir, c'est assurément l'apologue, puisque la leçon est perdue, si vous ne lui donnez pas l'agrément, et l'intérêt qui la font retenir. Depuis que la vérité est nue, il lui est arrivé souvent de se morfondre : honneur à celui qui sait l'habiller de manière à la produire dans le monde avec succès !

> Et c'est la seule vierge, en ce vaste univers,
> Qu'on aime à voir un peu vêtue.
> (BOUFFLERS.)

Le bon en tous les genres, prédomine dans ce recueil: vous y trouvez des fables d'un intérêt attendrissant, d'autres d'une gaieté douce et badine, d'autres d'une finesse piquante, d'autres d'un ton plus élevé sans être au-dessus de celui de la fable. Le poète sait varier ses couleurs avec les sujets; il sait décrire et converser, raconter et moraliser; nulle part on ne sent l'effort, et toujours on aperçoit la mesure. Veut-on des tableaux animés par la poésie? En voici :

> Sur la corde tendue un jeune voltigeur
> Apprenait à danser; et déjà son adresse,
> Ses tours de force, de souplesse,
> Faisait venir maint spectateur.
> Sur son étroit chemin on le voit qui s'avance,
> Le balancier en main, l'air libre, le corps droit;
> Hardi, léger autant qu'adroit,
> Il s'élève, descend, va vient, plus haut s'élance,

Retombe, rémonte en cadence,
Et semblable à certains oiseaux
Qui rasent en volant la surface des eaux,
Son pied touche, sans qu'on le voie,
A la corde qui plie, et dans l'air le renvoie.

Veut-on de l'enjouement :

Contraint de renoncer à la chevalerie,
Don Quichotte voulut, pour se dédommager,
Mener une plus douce vie,
Et choisit l'état de berger.
Le voilà donc qui prend panetière et houlette,
Le petit chapeau rond garni d'un ruban vert
Sous le menton faisant rosette.
Jugez de la grace et de l'air
De ce nouveau Tircis! Sur sa rauque musette
Il s'essaie à charmer l'écho de ces cantons,
Achète au boucher deux moutons,
Prend un roquet galeux; et dans cet équipage,
Par l'hiver le plus froid qu'on eût vu de long-temps,
Dispersant son troupeau sur les rives du Tage,
Au milieu de la neige il chante le printemps.

Dispersant son troupeau (deux moutons achetés au boucher) est un trait fort heureux; c'est l'espèce de plaisanterie douce qui convient à la fable. Voici une peinture d'une autre espèce; elle est intéressante et grave :

C'est ainsi que pensait un sage,
Un bon fermier de mon pays.
Depuis quatre-vingts ans, de tout le voisinage
On venait écouter et suivre ses avis.
Chaque mot qu'il disait était une sentence.

> Son exemple sur-tout aidait son éloquence;
> Et, lorsque, environné de ses quarante enfants,
> Fils, petit-fils, brus, gendres, filles,
> Il jugeait les procès ou réglait les familles,
> Nul n'eût osé mentir devant ses cheveux blancs.

Ce dernier vers, qui est admirable, fait voir que la fable peut quelquefois s'élever jusqu'au style sublime; mais il faut beaucoup de réserve et de choix. Ce n'est guère que dans les idées morales que l'on peut aller jusque-là, parce que la morale est l'essence de l'apologue. Ici, par exemple, l'expression est d'une énergie imposante : mais l'intention et l'effet tiennent à ce respect naturel pour la vieillesse, sentiment commun à tous les hommes, qui fait de l'expérience et de la sagesse d'une longue vie une sorte de magistrature. La force et l'élévation des discours du *Paysan du Danube*, dans La Fontaine, tiennent aussi à ce fond de moralité; c'est le cri de l'opprimé contre la tyrannie. Mais pour peu qu'un fabuliste recherchât des traits pareils, bientôt l'ambition du style poétique ferait disparaître cette simplicité enjouée et attirante qui est le premier caractère et le charme de la fable.

On reconnaît ce caractère dans une foule de différents traits dont l'auteur a semé sa narration. Voyez cette jolie fable (la dix-huitième du troisième livre), où *le Rat de collége* juge la querelle entre le Hibou, l'Oison et le Chat, sur les Égyptiens, les Grecs et les Romains :

> Quand un rat, qui de loin entendait la dispute,
> Rat savant, qui mangeait des thèmes dans sa hutte, etc.

et celle de la Mort, voulant choisir son premier ministre :

> Pour remplir cet emploi sinistre,
> Du fond du noir Tartare avancent à pas lents
> La Fièvre, la Goutte et la Guerre.
> C'étaient trois sujets excellents ;
> Tout l'enfer et toute la terre
> Rendaient justice à leurs talents.
> La Mort leur fit accueil. La Peste vint ensuite.
> On ne pouvait nier qu'elle n'eût du mérite.

Ce badinage simple et facile est, ce me semble, celui qui appartient à ce genre d'écrire.

Je citerai encore la fable du *Singe qui montre la lanterne magique*, et qui n'a rien oublié, si ce n'est de l'éclairer * :

> Voyez la naissance du monde;
> Voyez..... Les spectateurs dans une nuit profonde,
> Écarquillaient leurs yeux et ne pouvaient rien voir;
> L'appartement, le mur, tout était noir.
> Ma foi, disait un chat, de toutes les merveilles
> Dont il étourdit nos oreilles,
> Le fait est que je ne vois rien.
> Ni moi non plus, disait un chien.
> Moi, disait un dindon, je vois bien quelque chose;
> Mais je ne sais pour quelle cause
> Je ne distingue pas très-bien, etc.

Ici la finesse se joint à la naïveté; l'une est dans la pensée de l'auteur, l'autre dans le langage qu'il

---

* Florian a traduit cette fable de l'espagnol. *Voyez* YRIARTE.

prête à ses personnages; c'est le mérite propre à la fable.

Écoutez la Pie jasant chez la Tourterelle sa voisine :

Lorsque par son époux la pie était battue,
>Chez sa voisine elle venait,
>Là, jasait, criait, se plaignait,
>Et faisait la longue revue
>Des défauts de son cher époux :
« Il est fier, exigeant, dur, emporté, jaloux;
« De plus, je sais fort bien qu'il va voir des corneilles, etc.

Ce dernier trait est fort heureux; c'est ce qui s'appelle se mettre à la place de ses acteurs; c'est un talent du poète fabuliste comme du poète dramatique.

Nous avons trop peu d'espace pour multiplier les citations et les éloges. Sur une centaine de fables, il y en a les trois quarts de très jolies, et plusieurs sont, à mon gré, de petits chefs-d'œuvre : telles sont *l'Aveugle et le Paralytique, les Singes et le Léopard, le Savant et le Fermier, le Roi et les deux Bergers, Don Quichotte, le Lapin et la Sarcelle, le Bon Homme et le Trésor*, etc.

Il en est aussi quelques-unes, je l'avoue, que je voudrais retrancher. La dernière du second livre a pour titre : *Myson*. C'est un sage de la Grèce, qui vit *seul* dans les bois, *méditant sans cesse, et parfois riant aux éclats*. Deux Grecs, surpris de sa gaieté, lui disent :

>Tu vis seul; comment peux-tu rire ?
Vraiment, répondit-il, voilà pourquoi je ris.

D'abord, je n'ai jamais conçu ni ne concevrai jamais comment un sage *vit* tout *seul. Pour vivre seul*, dit Aristote (et c'est une des meilleures choses qu'il ait dites), *il faut être un dieu ou une bête féroce.* Je suis de l'avis d'Aristote. De plus, je suis de l'avis des deux Grecs, et je ne comprends pas comment un homme seul a tant envie de rire. La méditation n'est point gaie; il est même reconnu que l'observateur est triste.

Je n'aime pas davantage celle du *Rhinocéros et* du *Dromadaire.* Le premier s'étonne de la préférence que les hommes donnent au second. Il prétend que le rhinocéros, à raison de sa force, pourrait être aussi utile que le chameau. Celui-ci, au lieu de lui répondre que la force ne suffit pas, au lieu de rappeler tous les avantages de l'espèce dromadaire, qui la rendent d'une utilité unique et inappréciable dans les pays chauds, lui répond :

De notre sort ne soyez point jaloux;
C'est peu de servir l'homme, il faut encor lui plaire.
Vous êtes étonné qu'il nous préfère à vous;
Mais de cette faveur voici tout le mystere :
 Nous savons plier les genoux.

Non assurément, ce n'est pas là *tout le mystère.* Il ne faut pas que la moralité d'une fable consiste dans un jeu de mots et dans une équivoque qui, dans l'application, ne produit qu'une pensée fausse. Quiconque connaît les propriétés du chameau, sait bien que, si l'on y met tant de prix, ce n'est pas parce qu'il *plie les genoux.*

C'est encore un jeu de mots qui forme l'affabulation de l'apologue qui a pour titre : *le Rossignol et le Paon*. Celui-ci reproche à l'autre ses chansons amoureuses, et prétend que c'est à lui, qui est beau, de célébrer la beauté. Le rossignol répond :

> Allez, puisque Amour n'y voit goutte,
> C'est l'oreille qu'il faut charmer.

Pensée fausse. Qui peut ignorer qu'en amour l'attrait le plus universel, c'est la beauté ?

> Et pour une qu'il prend par l'âme,
> Il en prend mille par les yeux.

C'est La Fontaine qui l'a dit. Le rossignol pouvait répondre : « Vous plaisez par votre plumage, et moi « par mes chants; chacun de nous a son partage. » Cela était raisonnable, mais aussi cela rentrait dans un ancien apologue connu, et il valait mieux ne pas faire la fable.

C'est un défaut dans l'apologue (et l'auteur y tombe quelquefois) de revenir sur une leçon déjà donnée, à moins qu'on ne la rende plus directe et plus frappante, et que d'ailleurs l'exécution n'en soit supérieure, car il est toujours permis de mieux faire qu'on n'a fait. On connaît une excellente fable de Boisard, et ce n'est pas la seule, quoique parmi une foule de médiocres. Elle a pour objet de faire voir que, pour parvenir, il faut être endurant et insensible aux outrages. Il introduit sur la scène un cheval, un bœuf, un mouton et un âne. Il s'agit d'entrer dans

un gras pâturage, dont Martin Bâton défend l'accès.
Le cheval, le bœuf et le mouton, chacun pour des
raisons que l'auteur tire habilement de leur caractère, résistent à la tentation. Pour l'âne, il va son
train :

On a beau le frapper, on ne peut s'en défaire.
Ce ladre, sans pudeur, avance sous les coups ;
D'un saut victorieux il franchit la barrière,
Et le voilà dans l'herbe enfin jusqu'aux genoux,
Se vautrant, gambadant, et broutant sans rancune.
Ses discrets compagnons le poursuivent en vain
De leurs regards jaloux : Amis, dit le roussin ;
 Voilà comme l'on fait fortune.

M. de Florian a traité précisément le même sujet, et n'a guère changé que les personnages. Ce sont chez lui, *l'Hermine, le Castor et le Sanglier*, qui, en voyageant, aperçoivent un canton riche et fertile, des prés, des eaux, des bois, des vergers pleins de fruits ; mais ils en sont séparés par un marais remplis de lézards, de serpents et de crapauds. L'hermine s'arrête et craint de se salir ; le castor propose de bâtir un pont, mais ce serait l'ouvrage de quinze jours. Le sanglier veut aller plus vite :

 Le voilà qui se précipite
Au plus fort du bourbier, s'y plonge jusqu'au dos,
A travers les serpents, les lézards, les crapauds,
Marche, pousse à son but, arrive plein de boue,
 Et là, tandis qu'il se secoue,
Jetant à ses amis un regard de dédain,
Apprenez, leur dit-il, comme on fait son chemin.

Je puis me tromper; mais je préfère de beaucoup la première fable, et pour l'invention et pour l'exécution. Je pourrais en donner bien des raisons; mais elles seraient trop longues à déduire : je m'en rapporte au jugement des lecteurs.

Les Enfants et les Perdreaux rappellent aussi une autre fable, dont le fond et la morale sont absolument la même chose, et qu'un de nos confrères à l'Académie, connu par son esprit et ses graces, lut, il y a quelques années, dans une de nos séances publiques. Mais il est très possible que M. de Florian ne la connût pas, puisqu'elle n'a jamais été imprimée. Elle avait pour titre : *Les Grenouilles et les Polissons.* Ceux-ci, jouant aux bords d'un marécage, s'amusaient à prendre des grenouilles et à se les jeter à la tête. Une d'elles leur adressait ces deux vers, qui finissent la fable :

> Vous ne vous faites point de mal,
> Et c'est nous qui perdons la vie.

Ici ce sont les enfants d'un fermier qui se jettent de même à la tête de petits perdreaux qu'ils ont attrapés, et dont le partage est devenu un sujet de querelle. Le père leur dit :

> Comment donc, petits rois, vos discordes cruelles
> Font que tant d'innocents expirent sous vos coups!
> De quel droit, s'il vous plaît, de vos tristes querelles
>   Faut-il que l'on meure pour vous?

Ces deux fables sont un emblème ingénieux des

guerres royales, dont les peuples ont été jusqu'ici les instruments et les victimes. Il y a tant d'atrocité d'une part, et tant de bêtise de l'autre, que ce n'est pas trop de deux apologues pour combattre cet abominable système, qui dure depuis tant de siècles. La fable de M. de Florian est d'ailleurs fort bien narrée, à ces mots près :

Le fermier, qui passait en revenant des champs,
　　Voit ce *spectacle sanguinaire.*

Sanguinaire, qui exprime toujours une disposition à répandre le sang, ne peut s'appliquer au mot *spectacle*. L'auteur aurait pu mettre : *Voit ce passe-temps sanguinaire,* parce qu'alors ce qu'on dit du passe-temps peut s'appliquer, par une métonymie très permise, à ceux qui se donnent ce passe-temps.

Puisque nous en sommes à la diction, j'observerai quelques fautes que l'auteur ne doit pas laisser dans un ouvrage où règnent en général le bon goût et cette élégance sans recherche et sans parure, qui est celle du genre. Ces fautes sont en très petit nombre : on est étonné qu'il y en ait contre les règles de la versification : ce sont sans doute des inadvertances.

　　　De rossignols une centaine
S'écrie : épargne-*le*, nous n'avons plus que lui.

L'auteur a oublié que l'*e* muet n'a point de valeur à la césure, qui est le repos du vers, et de plus, épargne-*le* ne peut se prononcer sans offenser l'oreille.

Armé d'*hoyaux*, de pics, etc.

L'*h* est aspirée dans *hoyaux* : il faut absolument prononcer *armés de hoyaux*.

Notre *lièvre, hors* d'haleine.

Même faute, *hors* est aspiré. Il fallait : *Le lièvre hors d'haleine.*

Les inversions dures sont un défaut partout, mais particulièrement dans la fable, où tout doit être aisé et coulant.

Ceux qui louaient le plus *de son chant l'harmonie.*

Les règles de la construction poétique, senties par les oreilles délicates et exercées, exigeaient que l'on mît :

Tous ceux qui de son chant admiraient l'harmonie.

De cette manière l'inversion est bien placée, au lieu que les deux substantifs rapprochés forment un hémistiche d'une dureté choquante.

L'inversion n'est point admise dans ce qu'on appelle les phrases faites, telles que celle-ci : *Il parle beaucoup et ne dit rien.* C'est une raison pour condamner ces deux vers :

> Et chacun, comme à l'ordinaire,
> Parle beaucoup *et rien ne dit.*

la contrainte de la rime se fait trop sentir ici : on ne doit la sentir nulle part, mais dans la fable moins que partout ailleurs.

On voit que ce peu de fautes, et de petites fautes (et l'on n'en trouverait guère d'autres), ne saurait nuire au mérite de ce recueil, qui prouve un véritable talent, et doit être pour son auteur un titre durable*. C'est sur-tout par ce motif que je désirerais que M. de Florian supprimât un passage que tous les gens instruits réprouveront. Ce dernier reproche que l'on peut lui faire ne porte nullement sur le fond ni sur les détails de ses fables. Il est par lui-même d'une nature assez délicate, car il s'agit d'un abus outré de la louange, et je n'en parlerais pas, si je ne me croyais trop franchement au-dessus de tout soupçon à cet égard, et s'il n'importait pas à l'honneur des lettres que, dans un livre fait pour rester, un homme de talent ne louât pas le talent de manière à se faire tort à lui-même sans honorer celui qu'il célèbre. M. de Florian adresse une de ses fables à l'abbé Delille, et l'on s'imagine bien que ce n'est pas là ce que je blâme; mais il lui dit :

> Digne rival, *souvent vainqueur*,
> Du chantre fameux d'Ausonie.

* Les apologues de Florian sont en général fort jolis : son coloris manque de force, sans manquer de quelque éclat; son esprit s'évapore quelquefois en bluette; mais son feu, sans jamais répandre beaucoup de chaleur, jette souvent de beaux traits de lumière. Tous ceux qui ont fait des fables, depuis La Fontaine, ont l'air d'avoir bâti de petites huttes sur le modèle et au pied d'un édifice qui s'élève jusqu'aux cieux : la hutte de M. de Florian est construite avec plus d'élégance et de solidité que les autres, et les domine de quelques degrés. DUSSAULT, *Annales littéraires*.

Il y a des vérités si généralement reconnues qu'il n'est pas permis de les démentir. Virgile passe universellement pour l'homme de la terre qui a le mieux fait des vers; c'est même à ce seul titre, que la postérité l'a placé à côté d'Homère, qui l'emporte sur lui de beaucoup par l'invention, la fable et les caractères. La langue de Virgile est aussi de l'aveu de tout homme lettré, très supérieure à la nôtre; et les *Géorgiques* sont l'ouvrage le plus parfait de Virgile. Comment donc serait-il possible que son traducteur l'eût *souvent vaincu?* C'est le cas de dire :

Et l'on manque le but en voulant le passer.

A coup sûr l'abbé Delille lui-même sait mieux que personne combien une pareille louange est hors de toute mesure. Il a dû être beaucoup plus flatté de ces deux vers de Voltaire :

De Virgile élégant traducteur,
Delille a quelquefois égalé son auteur.

Quand on songe à la perfection du poète latin et à la différence des deux langues, on sent combien cet éloge est grand, donné par un juge tel que Voltaire. Certes, personne n'admire plus que moi le rare talent de l'abbé Delille, l'un des meilleurs versificateurs de notre siècle, et là-dessus ma profession de foi a été publique dans mes écrits, au Lycée, partout; mais je suis à portée de sentir aussi bien qu'un autre, en lisant sa belle traduction des *Géorgiques*, combien de fois, malgré tous les efforts et tous les équivalents possibles, l'infériorité de l'idiome et du rhythme le laisse fort au-dessous de l'original sans qu'il y ait de reproche à faire au traducteur. J'invite donc M. de Florian à rayer ces lignes inconsidérées, qui sont une injure à la vérité et à Virgile, sans être un honneur pour son excellent traducteur. Il ne faut pas que dans un livre moral la louange ressemble à l'adulation : il vaudrait mieux faire une bonne fable sur l'abus de la louange.

Théâtre.

Pour se passer du charme des vers, il faut au moins que la prose d'une comédie ait un caractère : ce n'est pas assez que le dialogue soit pur ; il faut ou beaucoup de gaieté, ou beaucoup de délicatesse. C'est particulièrement celle-ci qui distingue et fera toujours aimer les petites comédies de Florian, de cet infortuné jeune homme, si douloureusement enlevé aux lettres, qu'il honorait par des talents variés et par des succès, en plus d'un genre, que le temps n'infirmera point. On a dit de lui qu'il avait créé une nouvelle famille d'Arlequins : non, l'auteur de cette famille est Marivaux ; et pour s'en convaincre, il suffit de lire les pièces de cet auteur. Mais Florian a donné plus de charme à ses Arlequins qu'aucun de ceux qui l'avaient précédé ; il leur a donné une bonhomie naïve, qui n'est altérée par aucun mélange ; et tout l'esprit qui la relève n'est autre chose qu'un composé fort heureux de bon cœur, de bon sens et de bonne humeur. Ce caractère, qui est celui de toutes ses pièces, est bien aussi une sorte de création : et s'il n'a pas fondé la famille, il l'a ressuscitée lorsque l'Opéra-Comique l'avait fait oublier, et l'a reproduite, ce me semble, sous des formes aussi attrayantes et plus épurées. Florian, dont le talent est sur-tout marqué par le bon goût, en se modelant sur Marivaux et Gessner, s'est approprié l'esprit de l'un, mais sans abus; la naïveté de l'autre, mais sans fadeur. Il a fait de son Arlequin le contraire de ce qu'a fait Beaumarchais de son Figaro : celui-ci est brillant dans son immoralité; l'autre est charmant dans sa bonté[*]. Toutes les pièces où il paraît[**] peuvent se lire et se relire avec un plaisir pur et continu; et si le genre est petit, la louange n'est pas commune. Aimable et malheureux jeune homme, que j'ai chéri comme mon enfant, depuis le temps où je dirigeais tes premières études, jusqu'à celui où j'applanis à ta jeunesse déjà célèbre la route des honneurs littéraires ! un attrait personnel se joignit pour toi seul à ce que le seul intérêt pour le talent me fit faire aussi pour d'autres, et ton inviolable reconnaissance m'a consolé plus d'une fois de leurs fréquentes ingratitudes. Je ne *saluerai* point *ton ombre;* cette emphase triviale et *philosophique* nous est trop étrangère à tous deux; mais je me repose dans cette confiance, que le Dieu juste et bon qui t'a si sévèrement éprouvé aura reçu dans sa miséricorde le tribut de tes souffrances, que sa loi, qui

---

[*] Voyez t. II, p. 200 de notre *Répertoire*, l'article ARLEQUIN. H. P.

[*] Plusieurs n'ont pas été jouées : l'auteur était attaché au vertueux Penthièvre, et dans les derniers temps il fit à la religion de ce prince le sacrifice de ses ouvrages de théâtre.

te fut toujours chère, t'avait appris à lui offrir, et qui n'est jamais perdu devant lui.

LA HARPE, *Cours de Littérature*.

MORCEAUX CHOISIS.

I. La Fable et la Vérité.

La Vérité toute nue
Sortit un jour de son puits.
Ses attraits par le temps étaient un peu détruits.
Jeunes et vieux fuyaient sa vue.
La pauvre Vérité restait là morfondue,
Sans trouver un asyle où pouvoir habiter.
A ses yeux vient se présenter
La Fable richement vêtue,
Portant plumes et diamants,
La plupart faux, mais très brillants.
« Eh! vous voilà, bonjour, dit-elle:
« Que faites-vous ici seule sur un chemin? »
La Vérité répond: « Vous le voyez, je gèle.
« Aux passants je demande en vain
« De me donner une retraite,
« Je leur fais peur à tous. Hélas! je le vois bien,
« Vieille femme n'obtient plus rien.
« Vous êtes pourtant ma cadette,
« Dit la Fable, et sans vanité,
« Partout je suis fort bien reçue.
« Mais aussi, dame Vérité,
« Pourquoi vous montrer toute nue?
« Cela n'est pas adroit. Tenez, arrangeons-nous;
« Qu'un même intérêt nous rassemble:
« Venez sous mon manteau, nous marcherons ensemble.
« Chez le sage, à cause de vous,

« Je ne serai point rebutée;
« A cause de moi, chez les fous
« Vous ne serez point maltraitée.
« Servant, par ce moyen, chacun selon son goût,
« Grace à votre raison et grace à ma folie,
« Vous verrez, ma sœur, que partout
« Nous passerons de compagnie. »

Fables, I, 1.

II. L'Aveugle et le Paralytique.

Aidons-nous mutuellement,
La charge des malheurs en sera plus légère;
Le bien que l'on fait à son frère,
Pour le mal que l'on souffre est un soulagement;
Confucius l'a dit : suivons tous sa doctrine.
Pour la persuader aux peuples de la Chine,
Il leur contait le trait suivant :
Dans une ville de l'Asie
Il existait deux malheureux,
L'un perclus, l'autre aveugle, et pauvres tous les deux.
Ils demandaient au ciel de terminer leur vie,
Mais leurs cris étaient superflus :
Ils ne pouvaient mourir. Notre paralytique,
Couché sur un grabat dans la place publique,
Souffrait sans être plaint : il en souffrait bien plus.
L'aveugle, à qui tout pouvait nuire,
Était sans guide, sans soutien,
Sans avoir même un pauvre chien
Pour l'aimer et pour le conduire.
Un certain jour il arriva
Que l'aveugle à tâtons, au détour d'une rue,
Près du malade se trouva;
Il entendit ses cris, son âme en fut émue.

Il n'est tels que les malheureux
Pour se plaindre les uns les autres.
« J'ai mes maux, lui dit-il, et vous avez les vôtres,
« Unissons-les, mon frère, ils seront moins affreux.
« — Hélas! dit le perclus, vous ignorez, mon frère,
 « Que je ne puis faire un seul pas ;
 « Vous-même vous n'y voyez pas :
« A quoi nous servirait d'unir notre misère?
« — A quoi! répond l'aveugle; écoutez : à nous deux
« Nous possédons le bien à chacun nécessaire;
 « J'ai des jambes, et vous des yeux ;
« Moi, je vais vous porter ; vous, vous serez mon guide ;
« Vos yeux dirigeront mes pas mal assurés ;
« Mes jambes, à leur tour, iront où vous voudrez.
« Ainsi, sans que jamais notre amitié décide
« Qui de nous deux remplit le plus utile emploi,
« Je marcherai pour vous, vous y verrez pour moi. »
Ibid. I, 20.

III. Le Lapin et la Sarcelle.

 Unis dès leurs jeunes ans
 D'une amitié fraternelle,
 Un lapin, une sarcelle,
 Vivaient heureux et contents.
Le terrier du lapin était sur la lisière
 D'un parc bordé d'une rivière.
 Soir et matin, nos bons amis,
 Profitant de ce voisinage,
Tantôt au bord de l'eau, tantôt sous le feuillage,
 L'un chez l'autre étaient réunis.
Là, prenant leurs repas, se contant des nouvelles,
 Ils n'en trouvaient point de si belles
Que de se répéter qu'ils s'aimeraient toujours.
Ce sujet revenait sans cesse en leurs discours.

Tout était en commun, plaisir, chagrin, souffrance :
Ce qui manquait à l'un l'autre le regrettait ;
Si l'un avait du mal son ami le sentait ;
Si d'un bien au contraire ils goûtaient l'espérance,
  Tous deux en jouissaient d'avance.
Tel était leur destin, lorsqu'un jour, jour affreux !
Le lapin, pour dîner, venant chez la sarcelle,
Ne la retrouve plus : inquiet, il l'appelle ;
Personne ne répond à ses cris douloureux.
Le lapin, de frayeur l'âme toute saisie,
Va, vient, fait mille tours, cherche dans les roseaux,
  S'incline par dessus les flots,
Et voudrait s'y plonger pour trouver son amie.
« Hélas ! s'écriait-il, m'entends-tu ? réponds-moi,
  « Ma sœur, ma compagne chérie ;
  « Ne prolonge pas mon effroi :
« Encor quelques moments, c'en est fait de ma vie :
« J'aime mieux expirer que de trembler pour toi. »
  Disant ces mots, il court, il pleure,
  Et, s'avançant le long de l'eau,
  Arrive enfin près du château
  Où le seigneur du lieu demeure.
  Là, notre désolé lapin
  Se trouve au milieu d'un parterre,
  Et voit une grande volière
Où mille oiseaux divers volaient sur un bassin.
  L'amitié donne du courage.
Notre ami, sans rien craindre, approche du grillage,
Regarde, et reconnaît... ô tendresse ! ô bonheur !
La sarcelle : aussitôt il pousse un cri de joie ;
Et sans perdre de temps à consoler sa sœur,
  De ses quatre pieds il s'emploie
  A creuser un secret chemin

Pour joindre son amie; et par ce souterrain
Le lapin tout à coup entre dans la volière,
Comme un mineur qui prend une place de guerre.
Les oiseaux effrayés se pressent en fuyant.
Lui court à la sarcelle; il l'entraîne à l'instant
Dans son obscur sentier, la conduit sous la terre,
Et la rendant au jour, il est prêt à mourir
    De plaisir.
Quel moment pour tous deux! Que ne sais-je le peindre
   Comme je saurais le sentir!
Nos bons amis croyaient n'avoir plus rien à craindre;
Ils n'étaient pas au bout. Le maître du jardin,
En voyant le dégât commis dans sa volière,
Jure d'exterminer jusqu'au dernier lapin.
Mes fusils! mes furets! criait-il en colère.
   Aussitôt, fusils et furets
    Sont tout prêts.
Les gardes et les chiens vont dans les jeunes tailles
   Fouillant les terriers, les broussailles :
Tout lapin qui paraît trouve un affreux trépas.
Les rivages du Styx sont bordés de leurs mânes :
   Dans le funeste jour de Cannes
   On mit moins de Romains à bas.
La nuit vient; tant de sang n'a point éteint la rage
Du seigneur, qui remet au lendemain matin
   La fin de l'horrible carnage.
   Pendant ce temps, notre lapin,
Tapi sous des roseaux auprès de la sarcelle,
   Attendait en tremblant la mort,
Mais conjurait sa sœur de fuir à l'autre bord,
   Pour ne pas mourir devant elle.
« Je ne te quitte point, lui répondait l'oiseau :
« Nous séparer serait la mort la plus cruelle.

« Ah ! si tu pouvais passer l'eau !
« Pourquoi pas ? attends-moi... » La sarcelle le quitte,
 Et revient traînant un vieux nid
Laissé par des canards. Elle l'emplit bien vite
De feuilles de roseaux, les presse, les unit
Des pieds, du bec, en forme un batelet capable
 De supporter un lourd fardeau;
 Puis elle attache à ce vaisseau
 Un brin de jonc qui servira de cable.
 Cela fait, et le bâtiment
Mis à l'eau, le lapin entre tout doucement
Dans le léger esquif, s'assied sur son derrière,
Tandis que devant lui la sarcelle nageant
Tire le brin de jonc, et s'en va dirigeant
 Cette nef à son cœur si chère.
On aborde, on débarque, et jugez du plaisir!
 Non loin du port on va choisir
Un asyle où, coulant des jours dignes d'envie,
 Nos bons amis, libres, heureux,
 Aimèrent d'autant plus la vie
 Qu'ils se la devaient tous les deux.
Ibid. IV, 13.

IV. Le Chateau de cartes.

Un bon mari, sa femme, et deux jolis enfants,
Coulaient en paix leurs jours dans le simple héritage
Où, paisibles comme eux, vécurent leurs parents.
Ces époux, partageant les doux soins du ménage,
Cultivaient leur jardin, recueillaient leurs moissons;
Et le soir, dans l'été, soupant sous le feuillage,
 Dans l'hiver, devant leurs tisons,
Ils prêchaient à leurs fils la vertu, la sagesse,
Leur parlaient du bonheur qu'elles donnent toujours:

Le père par un conte égayait ses discours,
  La mère par une caresse.
L'aîné de ces enfants, né grave, studieux,
  Lisait et méditait sans cesse ;
Le cadet, vif, léger, mais plein de gentillesse,
Sautait, riait toujours, ne se plaisait qu'aux jeux.

Un soir, selon l'usage, à côté de leur père,
Assis près d'une table où s'appuyait la mère,
L'aîné lisait Rollin : le cadet peu soigneux
D'apprendre les hauts faits des Romains ou des Parthes,
Employait tout son art, toutes ses facultés,
A joindre, à soutenir par les quatre côtés,
  Un fragile château de cartes.
Il n'en respirait pas, d'attention, de peur.
  Tout-à-coup voici le lecteur
Qui s'interrompt : « Papa, dit-il, daigne m'instruire
« Pourquoi certains guerriers sont nommés conquérants,
  « Et d'autres, fondateurs d'empire ?
  « Ces deux noms sont-ils différents ? »
  Le père méditait une réponse sage,
Lorsque son fils cadet, transporté de plaisir,
Après tant de travail, d'avoir pu parvenir
  A placer son second étage,
S'écrie : « Il est fini ! » Son frère, murmurant,
Se fâche, et d'un seul coup détruit son long ouvrage ;
  Et voilà le cadet pleurant.
  « Mon fils, répond alors le père,
  « Le fondateur, c'est votre frère,
  « Et vous êtes le conquérant. »
    (*Ibid.* II, 12.)

V. Le Cheval d'Espagne.

A M. de Saint-Lambert.

On court bien loin pour chercher le bonheur;
A sa poursuite en vain l'on se tourmente :
C'est près de nous, dans notre propre cœur,
Que le plaça la nature prudente.
O Saint-Lambert! qui le sait mieux que toi?
Toi qui vécus dans les camps, à la ville,
Près de Voltaire, à la cour d'un grand roi,
Tu quittas tout pour un champêtre asyle.
Là, méditant sous des ombrages frais,
Tu sais goûter ces biens, ces plaisirs vrais,
Que tu chantas sur le luth de Virgile :
Là, loin d'un monde ennuyeux et pervers,
Tes jours sont purs, ton sommeil est tranquille,
Et la nature, autour de toi fertile,
Te fait jouir de ses trésors divers,
Pour te payer tes soins et tes beaux vers.

Voilà, voilà le bonheur véritable.
En attendant que j'en puisse jouir,
Je veux au moins prouver dans une fable
Que ces vrais biens s'attrapent sans courir.

Certain coursier né dans l'Andalousie
Fut élevé chez un riche fermier;
Jamais cheval de prince et de guerrier
Ni même ceux qui vivaient d'ambroisie,
N'eurent un sort plus fortuné, plus doux.
Tous dans la ferme aimaient notre andalous,
Tous pour le voir allaient à l'écurie
Vingt fois par jour; et ce coursier chéri
D'un vœu commun fut nommé Favori.

Favori donc avait de la litière
Jusqu'aux jarrets, et dans son ratelier
Le meilleur foin qui fût dans le grenier.
Soir et matin les fils de la fermière,
Encore enfants, ménageaient de leur pain
Pour l'andalous; et lorsque dans leur main
Le beau cheval avait daigné le prendre,
C'étaient des cris, des transports de plaisir;
Tous lui donnaient le baiser le plus tendre;
Dans la prairie ils le menaient courir;
Et le plus grand de la petite troupe,
Aidé par tous, arrivait sur sa croupe.
Là, satisfait, et d'un air triomphant,
Des pieds, des mains, il pressait sa monture;
Et Favori modérait son allure,
Craignant toujours de jeter bas l'enfant.

 De Favori ce fut là tout l'ouvrage
Pendant long-temps : mais quand il vint à l'âge
De trente mois, la femme du fermier
Le prit pour elle; et notre cavalière,
En un fauteuil sise sur le coursier,
La bride en main, dans l'autre la croupière,
Les pieds posés sur un même étrier,
Allait, trottait au marché faire emplette,
Chez ses voisins acquitter une dette,
Ou visiter son père déjà vieux.
A son retour, notre bonne Sanchette
Accommodait Favori de son mieux,
Et lui doublait l'avoine et les caresses.

 Plus on grandit, plus on devient vaurien.
Ce Favori que l'on traitait si bien,
Ce cher objet de si douces tendresses,
Fut un ingrat; et, quand il eut quatre ans.

8.

Il s'indigna dans le fond de son âme
D'être toujours monté par une femme :
« Est-ce donc-là, disait-il dans ses dents,
« Le noble emploi d'un coursier d'Ibérie?
« Avec des bœufs j'habite l'écurie
« D'une fermière, et frémis de courroux
« Quand on me voit, comme un ânon docile,
« Au petit trot cheminer vers la ville,
« Ayant pour charge une femme et des choux.
« Non, je ne puis souffrir cette infamie,
« Je suis né fier; et, dussé-je périr,
« Je prétends bien dans peu m'en affranchir.
Orgueil! orgueil! c'est par toi qu'on oublie
Vertus, devoirs; par toi tout a péri :
Tu perdis l'homme, et perdis Favori.

Un beau matin que la bonne Sanchette,
Selon l'usage, allait toute seulette
Vendre au marché les fruits de son jardin,
Elle eut besoin, je ne sais pourquoi faire,
De s'arrêter un moment en chemin.
D'un saut léger elle est bientôt à terre ;
Mais le bridon échappe de sa main ;
Et Favori s'en aperçoit à peine,
Qu'au même instant, s'élançant dans la plaine,
Il casse bride, et disperse dans l'air
Et charge et selle, et harnois et croupière,
Des quatre pieds fait voler la poussière,
Et disparaît aussi prompt que l'éclair.
Las! que devint notre bonne Sanchette!
Dans sa surprise elle resta muette,
Suivit long-temps des yeux le beau coursier,
Et puis pleura, puis retourna chez elle,
Et raconta cette affreuse nouvelle.

Tout fut en deuil chez le triste fermier :
De Favori tous regrettent la perte ;
Enfants, valets, vont à la découverte
Dans les hameaux, dans chaque bourg voisin :
« L'avez-vous vu des coursiers le modèle,
« Le plus aimé, le plus beau ? » C'est en vain,
De Favori nul ne sait de nouvelle ;
Il est perdu, Sanchette soupira,
Et dit tout bas : « Peut-être il reviendra. »

En attendant, Favori ventre à terre
Galoppe et fuit sans perdre un seul moment.
Il aperçoit bientôt un régiment
De cavaliers qui marchaient à la guerre ;
Hommes, chevaux, par leur air belliqueux,
Par leur fierté, leur armure brillante,
Dans tous les cœurs répandent l'épouvante,
Ou le désir de combattre auprès d'eux.
A cet aspect notre coursier s'arrête ;
Il sent dresser tous ses crins ondoyants,
Et l'œil en feu, les naseaux tout fumants,
Fixe, immobile, écoute la trompette :
Puis tout-à-coup, frappant la terre et l'air,
Il bondit, vole à travers la prairie,
Arrive auprès de la cavalerie,
S'ébroue, hennit, et, jetant un œil fier
Sur ces guerriers, enfants de la victoire,
Il semble dire : « Et j'aime aussi la gloire. »

Le colonel, qui voit ce beau coursier,
Veut s'en saisir ; il vient avec adresse
Auprès de lui, le flatte, le caresse,
Et par un frein en fait son prisonnier.
A l'instant même une peau de panthère
Aux griffes d'or tombantes jusqu'à terre

Couvre le dos du superbe animal :
Un plumet rouge orne sa tête altière,
Et cent rubans tressés dans sa crinière
Lui donnent l'air coquet et martial.
Sur Favori le colonel s'élance,
Presse les flancs du coursier généreux ;
Et Favori, dans son impatience,
Mordant son frein, fier du poids glorieux,
Vole à travers les escadrons poudreux.

« Voilà, voilà, disait-il en lui-même,
« Le noble emploi pour lequel je suis né !
« Vivre en repos, c'est vivre infortuné ;
« Gloire et périls sont le bonheur suprême.
« Sous ce harnois que je dois être beau !
« Je voudrais bien, dans le cristal de l'eau,
« Me voir passer, voir ma mine guerrière.
« Pour être heureux, ma foi, vive la guerre ! »
Comme il parlait, le chef du régiment
Reçoit l'avis qu'une troupe ennemie
Doit dans la nuit l'attaquer brusquement.
Tout aussitôt une garde choisie
Est disposée autour du logement :
Le colonel la commande lui-même ;
Et Favori, dont la joie est extrême
De voir qu'on est menacé d'un danger,
Passe la nuit sans dormir ni manger.
Qu'importe ? il est soutenu par le zèle.
Point d'ennemis, voilà son seul chagrin.
Mais tout-à-coup arrive le matin
Un officier qui porte la nouvelle
Que la bataille est pour le lendemain.
Le colonel veut être de la fête.
L'armée est loin ; mais jamais rien n'arrête

Lorsque la gloire est au bout du chemin :
On part, on veut arriver pour l'aurore.
Toujours à jeun, Favori néanmoins
Ne se plaint pas, mais il saute un peu moins.
Le jour se passe, il faut marcher encore
Toute la nuit; et Favori rendu
Fait un soupir; mais l'amour de la gloire,
Et le désir de vivre dans l'histoire,
Et l'éperon, réveillent sa vertu.
Il marche, il va, se soutenant à peine,
Quand, vers minuit, d'une forêt prochaine,
Un gros parti fond sur le régiment.
On veut se battre : hélas ! c'est vainement ;
Nos cavaliers, harassés de la route,
Sont enfoncés, tués, mis en déroute;
Et, dans le choc, Favori tout sanglant,
Couvert de coups, deux balles dans le flanc,
Parmi les morts resté sur la poussière,
Ne voyait plus qu'un reste de lumière :
« Ah ! disait-il, je le mérite bien ;
« J'ai fait un crime, il faut que je l'expie :
« Je fus ingrat, il m'en coûte la vie;
« C'était trop juste : et ce n'est pas le bien
« Que Favori dans ce moment regrette;
« Ce n'est que vous, ô ma chère Sanchette ! »

 Disant ces mots il perd tout sentiment;
Et l'ennemi, vainqueur dans ce moment,
Bien résolu de n'épargner personne,
Le glaive au poing poursuivant les fuyards,
Pille, massacre, et bientôt abandonne
Ce champ couvert de cadavres épars.

 Le lendemain de cet affreux carnage,
Certain meunier, dans la plaine passant,

Vit Favori sur la terre gissant ;
Il respirait : le meunier le soulage,
Clopin, clopant, le mène à son village,
Prend soin de lui, le panse, le nourrit,
Pour abréger, en un mot, le guérit ;
Mais, prétendant se payer de sa peine,
Il veut user de son convalescent ;
Chargé de sacs, sous le poids gémissant,
Dix fois le jour il le mène et ramène
Dans les marchés, au village, au moulin,
Le suit de près un bâton à la main ;
Et ce bâton, fait d'une double épine,
De Favori vient chatouiller l'échine,
Pour peu qu'il bronche ou s'amuse en chemin.

Ce fut alors qu'il regretta Sanchette.
Mais la frayeur rend sa douleur muette ;
Brisé de coups il n'ose pas gémir :
L'excès des maux l'abrutit et l'accable ;
Et, se croyant pour toujours misérable,
Il ne demande au ciel que de mourir.

Notre coursier, dégoûté de la vie,
Vivait toujours, sans trop savoir pourquoi ;
Quand un matin un écuyer du roi,
Qui parcourait toute l'Andalousie
Pour remonter la royale écurie,
Vit Favori de plusieurs sacs chargé,
Par le bâton au moulin dirigé,
Et conservant sous ce triste équipage
Ce coup-d'œil noble et cet air de grandeur
D'un roi vaincu cédant à son malheur,
Ou d'un héros réduit en esclavage.
Bon connaisseur était cet écuyer ;

De Favori s'approchant davantage,
Il l'examine, et demande au meunier
Combien il veut de ce jeune coursier :
L'accord se fait; aussitôt on délivre
De son fardeau notre bel animal;
Son nouveau maître à l'instant s'en fait suivre,
Et le conduit vers le palais royal.

 « Oh! pour le coup, se disait à lui-même
« Notre héros, la fortune est pour moi :
« Plus de chagrin, je suis cheval du roi.
« Cheval du roi, c'est le bonheur suprême.
« Je n'aurai plus qu'à manger et dormir,
« De temps en temps à la chasse courir,
« Sans me lasser, et, gras comme un chanoine,
« A mon retour choisir l'orge ou l'avoine
« Que mes valets viendront vanner, je croi,
« Avec grand soin pour le cheval du roi. »

 Ainsi parlant, il entre à l'écurie.
Tout lui promet le bonheur qu'il attend :
De peur du froid sur son corps l'on étend
Un drap marqué des armes d'Ibérie;
On le caresse, et sa crèche est remplie
D'orge et de son; il est pansé, lavé,
Deux fois le jour; le soir, sur le pavé
Litière fraîche; et cette douce vie
Lui rend bientôt son éclat, sa beauté,
Son poil luisant, sa croupe rebondie,
Et son œil vif, et même sa gaîté.
Il fut heureux pendant une quinzaine.
Il possédait tous les biens à souhait,
Mais un seul point lui faisait de la peine,
C'est que le roi jamais ne le montait.

Nul écuyer n'aurait eu cette audace ;
Et leur respect pour monsieur Favori
Fait qu'avec soin il est choyé, nourri,
Mais que toujours il reste en même place.
Tant de respect lui devient ennuyeux ;
Ce long repos, à sa santé contraire,
Le rend malade, et triste et soucieux,
En peu de temps change son caractère :
Ce qu'il aimait lui devient odieux ;
Plus d'appétit, rien qui puisse lui plaire ;
Un froid dégoût s'empare de son cœur ;
Plus de désir, partant plus de bonheur.
« Ah ! disait-il, que tout ceci m'éclaire !
« Gloire, grandeur, vous qui m'avez séduit,
« Vous n'êtes rien qu'une erreur mensongère,
« Un feu follet qui brille et qui s'enfuit :
« Si le bonheur habite sur la terre,
« Il vous évite autant que la misère,
« Il va cherchant la médiocrité,
« C'est là qu'il loge ; et sa sœur et son frère
« Sont le travail et la douce gaîté.
« Ils sont chez vous, ô ma bonne Sanchette !
« Plus que jamais Favori vous regrette. »

Notre cheval ainsi philosophant
Est fort surpris de voir qu'on lui prépare
Selle et bridon du travail le plus rare :
Le fils du roi, le jeune et noble infant,
Ce même jour doit faire son entrée ;
Et Favori, qui sera son coursier,
Porte un harnois digne du cavalier.
D'or et d'azur sa housse est diaprée,
De beaux saphirs sa bride est entourée,
Et d'argent pur est fait chaque étrier.

Notre héros, dans ce bel équipage,
De tant d'honneurs n'a pas l'esprit tourné :
Il commençait à devenir fort sage.

 L'infant sur lui doucement promené,
Suivi des siens, entouré de la foule,
Vers son palais à grand'peine s'écoule,
Quand Favori, qui ne songeait à rien,
Voit une femme, et tout-à-coup s'arrête,
Dresse l'oreille en relevant la tête,
Et reconnaît... vous le devinez bien?....
Qui donc?...Sanchette...O moment plein de charmes!
Il court vers elle, il hennit de plaisir ;
De ses deux yeux tombent de grosses larmes,
Larmes d'amour et de vrai repentir.
Tout comme lui la sensible Sanchette
Pleure de joie, et notre jeune infant
Surpris et touché, veut qu'au même moment
De Favori l'histoire lui soit faite.
Sanchette alors raconte en peu de mots
Que Favori fut élevé chez elle ;
Puis elle dit, non sans quelques sanglots,
Quand et comment il devint infidèle.
De ce récit le prince est attendri :
« Tenez, dit-il, je vous rends Favori,
« Il est à vous avec son équipage;
« Montez dessus, retournez au village :
« A pieds j'irai jusqu'au palais royal.
« Sans que ma fête en soit moins honorée ;
« Car j'ai bien mieux signalé mon entrée
« Par un bienfait que par un beau cheval. »

 Il dit, descend, et ne veut rien entendre.
Sanchette alors monta, sans plus attendre,

Sur Favori, qui, content désormais,
Gagna la ferme, et n'en sortit jamais.*
Conte.

FLORUS. On croit qu'il pouvait être Espagnol, de la famille des Sénèque, et avoir eu les noms de L. Annæus Seneca par la naissance, et de L. Junius Florus par adoption. Nous avons de lui un abrégé de l'*Histoire romaine* en quatre livres, depuis le règne de Romulus jusqu'au temps d'Auguste, qui paraît écrit sous Trajan. Il n'a point le défaut ordinaire des abrégés, d'être sec, décharné et ennuyeux : le style en est élégant, agréable, et tient quelque chose de la vivacité poétique; mais on y trouve en quelques endroits trop d'emphase et de pompe, et quelquefois même de l'enflure. Ce n'est point un abrégé de Tite-Live, avec qui souvent il ne s'accorde pas. On doute avec fondement que les épitomes ou sommaires qui sont à la tête des livres de Tite-Live, soient de Florus.
Rollin, *Histoire ancienne.*

Parmi les nombreuses éditions de Florus, on distingue celle *ad usum Delphini*, Paris, 1674, avec les commentaires de madame Dacier, 1726, in-4°; celle d'Utrecht, 1680, in-8°; d'Amsterdam, 1702, in-8°; et de Leipsick, 1760, avec une excellente préface de J. Frid. Fischer. M. Gibon, commentateur du *Justin*, qui fait partie des *Classiques latins* de M. Lemaire, va publier incessamment son com-

---

* *Voyez* à l'article bible les jolies pièces de *Ruth* et de *Tobie* avec les citations du texte sacré; et ci-dessus p. 70, *le Combat du Taureau* cité par La Harpe.   F.

mentaire sur Florus pour la même collection. Les traductions de Florus sont en grand nombre, et dans presque toutes les langues. Les meilleures que nous possédions en français sont celle que l'abbé Paul a fait paraître en 1774, et celle qu'a publiée l'année dernière M. Camille Paganel.

JUGEMENT.

Florus, qui a composé l'abrégé de l'histoire romaine jusqu'au règne d'Auguste, sous lequel il vivait, a le mérite d'avoir resserré en un très petit volume les annales de sept siècles, sans omettre un seul fait important. Il y a dans son style quelques traces de déclamation, mais en général de la rapidité et de la noblesse. La conjuration de Catilina est racontée en deux pages, et rien d'essentiel n'y est oublié.

LA HARPE, *Cours de Littérature.*

FONTANES (Louis, marquis DE) naquit à Niort, le 6 mars 1757. Il descendait d'une famille protestante qui avait été ruinée par suite de la révocation de l'édit de Nantes. Né avec la passion de la poésie, M. de Fontanes n'eut pas plus tôt achevé ses études dans sa ville natale, qu'il accourut à Paris, et les premiers essais d'une jeune muse formée à l'école littéraire du siècle de Louis XIV, parurent au milieu de toutes les recherches du faux goût qui ternissaient encore les dernières années du dix-septième siècle. Aussi sa traduction de l'*Essai sur l'homme*, de Pope, modèle de pureté et d'élégance, qui fut son début dans la carrière poétique, répandit beaucoup d'éclat sur la réputation naissante du jeune poète; et le plaça au rang des littérateurs destinés à propager la perfection du bon goût. Quelques poèmes de courte proportion, *le Cloître des Chartreux*, *le Verger*, *la Forêt de Navarre*, *l'Essai sur l'Astronomie*, des fragments de Lucrèce et des poésies fugitives, ajoutèrent encore à l'opinion avantageuse que l'on avait conçue de son talent pour la poésie descriptive. Son poème sur *l'Édit en faveur des non-catholiques* remporta le prix de l'Académie française, en 1789; mais l'ouvrage qui aurait suffi pour lui assurer une réputation littéraire, est son poème sur *le Jour des Morts dans une campagne*. c'est une imitation du *Cimetière de Gray*; M. de Fontanes n'y a puisé que l'idée première, et il ne doit qu'à son imagination les beautés originales dont il l'a embellie.

Comme prosateur, M. de Fontanes ne se distingua pas moins : son *Éloge de Washington* se fait remarquer par la force, la dignité du style et des pensées; et la pétition qu'il adressa, en 1794, à la Convention, *en faveur des malheureux citoyens de la ville de Lyon*, est un modèle de pathétique et d'éloquence. M. de Fontanes, après avoir consacré ses talents dans les feuilles publiques à la défense du trône, fut contraint de fuir de Paris, et de chercher un asyle dans la ville de Lyon. « D'heureux liens
« de famille, dit M. Villemain, l'avaient fixé au milieu
« des désastres de cette ville, dont les infortunés
« habitants devinrent ses concitoyens. Après la vic-

« toire de la Convention, lorsque les horreurs du
« siège furent remplacées par les vengeances de la
« paix, lorsque le nom même de la malheureuse
« ville fut aboli, une plainte s'éleva du milieu de
« ses ruines. Trois hommes de l'aspect le plus simple
« et le plus grossier parurent à la barre de la Con-
« vention comme les envoyés de la cité proscrite :
« on redouta moins dans leur bouche l'éloquence
« du malheur et de l'humanité : on osa les entendre.
« L'un d'eux prend la parole ; et, dans son accent
« rude et vulgaire, le discours qu'il prononce, éton-
« nant mélange de pathétique et de fierté, d'éléva-
« tion et d'adresse, fait passer impunément sous les
« yeux de l'assemblée tout le spectacle de ses vio-
« lences, la saisit d'un trouble involontaire, et l'é-
« pouvante elle-même des maux qu'elle a faits : on
« accueille la plainte ; on ordonne l'examen : un fré-
« missement d'émotion s'est prolongé dans toute
« la séance. Les uns se rappellent en rougissant le
« paysan du Danube reprochant au sénat la barbarie
« de ses préteurs ; d'autres cherchent déjà quel est
« le dangereux écrivain, le conspirateur secret qui
« a surpris leur pitié, en empruntant l'organe peu
« suspect de ces envoyés populaires : ce dangereux
« écrivain, ce conspirateur, c'était M. de Fontanes.
« Retenu parmi les ruines de Lyon, il avait inspiré
« les pétitionnaires ; il avait écrit pour eux ce dis-
« cours, où son talent le trahissait. Une nouvelle
« fuite et de nouveaux dangers furent le prix de
« cette généreuse imposture aisément découverte. »

Forcé de se cacher pour dérober sa tête aux

bourreaux, l'illustre écrivain ne reparut que lorsqu'une première lueur de justice et d'humanité vint consoler la France. Depuis cette époque, M. de Fontanes fut à peu près perdu pour les lettres; les emplois civils et politiques dont il fut revêtu absorbèrent les loisirs qu'il consacrait aux muses. Soit comme académicien, soit comme président du corps législatif, soit comme chef du corps enseignant, il a porté la parole en de grandes circonstances, et toujours avec un égal succès. Mais depuis qu'il était parvenu à ces éminentes dignités, non-seulement il attacha peu de prix à sa renommée littéraire, mais il parut quelquefois blessé lorsqu'on lui en rappelait le souvenir. Cependant, lors de la publication des *Martyrs*, son amitié pour M. de Chateaubriand ranima les cordes de sa lyre, et il lui adressa, en 1810, des stances pleines de grace et de poésie, dont nous citerons quelques fragments :

>Du grand peintre de *l'Odyssée*,
>Tous les trésors te sont ouverts;
>Et dans ta prose cadencée,
>Les soupirs de Cymodocée
>Ont la douceur des plus beaux vers.
>. . . . .
>Ainsi les maîtres de la lyre,
>Partout exhalent leurs chagrins :
>Vivants, la haine les déchire;
>Et les dieux que la terre admire,
>Ont peu compté de jours sereins.
>Long-temps la gloire fugitive
>Semble toucher leur noble orgueil.

> La gloire enfin pour eux arrive,
> Et toujours sa palme tardive
> Croît plus belle au pied d'un cercueil.

Depuis le retour du Roi, M. de Fontanes, appelé à siéger à la chambre des pairs, a moins négligé le culte des Muses. En 1817, il fit paraître *le Retour d'un exilé*, ode sur la violation des tombeaux de Saint-Denis. Il avait repris avec ardeur l'entreprise d'un poème sur *la Grèce sauvée*, ouvrage qu'il avait commencé dans sa jeunesse, et qui devait être un de ses plus beaux titres de gloire. Mais il ne put jouir de ce nouveau succès : une maladie violente termina sa vie le 17 mars 1821. Sa mort fut une véritable perte pour les lettres, dont il se montra constamment le zélé protecteur On le vit toujours s'empresser d'accueillir avec bienveillance les réputations naissantes, et employer son crédit à favoriser leurs succès. En vers comme en prose, ses ouvrages sont des modèles de correction et d'élégance ; mais le talent de bien faire des vers ne constitue pas seul un poète : il faut de l'imagination, du génie, de l'invention, et ces qualités ont manqué à M. de Fontanes ; néanmoins sa place est belle, et il sera toujours classé parmi les littérateurs les plus célèbres de notre époque.

Ph. T.

JUGEMENTS.

I.

M. de Fontanes débuta par une traduction en vers de l'*Essai sur l'Homme*, de Pope. La traduction de l'abbé Duresnel, paraît en général, moins fidèle, moins précise et d'un style plus faible que celle de M. de Fontanes; mais il nous semble que ce dernier, à force de vouloir atteindre à la précision du poète anglais, est tombé quelquefois dans la sécheresse; défaut dont l'original n'est pas exempt, et qui peut tenir aussi à la nature un peu métaphysique du sujet. Quoi qu'il en soit, il nous a paru moins sensible dans la traduction de l'abbé Duresnel, à laquelle, peut-être, l'attrait d'une ancienne habitude nous a toujours ramenés, et qui a pour elle, d'ailleurs, le préjugé favorable de l'estime qu'en faisait Voltaire. Nous avouons que Pope nous y paraît plus agréable, mais sans nous dissimuler le talent que suppose celle de M. de Fontanes; nous regardons sur-tout le discours préliminaire, qui lui sert d'introduction, comme un ouvrage non moins bien écrit que bien pensé.

L'auteur a donné depuis un poème, intitulé *le Verger*. Ce poème, sur un sujet qui n'avait pas encore été tenté, est une nouvelle preuve du succès que peut obtenir notre langue dans un genre qu'elle avait dédaigné long-temps, et qui est devenu pour elle une source abondante de richesses.

Parmi les différentes pièces de poésie de M. de Fontanes, on doit distinguer le poème *sur l'Édit en faveur des non-catholiques*, qui fut couronné par l'Académie en 1789; cette palme, avidement recherchée par tant d'écrivains, et obtenue tant de fois par des ouvrages médiocres, fit ici plus d'honneur au choix de l'Académie qu'au jeune poète qui avait daigné la briguer, sans attacher à cette gloire éphémère, l'importance risible que quelques auteurs communs ont si ridiculement essayé de lui donner.

Un recueil du temps vient de mettre sous nos yeux une autre pièce dont le sujet, quoique très ingrat en apparence, lui a fourni des beautés que nous n'espérions pas, et qui nous ont vivement frappés. Cette pièce est intitulée : *Le jour des Morts dans une Campagne.* Une mélancolie douce et tendre, une sensibilité qui part de l'âme, et qui se communique au lecteur, un style enfin dont la couleur nous a paru parfaitement assortie au sujet, forment le caractère de cette pièce, qui est bien véritablement d'un poète, et qui nous a causé, en la lisant, une émotion qu'aucun ouvrage en vers ne nous avait fait éprouver depuis long-temps.

Mais un poème que nous ne connaissons que par la renommée, et dont M. Fontanes lut publiquement, il y a quelques années, plusieurs fragments qui firent la plus grande sensation, est, si nous en croyons quelques bons juges qui en ont entendu la lecture, de tous les ouvrages de l'auteur celui qui annonce le plus de talent. Le titre seul (*la Grèce sauvée*) en fait sentir toute l'importance ; et d'après l'opinion avantageuse que nous avons déjà du mérite de M. de Fontanes, nous attendons ce poème avec d'autant plus d'impatience, qu'il est un de ceux par qui nous espérons le plus voir renaître la gloire de notre littérature.

PALISSOT, *Mémoires sur la Littérature.*

II.

Nul poète, depuis vingt ans, n'a su réunir par un art plus délicat tout ce que l'élégance du style a de plus agréable et de plus brillant, avec tout ce que les graces de la simplicité ont de plus facile et de plus aimable. Il parut à une époque où toutes les ressources, toutes les variétés, toutes les combinaisons que le vers français peut offrir au génie le plus souple et le plus exercé, étaient connues et même épuisées; et parmi ces richesses, ces trésors de l'élocution qu'un luxe dédaigneux et inquiet tourmentait quelquefois, un jugement sûr, un goût éclairé le retint également éloigné, et de tout ce que l'austérité littéraire, à des époques antérieures, pouvait avoir d'incomplet et de défectueux, et de tout ce que la licence du temps présent avait en effet de surabondant et d'excessif. Des modèles aussi dangereux qu'estimables sollicitaient l'imitation : à la tête des poètes français brillait un écrivain (Delille) dont on ne peut trop admirer les beautés éclatantes, ni trop redouter les défauts séduisants; talent supérieur qui fit faire un pas à la versification française, mais pour la conduire sur les bords d'un précipice où lui seul pouvait s'arrêter. L'auteur de *l'Essai sur l'Astronomie*, et de beaucoup d'autres morceaux pleins de mérite que les connaisseurs ont distingués, sentit toujours que la clarté du style, la liaison des idées, la régularité des plans, la sobriété des ornements, l'usage discret et sage des combinaisons de la mesure et de l'harmonie, étaient les véritables principes de l'art; et il eut assez de génie pour attirer les regards, en mettant de côté tous les prestiges, toutes les illusions, tous les abus, et pour faire rentrer le goût en possession d'une partie des droits qu'usurpait sur lui la nouveauté décorée de tout l'éclat du talent. L'art d'écrire en prose ne lui est pas moins redevable que celui dont il conserva la tradition transmise par les maîtres de notre poésie : il sut encore, dans un moment où le néologisme, la subtilité, l'obscurité, et, ce qui dit tout, *le style révolutionnaire*, triomphaient, reproduire dans ses écrits la netteté, la justesse, l'élégance des meilleurs temps, et nous en retracer les exemples, comme il en faisait revivre les maximes.

DUSSAULT, *Annales littéraires*.

III.

Cette prose éloquente, qui s'est soutenue tant de fois au niveau des plus difficiles occasions et des plus imposants spectacles, M. de Fontanes en posséda le secret dès qu'il commença à écrire, et il en répandit toutes les richesses dans son premier ouvrage, dans le discours, d'une maturité si précoce et d'une élégance vraiment originale, qui précède la traduction de *l'Essai sur l'homme*, de Pope. Il porta le goût classique jusque dans la poésie descriptive, où l'abus du talent est si voisin de sa richesse. *Le Verger, la Forêt de Navarre, l'Essai sur l'astronomie*, semblaient moins une imitation complaisante de la nouvelle école, qu'un heureux exemple de précision et de pureté qui lui était offert. Que de beautés, en effet, dans ces rapides esquisses abrégées par le goût? quel art de mêler toujours l'homme à la nature, et d'embellir chaque tableau par la vérité des sentiments, plus rare encore que celle des images. Le poëme sur *le jour des Morts*, plein d'une mélancolie religieuse, révéla dans l'âme du jeune poète une autre source d'inspiration, et fit voir que la sévérité du goût n'exclut pas cette heureuse originalité qui naît toujours d'une émotion profonde.

Ses vers, d'un tour noble, harmonieux, concis, se portaient naturellement sur les pensées religieuses; ils en recevaient l'inspiration. Majestueuse et rapide dans l'épître où il a célébré l'éloquence des *Livres saints*, cette inspiration est attendrissante et naïve dans le poëme de *la Chartreuse*; une tristesse pleine de douceur et de poésie anime cette espèce d'élégie; la mélodie des paroles s'y confond avec l'émotion de l'âme, et l'on croit entendre au loin quelques sons à peine affaiblis de la lyre de Racine.

Villemain, *Discours de réception
à l'Académie française.*

MORCEAUX CHOISIS.

I. La Chartreuse de Paris.

Vieux cloître où de Bruno les disciples cachés
Renferment tous leurs vœux sur le ciel attachés;
Cloître saint, ouvre-moi tes modestes portiques;
Laisse-moi m'égarer dans ces jardins rustiques
Où venait Catinat méditer quelquefois,
Heureux de fuir la cour et d'oublier les rois.
J'ai trop connu Paris : mes légères pensées

Dans son enceinte immense au hasard dispersées,
Veulent en vain rejoindre et lier tous les jours,
Leur fil demi-formé, qui se brise toujours;
Seul, je viens recueillir mes vagues rêveries.
Fuyez, bruyants remparts, pompeuses Tuileries,
Jardin dont la grandeur et la simplicité
Du siècle de Louis nous peint la majesté!
Je préfère ces lieux où l'âme moins distraite,
Même au sein de Paris, peut goûter la retraite;
La retraite me plaît, elle eut mes premiers vers.
Déjà de feux moins vifs éclairant l'univers,
Septembre loin de nous s'éloigne, et décolore
Cet éclat dont l'année un moment brille encore.
Il redouble la paix qui m'attache en ces lieux:
Son jour mélancolique est si doux à nos yeux.
Son vert plus rembruni, son grave caractère,
Semble se conformer au deuil du monastère.
Sous ces bois jaunissants j'aime à m'ensevelir;
Couché sur un gazon qui commence à pâlir
Je jouis d'un air pur, de l'ombre et du silence.

Ces chars tumultueux où s'assied l'opulence,
Tous ces travaux, ce peuple en tumulte agité,
Ces sons confus qu'élève une vaste cité,
Des enfants de Bruno ne troublent point l'asyle;
Le bruit les environne et leur âme est tranquille.
Tous les jours, reproduit sous des traits inconstants,
Le fantôme du siècle emporté par le temps,
Passe, et roule autour d'eux ses pompes mensongères,
Mais c'est en vain: du siècle ils ont fui les chimères:
Hormis l'éternité, tout est songe pour eux.
Et nous osons pourtant les juger malheureux!
« Quel préjugé funeste à des lois si rigides,
« Attache, disons-nous, ces pieux suicides?

« Ils meurent longuement, rongés d'un noir chagrin,
« L'autel garde leurs vœux sur des tables d'airain,
« Et le seul désespoir habite leurs cellules. »

Eh bien! vous qui plaignez ces victimes crédules
Pénétrez avec moi ces murs religieux;
N'y respirez-vous pas l'air paisible des cieux?
Vos chagrins ne sont plus, vos passions se taisent,
Et du cloître muet les ténèbres vous plaisent.

Mais quel lugubre son du haut de cette tour
Descend, et fait frémir les dortoirs d'alentour?
C'est l'airain qui du temps formidable interprète,
Dans chaque heure qui fuit, à l'humble anachorète
Redit en longs échos : SONGE AU DERNIER MOMENT !
Le son sous cette voûte expire lentement,
Et quand il a cessé l'âme en frémit encore.
La méditation qui, seule dès l'aurore,
Dans ces sombres parvis marche en baissant son œil,
A ce signal s'arrête, et lit sur un cercueil
L'épitaphe à demi par les ans effacée,
Qu'un gothique écrivain dans la pierre a tracée.
O tableaux éloquents! ô combien à mon cœur
Plaît ce dôme noirci d'une divine horreur!
Et le lierre embrassant ces débris de murailles,
Où croasse l'oiseau chantre des funérailles,
Les approches du soir, et ces ifs attristés,
Où glissent du soleil les dernières clartés,
Et ce buste pieux que la mousse environne,
Et la cloche d'airain à l'accent monotone,
Ce temple où chaque aurore entend de saints concerts
Sortir d'un long silence, et monter dans les airs,
Un martyr dont l'autel a conservé les restes,
Et le gazon qui croît sur ces tombeaux modestes

Où l'heureux cénobite a passé sans remord
Du silence du cloître à celui de la mort.

Cependant sur ces murs l'obscurité s'abaisse;
Leur deuil est redoublé, leur ombre est plus épaisse;
Les hauteurs de Meudon me cachent le soleil;
Le jour meurt, la nuit vient, le couchant moins vermeil,
Voit pâlir de ses feux la dernière étincelle.
Tout-à-coup se rallume une aurore nouvelle,
Qui monte avec lenteur sur les dômes noircis
De ce palais voisin qu'éleva Médicis* :
Elle en blanchit le faîte, et ma vue enchantée
Reçoit par ces vitraux la lueur argentée.
L'astre touchant des nuits verse du haut des cieux
Sur les tombes du cloître un jour mystérieux,
Et semble y réfléchir cette douce lumière,
Qui des morts bienheureux doit charmer la paupière.
Ici, je ne vois plus les horreurs du trépas,
Son aspect attendrit et n'épouvante pas.
Me trompé-je? Écoutons; sous ces voûtes paisibles
Ont retenti des voix, des harpes invisibles,
Et la religion, le front voilé, descend.
Elle approche : déjà son calme attendrissant,
Jusqu'au fond de votre âme en secret s'insinue,
Entendez-vous un Dieu dont la voix inconnue
Dit : « Au fond du désert, ô mon fils, cherche-moi,
« Viens, je t'y parlerai, j'y serai près de toi. »

Maintenant du milieu de cette paix profonde,
Tournez les yeux, voyez dans les routes du monde,
S'agiter les humains que travaille sans fruit
Cet espoir obstiné du bonheur qui les fuit :
Rappelez-vous les mœurs de ces siècles sauvages,

---

* Le Luxembourg.

Où sur l'Europe entière apportant les ravages,
Des Vandales obscurs, de farouches Lombards,
Des Goths se disputaient le trône des Césars.
La force était sans frein, le faible sans asyle :
Parlez : blâmerez-vous les Benoît, les Bazile;
Qui loin du siècle impie, en ces temps abhorrés,
Ouvrirent au malheur des refuges sacrés?
Déserts de l'Orient, sables, sommets arides,
Catacombes, forêts, sauvages thébaïdes,
O que d'infortunés votre noire épaisseur
A dérobés jadis au fer de l'oppresseur!
C'est là qu'ils se cachaient, et les chrétiens fidèles,
Que la religion protégeait de ses aîles,
Vivant avec Dieu seul dans leurs pieux tombeaux,
Pouvaient au moins prier sans craindre les bourreaux.
Le tyran n'osait plus y chercher ses victimes.
Et que dis-je? accablé de l'horreur de ses crimes,
Souvent dans ce lieu saint l'oppresseur désarmé,
Venait demander grace aux pieds de l'opprimé.
D'héroïques vertus habitaient l'hermitage.
Je vois dans les débris de Thèbes, de Carthage,
Aux creux des souterrains, au fond des vieilles tours,
D'illustres pénitents fuir le monde et les cours.
La voix des passions se tait sous leurs cilices,
Mais leurs austérités ne sont point sans délices,
Celui qu'ils ont cherché ne les oublira pas,
Dieu commande aux déserts de fleurir sous leurs pas;
Palmier qui rafraîchis la plaine de Syrie,
Ils venaient reposer sous ton ombre chérie;
Prophétique Jourdain, ils erraient sur tes bords;
Et vous, qu'un roi charmait de ses divins accords,
Cèdres du haut Liban, sur votre cime altière,
Vous portiez jusqu'au ciel leur ardente prière!

Cet antre protégeait leur paisible sommeil :
Souvent le cri de l'aigle avança leur réveil;
Ils chantaient l'Éternel sur le roc solitaire,
Au bruit sourd d'un torrent dont l'eau les désaltère,
Quand tout-à-coup un ange, en dévoilant ses traits,
Leur porte au nom du ciel un message de paix.
Et cependant leurs jours ne sont point sans orages.
Cet éloquent Jerôme, honneur des premiers âges,
Voyait sous le cilice et de cendre couvert,
Tous les vices de Rome assiéger son désert.
Leurs combats exerçaient son austère sagesse,
Peut-être comme lui déplorant sa faiblesse,
Un mortel trop sensible habita ce séjour.

Hélas! plus d'une fois les soupirs de l'amour
S'élèvent dans la nuit du fond des monastères,
En vain les repoussant de ses regards austères,
La pénitence veille à côté d'un cercueil;
Il entre déguisé sous les voiles du deuil;
Au Dieu consolateur en pleurant il se donne.
A Comminge, à Rancé Dieu sans doute pardonne :
A Comminge, à Rancé, qui ne doit quelques pleurs?
Qui n'en sait les amours? qui n'en plaint les malheurs?
Et toi, dont le nom seul trouble l'âme amoureuse,
Des bois du Paraclet vestale malheureuse,
Toi qui sans prononcer de vulgaires serments,
Fis connaître à l'amour de nouveaux sentiments;
Toi, que l'homme sensible, abusé par lui-même,
Se plaît à retrouver dans la femme qu'il aime,
Héloïse, à ton nom quel cœur ne s'attendrit?
Tel qu'un autre Abailard tout amant te chérit.
Que de fois j'ai cherché, loin du monde volage,
L'asyle où dans Paris s'écoula ton jeune âge!
Ces vénérables tours qu'allonge vers les cieux

La cathédrale antique où priaient nos aïeux;
Ces tours ont conservé ton amoureuse histoire.
Là, tout m'en parle encor; là, revit ta mémoire :
Là, du toit de Fulbert j'ai revu les débris.
On dit même, en ces lieux de ton ombre chéris,
Qu'un long gémissement s'élève chaque année,
A l'heure où se forma ton funeste hyménée.
La jeune fille alors lit, au déclin du jour,
Cette lettre éloquente où brûle ton amour :
Son trouble est aperçu de l'amant qu'elle adore,
Et des feux que tu peins son feu s'accroît encore.

Mais que fais-je, imprudent? quoi! dans ce lieu sacré
J'ose parler d'amour, et je marche entouré
Des leçons du tombeau, des menaces suprêmes?
Ces murs, ces longs dortoirs se couvrent d'anathèmes,
De sentences de mort qu'aux yeux épouvantés,
L'ange exterminateur écrit de tous côtés.
Je lis à chaque pas : Dieu, l'enfer, la vengeance.
Partout est la rigueur, nulle part la clémence.
Cloître sombre! où l'amour est proscrit par le ciel,
Où l'instinct le plus cher est le plus criminel;
Déjà, déjà ton deuil plaît moins à ma pensée.
L'imagination vers le ciel élancée,
Aima leur saint repos, leur long recueillement :
Mais mon âme a besoin d'un plus doux sentiment;
Ces devoirs rigoureux font trembler ma faiblesse.
Toutefois quand le temps qui détrompe sans cesse,
Pour moi des passions détruira les erreurs,
Et leurs plaisirs trop courts souvent mêlés de pleurs;
Quand mon cœur nourrira quelque peine secrète,
Dans ces moments si doux et si chers au poète,
Où fatigué du monde, il veut, libre du moins,
Et jouir de lui-même, et rêver sans témoins,

Alors je reviendrai, solitude tranquille,
Oublier dans ton sein les ennuis de la ville,
Et retrouver encor, sous tes lambris déserts,
Les mêmes sentiments retracés dans ces vers.

II. L'Origine de l'Astronomie.

Cependant vers l'Euphrate on dit que des pasteurs,
Du grand art de Kepler rustiques inventeurs,
Étudiaient les lois de ces astres paisibles
Qui mesurent du temps les traces invisibles,
Marquaient et leur déclin et leur cours passager,
Le gravaient sur la pierre, et du globe étranger
Que l'univers tremblant revoit par intervalle,
Savaient même embrasser la carrière inégale.
Ainsi l'astronomie eut les champs pour berceau :
Cette fille des cieux illustra le hameau.
On la vit habiter, dans l'enfance du monde,
Des patriarches-rois la tente vagabonde,
Et guider le troupeau, la famille, le char
Qui parcourait au loin le vaste Sennaar,
Bergère, elle aime encor ce qu'aima sa jeunesse :
Dans les champs étoilés la voyez-vous sans cesse
Promener le taureau, la chèvre, le bélier,
Et le chien pastoral, et le char du bouvier?
Ses mœurs ne changent point, et le ciel nous répète
Que la docte Uranie a porté la houlette.
Essai sur l'Astronomie.

III. Les Fleurs et le Jardin des Plantes.

Multipliez les fleurs, ornement du parterre ;
O! si la fable encor venait charmer la terre,
Ces fleurs reproduiraient, en s'animant pour nous,
Et la jeune beauté qui mourut sans époux,

Et le guerrier qui tombe à la fleur de son âge,
Et l'imprudent jeune homme épris de son image.
Renais dans l'hyacinthe, enfant aimé d'un dieu;
Narcisse, à ta beauté dis un dernier adieu ;
Penche-toi sur les eaux pour l'admirer encore.
D'un éclat varié que l'œillet se décore !
Et toi qui te cachas, plus humble que tes sœurs,
Violette, à mes pieds verse au moins tes odeurs;
Que sous l'herbe, en tous lieux, ta pourpre se noircisse,
Et que la giroflée en montant s'épaississe !
Mariez le jasmin, le lilas, l'églantier,
Et sur-tout que la rose, embaumant ce sentier,
Brille comme le teint de la vierge ingénue,
Que fait rougir l'amour d'une flamme inconnue.
Ces trésors pour vous seuls ne doivent pas fleurir,
A la jeune bergère on aime à les offrir :
Elle rend un sourire; hélas ! belle rosière,
D'autres, amis des mœurs, doteront ta chaumière ;
Mes présents ne sont point une ferme, un troupeau,
Mais je puis d'une rose embellir ton chapeau.
O fleurs ! en tous les temps égayez ma retraite;
Et, plus heureux que moi puisse un autre poète
Peindre sous des crayons frais comme vos couleurs
Vos traits, vos doux instincts, vos sexes et vos mœurs!
L'amour, dont vos parfums enflamment le délire,
Souvent par vos bouquets étendit son empire.
O fleurs ! qui tant de fois avez servi l'amour,
Votre sein virginal le ressent à son tour.
Oui, vous n'ignorez pas les humaines délices :
Vainement la pudeur, au fond de vos calices,
Cacha de vos plaisirs le charme clandestin;
Les Zéphirs, précurseurs du soir et du matin,
Les Zéphirs les ont vus, et leur voix fortunée

Raconte aux verts bosquets votre aimable hyménée.
Cependant si mon œil veut un jour de plus près
De vos lits amoureux surprendre les secrets,
J'irai dans ce jardin, où, calme et solitaire,
La Science à toute heure ouvre son sanctuaire.
Que de fois, en entrant dans ce séjour sacré,
J'ai cru revoir ce dieu par l'Égypte adoré,
Ce Pan, qui du grand tout fut le visible emblême!
Sur les bords de la Seine il a porté lui-même,
Loin des rives du Nil, son culte et ses autels,
Et ses prêtres savants, bienfaiteurs des mortels.
Là, je vois rassemblés, sous sa garde féconde,
Tous les germes ravis aux quatre parts du monde.
Quels riches entretiens! tour à tour entraîné
De l'éloquent Buffon à ce docte Linné,
J'entendrai les savants qu'a formés leur génie :
Ils partagent entr'eux la nature infinie,
Et dans son vaste empire ils règnent tous en paix ;
Chacun soulève un coin de ses voiles épais.
Sans ombre, ô Vérité, tu veux qu'on te contemple ;
Le Sphynx n'est plus assis sur le seuil de ton temple.
Ici tous les secrets s'ouvrent à tous les yeux :
Le divin Esculape, égaré dans ces lieux,
D'un art trop insulté m'expliquant les mystères,
Demande à l'humble fleur quelques sucs salutaires ;
La fille du printemps ne les refuse pas,
Car souvent ses bienfaits égalent ses appas.
Ainsi donc, que les fleurs, charme de votre asyle,
Ne frappent point les yeux d'un éclat inutile!
A l'entour, un essaim bourdonne sourdement ;
C'est là que, pénétré d'un double enchantement,
Vous lirez, au doux bruit de la ruche agitée,
Ces vers plus doux encore où gémit Aristée ;

C'est là qu'on rit parfois, Réaumur à la main,
Des aimables erreurs du poète romain.

IV Le jour des Morts à la Campagne.

...... Malheur aux temps, aux nations profanes,
Chez qui, dans tous les cœurs, affaibli par degré,
Le culte des tombeaux cessa d'être sacré!

Les morts ici du moins n'ont pas reçu d'outrage;
Ils conservent en paix leur antique héritage.
Leurs noms ne chargent point des marbres fastueux;
Un pâtre, un laboureur, un fermier vertueux,
Sous ces pierres sans art tranquillement sommeille.
Elles couvrent peut-être un Turenne, un Corneille,
Qui dans l'ombre a vécu, de lui-même ignoré.
Eh bien! si de la foule autrefois séparé,
Illustre dans les camps, ou sublime au théâtre,
Son nom charmait encor l'univers idolâtre,
Aujourd'hui son sommeil en serait-il plus doux?
De ce nom, de ce bruit dont l'homme est si jaloux,
Combien auprès des morts j'oubliais les chimères!
Ils réveillaient en moi des pensers plus austères.

Quel spectacle! d'abord un sourd gémissement
Sur le fatal enclos erre confusément:
Bientôt les vœux, les cris, les sanglots retentissent;
Tous les yeux sont en pleurs, toutes les voix gémissent;
Seulement j'aperçois une jeune beauté,
Dont la douleur se tait, et veut fuir la clarté.
Ses larmes cependant coulent en dépit d'elle,
Son œil est égaré, son pied tremble et chancelle.
Hélas! elle a perdu l'amant qu'elle adorait,
Que son cœur pour époux se choisit en secret;
Son cœur promet encor de n'être point parjure.

Une veuve, non loin de ce tronc sans verdure,
Regrettait un époux, tandis qu'à ses côtés
Un enfant qui n'a vu qu'à peine trois étés,
Ignorant son malheur, pleurait aussi comme elle.
Là, d'un fils qui mourut en suçant la mamelle
Une mère au destin reprochait le trépas,
Et sur la pierre étroite elle attachait ses bras.
Ici, des laboureurs, au front chargé de rides,
Tremblants, agenouillés sur des feuilles arides,
Venaient encor prier, s'attendrir dans ces lieux
Où les redemandait la voix de leurs aïeux.

Quelques vieillards sur-tout d'une main languissante,
Embrassaient tour à tour une tombe récente.
C'était celle d'Hombert, d'un mortel respecté,
Qui depuis neuf soleils en ces lieux fut porté.
Il a vécu cent ans ; il fut cent ans utile.
Des fermes d'alentour le sol rendu fertile,
Les arbres qu'il planta, les heureux qu'il a faits,
A ses derniers neveux conteront ses bienfaits.
Souvent on les vanta dans nos longues soirées.

Lorsqu'un hiver fameux désolait nos contrées,
Et que le grand Louis, dans son palais en deuil,
Vaincu, pleurait trop tard les fautes de l'orgueil,
Hombert, dans l'âge heureux qu'embellit l'espérance,
Déjà d'un premier fils bénissait la naissance.
Le rigoureux janvier, ramenant l'aquilon,
Détruit tous les trésors qu'attendait le sillon.
Sur les champs dévastés la mort seul domine ;
Deux mois dans nos climats la hideuse famine
Courut seule et muette en dévorant toujours.
Hombert désespéré, sa femme sans secours,
Voyaient le monstre affreux menacer leur asyle.

Ils pleuraient sur leur fils : leur fils dormait tranquille.
O courage ! ô vertu ! renfermant ses douleurs,
Hombert, pour la sauver, fuit une épouse en pleurs :
Soldat, il prend le glaive, il s'exile loin d'elle ;
Mais du milieu des camps sa tendresse fidèle
A sa femme, à son fils, se hâtait d'envoyer
Ce salaire indigent, noble prix du guerrier.
On dit que de Villars il mérita l'estime,
Et même, sous les yeux de ce chef magnanime,
Aux bataillons d'Eugène il ravit un drapeau.
La paix revint alors, il revit son hameau,
Et pour le soc paisible oublia son armure.

Son exemple, éclairant une aveugle culture,
Apprit à féconder ces domaines ingrats ;
Ce rempart tutélaire, élevé par son bras,
Du fleuve débordé contint les eaux rebelles.
Que de fois il calma les naissantes querelles !
Lui seul para ces monts de leurs premiers raisins,
Et même il transplanta sur les mûriers voisins
Ce ver laborieux qui déroule en silence
Les fragiles réseaux filés pour l'opulence.
Tu méritais sans doute, ô vieillard généreux,
Les honneurs de ce jour, nos regrets et nos vœux.

V. Charlemagne.

Charlemagne avait montré que le génie d'un grand prince a plus de pouvoir pour réformer son siècle, que son siècle n'en a pour arrêter son génie. Son époque est la première et la plus imposante de l'histoire moderne. Seul il paraît avec éclat au milieu des ténèbres universelles qu'il dissipe en un moment ; et son nom imprime encore quelque grandeur au berceau des monarchies modernes, qui ne sont que des débris de son empire.

Mais l'Europe, quand il disparut, retomba dans ce chaos de barbarie où il avait si rapidement jeté les plus grands traits de lumière. Rome, qu'il avait en quelque sorte fait sortir des ruines accumulées par les Goths, les Vandales et les Lombards; Rome, dont il retrouva les anciennes bornes, et qui reprit avec lui vingt sceptres qu'elle avait perdus; Rome mourut presque tout entière avec ce nouveau César, et ne fut plus qu'un souvenir.

Le vaste empire que ce grand homme avait élevé et soutenu près de cinquante ans écrasa sous son poids ses trop faibles successeurs. On ne voit après lui que des scènes d'opprobre et de désolation; des neveux égorgés par leurs oncles, des frères se combattant avec toute la férocité d'une ambition qui n'est jamais justifiée par le talent; un père détrôné par ses propres fils; des évêques complices de ce forfait, condamnant un faible monarque qui, par l'excès de sa bassesse, a mérité qu'on ne plaignit pas l'excès de son malheur.

A ces calamités intérieures se mêlent des calamités étrangères. Le Nord vomit encore des essaims de barbares qui fondent sur l'empire de Charlemagne, comme autrefois sur le premier empire romain. Ils en ravagent toutes les parties, et les lâches descendants de Charlemagne, incapables de se défendre, achètent, avec leurs villes et leurs provinces, les services de leurs puissants favoris.

Ces favoris eux-mêmes, agrandis aux dépens de

leurs maîtres, deviennent aussi redoutables à la France que les usurpateurs étrangers. Tous veulent être souverains, dès qu'un seul n'est plus digne de l'être*.

Fragments d'une Histoire inédite de Louis XI.

FONTENELLE (BERNARD LE BOVIER DE) naquit à Rouen le 11 février, 1657. Son père, d'une famille noble et ancienne, exerçait dans cette ville la profession d'avocat, et sa mère femme de beaucoup d'esprit, était une sœur du grand Corneille. Fontenelle, au moment de sa naissance parut d'une santé si faible, qu'on crut le voir mourir peu d'heures après; on ne put le baptiser qu'au bout de trois jours : la délicatesse d'une constitution si frêle, ne lui permit, pendant son adolescence, que de se livrer aux amusements les plus paisibles. Le billard était un exercice trop violent pour lui, et une agitation un peu forte lui faisait de suite cracher le sang. Cependant durant le cours de sa longue existence, il n'eut qu'une seule maladie; encore fut-elle de courte durée.

Fontenelle fit ses études chez les jésuites de Rouen, qui, reconnaissant en lui d'heureuses dispositions cherchèrent à le faire entrer dans leur société ; mais la volonté de son père en décida autrement : il fit son droit, fut reçu avocat, plaida une cause, la perdit, et jura de ne plus plaider : la culture des lettres

---

* *Voyez* dans notre *Répertoire* les jugements de M. de Fontanes sur BOILEAU, HORACE et LUCRÈCE. F.

flattait son imagination, et il résolut de leur consacrer sa vie. Il avait déjà concouru plusieurs fois pour le prix de poésie de l'Académie française, lorsqu'il fit le voyage de Paris, en 1674. Il se lia avec plusieurs jeunes littérateurs de son âge, épris comme lui de la gloire poétique. Les succès que tout semblait lui promettre achevèrent de déterminer sa résolution. Il se fixa à Paris, en 1679, et débuta dans la carrière littéraire par quelques poésies qui furent insérées dans le *Mercure de France*, alors rédigé par son oncle Thomas Corneille et par Visé. Il eut part aux opéra de *Psyché* et de *Bellérophon* qui ont paru sous le nom de son oncle, et fit représenter une petite comédie intitulée *la Comète* qui n'eut qu'un médiocre succès. Ambitionnant une plus grande gloire, il composa sa tragédie d'*Aspar*. La cabale qui à cette époque, pour déprécier Racine, lui opposait sans cesse le nom du grand Corneille, crut voir dans l'essai de son neveu l'espérance d'un talent capable de balancer les succès de l'auteur de *Phèdre*. Les journaux préconisèrent Fontenelle, et ne craignirent pas de le désigner comme le digne héritier du génie de son oncle. Par malheur la chute humiliante d'*Aspar* fit écrouler un si brillant avenir: malgré les soins officieux des amis, la pièce ne put se soutenir, et elle n'est plus connue aujourd'hui que par l'épigramme de *Racine* sur *l'Origine des sifflets*. Fontenelle rendit justice au goût du public; il jeta son manuscrit au feu; mais il eut tort de vouloir user de représailles contre l'auteur d'*Athalie*, par des épigrammes qui s'émoussèrent facilement devant une si grande renomée; Boileau, ami de Racine, fut aussi en butte aux traits de sa récrimination : les épigrammes qu'il fit contre lui ne sont pas sans mérite, sur-tout celle qui commence ainsi :

Quand Despréaux fut sifflé pour son ode, etc.

Fontenelle était intimement lié avec La Motte qu'il soutint de toute sa logique dans la fameuse querelle des anciens et des modernes *. On sait cependant qu'il y attachait peu d'importance, et qu'il riait souvent de l'acharnement des deux partis. « Cette prééminence, disait-il gaiement, se réduit à « savoir si les poires du temps passé étaient plus « grosses que celles d'aujourd'hui. » Boileau et Racine, à la tête des enthousiastes de l'antiquité, ne lui pardonnèrent point, et l'éloignèrent quatre fois de l'Académie française où il ne fut reçu qu'en 1691.

On a accusé Fontenelle d'égoïsme, et plusieurs traits de sa vie, entre autres l'aventure de la botte d'asperges dans son dîner avec l'abbé Dubos, sembleraient le prouver; mais outre que ce fait n'est point authentique, sa bienfaisance connue, donnerait un démenti à cette assertion. On doit dire aussi que la faiblesse de sa santé lui avait fait de bonne heure la loi de rester impassible dans les divers évènements de la vie, et de considérer, sans émotion, les chagrins, et les félicités. Il parut toujours attentif à s'épargner les secousses violentes de l'âme comme celles du corps. Il a avoué que jamais

Voyez t. I, p. 403, de notre *Répertoire*.

il n'avait ri ni pleuré ; cependant il était habituellement gai et souriait fréquemment. La délicatesse de sa poitrine le fesait toujours céder dans les contestations ; et lorsque sur un sujet quelconque il avait exposé son opinion, et les raisons sur lesquelles il s'appuyait, il gardait le silence et ne répondait plus. Mais La Motte dit dans une lettre à la duchesse du Maine, que c'était plus souvent un prétexte pour *étrangler* la discussion, qu'une ordonnance de son régime. Avec une telle règle de conduite, dont il s'écarta peu, Fontenelle jouit d'une vie assez tranquille ; et hors ses querelles avec Racine et Boileau, il a pris peu de part aux disputes qui ont divisé la littérature pendant sa longue carrière. Malgré la froideur calculée de son caractère, il eut des amis qui lui étaient sincèrement attachés et qu'il payait de retour autant qu'il en était susceptible. Il ne se maria point, et passa sa vie dans le grand monde qu'il aimait beaucoup. Il était très assidu chez madame de Tencin. Un soir qu'il se trouvait seule avec elle, il remarqua que leur liaison qui durait depuis près de quarante ans, n'avait été troublée par aucun nuage. « Cela ne viendrait-il pas, dit madame de Ten-
« cin, de ce que nous ne nous aimons guère ni
« l'un ni l'autre. Je crois que vous avez raison, » répondit Fontenelle. Quand il apprit la mort de cette dame, il se contenta de dire : « Eh bien ! j'irai
« dîner chez madame Geoffrin. »

Fontenelle brillait dans la société. Il y portait cet art d'instruire en amusant, de badiner avec clarté sur les questions les plus scientifiques, et d'orner les vérités les plus abstraites des expressions de la conversation ordinaire. La grace de son débit, sa facilité à saisir l'à-propos, ses heureuses reparties, et ce culte aimable qu'il professait pour les femmes le faisaient écouter avec admiration, et l'on se trouvait heureux de le posséder. Un mot charmant de ce Nestor de la littérature est celui qu'il répondit à une dame très âgée qui, en l'abordant après une assez longue absence, lui dit : « Eh bien ! c'est en« core nous. Chut ! ils nous ont oubliés, » répartit Fontenelle. Ses plaisanteries, toujours spirituelles n'arrivaient jamais jusqu'à la malignité, et ses assertions étaient si réservées que Crébillon a dit de lui qu'*il craignait d'avoir raison*. Il était généralement aimé des gens qui brillent dans le monde par l'esprit de la conversation : il savait les faire valoir; car rien ne lui échappait. Ainsi madame d'Argenton ayant dit un jour quelque chose de très fin qui ne fut pas senti, s'écria : « Ah! Fon« tenelle, où es-tu ? » Les succès qu'il obtenait dans la société lui faisaient un grand nombre de partisans qui préconisaient ses ouvrages ; aussi ne peut-on se dissimuler que cette grande réputation n'ait entraîné les jeunes littérateurs qui en étaient témoins, à suivre ses traces et à prendre pour modèle du bon goût cette recherche d'expressions, cette finesse d'idées alambiquées qui déparent les écrits de Fontenelle, et sur-tout ses poésies. Dorat et ses tristes imitateurs, ont encore enchéri sur leur maître, et ont corrompu la littérature par un néologisme enluminé, et une afféterie précieuse qui furent de mode jusqu'à la fin du dix-huitième siècle.

Fontenelle fut heureux jusquà ses derniers moments, et la gaieté, la sérénité qu'il conserva dans sa vieillesse en sont la preuve. Peu de jours avant sa mort, il dit au médecin qui le soignait. « Je ne « souffre pas, mais je sens une difficulté d'être. » Il mourut à Paris le 9 janvier 1757, âgé de cent ans moins quelques jours. Seize ans auparavant dans un discours qu'il prononça à l'Académie française, il avait dit : « Cinquante ans se sont écoulés depuis « ma réception dans cette académie..... Ceux qui la « composent présentement, je les ai tous vus entrer « ici, tous naître dans ce monde littéraire ; et il n'y « en a absolument aucun à la naissance duquel « je n'aie contribué. » Ces paroles attendrirent tous les assistants, émus d'admiration et de respect en contemplant ce patriarche de la littérature. Fontenelle, de son vivant, se vit placé par Voltaire au nombre des écrivains du siècle de Louis XIV, et dans le *Temple du Goût*, où il est ainsi caractérisé :

« C'était le discret Fontenelle,
« Qui par les beaux arts entouré,
« Répandait sur eux à son gré
« Une clarté douce et nouvelle.
« D'une planète, à tire d'aile,
« En ce moment il revenait
« Dans ces lieux où le Goût tenait
« Le siège heureux de son empire.
« Avec Quinault il badinait;
« Avec Mairan il raisonnait,

« D'une main légère il prenait
« Le compas, la plume et la lyre. »

Voici le conseil que lui donne la critique :

« Votre muse sage et riante
« Devrait aimer un peu moins l'art.
« Ne la gâtez point par le fard ;
« Sa couleur est assez brillante. »

Les premiers ouvrages de Fontenelle méritent peu de fixer aujourd'hui l'attention : *Idalie*, tragédie en prose, et six comédies au-dessous du médiocre, furent des essais sans fruit dans la carrière dramatique. Son opéra de *Thétis et Pélée* eut quelque succès ; mais ceux de *Lavinie* et d'*Endymion* furent mal accueillis. Ce qui commença la réputation littéraire de Fontenelle, ce furent ses *Poésies pastorales*, quelques unes sont brillantes de grace et d'élégance ; mais on lui reprocha généralement un peu de prosaïsme et une recherche de mots et d'idées qui blessent quelquefois le bon goût. Les *Lettres du chevalier d'Herv....*, qui parurent ensuite sous le voile de l'anonyme, eurent peu de succès : mais les *Dialogues des morts*, les *Entretiens sur la pluralité des mondes*, et l'*Histoire des Oracles*, marquèrent à Fontenelle une place distinguée parmi les écrivains du siècle. Le dernier de ces ouvrages le fit recevoir à l'Académie des inscriptions et belles-lettres. Son *Histoire de l'Académie des Sciences* dont pendant quarante-deux ans il a été secrétaire, est sans contredit celui de ses écrits qui consolide le plus sa réputation. On en a extrait les *Éloges* des savants académiciens pour en faire un recueil séparé, qui a été réimprimé plusieurs fois. C'est pour cette compagnie qu'il a composé sa *Géométrie de l'infini*, ouvrage un peu au-dessus de ses forces, car il ne paraît pas qu'il ait été très profond en mathématiques. Il le sentait bien lui-même ; car lorsqu'il présenta sa *Géométrie* au régent, il lui dit : « Monseigneur, voilà « un livre que huit hommes seulement, en Europe, « sont en état de comprendre, et l'auteur n'est pas « de ces huit-là. »

La première édition complète des *OEuvres de Fontenelle* est de 1758-1766, 11 vol. in-12. Il en existe trois autres, l'une en 8 vol. in-8°, 1790, une autre, 3 vol. in-8°, 1818 (compacte); et une dernière qu'a publiée le libraire Salmon, Paris, 1825, 5 vol. in-8°. Cette jolie édition, précédée d'une notice sur Fontenelle, est bien supérieure à toutes celles qui l'ont précédée. L'édition des *OEuvres diverses*, La Haye, 1728-1729, 3, vol. in-folio, est recherchée à cause des figures de Bernard Picard. L'*Entretien sur la pluralité des Mondes*, est l'ouvrage de Fontenelle, qui a été le plus souvent réimprimé. La meilleure édition est celle qui contient les notes de Lalande, 1800, in-8°. Cet ouvrage a été traduit en allemand, en italien, en anglais, et en grec moderne.

Ph. T.

JUGEMENTS.

I.

On sait que Fontenelle est le premier qui ait orné les sciences des graces de l'imagination ; mais, comme il le dit lui-même, il est très difficile d'embellir ce qui ne doit l'être que jusqu'à un certain degré. Un tact très fin, et pour lequel l'esprit ne suffit pas, a pu seul lui indiquer cette mesure. Fontenelle a surtout cette clarté qui, dans les sujets philosophiques, est la première des graces. Son art de présenter les objets est pour l'esprit ce que le télescope est pour l'œil de l'observateur : il abrège les distances. L'homme peu instruit voit une surface d'idées qui l'intéresse; l'homme savant découvre la profondeur cachée sous cette surface. Ainsi il donne des idées à l'un, et réveille les idées de l'autre.

Pour la partie morale, Fontenelle a l'air d'un philosophe qui connaît les hommes, qui les observe, qui les craint, qui quelquefois les méprise; mais qui ne trahit son secret qu'à demi. Presque toujours il glisse à côté des préjugés, se tenant à la distance qu'il faut pour que les uns lui rendent justice, et que les autres ne lui en fassent pas un crime. Il ne compromet point la raison, ne la montre que de loin, mais la montre toujours.

A l'égard de sa manière (car il en a une), la finesse et la grace y dominent, comme on sait, bien plus que la force. Il n'est point éloquent, ne doit et ne veut point l'être; mais il attache et il plaît. D'autres relèvent les choses communes par des expressions nobles; lui, presque toujours, peint les grandes choses sous des images familières. Cette manière peut être critiquée; mais elle est piquante. D'abord, elle donne le plaisir de la surprise par le contraste et par les nouveaux rapports qu'elle découvre; ensuite, on aime à voir un homme qui n'est pas étonné des grandes choses : ce point de vue semble nous agrandir. Peut-être même lui savons-nous gré de ne pas vouloir nous forcer à l'admiration, sentiment qui nous accuse toujours un peu ou d'ignorance, ou de faiblesse.

Thomas, *Essai sur les Éloges.*

II.

La longue vie de Fontenelle embrassa la dernière moitié du siècle passé et la première du nôtre, et, de l'une à l'autre de ces époques, sa réputation a singulièrement varié. Susceptible plus qu'aucun autre écrivain d'être regardé sous un double aspect, il n'a presque jamais été montré que sous l'un des deux, selon les temps et les juges. On peut assigner les raisons qui ont fait pencher la balance, tantôt d'un côté, tantôt d'un autre, et ce qui paraît contradictoire peut sans peine se concilier. En mettant même à part la passion qui corrompt tout, rien n'est plus rare, parmi les gens de lettres contemporains, qu'un jugement mesuré. D'abord il faut plus de lumières pour voir un objet sous toutes ses faces que pour n'en faire ressortir qu'une; ensuite la critique se prononce avec plus de force apparente quand elle est à peu près tout en bien ou en mal : un résultat plus tranchant produit plus d'effet, au moins sur le commun des lecteurs, et la plupart des auteurs s'occupent bien plus de l'effet que de la vérité : de là le mensonge habituel du panégyrique ou de la satire.

Fontenelle, lorsqu'il était contemporain de Racine, de Boileau, de Quinault, de La Bruyère, etc., se fit connaître d'abord par une tragédie d'*Aspar*, des *Pastorales*, des *Dialogues des morts*, des *Opéra*, des *Lettres du chevalier d'Herv...*, et quelques poésies légères. Voyons si ces différents ouvrages étaient de nature à plaire beaucoup aux juges de ce temps, qui devaient avoir le plus d'autorité.

S'il faut s'en rapporter à ce qui est dit dans la vie de l'auteur placée à la tête de ses écrits, *il surpassa de beaucoup, dans ses Dialogues des morts, Lucien, qu'il avait pris pour modèle.* Mais ce n'est guère dans ces morceaux historiques et critiques dont on charge les éditions posthumes qu'il faut chercher la vérité. L'amitié ne s'en fait pas un devoir, et c'est elle qui d'ordinaire tient la plume. Fontenelle est fort loin de surpasser Lucien, dont il n'a ni la gaieté, ni la morale, ni la verve satirique : il n'est pas même vrai qu'il l'*eût pris pour modèle* : il n'a ni la même manière ni le même dessein. Lucien poursuit continuellement la superstition populaire et le charlatanisme philosophique, et il contribua sans doute, quoique païen, à décrier les rêveries du paganisme et le pédantisme de l'école. Il avait donc un but réellement utile; et il l'atteignit. Fontenelle semble n'avoir fait de ses *Dialogues* qu'un jeu, ou si l'on veut, un effort d'esprit : un jeu par la frivolité des résultats, un effort par les rapprochements forcés et la recherche des pensées et du style. On y trouve des pensées ingénieuses et fines, mais il y en a tout au moins autant qui ne sont que subtiles et fausses. Trois ou quatre de ces *Dialogues* offrent de la bonne philosophie: le plus grand nombre n'est qu'une débauche d'esprit, mêlée de saillies heureuses. L'auteur a voulu sur-tout piquer le lecteur par le choix de personnages disparates, et par la conclusion imprévue de leur entretien. Ce plan, qui tendait plus à étonner qu'à instruire, n'est louable, ni pour la morale, ni pour le goût. Où est le mérite d'étonner aux dépens du bon sens? Sans doute on ne s'attend pas à trouver la mort d'Adrien plus héroïque que celle de Caton, ni à voir Brutus se comparer à Faustine, et prendre la peine de lui dire sérieusement que « des Romains « comme lui sont plus rares que des Romaines « comme elle. » Qui est-ce qui s'attendrait à voir Brutus se mettre en parallèle avec une prostituée, et Alexandre *le conquérant* avec *la conquérante* Phryné? Personne, je l'avoue; mais c'est que, dans un livre de morale, on ne doit pas s'attendre à des saillies si déraisonnables. Les bons esprits d'alors (car il y en avait beaucoup) devaient-ils être fort contents d'un jeune auteur qui, s'annonçant avec de l'esprit et des connaissances, commençait par tomber dans des disconvenances si étranges, par faire dialoguer les plus fameux personnages de l'antiquité, non pas pour nous retracer la dignité et l'énergie de leurs sentiments et de leurs idées, mais pour les travestir en discoureurs raffinés, et pour débiter sous leur nom de petits paradoxes fort alambiqués, et souvent même ridicules? Ils devaient encore être moins satisfaits du babil des *Lettres galantes*, imitées de Voiture : la réputation de celui-ci était déjà fort baissée; mais le petit nombre de morceaux agréables qu'on peut distinguer dans le fatras de ses lettres valait mieux que les galanteries précieuses *du chevalier d'Herv...*, et avait au moins le mérite de l'originalité.

Pour ce qui est des *Pastorales*, les amateurs des anciens ne pouvaient pas goûter beaucoup celles de Fontenelle; ils lui reprochaient, avec raison, d'avoir trop peu de cette simplicité qui sied aux amours champêtres, et de cette élégance facile que le talent poétique, comme l'a prouvé Virgile, sait unir à la naïveté sans trop la farder. Ils auraient voulu, qu'il mît à mieux faire ses vers tout le soin qu'il emploie à donner son esprit à ses bergers; qu'il songeât plus à flatter l'oreille par les sons gracieux de la flute pastorale, et moins à aiguiser ses pensées par la gentillesse, ou plutôt, s'il est permis de s'exprimer ainsi, par la coquetterie de ses agréments. Ses bergers en savent trop en amour, et l'auteur en sait trop peu en poésie. On est également blessé, et de la négligence de ses vers, et du travail de ses idées.

Ce n'est pas que, de ces défauts qui dominent dans ses églogues, on dût conclure qu'elles ne méritent aucune estime : plusieurs se lisent avec plaisir, et il y a dans toutes une délicatesse spirituelle, qui peut plaire, pourvu qu'on oublie que la scène est au village, et sur-tout que l'on fasse souvent grace à la versification. Mais c'est ce qu'il n'était pas possible d'obtenir de Racine et de Boileau, et il faut avouer qu'ils avaient droit d'être difficiles, et que les lecteurs apprenaient avec eux à le devenir. Des hommes qui ne faisaient pas grace à Quinault lui-même des faiblesses de sa versification étaient, il est vrai, trop sévères : on en est convenu depuis, et c'est un tort d'avoir paru méconnaître d'ailleurs des beautés particulières à l'auteur et au genre ; mais ils avaient toute raison de n'estimer nullement les opéra de Fontenelle, *Thétis et Pélée*, *Endymion*, et *Énée et Lavinie*. Le premier eut du succès, et même de la réputation assez long-temps, et le suffrage de Voltaire dut y contribuer. Il le loua dans *le Temple du Goût*, ou par une déférence excusable pour la vieillesse de Fontenelle, ou pour ne pas heurter assez inutilement une opinion vulgaire sur un objet de peu d'importance, ou peut-être pour mortifier Rousseau, qui avait échoué dans ses opéra. Si celui de *Pélée* réussit dans son temps, il faut croire que la musique et les accessoires du théâtre en firent la fortune passagère : on a peine à la comprendre en lisant le drame. Nous avons vu, à l'article du théâtre lyrique, dans le siècle dernier, que le seul mérite de cet ouvrage est de n'être pas mal coupé pour la scène, mais que d'ailleurs il n'a rien qui puisse en faire soutenir la lecture. *Énée et Lavinie*, *Endymion*, valent encore moins, et ont été remis de nos jours sans aucun succès. *Aspar*, mort en naissant, avait prouvé que l'auteur n'avait aucune espèce de talent dramatique, quoique depuis il ait eu la faiblesse d'essayer encore le tragique sous un nom emprunté*,

---

* Sous celui de mademoiselle Bernard, qui donna un *Brutus* et une *Laodamie*, pièces oubliées.

de faire une tragédie en prose, *Idalie*, (ce qui prouve, en passant que, La Motte n'était pas le seul qui eût cette idée bizarre), et d'imprimer cinq ou six comédies ou façons de comédies, dont les titres même sont ignorés, et qui sont ainsi que son *Idalie*, les plus méprisables productions qu'on puisse imaginer.

Jusqu'ici l'on conviendra que les maîtres dans l'art d'écrire, qui donnaient le ton à leur siècle, étaient très autorisés à ne pas voir dans les ouvrages dont je viens de parler des titres littéraires fort imposants. Mais aussi dans le même temps il avait donné son *Histoire des Oracles* et sa *Pluralité des Mondes*, qui furent les premiers fondements de sa réputation de philosophe et d'écrivain.

L'un tiré d'un ouvrage lourd et diffus d'un savant Hollandais (Van-Dale), avait pris une forme nouvelle sous la plume de l'auteur français; il avait même un mérite particulier, dont apparemment il fut redevable à la nature du sujet, qui est tout entier d'érudition. Son style y est beaucoup plus sain qu'il ne l'avait été jusque-là, plus dégagé de parures étrangères. Fontenelle se moque très spirituellement de toutes les sottises et de tout le charlatanisme des oracles païens, qu'il met tous sur le compte des prêtres, sans que les démons y fussent pour rien. La question de fait est livrée à la liberté des opinions; et celle de Fontenelle, sur ce point, a été celle d'écrivains dont on n'a jamais suspecté la croyance, entre autres, du savant et judicieux Thomassin, l'un des ornements de la célèbre congrégation de l'Oratoire En effet, il importe peu que l'imposture des oracles vint du démon ou des prêtres : l'un était le père du mensonge, les autres en étaient les organes. Voilà ce qui n'est pas douteux : on peut même ajouter que si c'était le diable qui parlait dans ces oracles, il n'y soutenait pas la réputation d'esprit qu'on lui a faite; et l'on a remarqué sur-tout que, quand il ne se servait pas des vers d'autrui, il était si mauvais poète, qu'il ignorait même la mesure et la quantité. Au reste, il n'a jamais fallu beaucoup d'esprit pour tromper les hommes; c'est pour les éclairer qu'on n'en a jamais assez. D'ailleurs, la plaisanterie sur les oracles était si ancienne et si commune, depuis OEnomaüs le cynique jusqu'à Cicéron l'académicien, que les amateurs et les rivaux de l'antiquité ne pouvaient pas tenir grand compte de ce petit ouvrage, dont le fond même n'appartenait pas à l'auteur.

Les hommes religieux y virent de plus un inconvénient qui probablement n'était pas dans l'intention de Fontenelle, mais qui pouvait se trouver dans les dispositions d'une certaine classe de lecteurs. C'était le danger des conséquences, danger qu'il faut toujours éviter soigneusement, sur-tout dans tout ce qui tient à la morale et à la religion. Celle-ci pouvait craindre que l'incrédulité ne conclût de cet ouvrage que l'auteur rejetait ou l'existence, ou du moins l'action des mauvais anges, appelés démons; et l'une et l'autre attestées par les saintes Écritures, et ne répugnant d'ailleurs en rien aux notions philosophiques, font partie de la foi chrétienne. Ce livre de Fontenelle fut combattu et réfuté par le jésuite Baltus, avec les mêmes arguments que le luthérien Mœbius avait employés contre Van-Dale; et dans un temps où tout ce qu'il y avait de gens éclairés professaient un grand attachement à la religion, ce ne fut pas auprès d'eux un titre très recommandable qu'un ouvrage dont elle pouvait s'alarmer.

L'autre, qui eut plus de succès, et qui en a encore aujourd'hui, était plus particulièrement empreint du cachet de Fontenelle, l'art de rendre susceptibles d'agrément les matières qui en paraissent les plus éloignées. Mais cet art y est encore mêlé d'affectation et même d'une espèce d'afféterie galante déplacée partout, et plus encore dans un livre de physique. Elle y est, il est vrai, à côté des graces de l'esprit; mais on sait que les graces, chez Fontenelle, ont trop souvent une parure qui semble moins de leur choix que du goût de l'auteur. Quant au fond des choses, c'est la vérité embellie dans tout ce qui est conforme au système de Copernic : c'est un roman enjolivé dans tout ce qui appartient à la chimère des tourbillons. Telle est la force des idées puisées dans les premières études, que jamais l'esprit philosophique de Fontenelle n'alla jusqu'à le détacher des rêveries de Descartes, quoiqu'il dût être autant que personne, en état d'entendre les calculs de Newton, comme on le voit par le beléloge qu'il en a fait.

Voltaire, qui, dans son *Micromégas*, se moqua un peu des faux ornements qui déparent les *Mondes* de Fontenelle, rendit une pleine justice à l'*Histoire de l'Académie des Sciences*, et sur-tout aux *Éloges des Académiciens*, ouvrage charmant dans un genre où ce serait beaucoup de n'être pas ennuyeux, ouvrage regardé généralement comme le chef-d'œuvre de l'auteur, et fait pour consacrer sa mémoire avec celle des savants qu'il a célébrés. Son style et son esprit y sont à leur maturité : il en a tous les avantages, et n'en montre guère les défauts.

Cette dernière production est de notre siècle ; et si les Despréaux et les Rousseau, qui s'étaient déclarés contre Fontenelle, ne furent pas ramenés par un mérite qui jusqu'à nous s'est fait remarquer et sentir de plus en plus, c'est d'abord qu'il leur était par lui-même assez étranger ; qu'ensuite ils étaient depuis long-temps accoutumés à voir dans Fontenelle un dangereux corrupteur du bon goût, et que la vieillesse n'est pas l'âge où l'on revient des préventions personnelles. Des torts réciproques avaient fait enfin de ces préventions une véritable inimitié, et la sévérité était devenue injustice.

Nous avons vu qu'en soi-même cette sévérité n'était pas sans fondement. Voltaire, plus équitable envers Fontenelle que Fontenelle ne l'était envers lui, et qui le loua souvent en prose et en vers, soit par goût pour sa philosophie, soit par haine contre Rousseau leur ennemi commun, Voltaire n'a pourtant jamais fait grace à ce qu'il y avait de vicieux dans la manière d'écrire propre à ce philosophe bel-esprit. Elle consiste sur-tout à tempérer le sérieux de la raison par une espèce de badinage d'autant plus agréable qu'il est imprévu, et la finesse des pensées par des tournures familières. Voilà le bien, et en cela l'auteur est original. L'abus consiste en ce que cette finesse est trop souvent plus près de la subtilité que de la justesse (car en cherchant l'une on s'éloigne de l'autre), et que ces expressions badines et communes deviennent parfois un vrai cailletage : c'est sur-tout ce qui gâte ses *Dialogues* et ses *Mondes*.

A l'égard de l'injustice, l'exposé succint des démêlés qui en furent l'origine fera voir qu'une connaissance exacte de l'histoire littéraire sert à éclairer la critique.

Fontenelle était neveu de Corneille. Quand il vint à Paris en 1679, c'était justement le temps où une cabale très envenimée se servait du nom d'un grand homme, sans son aveu, pour déprécier et tourmenter Racine, qui de son côté avait de très nombreux partisans, et Boileau à leur tête. Ces querelles de parti étaient extrêmement échauffées, et avaient éclaté sur-tout, peu de temps auparavant (en 1677), dans le triomphe honteux et passager de la *Phèdre* de Pradon; et, quoique la véritable *Phèdre* eût déjà repris sa place, Racine, vivement blessé, et regardant d'ailleurs cette injustice des hommes comme une leçon du Ciel qui l'éloignait du théâtre, y avait solennellement renoncé. Les gens de goût en gémissaient sans doute, mais la cabale s'en réjouissait tout haut, et ne demandait qu'à substituer à Racine quelqu'un qui pût occuper la scène, et distraire de cette perte ce public qui oublie si facilement ce qu'il n'a plus, et s'accommode toujours de ce qu'il a. Dans ces circonstances, on peut imaginer comment ce parti dut accueillir un neveu du grand Corneille, un jeune homme dont la réputation naissante avait déjà passé de Rouen à Paris par la voix des journaux, où l'on préconisait quelques essais poétiques, accueillis avec l'indulgence qu'on accorde volontiers à la jeunesse et aux petites choses. Fontenelle, son *Aspar* à la main, fut un moment l'espérance et le héros d'une cabale qui l'annonçait avec emphase comme le successeur de son oncle; et il ne se défendait pas assez de cet accueil si dangereusement flatteur, qui tourna bientôt en humiliation par la chute complète d'*Aspar*. Racine, qu'on avait menacé, ne se refusa pas une épigramme et une chanson, qui firent plus de fortune que la pièce. Fontenelle, malgré toute la modération philosophique dont il se piqua toute sa vie, et qui apparemment n'était pas encore bien affermie contre les tentations de l'amour-propre, voulut se venger avec les mêmes armes, et fit contre *Esther* et *Athalie* des épigrammes qui ne valaient pas mieux qu'*Aspar*. Ce ne fut pas tout. Bientôt arriva la fameuse dispute des anciens et des modernes, qui divisa la littérature et l'Académie, précisément comme la musique les a divisées de nos jours, et Fontenelle ne manqua pas d'y prendre parti contre les anciens : de là une animosité qui ne s'éteignit point. Racine et Despréaux ne cessèrent pas de repousser Fontenelle de l'Académie, où il ne fut reçu qu'après avoir été refusé quatre fois; et Fontenelle, dont les paroles ne tombaient pas, ne cessa de dire que *Boi-*

leau était dévot et méchant, et Racine plus dévot et plus méchant. Toutes ces *méchancetés* n'étaient au fond que de la malice d'esprit et des picoteries d'amour-propre; et ce que les haines littéraires sont devenues dans ce siècle, à dater des couplets de Rousseau jusqu'aux pamphlets de Voltaire, et par delà, a fait regretter ce qu'elles étaient dans le siècle dernier.

Cependant, après la mort de Racine et de son ami, les heureux travaux de Fontenelle dans la place de secrétaire de l'Académie des Sciences, la sagesse qu'il eut de s'y renfermer entièrement, l'éclat qu'il y répandit par ses beaux Mémoires, et par des Éloges encore plus beaux; la considération qu'attiraient sur lui ses places et ses années, la protection du régent, qui le logea au Palais-Royal; l'amitié des hommes puissants et les suffrages de la société, où il savait plaire comme dans ses écrits, tout concourut à en faire un autre homme, à l'agrandir dans l'opinion; et celui qui, dans l'âge précédent, n'avait été qu'un littérateur agréable et un écrivain médiocre, devint, comme le disait Voltaire en 1752*, *le premier parmi les savants qui n'ont pas eu le don de l'invention*, par la manière instructive et attrayante dont il savait rendre compte du travail des autres.

Voltaire, qui s'exprimait ainsi du vivant de Fontenelle, lui faisait déjà un honneur assez remarquable par l'exception unique qui, en faveur de

---

* *Siècle de Louis XIV.*

son âge et de sa renommée, le plaçait, seul des auteurs vivants, dans le catalogue des écrivains du siècle précédent; et en effet, cette exception flatta beaucoup plus Fontenelle que l'article même qui le concerne, quoique fait avec toute la réserve, la délicatesse et l'honnêteté qu'exigeaient les convenances, que Voltaire savait si bien garder quand il le voulait. Il y passe légèrement sur les productions faibles et sur les défauts des meilleures : mais le résultat de tous ces ménagements, alors très bien placés, est le même que celui qu'on pourra tirer des développements où je suis entré avec une critique plus sévère et plus prononcée, telle qu'elle doit avoir lieu pour des hommes qui n'appartiennent plus qu'à la postérité.

Cette distinction honorable, de la part de l'historien du siècle de Louis XIV, était d'autant plus louable, qu'il n'ignorait pas que Fontenelle ne l'avait jamais aimé et ne l'avait pas toujours ménagé dans ses discours, comme Voltaire ne l'avait pas toujours épargné dans ses écrits. Celui-ci, par sa vaste renommée, devait inquiéter sur-tout ceux qui prétendaient au premier rang : il eut plus de titres qu'un autre à cette universalité de talents qui lui est attribuée, et qu'il faudrait bien se garder de prendre à la lettre : elle serait trop démentie, seulement par les bornes naturelles de l'esprit humain. Dans les sciences, une seule suffit pour occuper la vie et les forces du plus grand homme; et dans les arts de l'imagination, un seul peut avoir assez de branches différentes pour que le génie le plus heureux ne puisse pas les embrasser toutes. Voltaire, par exemple, excella dans divers genres de poésie, et cela seul est prodigieux; mais il resta au second rang dans l'épopée, et n'en eut aucun dans le comique et dans le lyrique. Il sut donner à la poésie une nouvelle force par le mélange de la philosophie morale, comme Fontenelle donnait une sorte de popularité à la science par l'attrait séduisant de son style. Mais aussi la science elle-même ne fut jamais qu'effleurée dans les écrits de Voltaire, quels qu'ils fussent, comme la poésie dans ceux de Fontenelle; et l'un et l'autre ont prouvé cette verité d'expérience, qu'avec tout l'esprit possible nous ne pouvons aller loin dans un genre quelconque que la nature ne nous a pas départi de manière à en faire la principale étude de notre vie.

Celui de la poésie a naturellement le plus d'éclat et comme il n'est jamais inutile de montrer les petites illusions de la vanité et les artifices de l'amour-propre, même dans les hommes jaloux de professer cette philosophie qui devrait être la sagesse, on ne doit pas dissimuler qu'il ne tînt pas à Fontenelle que cet empire de la poésie qui l'importunait, sur-tout depuis que Voltaire en avait fait une puissance qui se mêlait de tout, ne fût à peu près anéanti, ou du moins fort dégradé.

On en vit la preuve dans l'Éloge de La Motte, prononcé à l'Académie en 1732, et rempli de tous les paradoxes et de tous les sophismes imaginables, dont le but est de prouver, d'un côté, que le plus grand talent poétique est très peu de chose au prix de la raison; et de l'autre que La Motte a été un grand poète à force de raison *.

Quand la secte *philosophiste* devint prépondérante par cette réunion des Encyclopédistes, elle s'empara du nom de Fontenelle, comme d'une autorité de plus dont elle avait besoin : elle fit alors cet écrivain plus grand et même autre qu'il n'avait été ; elle prétendit compter parmi ses premiers apôtres, et même, si on l'eût voulu croire, parmi ses premiers martyrs, cet homme si naturellement circonspect, que, bien loin de s'exposer, il eût redouté même de se compromettre. Il est vrai que le fougueux Le Tellier, qui voyait partout des hérétiques, dénonça l'auteur de l'*Histoire des Oracles;* mais on sait que ce fut inutilement; ni sa conduite ni ses discours ne donnaient de prise sur lui; et son protecteur d'Argenson, celui qui fut depuis garde-des-sceaux, n'eut pas de peine à le justifier. Il pratiquait tous les devoirs publics de la religion; et rien n'est plus connu qu'un mot de lui, souvent cité, et consigné dans tous les mémoires biographiques, que *la religion chrétienne était la seule qui eût des preuves.* Il n'a jamais avoué deux petites brochures depuis long-temps oubliées *, et qu'on lui attribue sans preuve, quoiqu'elles n'aient jamais été insérées dans aucune édition de ses œuvres, pas même dans celles qui ont paru depuis sa mort.

On a été plus loin : on l'a montré de nos jours comme un des précurseurs de cette *liberté de penser,*

---

* *L'Histoire de Mero et d'Enègue* (Rome et Genève), et la *Relation de l'île Bornéo.*

qui a dû prendre un autre nom depuis qu'elle a passé de si loin ce qui s'appelait auparavant la licence. Nos sophistes, donnant à Fontenelle ce qui n'appartenait qu'à Bayle, l'ont mis à la tête de cette espèce de révolution opérée dans les esprits vers le milieu de ce siècle, et lui ont supposé l'intention et les moyens d'ouvrir la route où Voltaire et tant d'autres ont marché depuis avec un si funeste succès. C'est sur ce fondement qu'on lui décerna un éloge public à l'Académie française *, éloge dont le but devait être de faire valoir cette première influence que réellement il n'eut jamais, et à laquelle même il était bien loin de penser. Il faut que l'envie de grossir un parti d'un nom célèbre soit sujette à de bien lourdes méprises, ou compte beaucoup sur l'ignorance publique. Comment, en effet, concilier cette sorte d'ambition, qui eût été alors très périlleuse, avec cette absence de tout sentiment passionné, avec ce fond de modération appuyé sur

---

* En mon absence et contre mon avis. J'avais repoussé plus d'une fois cette proposition, fondé sur deux motifs qui parurent plausibles : si c'est comme savant, cela regarde l'Académie des sciences : si c'est comme écrivain, il n'est ni créateur, ni classique. Par la même raison, je me serais opposé aussi à ce que l'Académie française proposât l'éloge de Descartes, si j'avais alors été membre de cette compagnie. Ce n'est pas chez elle que devaient se trouver les juges naturels du mérite de ce grand philosophe. On ne doit pas étendre ce raisonnement sur les autres grands hommes qui ont été grands en action : il ne peut avoir lieu que pour les savants, les écrivains et les artistes. D'ailleurs, les rois, les guerriers, les ministres, les magistrats, les prélats, appartiennent à l'opinion universelle, qui peut toujours juger les actions et les vertus [a].

[a] Le prix proposé par l'Académie française fut remporté par M. Garat, au discours duquel nous renvoyons nos lecteurs. Nous en citerons ci-après un fragment. H. P.

l'insouciance qui caractérisait Fontenelle, et qui lui faisait souvent répéter: « Quand j'aurais la main « pleine de vérités, je ne l'ouvrirais pas. »

Ce mot n'est-il pas d'un homme qui met son repos avant tout? Peut-être même pourrait-on le blâmer de cette inactive indifférence qui ressemble au pur égoïsme, si ce mot n'était expliqué par un des résultats de ses écrits : « Que le commun des hommes « n'a ni assez de raison ni assez d'instruction pour « se passer de préjugés; » et cela est d'une bonne philosophie, et prouverait seul que Fontenelle en avait. Nous verrons dans la suite que ce mot de *préjugés* a été très abusivement employé, et qu'il s'en faut de beaucoup qu'il soit toujours le synonyme *d'erreurs*. Fontenelle voulait donc dire seulement qu'il avait senti le danger de présenter des vérités raisonnées à la multitude, qui ne peut guère recevoir que des vérités convenues et traditionnelles; et en cela, il avait toute raison. Que sera-ce si, au lieu de vérités quelconques, on ne lui donne que le mensonge raisonné, à la faveur des termes qu'elle n'entend pas? et c'est précisément ce qu'ont fait les *philosophes* de nos jours.

Un de leurs moyens (et il n'est pas plus délicat que les autres) était d'inventer des historiettes à leur façon, des anecdoctes impudemment fausses sur les hommes célèbres qui ne pouvaient plus les démentir. C'est ainsi qu'ils ont long-temps débité dans la société, et imprimé enfin depuis qu'on imprime tout, que Fontenelle, pour toute réponse à un homme qui le questionnait sur la religion, lui avait dit : *Lisez la Bible* : et ils ne manquent pas d'ajouter, ce qui ne coûte pas plus que le reste, que la lecture de la Bible fit d'un sceptique un incrédule, et que Fontenelle lui dit alors : « Vous voyez « bien que j'avais raison de vous conseiller de lire la « Bible. » J'ai vu naître ce conte, et je sais de quelle source il part. J'affirme qu'il est non-seulement faux, mais hors de toute vraisemblance. S'il y a quelque chose de reconnu, c'est l'extrême discrétion de Fontenelle sur un article qu'il regardait comme infiniment respectable, même sous les rapports purement humains. Il blâmait tout haut la légèreté et l'indécence des discours contre la religion, et se fondait sur ce qu'on ne peut, sans blesser les convenances de la société, parler avec mépris et insulte de ce qui pouvait être sacré pour un de ceux devant qui l'on parle. Que l'on juge, d'après cela, si Fontenelle était capable de faire ainsi sa profession d'incrédulité pour le plaisir et la vanité de faire un incrédule. Mais il y a plus, si Fontenelle l'eût été, il avait bien au moins autant d'esprit que nos philosophes, que j'ai tous connus : il aurait senti, comme eux, que l'épreuve la plus douloureuse pour l'irréligion, c'est la lecture des livres saints. Aussi puis-je assurer que pas un d'eux n'aurait donné à personne le conseil qu'ils attribuaient à Fontenelle. C'est tout le contraire qu'ils recommandaient, et jamais personne n'a demandé plus qu'eux à être cru sur parole, et n'en a eu plus besoin.

Pour terminer ce qui regarde Fontenelle, et repousser loin de lui le très injurieux honneur que notre *philosophie* à voulu lui faire, et dont sûrement il n'aurait pas voulu, j'ajouterai qu'il était dans son caractère, également ami de l'indépendance et de la paix, de ne point heurter les opinions d'autrui, pour n'être point troublé dans les siennes. Dans la querelle des anciens et des modernes, il n'écrivit qu'un petit morceau fort mesuré, et fut un des premiers à se retirer du champ de bataille, où il ne rentra plus. Dans ses écrits, toujours tournés vers l'agrément, malgré le sérieux des sujets, il n'y a rien qui tende le moins du monde à donner un mouvement quelconque aux esprits : on n'en donne point sans cette inquiétude ardente dont on se tourmente soi-même avant de tourmenter les autres; et Fontenelle aimait par-dessus tout la paix, pour lui d'abord, et pour les autres à cause de lui. De nombreuses critiques furent publiées contre ses ouvrages, et jamais il ne répondit à aucune. Il ne tenait pas à ses opinions jusqu'à la guerre ; ni à son plaisir jusqu'à la passion. Sa vie fut à peu près un siècle de repos.

Si vous lisez, après Quinault, les opéra faits de son temps, vous ne rencontrez que de froides et insipides copies qui ne servent qu'à mieux attester la supériorité de l'original. Des hommes qui ont eu de la réputation dans d'autres genres ont entièrement échoué dans le sien. Les opéra de Campistron et de Thomas Corneille sont au-dessous de leurs plus mauvaises tragédies; ceux de Rousseau et de La Fontaine ne semblent faits que pour nous apprendre le danger que l'on court à vouloir sortir de son talent. *Thétis et Pélée* de Fontenelle eut long-temps de la réputation : elle était bien peu méritée. Voltaire l'a loué dans le *Temple du goût*, ou par complaisance pour la vieillesse de Fontenelle, ou pour ne pas démentir une opinion encore établie, sur un objet qui lui paraissait de peu d'importance. Il faut croire que la musique et tous les accessoires du théâtre en firent le succès : en le lisant, on a peine à le comprendre. Le drame n'est pas mal coupé ; mais il est froid, et le style est à la glace. Les vers sont extrêmement faibles, et souvent plats. Il n'y a pas dans tout ce poème, prétendu lyrique, une idée de l'harmonie, ni une étincelle de feu poétique. On vantait beaucoup autrefois ces deux vers :

> Va, fuis : te montrer que je crains,
> C'est te dire assez que je t'aime.

Il y aurait de l'esprit à les avoir faits, si l'on ne trouvait pas dans Quinault :

> Vous m'apprenez à connaître l'amour ;
> L'amour m'apprend à connaître la crainte.

J'ai entendu louer aussi, par des vieillards, la scène où Pélée consulte le destin. Voici comme elle commence :

> O destin ! quelle puissance
> Ne se soumet pas à toi ?
> Tout fléchit sous ta loi.
> Tes ordres n'ont jamais trouvé de résistance.
> . . . .

Malgré nous tu nous entraînes
Où tu veux;
C'est toi qui nous amènes
Tous les évènements heureux ou malheureux.
Tu les as liés entre eux
Avec d'invisibles chaînes.
Par des moyens secrets
Ton pouvoir les prépare,
Et chaque instant déclare
Quelqu'un de tes arrêts.

Ce sont là d'étranges platitudes dans une scène qui devait être imposante. Les anciens oracles qui parlaient en vers, et qui ne passaient pas pour en faire de bons, n'en ont guère fait de plus mauvais.

Fontenelle fit deux autres opéra, *Endymion*, fort inférieur encore à *Thétis et Pélée*, et *Énée et Lavinie*, qui n'en eut ni le succès ni la renommée, et qui pourtant le vaut bien pour le moins, car il y a une scène qui a du mérite; c'est celle où l'ombre de Didon apparaît à Lavinie, prête à prononcer entre Énée et Turnus, et à se déclarer pour le premier.

L'OMBRE.

Arrête, Lavinie, arrête : écoute-moi.
Je fus Didon. Je régnais dans Carthage.
Un étranger, rebut des flots et de l'orage,
De ma prodigue main reçut mille bienfaits.
L'amour en sa faveur avait séduit mon âme :
Par une feinte ardeur il augmenta ma flamme,
Et m'abandonna pour jamais.

LAVINIE.

Ah! quelle trahison!

L'OMBRE.

Mon désespoir extrême
Arma mon bras contre moi-même.
Ma mort ne put toucher mon indigne vainqueur.

LAVINIE.

Le perfide! l'ingrat!

L'OMBRE.

Cet ingrat, ce perfide,
C'est ce même Troyen pour qui l'amour décide
Dans le fond de ton cœur.

C'est la seule idée dramatique que Fontenelle ait jamais eue.

On a reproché avec raison à Fontenelle d'avoir dans ses églogues trop peu de cette simplicité qui sied aux amours champêtres, et de cette élégance que le talent poétique sait unir à la simplicité. On voudrait qu'il mît à mieux faire ses vers tout le soin qu'il emploie à donner de l'esprit à ses bergers; qu'il songeât plus à flatter l'oreille par des sons gracieux, et moins à nous éblouir de la finesse de ses pensées. Ses bergers en savent trop en amour, et il en sait trop peu en poésie. On est également blessé, et du prosaïsme de ses vers, et du raffinement de ses idées.

Moi qui fus toujours rigoureuse,
Je ne l'étais presque plus que *par art*,
Afin de redoubler son ardeur amoureuse.
Puisqu'il m'a dû quitter, Ciel! que je suis heureuse
Qu'il ne m'ait pas *quittée un peu plus tard!*
Encore quelques soins, il n'était plus possible

Que mon cœur ne se rendît pas.
J'en eusse été touchée, et maintenant, hélas!
Ce cœur regretterait d'avoir été sensible.
J'éprouverais mille chagrins jaloux.
Quel péril j'ai couru! cependant, abusée
Par des *commencements* trop doux,
Je ne soupçonnais pas que *j'y fusse exposée.*
Je tremble encore en songeant aujourd'hui
Que j'ai pensé dire à Myrtile
La chanson que je fis pour lui.
Quoiqu'à faire des vers je ne sois pas habile,
La crainte que j'avais qu'elle ne fût pas bien, etc.

Sont-ce là des vers ou de la prose rimée? C'est le cas de se rappeler la plaisanterie de Voltaire, à qui Fontenelle reprochait d'avoir mis trop de poésie dans son *OEdipe*: « Cela se peut bien ; et pour m'en « corriger, je vais relire vos Pastorales. »

De la voix de Daphné, que *le doux son me touche!*
Je ne puis plus souffrir les hôtes de ces bois.
On sent aller au cœur *ce qui sort de sa bouche.*
O dieux, et j'entendrais, J'aime, de cette voix!

On ne peut guère parler de tendresse en plus mauvais vers. Un hémistiche aussi dur que le *doux son me touche*, pour exprimer la douceur de la voix! cette étrange expression, *ce qui sort de sa bouche*, pour dire ses paroles! cette chute si plate à la fin d'un vers passionné, *de cette voix! les hôtes de ces bois,* quand il faut spécifier le chant des oiseaux. Que de fautes en quatre vers!

J'aimais, et j'ai parlé : mes hommages, mes soins,
Paraissent plaire assez : moi même, je plais moins.
Elle n'aime de moi que cette ardeur parfaite,
Qu'à quelqu'autre en secret peut-être elle souhaite.
Qu'ai-je dit? quel soupçon? puisse-t-il l'offenser!
Mais de mon âme au moins tâchons à le chasser.
Enfin de ses mépris je ne viens point me plaindre;
Mais, hélas! pour son cœur elle n'a rien à craindre.
Sa tranquille bonté regarde sans danger
Un trouble qu'elle cause et ne peut partager.
On fléchit les rigueurs, on désarme la haine;
Mais comment surmonter la douceur inhumaine?

Tout cela n'est-il pas beaucoup trop subtil pour des amants de village? Adraste veut convaincre Hylas que Climène aime Ligdamis.

Nous étions l'autre jour, sous l'orme de Silène,
Une assez *grosse troupe* où se trouva Climène.
On loua Ligdamis, chacun en dit du bien :
Prends bien garde, berger : seule elle n'en dit rien :
Dès que d'un tel discours *on eut fait l'ouverture*,
Elle se détourna, *rajustant sa coiffure*,
Où je ne voyais rien *qui fût à rajuster*,
Et feignit cependant de ne pas écouter.

Une soubrette de comédie ne penserait pas plus finement, et s'exprimerait en vers plus soignés. Hylas répond : *Je me rends;* et Adraste reprend avec ironie :

  Je remporte une grande victoire!
Une belle est sensible, et tu veux bien le croire.

Ce langage est plutôt d'un petit-maître que d'un

berger : les vrais bergers ne parlent pas si légèrement des belles. Il est vrai que les bergères de Fontenelle sont quelquefois un peu coquettes, et il faut bien qu'elles le soient, puisque leurs amants sont si habiles. Floris donne à Silvie des leçons de la coquetterie la plus savante :

> J'évite de n'avoir qu'une même conduite.
> Mes faveurs pour Thamire ont un air inégal.
> Je le prends à danser deux ou trois fois de suite ;
>   Mais après je prends son rival.

De ces défauts, qui dominent trop dans les églogues de Fontenelle, il ne s'ensuit pas qu'elles ne méritent aucune estime. Plusieurs se lisent avec plaisir, particulièrement la première, la neuvième et la dixième. Dans les autres, il a une délicatesse spirituelle qui peut plaire, pourvu qu'on oublie que la scène est au village, et qu'on fasse souvent grace à la versification. Mais dans les trois que je cite, il nous ramène de temps en temps à un ton plus vrai, et saisit dans l'amour des nuances qui ne s'éloignent point des couleurs locales. Alcandre, dont la maîtresse est absente pendant qu'on célèbre une fête au hameau, s'exprime ainsi, seul et à l'écart :

> Quel jour ! quelle tristesse ! et l'on pense à des fêtes !
> On danse en ce hameau ! que je me tiens heureux
> D'être ici solitaire, éloigné de ces jeux !
> Et qu'y ferais-je ? Quoi ! je pourrais voir Doride,
> De louanges toujours et de douceurs avide ;
> Et Madonte, qui croit qu'Iris ne la vaut pas,
> Et Stelle qui, jamais n'a loué ses appas,

Y briller en sa place, y triompher de joie!
Goûtez bien le bonheur que le sort vous envoie,
Bergères, jouissez de mille vœux offerts :
Dans l'absence d'Iris les moments vous sont chers.
Qu'elle eût orné ces jeux! *que d'yeux* tournés sur elle!
Et qu'on m'eût rendu fier en la trouvant si belle!
Elle eût mis cet habit qu'elle-même a filé,
Chef-d'œuvre de ses doigts qu'on n'a point égalé.
Souvent à cet ouvrage un peu trop attachée,
Il semblait de mon chant qu'elle fût moins touchée.
Il est vrai cependant que, pour mieux m'écouter,
La belle quelquefois voulait bien le quitter.
Elle aurait mis en nœuds sa longue chevelure;
La jonquille à ces nœuds eût servi de parure.
Elle est jaune, Iris brune, et sans doute l'emploi
De cueillir cette fleur ne regardait que moi.
Peut-être dans ces jeux elle eût bien voulu prendre
Le moment d'un regard mystérieux et tendre
Qu'avec un air timide elle m'eût adressé,
Et de tous mes tourments j'étais récompensé.
Peut-être qu'à l'écart si je l'eusse trouvée,
D'une troupe jalouse un peu moins observée,
Elle m'eût en fuyant dit quelques mots tout bas,
Avec sa douce voix et son doux embarras, etc.

Ces deux derniers vers sont d'une ingénuité amoureuse, et tout ce morceau respire la tendresse pastorale. Mais cette églogue, qui ne contient que les plaintes d'Alcandre sur une absence, finit un peu froidement, et peut-être eût-il fallu quelque incident qui la terminât; car il faut toujours une espèce d'action dans toute poésie qui se rapproche de la forme dramatique.

Lisidas, dans la seconde églogue, parle de l'indifférente Silvanire :

>Souvent contre l'amour, même contre sa mère,
>Contre *l'aimable troupe* adorée *en* Cythère,
>Elle tint des discours offensants et hardis;
>Je serais bien fâché de les avoir redits.

Ce dernier vers est un de ces traits propres à l'églogue : on les compte chez Fontenelle. Dans la dernière, qui est la plus jolie après celle d'Ismène, Iris dit à son amant, en lui parlant de deux bergères qu'elle soupçonne d'infidélité :

>Croyez-vous que, pour être et fidèle et sincère,
>On en trouve toujours *autant* dans sa bergère?
>Damon y gagnerait : nous sommes tous témoins
>Combien à Timarette il a rendu de soins.
>L'autre jour cependant elle vint *par-derrière*,
>Au fier et beau Thamire ôter sa panetière.
>Damon était présent : elle ne lui dit rien.
>Pour moi, de leurs amours je n'augurai pas bien.
>Ces tours-là ne se font qu'au berger que l'on aime :
>Vous vous plaindriez bien si j'en usais de même.
>On croit que Lisidor a lieu d'être content :
>J'ai vu pourtant Alphise, elle qu'il aime tant,
>A qui Daphnis mettait ses longs cheveux en tresse.
>La belle avait un air de langueur, *de paresse*.
>Au contraire Daphnis, d'un air vif, animé,
>S'acquittait d'un emploi dont il était charmé.
>Alphise en ce moment rougit d'être surprise,
>Et je rougis aussi d'avoir surpris Alphise.

Il y a bien ici quelque finesse, mais pas trop, même

pour une bergère; il n'y en a que ce que l'amour apprend à tout le monde. Si Fontenelle n'allait jamais au-delà, il n'y aurait rien à lui dire, si ce n'est que, dans ce cas même, il ne faut pas que des églogues roulent toutes sur des sujets de galanterie : il en résulte une couleur trop uniforme, et c'est encore un défaut.

Celle qui passe pour la meilleure de toutes a pour titre : *Ismène*. On a retenu le refrain des couplets qui la partagent :

Mais n'ayons point d'amour : il est trop dangereux;

et ce refrain est toujours bien amené. Elle ne manque pas d'élégance, et l'idée en est ingénieuse. Il est vrai qu'elle forme une espèce de scène adroitement conduite, et qui pourrait se passer à la ville peut-être mieux qu'au village; mais les détails se rapprochent assez du ton pastoral. Elle n'est pas longue; et aujourd'hui les églogues sont si peu lues, qu'on me pardonnera, je crois, de la rapporter.

Sur la fin d'un beau jour, au bord d'une fontaine,
Corilas sans témoins entretenait Ismène.
Elle aimait en secret, et souvent Corilas
Se plaignait des rigueurs qu'on ne lui marquait pas.
« Soyez content de moi, lui disait la bergère :
« Tout ce qui vient de vous est en droit de me plaire.
« J'aime avec passion les airs que vous chantez;
« J'aime à garder les fleurs que vous me présentez.
« Si vous avez écrit mon nom sur quelque hêtre,
« Aux traits de votre main j'aime à vous reconnaître.
« Pourriez-vous bien encor ne pas vous croire heureux?
« Mais n'ayons point d'amour : il est trop dangereux.

« Je veux bien vous promettre une amitié plus tendre
« Que ne serait l'amour que vous pourriez prétendre.
« Nous passerons les jours dans nos doux entretiens ;
« Vos troupeaux me seront aussi chers que les miens.
« Si de vos fruits pour moi vous cueillez les prémices,
« Vous aurez de ces fleurs dont je fais mes délices.
« Notre amitié peut-être aura l'air amoureux ;
« Mais n'ayons point d'amour : il est trop dangereux. »

« Dieux ! disait le berger, quelle est ma récompense !
« Vous ne me marquerez aucune préférence.
« Avec cette amitié dont vous flattez mes maux,
« Vous vous plairez encor au chant de mes rivaux.
« Je ne connais que trop votre humeur complaisante :
« Vous aurez avec eux la douceur qui m'enchante,
« Et ces vifs agréments, et ces souris flatteurs,
« Que devraient ignorer tous les autres pasteurs.
« Ah ! plutôt mille fois... Non, non, répondait-elle,
« Ismène à vos yeux seuls voudra paraître belle.
« Ces légers agréments que vous m'avez trouvés,
« Ces obligeants souris vous seront réservés.
« Je n'écouterai point sans contrainte et sans peine
« Les chants de vos rivaux, fussent-ils pleins d'Ismène.
« Vous serez satisfait de mes rigueurs pour eux.
« Mais n'ayons point d'amour : il est trop dangereux.

« Eh bien ! reprenait-il, ce sera mon partage,
« D'avoir sur mes rivaux quelque faible avantage.
« Vous savez que leurs cœurs vous sont moins assurés,
« Moins acquis que le mien, et vous me préférez :
« Tout autre l'aurait fait ; mais enfin dans l'absence
« Vous n'aurez de me voir aucune impatience.
« Tout vous pourra fournir un assez doux emploi,
« Et vous trouverez bien la fin des jours sans moi.

« Vous me connaissez mal, ou vous feignez peut-être,
« Dit-elle tendrement, de ne me pas connaître.
« Croyez-moi, Corilas, je n'ai pas le bonheur
« De regretter si peu ce qui flatte mon cœur.
« Vous partîtes d'ici quand la moisson fut faite ;
« Et qui ne s'aperçut que j'étais inquiète?
« La jalouse Doris pour me le reprocher,
« Parmi trente pasteurs vint exprès me chercher:
« Que j'en sentis contre elle une vive colère !
« On vous l'a raconté : n'en faites point mystère.
« Je sais combien l'absence est un temps rigoureux.
« Mais n'ayons point d'amour : il est trop dangereux. »

Qu'aurait dit davantage une bergère amante?
Le mot d'amour manquait : Ismène était contente.
A peine le berger en espérait-il tant ;
Mais, sans le mot d'amour, il n'était pas content.
Enfin, pour obtenir ce mot qu'on lui refuse,
Il songe à se servir d'une innocente ruse.
« Il faut vous obéir, Ismène, et, dès ce jour,
« Dit-il en soupirant, ne parler plus d'amour.
« Puisqu'à votre repos l'amitié ne peut nuire,
« A la simple amitié mon cœur va se réduire.
« Mais la jeune Doris, vous n'en sauriez douter,
« Si j'étais son amant, voudrait bien m'écouter.
« Ses yeux m'ont dit cent fois : Corilas, quitte Ismène ;
« Viens ici, Corilas ; qu'un doux espoir t'amène.
« Mais les yeux les plus beaux m'appelaient vainement,
« J'aimais Ismène alors comme un fidèle amant.
« Maintenant cet amour que votre cœur rejette,
« Ces soins trop empressés, cette ardeur inquiète,
« Je les porte à Doris, et je garde pour vous
« Tout ce que l'amitié peut avoir de plus doux.
« Vous ne me dites rien? » Ismène, à ce langage,

Demeurait interdite et changeait de visage.
Pour cacher sa rougeur, elle voulut en vain
Se servir avec art d'un voile ou de sa main.
Elle n'empêcha point son trouble de paraître.
Et quels charmes alors le berger vit-il naître!
« Corilas, lui dit-elle, en détournant les yeux,
« Nous devions fuir l'amour, et c'eût été le mieux.
« Mais puisque l'amitié vous paraît trop paisible,
« Qu'à moins que d'être amant, vous êtes insensible,
« Que la fidélité n'est chez vous qu'à ce prix,
« Je m'expose à l'amour, et n'aimez point Doris.

Parmi les poésies mêlées de Fontenelle, qui sont presque toutes mauvaises, on trouve trois pièces qui méritent d'être conservées, *le Portrait de Clarice*, *le Sonnet de Daphné*, et cet *Apologue de l'Amour et de l'Honneur*, qui est peut-être la plus ingénieuse de ses pièces détachées:

>Dans l'âge d'or que l'on nous vante tant,
>Où l'on aimait sans lois et sans contrainte,
>On croit qu'amour eut un règne éclatant.
>C'est une erreur; il fut si peu content,
>Qu'à Jupiter il porta cette plainte:
>J'ai des sujets, mais il sont trop soumis,
>Dit-il: je règne, et je n'ai point de gloire.
>J'aimerais mieux dompter des ennemis.
>Je ne veux plus d'empire sans victoire.
>A ce discours, Jupin rêve et produit
>L'austère honneur, épouvantail des belles,
>Rival d'amour, et chef de ces rebelles,
>Qui peut beaucoup avec un peu de bruit.
>L'enfant mutin le considère en face,
>De près, de loin; et puis faisant un saut,

« Père des dieux, dit-il, je te rends grace ;
« Tu m'as fait là le monstre qu'il me faut. »

J'ai rapporté ailleurs le *sonnet de Daphné** ; voici le *Portrait de Clarice* :

J'espère que Vénus ne s'en fâchera pas ;
Assez peu de beautés m'ont paru redoutables.
    Je ne suis pas des plus aimables,
    Mais je suis des plus délicats.
J'étais dans l'âge où règne la tendresse,
    Et mon cœur n'était point touché.
Quelle honte ! il fallait justifier sans cesse
    Ce cœur oisif qui m'était reproché.
Je disais quelquefois : qu'on me trouve un visage
Par la simple nature uniquement paré,
Dont la douceur soit vive, et dont l'air vif soit sage,
Qui ne promette rien, et qui pourtant engage ;
    Qu'on me le trouve, et j'aimerai.
    Ce qui serait encor bien nécessaire,
    Ce serait un esprit qui pensât finement
    Et qui crût être un esprit ordinaire,
Timide sans sujet, et par-là plus charmant,
Qui ne pût se montrer ni se cacher sans plaire ;
    Qu'on me le trouve, et je deviens amant.
On n'est pas obligé de garder de mesure
    Dans les souhaits qu'on peut former.
Comme en aimant je prétends estimer,
Je voudrais bien encore un cœur plein de droiture,
    Vertueux sans rien réprimer,
    Qui n'eût pas besoin de s'armer
    D'une sagesse austère et dure,
    Et qui de l'ardeur la plus pure

---

* *Voyez* l'article SONNET.

> Se pût une fois enflammer.
> Qu'on me le trouve, et je promets d'aimer.
> Par ces conditions j'effrayais tout le monde :
> Chacun me promettait une paix si profonde,
> Que j'en serais moi-même embarrassé.
> Je ne voyais point de bergère
> Qui d'un air un peu courroucé,
> Ne m'envoyât à ma chimère.
> Je ne sais cependant comment l'Amour a fait :
> Il faut qu'il ait long-temps médité son projet;
> Mais enfin il est sûr qu'il m'a trouvé Clarice,
> Semblable à mon idée, ayant les mêmes traits :
> Je crois pour moi qu'il me l'a faite exprès.
> Oh! que l'Amour a de malice!

Ces trois pièces valent mieux que la plupart de celles de plusieurs poètes qui ont conservé jusqu'à nos jours la réputation d'écrivains agréables, tels que Lafare, Charleval, Lainez, Ferrand, Pavillon, Regnier-Desmarets, et quelques autres, distingués comme eux en différents genres de poésie légère, et dont pourtant il ne reste dans la mémoire des connaisseurs qu'un très petit nombre de morceaux choisis.

La Harpe, *Cours de Littérature.*

II.

On a beaucoup parlé de l'imagination de Fontenelle; et quoiqu'il en manque absolument dans ses vers, où les facultés de son esprit étaient gênées par un instrument qui n'était pas le sien, il en a souvent dans sa prose, même de celle de l'orateur et du poète, qui rend une suite de vérités dans une suite d'images et de tableaux. Ce n'est pourtant pas celle qui domine dans Fontenelle : la sienne est moins de l'imagination qu'un art profond et ingénieux qui en a pris la ressemblance : homme du monde et philosophe, plein de vues sur le cœur humain et sur la nature, il les réveille à la fois, fait continuellement entre elles un échange d'expressions, rend les vérités morales avec des mots consacrés à l'histoire naturelle, transporte aux sciences le langage du monde, et répand sur une idée le reflet, la couleur de l'idée d'un autre ordre, d'un autre monde, pour ainsi dire. C'est toujours l'ouvrage de la réflexion qui rapproche, qui compare ; mais il donne au style l'éclat de l'imagination, et a le double avantage encore et de varier singulièrement les idées, ce qui est la vraie beauté du style philosophique, et de développer une foule de vérités dans un petit nombre de phrases, comme Horace et Virgile achèvent de grands tableaux avec un petit nombre de vers. Quel sera le censeur assez rigoureux, assez peu indulgent à ses propres plaisirs, pour ne pas faire grace dans un écrivain si philosophe et si piquant, si profond et si agréable, à un peu de recherche de ces agréments même avec lesquels il nous séduit, à quelques mots précieux qu'il ajoute à des mots charmants; comme une femme qui a un extrême désir de plaire, ajoute quelquefois à ses graces naturelles des manières qui leur ressemblent beaucoup. Tous ces défauts, qui lui ont été reprochés avec tant de dureté, appartiennent moins encore sans doute au goût de Fontenelle, qu'à sa complaisance pour le goût d'une nation qui aime trop peut-être jusqu'aux abus de l'esprit, et qu'il a toujours traité un peu pour l'attirer aux sciences, comme cette femme du livre *des Mondes* à qui il donnait des leçons d'astronomie; ce n'est là ni son talent ni son art; c'est son artifice, ou plutôt la politique de son style, comme le disait assez plaisamment un de ses ennemis; et c'est en partie avec cette politique qu'il a fait une si grande révolution dans les lettres, dans les sciences et dans le monde.

Garat, *Éloge de Fontenelle.*

MORCEAUX CHOISIS*.

1. Vauban.

Jamais les traits de la simple nature n'ont été mieux marqués qu'en lui, ni plus exempts de tout mélange étranger. Un sens droit et étendu, qui s'attachait au vrai par une espèce de sympathie, et sentait le faux sans le discuter, lui épargnait les longs circuits par où les autres marchent; et d'ailleurs sa vertu était, en quelque sorte, un instinct heureux, si prompt, qu'il prévenait sa raison.

Il méprisait cette politesse superficielle dont le monde se contente, et qui couvre souvent tant de barbarie; mais sa bonté, son humanité, sa libéralité lui composaient une autre politesse plus rare,

---

* *Voyez* dans notre *Répertoire* la vie de Pierre Corneille par Fontenelle.

F.

qui était toute dans son cœur. Il seyait bien alors à tant de vertu de négliger des dehors qui, à la vérité, lui appartiennent naturellement, mais que le vice emprunte avec trop de facilité.

Souvent M. le maréchal de Vauban a secouru, de sommes assez considérables, des officiers qui n'étaient pas en état de soutenir le service ; et, quand on venait à le savoir, il disait qu'il prétendait leur restituer ce qu'il recevait de trop des bienfaits du roi. Il en a été comblé pendant le cours d'une longue vie, et il a eu la gloire de ne laisser, en mourant, qu'une fortune médiocre.

Il était passionnément attaché au roi : sujet plein d'une fidélité ardente et zélée, et nullement courtisan, il aurait infiniment mieux aimé servir que plaire. Personne n'a été si souvent que lui, ni avec tant de courage, l'introducteur de la vérité ; il avait pour elle une passion presque imprudente, et incapable de ménagement. Ses mœurs ont tenu bon contre les dignités les plus brillantes, et n'ont pas même combattu. En un mot, c'était un Romain qu'il semblait que notre siècle eût dérobé aux plus heureux temps de la république.

II. La Police de Paris.

Les citoyens d'une ville bien policée jouissent de l'ordre qui y est établi, sans songer combien il en coûte de peines à ceux qui l'établissent ou le conservent, à peu près comme tous les hommes jouissent de la régularité des mouvements célestes, sans en avoir aucune connaissance ; et même plus l'ordre d'une police ressemble, par son uniformité, à celui des corps célestes, plus il est insensible, par conséquent, il est toujours d'autant plus ignoré, qu'il est plus parfait. Mais qui voudrait le connaître et l'approfondir, en serait effrayé.

Entretenir perpétuellement dans une ville telle que Paris une consommation immense, dont une infinité d'accidents peuvent toujours tarir quelques sources, réprimer la tyrannie des marchands à l'égard du public, et en même temps animer leur commerce; empêcher les usurpations mutuelles des uns sur les autres, souvent difficiles à démêler; reconnaître, dans une foule infinie, tous ceux qui peuvent si aisément y cacher une industrie pernicieuse, en purger la société, ou ne les tolérer qu'autant qu'ils lui peuvent être utiles par des emplois dont d'autres qu'eux ne se chargeraient pas, ou ne s'acquitteraient pas si bien; tenir les abus nécessaires dans les bornes prescrites de la nécessité, qu'ils sont toujours prêts à franchir; les renfermer dans l'obscurité à laquelle ils doivent être condamnés, et ne les en tirer pas même par des châtiments trop éclatants, ignorer ce qu'il vaut mieux ignorer que punir, et ne punir que rarement et utilement : pénétrer, par des conduits souterrains, dans l'intérieur des familles, et leur garder des secrets qu'elles n'ont pas confiés, tant qu'il n'est pas nécessaire d'en faire usage; être présent partout sans être vu enfin, mouvoir ou arrêter à son gré une multitude immense et tumultueuse, et être l'âme toujours agissante et presque inconnue de ce grand corps :

voilà quelles sont, en général, les fonctions du magistrat de la police.

Il ne semble pas qu'un homme seul puisse y suffire, ni par la quantité des choses dont il faut être instruit, ni par celle des vues qu'il faut suivre, ni par l'application qu'il faut apporter, ni par la variété des conduites qu'il faut tenir, et des caractères qu'il faut prendre; mais la voix publique répondra si d'Argenson a suffi à tout.

Éloge de d'Argenson.

III. Érostrate et Démétrius de Phalère.

ÉROSTRATE.

Trois cent soixante statues élevées dans Athènes à votre honneur! c'est beaucoup.

DÉMÉTRIUS.

Je m'étais saisi du gouvernement; et après cela il était aisé d'obtenir du peuple des statues.

ÉROSTRATE.

Vous étiez bien content de vous être ainsi multiplié vous-même trois cent soixante fois, et de ne rencontrer que vous dans cette ville.

DÉMÉTRIUS.

Je l'avoue : mais hélas! cette joie ne fut pas de longue durée. La face des affaires changea du jour au lendemain; il ne resta pas une seule de mes statues : on les abattit, on les brisa..

ÉROSTRATE.

Voilà un terrible revers! Et qui fut celui qui fit cette belle expédition.

DÉMÉTRIUS.

Ce fut Démétrius Poliorcète, fils d'Antigonus.

ÉROSTRATE.

Démétrius Poliorcète! J'aurais bien voulu être en sa place. Il y avait beaucoup de plaisir à abattre un si grand nombre de statues faites pour un même homme.

DÉMÉTRIUS.

Un pareil souhait n'est digne que de celui qui a brûlé le temple d'Éphèse. Vous conservez encore votre ancien caractère.

ÉROSTRATE.

On m'a bien reproché cet embrasement du temple d'Éphèse, toute la Grèce en a fait beaucoup de bruit; mais en vérité cela est pitoyable: on ne juge guère sainement des choses.

DÉMÉTRIUS.

Je suis d'avis que vous vous plaigniez de l'injustice qu'on vous a faite de détester une si belle action, et de la loi par laquelle les Éphésiens défendirent que l'on prononçât jamais le nom d'Érostrate.

ÉROSTRATE.

Je n'ai pas du moins sujet de me plaindre de l'effet de cette loi; car les Éphésiens furent de bonnes gens, qui ne s'aperçurent pas que défendre de prononcer un nom, c'était l'immortaliser. Mais leur loi même, sur quoi était-elle fondée? J'avais une envie démesurée de faire parler de moi, et je brûlai leur temple. Ne devaient-ils pas se tenir bien heureux que mon ambition ne leur coûtât pas davantage? on ne les en pouvait quitter à meilleur marché Un autre aurait peut-être ruiné toute la ville et tout leur état.

DÉMÉTRIUS.

On dirait, à vous entendre, que vous étiez en droit de ne rien épargner pour faire parler de vous, et que l'on doit compter pour des graces les maux que vous n'avez pas faits.

ÉROSTRATE.

Il est facile de vous prouver le droit que j'avais de brûler le temple d'Ephèse. Pourquoi l'avait-on bâti avec tant d'art et de magnificence? Le dessein de l'architecte n'était-il pas de faire revivre son nom?

DÉMÉTRIUS.

Apparemment.

ÉROSTRATE.

Hé bien, ce fut pour faire vivre aussi mon nom que je brûlai ce temple.

DÉMÉTRIUS.

Le beau raisonnement! Vous est-il permis de ruiner pour votre gloire les ouvrages d'un autre?

ÉROSTRATE.

Oui : la vanité qui avait élevé ce temple par les mains d'un autre, l'a pu ruiner par les miennes ; elle a un droit légitime sur tous les ouvrages des hommes ; elle les a faits, et elle les peut détruire : les plus grands états même n'ont pas sujet de se plaindre qu'elle les renverse, quand elle y trouve son compte ; ils ne pourraient pas prouver une origine indépendante d'elle. Un roi qui, pour honorer les funérailles d'un cheval, ferait raser la ville de Bucéphalie, lui ferait-il une injustice? je ne le crois pas; car on ne s'avisa de bâtir cette ville que pour assurer la mémoire de Bucéphale, et par conséquent elle est affectée à l'honneur des chevaux.

DÉMÉTRIUS.

Selon vous, rien ne serait en sûreté; je ne sais si les hommes mêmes y seraient.

ÉROSTRATE.

La vanité se joue de leurs vies, ainsi que de tout le reste. Un père laisse le plus d'enfants qu'il peut afin de perpétuer son nom. Un conquérant, afin de perpétuer le sien, extermine le plus d'hommes qu'il lui est possible.

DÉMÉTRIUS.

Je ne m'étonne pas que vous employiez toutes sortes de raisons pour soutenir le parti des destructeurs; mais enfin, si c'est un moyen d'établir sa gloire que d'abattre les monuments de la gloire d'autrui, du moins il n'y a pas de moyen moins noble que celui-là.

ÉROSTRATE.

Je ne sais s'il est moins noble que les autres; mais je sais qu'il est nécessaire qu'il se trouve des gens qui le prennent.

DÉMÉTRIUS.

Nécessaire?

ÉROSTRATE.

Eh! assurément. La terre ressemble à de grandes

tablettes où chacun veut écrire son nom. Quand ces tablettes sont pleines, il faut bien effacer les noms qui y sont déjà inscrits, pour y en mettre de nouveaux. Que serait-ce, si tous les monuments des anciens subsistaient? les modernes n'auraient pas où placer les leurs. Pouviez-vous espérer que trois cent soixante statues fussent long-temps sur pied? Ne voyez-vous pas bien que votre gloire tenait trop de place?

DÉMÉTRIUS.

Ce fut une plaisante vengeance que celle que Démétrius Poliorcète exerça sur mes statues; puisqu'elles étaient une fois élevées dans toute la ville d'Athènes, ne valait-il pas autant les y laisser?

ÉROSTRATE.

Oui : mais avant qu'elles fussent élevées, ne valait-il pas autant ne les point élever? Ce sont les passions qui font et qui défont tout. Si la raison dominait sur la terre, il ne s'y passerait rien. On dit que les pilotes craignent au dernier point ces mers pacifiques où l'on ne peut naviguer; et qu'ils veulent du vent au hasard d'avoir des tempêtes. Les passions sont chez les hommes des vents qui sont nécessaires pour mettre tout en mouvement, quoiqu'ils causent souvent les orages.

Dialogues des Morts.

FORTUNAT, poète latin, que les érudits appellent *Venantius Honorius Clementianus Fortunatus*, né vers 530, près de Trévise, adopta la France pour patrie : fort jeune encore, environ cent ans après l'invasion des Francs, dans les Gaules, il y vint en pèlerinage, y connut Grégoire de Tours, le père de notre histoire, et bientôt, à la prière de Radegonde, veuve du roi Clotaire Ier, se fixa dans la ville de Poitiers, où il fut consacré prêtre, et revêtu, vers l'an 600, de la dignité épiscopale. Si nous voulions, d'après ses ouvrages, donner par conjecture quelques détails sur sa vie, nous le verrions, vers 565, traverser l'Austrasie, assister au mariage de Sigebert et de Brunehaud, et faire un épithalame pour cette funeste union ; plus tard, se louer de la généreuse hospitalité du clergé parisien, dont il célèbre les vertus ; donner de sages conseils et quelques justes éloges au roi Chilpéric ; témoigner sur-tout la plus vive reconnaissance à la reine Radegonde, qui avait fondé à Poitiers un monastère où elle termina ses jours ; s'attacher comme chapelain à la personne de cette sainte reine, et composer en son nom une élégie sur la chute du royaume de Turinge, et une épître à l'empereur Justin le jeune, faible monarque, qui pouvait à peine soutenir le poids de l'ancien empire de Trajan et de Marc-Aurèle, quand les monarchies modernes s'élevaient de tous côtés.

Les poésies de Fortunat sont aujourd'hui presque entièrement oubliées. L'admiration que nous avons coutume d'accorder aux grands modèles, ou par goût, ou par bienséance, est fort commode pour notre paresse : elle nous dispense de juger et même de connaître tout ce qui n'est point parfait ; et par une singulière fatalité, cette prééminence de quelques génies supérieurs, qui devrait être pour les autres hommes l'objet d'une noble émulation, semble rétrécir autour d'eux le cercle de ces études qui font souvent le succès. Pour ne parler ici que de la littérature latine, il est bon sans doute de reporter habituellement nos yeux sur les chefs-d'œuvre du siècle de César et d'Octave ; c'est là que nous trouverons la régularité des plans, la justesse des idées, la force et la pureté du style ; c'est là qu'il faut revenir sans cesse. Mais pourquoi ne pas descendre aussi quelquefois vers des âges moins heureux ? La pensée humaine a-t-elle été stérile pendant quinze siècles ? et ne pouvons-nous pas rencontrer, en remuant la poussière où dorment oubliés tant de monuments littéraires, de ces trésors inattendus qui dédommagent des plus longs travaux, de ces pensées neuves, inspirées par d'autres mœurs, par une autre société, et sur-tout par la vraie religion ! Bossuet lui-même a dû quelques traits d'éloquence à la lecture de Tertullien ; et l'ouvrage de Salvien sur le gouvernement de Dieu, lui a fourni peut-être la conception fondamentale du discours sur l'*Histoire universelle*. Ainsi, un Africain du troisième siècle et un Gaulois du cinquième n'ont pas été lus sans fruit par ce grand homme accoutumé à la sublimité des saintes écritures et aux productions les plus parfaites de l'antiquité grecque et latine.

Les poètes chrétiens des six premiers siècles ne sont pas indignes peut-être d'attirer aussi les regards des hommes studieux. Je ne rappellerai même ni Juvencus, dont quelques vers se rapprochent encore du style des anciens; ni Sidoine Apollinaire, qui leur ressemble souvent par l'originalité; ni Sédulius, imitateur assez heureux de Virgile; ni saint Prosper, auteur du poème *sur la Grace;* ni saint Paulin, disciple et ami d'Ausone; ni Prudence, qui, dans le dernier combat que le paganisme osa livrer à la vérité triomphante, revêtit de couleurs poétiques la réponse de saint Ambroise à Symmaque, et dont les beaux vers n'étaient point inconnus au grand écrivain qui nous a montré le jeune Eudore opposant tour à tour aux défenseurs des faux dieux son éloquence, sa foi, et son martyre. Si le plus faible de tous ces poètes religieux, ou du moins un des plus faibles, saint Fortunat, offre encore quelque intérêt pour l'histoire, et même pour la poésie, on conviendra que ces auteurs ne méritaient pas la superbe indifférence de la plupart des critiques modernes, qui ne les ont pas même nommés.

A la tête des œuvres poétiques de Fortunat, se trouve la vie de saint Martin, imitée en partie de la prose de Sulpice-Sévère. Ce poème est en quatre livres, et commence par le récit de l'action charitable du pieux guerrier qui dans un grand froid, « lorsque la glace enchaînait l'onde errante des « fleuves »

Cùm vaga libertas fluviorum inclusa lateret,

donne à un pauvre la moitié de son manteau, et prouve ainsi que sa pauvreté a encore du superflu :

Unaque paupertas satis est divisa duobus.

Ces deux vers ont de l'élégance, de l'harmonie, et bien des poètes qui n'ont pas vécu sous Sigebert n'auraient pas été mécontents de les avoir trouvés. L'auteur est, en général, moins heureux dans la description des miracles qui remplissent presque tout son poème, comme ils remplissaient alors toutes les légendes, et même toutes les histoires.

Cet ouvrage est suivi de dix livres, ou, dans quelques éditions, de onze livres de poésies diverses, dont la plupart sont ou des hymnes, ou des élégies, ou des épîtres. Parmi les hymnes, on remarque le *Vexilla regis*, adopté par l'Église; le *Pange lingua*, qu'on attribue ordinairement à Fortunat, n'est pas de lui. Les élégies et les épîtres sont très importantes comme documents historiques : les unes nous fournissent de précieux détails sur les évènements de cette époque; les autres sont adressées aux principaux évêques de France. Le quatrième livre renferme les épitaphes de quelques uns d'entre eux; et les savants qui ont travaillé sur cette partie des annales de l'Église gallicane ont mis à profit ces témoignages d'un contemporain.

On se tromperait si l'on se figurait la France plongée alors dans une complète barbarie, et absolument incapable d'un ordre d'idées conforme à nos habitudes et à nos opinions. Je ne citerai, pour exemple du contraire, que ces passages d'une épître adressée par Fortunat à un illustre guerrier, revenu vainqueur d'une expédition lointaine :

« A ton retour, la confiance s'élève dans tous les
« cœurs; à ton aspect, se raniment la liberté et les

« lois. Si quelqu'un nourrit encore des sentiments
« de tristesse au fond de son âme, il lui suffit de te
« voir pour retrouver l'espérance... Plein d'un cou-
« rage vraiment royal, persuadé que la chose pu-
« blique a besoin de ton appui, tu te soumets avec
« amour aux plus pénibles travaux, et la fatigue te
« paraît douce pour le repos de ton roi. Génie
« tutélaire, qui consultes les vœux de la patrie !
« âme généreuse, qui ne respires que le bonheur
« de tous !....... Digne rejeton d'un illustre sang,
« tu finis les malheurs de la guerre, tu règles les
« droits de la paix. Puissant par les armes, puissant
« par les lois, tu réunis toutes les palmes de la
« gloire. L'ennemi a disparu devant ta course victo-
« rieuse ; les barrières des fleuves et des montagnes
« se sont abaissées devant toi : pour vaincre, il suf-
« fisait de t'obéir. O combien tu affrontais gaie-
« ment les dangers des combats ! ô qu'il était beau
« de te voir au milieu de cette noble poussière !.....
« La Gaule t'admire avec orgueil entre tous ses ci-
« toyens, toi qui répands si loin l'éclat de tes vertus.
« Les uns se distinguent par la valeur, les autres
« par la sagesse : tu es à la fois courageux et sage.
« En revenant auprès du monarque, tu remplis ses
« palais de ta présence, et la gloire y entre avec toi.
« Soudain les voûtes royales brillent d'une splendeur
« nouvelle ; l'antique seuil a tressailli de joie, et le
« panache guerrier s'agite sur la tête des héros.
« Appui de ton roi, honneur de ton pays, bouclier
« de ta famille, espoir d'un peuple et amour de tous
« les autres, tes paroles bienveillantes et gracieuses

« font naître le bonheur autour de toi, et la séré-
« nité de ton visage laisse voir le calme inaltérable
« de ton cœur. Mais comment te louer dignement,
« toi qu'un grand roi a nommé l'ornement de sa
« couronne ? Puisse-t-il jouir long-temps du succès de
« tes armes ! Puisses-tu lui avoir conquis un long
« avenir de paix et de gloire ! »

Ces idées, ces sentiments, dont j'ai quelquefois conservé l'expression littérale, ne sont certainement pas d'un barbare, et l'on trouve assez souvent de pareils morceaux dans les œuvres de l'évêque de Poitiers. Quelle est donc la cause du profond oubli où elles sont tombées, et du rang inférieur qu'elles occupent dans l'estime des gens instruits ? C'est que l'auteur, plein de facilité et de verve, a eu le malheur de faire des vers comme on en faisait de son temps, comme en faisait le roi Chilpéric, suivant Grégoire de Tours, et que dans ses poèmes, la grammaire, et sur-tout la prosodie, sont fort peu respectées. On aurait pu lui dire ce qu'il dit lui-même à l'évêque Bertegrand ou Bertrand : après avoir donné de grands éloges aux vers de ce prélat, si beaux, si admirables, selon lui, que jamais Rome n'en entendit de semblables dans le forum de Trajan, et que s'il les eût récités dans le sénat, le sénat eût fait étendre un tapis d'or sous ses pieds, il ajoute : « J'ai
« cru remarquer dans vos poèmes quelques syllabes
« ou trop longues ou trop brèves, et l'harmonie
« peut se plaindre d'y être quelquefois blessée : »

Et pede læsa suo musica clauda gemit.

Un ancien critique disait de Fortunat avec beaucoup de naïveté et sans aucune malice : « Il ne s'est « pas soucié d'éviter les fautes de quantité, non « plus que les autres poètes chrétiens, qui, aban- « donnant la gloire de cette exactitude aux profanes « de la gentilité, ont eu grand soin d'acquérir celle « de la retenue et celle de la pudeur, etc. » J'avoue que je ne puis voir dans ces fautes un dédain religieux pour les règles et pour l'harmonie; j'y vois plutôt l'ignorance de ces malheureux temps. Le dédain serait ridicule; l'ignorance n'est que déplorable.

Pour en être venu à faire la première syllabe brève dans *plebi*, longue dans *adhuc*, et à commencer un hexamètre par *Quid humili*, etc., *Per hyemes*, etc., il fallait que la prononciation fût déjà singulièrement altérée par le séjour des peuplades barbares au milieu des anciennes provinces romaines. La langue latine, conservée dans l'Église et dans les actes publics, s'effaçait de jour en jour dans les campagnes, et même dans les villes, par le mélange des langues du nord, mélange inévitable, qui forma bientôt la langue rustique ou vulgaire. C'est un spectacle assez triste sans doute que cette altération successive, mais rapide, d'une langue illustrée par tant de chefs-d'œuvre ; et l'on ne voit pas sans un étonnement mêlé de quelque douleur l'empreinte de la barbarie défigurer un idiome élégant et harmonieux, la parodie des formes poétiques de l'*Énéide*, remplacer les inspirations du génie, et produire les rapprochements les plus bizarres; Énée et Didon, par exemple, devenir Sigebert et Brunehaud dans ce vers singulier :

Sigebertus amans Brunechildis carpitur igne.

Mais que l'on songe aux misérables merveilles de ces temps de mauvais goût, à ces poëmes en vers *rhopaliques*, ou dont les mots s'accroissent successivement d'une syllabe; en vers *rétrogrades*, ou dont les lettres, en les prenant à rebours, forment les mêmes mots qu'en les lisant de gauche à droite; à ces poëmes *lipogrammatiques*, privés de telle ou telle lettre de l'alphabet, mais privés encore plus de bon esprit et bon sens; à ceux dont tous les mots commencent par un *c*, comme le poème en l'honneur de Charles-le-Chauve; que l'on se rappelle toutes ces erreurs de l'intelligence humaine, qui passa tant de siècles à perdre son temps : et l'on trouvera peut-être qu'un poète chrétien qui n'a payé tribut à l'ignorance de ses comtemporains que par des fautes de syntaxe ou de prosodie, et par deux ou trois acrostiches, mérite encore quelque place honorable dans l'histoire littéraire; car je ne parle pas ici du rang que doivent lui donner, dans le souvenir et le respect des hommes, ses bonnes actions et ses vertus, que l'Église a consacrées.

Enfin, si l'on veut examiner de quel avantage pouvaient être, pour la religion même et pour la morale, ces monuments, quels qu'ils soient, d'une littérature dégénérée, n'était-ce pas, dans ces temps malheureux, un utile et salutaire exemple que celui d'un évêque qui partageait sa vie entre l'étude et ses fonctions pastorales ? Si cet exemple avait pu être suivi, si la douce influence des lettres avait pu effacer la rouille de ces époques demi-sauvages, les mœurs seraient devenues moins âpres et moins cruelles, et l'instruction, l'amour des arts, les nobles occupations de l'esprit, se communiquant peu à peu des évêques gaulois, formés dans les écoles romaines, à ces peuples qui venaient régner sur eux, auraient épargné quelques crimes au siècle de Frédégonde. Cette victoire était peut-être impossible : la secousse donnée au monde par la chute de l'empire avait dispersé pour long-temps les éléments d'ordre public; long-temps encore le christianisme devait préparer dans le silence la société nouvelle, tardive héritière des leçons et des exemples de l'antiquité. Mais si les efforts de ces premiers instituteurs de la monarchie naissante demeurèrent stériles, est-ce à nous, qui goûtons aujourd'hui les fruits d'une civilisation due aux lettres, à ne point reconnaître combien il fallait de mérite et de véritable grandeur pour essayer dès-lors cette régénération, et faire servir l'autorité du caractère religieux à l'instruction des rois et au bonheur des peuples ?

Jos.-Vict. Le Clerc.

FOX (Charles-Jacques), célèbre orateur anglais, naquit à Londres, le 24 janvier 1748. Son père, Henry Fox, ministre de la guerre sous Georges II, ne voulut point l'asservir aux contraintes de l'éducation, et laissa ses penchants se développer d'eux-mêmes. Heureusement cette excessive indulgence ne nuisit point aux études du jeune Fox qui profita assez bien des leçons de ses maîtres, puisque les savants les plus distingués ont toujours admiré son érudition. Impatient de le voir briller dans la carrière politique, son père le fit élire, dès l'âge de vingt ans, membre de la Chambre des communes. Jusqu'en 1772, Fox ne cessa pas de voter avec les ministres; mais sa liaison avec Burke, et sur-tout la mort de son père qui le rendit tout-à-fait indépendant, achevèrent de le ranger du parti de l'opposition auquel il est resté constamment fidèle. Il est mort le 13 septembre 1806.

Ses discours ont été réunis et publiés sous ce titre : *Discours du très honorable C.-J. Fox prononcés dans la Chambre des communes, depuis son entrée au Parlement, en* 1768, *jusqu'en* 1806, *auxquels on a joint une introduction, des mémoires,* etc. Londres, 1814, 6 vol. in-8°. La seule composition littéraire que Fox ait donnée est sa *Lettre aux électeurs de Westminster*, mais elle parut au-dessous de sa réputation comme écrivain. Il passa les dix dernières années de sa vie à réunir les matériaux d'un livre que la mort l'empêcha de terminer : c'est l'*Histoire des deux derniers rois de la maison de Stuart, suivie de pièces originales et justificatives*, Londres, 1808, in-8°; elle a été traduite en français, avec une notice sur la vie de l'auteur, Paris, 1809, 2 vol. in-8°. C'est l'ouvrage d'un homme d'état, d'un profond observateur, mais pas toujours d'un élégant écrivain.

JUGEMENT.

Charles Fox, qui entra bien avant W. Pitt au parlement, l'avait déjà fait retentir des accents d'une haute éloquence; mais ce fut sur-tout lorsqu'il eut trouvé un rival digne de lui, lorsque l'opposition de principes et la différence de conviction l'eurent armé contre un homme si redoutable dans les luttes de la parole, que son beau talent appela et justifia l'admiration générale. Les élans vigoureux, les inspirations inattendues de son éloquence balancèrent l'influence que Pitt exerçait par l'invincible séduction de ses discours. Également pressants, énergiques, habiles à faire valoir toutes les circonstances, à montrer la force et les avantages d'un système, à découvrir les parties faibles du système opposé; Fox a plus de chaleur, une ironie plus amère, une élévation plus habituelle dans les idées, plus de solennité dans le style; Pitt connaît mieux les secrets ingénieux de l'éloquence; ses railleries sont fines et mordantes, mais avec moins de violence; il sait mieux envelopper son adversaire dans les plis et replis d'une logique dont il cache les ressorts: son style est plus pur, plus harmonieux : il faudrait plutôt le comparer à Cicéron, et son rival à Démosthène.

Rien, sans doute, ne peut être plus utile à ceux qui veulent étudier la véritable éloquence politique, que la lecture de ces deux grands orateurs. Ce serait un avantage inappréciable de trouver réunis dans un seul ouvrage tous les discours, ou du moins les plus remarquables d'entre les discours qu'ils ont prononcés à la tribune. Ce choix devrait être fait avec goût, pour qu'à l'intérêt de chaque discours en particulier, se joignît un autre intérêt qui naîtrait de la suite et de l'ensemble. On adopterait l'ordre des temps, plutôt que l'ordre des matières, parce qu'il intéresserait davantage le lecteur, parce qu'il lui présenterait un tableau plus animé, et marquerait tous les pas des deux rivaux dans la carrière. Mais cette méthode ne serait point suivie à demi. Dès l'époque où J.-C. Fox et W. Pitt se trouvent en présence, on aurait soin de placer toujours en regard les discours de l'un et de l'autre sur un même sujet, et l'intérêt gagnerait beaucoup à ces rapprochements continuels. On ne s'étudierait pas à choisir dans leurs discours ce qui n'a rapport qu'à une branche d'administration particulière, et ce recueil ne serait point destiné seulement à former des financiers ou des spéculateurs, mais aussi des hommes d'état et des avocats de la cause publique : on ne retrancherait point à dessein les morceaux brillants, les peintures vivantes, les mouvements pathétiques, en se bornant à indiquer la place qu'ils durent occuper, pour donner plus d'extension aux raisonnements et aux calculs. Enfin, un Français qui voudrait faire connaitre à ses concitoyens ce précieux recueil, tâcherait de reproduire dans sa traduction les qualités du style des deux antagonistes, et ne chercherait pas à justifier des fautes de langue et des négligences nombreuses, en annonçant qu'il n'a voulu élever qu'un monument politique.

A. F. Théry.

MORCEAUX CHOISIS.

I. Exécution du comte d'Argyle.

Le 30 juin 1685, le comte d'Argyle fut conduit du château d'Édimbourg d'abord à la salle du conseil, et de là au lieu de l'exécution.

Avant de partir du château, il dîna à son heure ordinaire, et s'entretint, non-seulement d'un air calme, mais même d'un air gai, avec M. Chartéris * et d'autres personnes. Après le dîner, il se retira, selon sa coutume, dans sa chambre à coucher, où il dormit, dit-on, tranquillement environ un quart d'heure. Tandis qu'il reposait sur son lit, un des membres du conseil se présenta, et témoigna aux domestiques le désir de lui parler : comme on lui dit que le comte dormait, et qu'il avait donné des ordres pour ne pas être interrompu, le conseiller refusa d'ajouter foi à cette réponse, qu'il considéra comme un prétexte pour éviter d'autres questions. Pour le satisfaire, on entr'ouvrit la porte de la chambre à coucher, et il vit alors jouir d'un sommeil doux et paisible ce même homme qui, par sa sentence et celle de ses collègues, devait mourir dans le court intervalle de deux heures. Frappé de ce spectacle, il s'élança hors de la chambre, quitta le château avec la plus grande précipitation, et se

* M. Charteris était un théologien distingué.

réfugia dans la maison d'une de ses connaissances qui demeurait près de là : ensuite, il se jeta sur le premier lit qu'il aperçut, avec toute l'agitation d'un homme en proie aux plus cruels tourments. Son ami, informé par le domestique de l'état où il se trouvait, et le croyant naturellement indisposé, lui offrit du vin. Il refusa en disant : « Non, non, cela « ne me servirait à rien : je sors de chez le comte « d'Argyle, et je l'ai vu reposer aussi paisiblement « que s'il dormait du sommeil de l'éternité. Mais « moi... » On ne rapporte pas le nom de la personne dont il est ici question, et par conséquent la vérité de cette anecdote peut être examiné avec la défiance légitime qu'inspirent aux hommes judicieux ces sortes de traditions historiques. Néanmoins, Woodrow, historien dont la sincérité est au-dessus du soupçon, dit qu'il la tenait de l'autorité la plus incontestable. Elle n'a rien d'invraisemblable en elle-même; et qui ne souhaiterait pas qu'elle fût vraie? Quel tableau satisfaisant pour l'âme d'un philosophe de voir l'oppresseur au faîte du pouvoir envier le sort de sa victime! Quel hommage pour la supériorité de la vertu! Quel témoignage touchant et irrécusable du prix de cette tranquillité de l'âme, que peut seule donner l'innocence! Nous ne connaissons pas quel était cet homme; mais quand nous réfléchissons qu'il s'était probablement exposé au remords qui le déchirait pour quelque vain titre, ou au moins pour un accroissement de richesses, dont il n'avait pas besoin, et dont peut-être il ne savait pas jouir, notre indignation se change en une sorte de pitié pour ces insensés, que le monde appelle sages et zélés pour leur famille.

Peu d'instants après son réveil, Argyle fut conduit, suivant les ordres supérieurs, à la salle du conseil, d'où est datée la lettre qu'il écrivit à son épouse, et ensuite au lieu de l'exécution. Sur l'échafaud, il s'entretint avec M. Annand, ministre désigné par le gouvernement pour l'accompagner à ses derniers moments, et avec M. Chartéris. Il les engagea tous deux à prier pour lui, et il pria lui-même avec beaucoup de ferveur et de piété. Le discours qu'il adressa au peuple était tel qu'on devait l'attendre, d'après les passages que nous avons déjà cités. Il offre partout le même mélange de douceur et de fermeté. « Nous ne devons pas, dit-« il, mépriser les disgraces qui nous affligent, ni « succomber sous leur poids. Il ne faut pas nous « laisser entraîner à une haine violente contre les « auteurs de nos maux, ni nous rendre coupables « par une complaisance hypocrite et pusillanime; « les cœurs faibles sont ordinairement des cœurs « faux qui préfèrent le crime à l'infortune. » Il adressa des prières à Dieu pour les trois royaumes, d'Angleterre, d'Écosse et d'Irlande, et pour qu'il mît un terme à leurs malheurs. Après avoir ensuite demandé pardon de ses fautes à Dieu et aux hommes, il allait finir son discours : mais, se rappelant qu'il n'avait point parlé de la famille royale, il ajouta qu'il s'en rapportait, sur ce point, à ce qu'il avait dit dans le cours de son procès; qu'il souhaitait que la famille royale régnât toujours pour être l'appui de la religion protestante ; et que, si quelques princes renonçaient à la vraie foi, il priait Dieu de toucher leurs cœurs, mais sur-tout de sauver à tout prix son peuple de leurs complots. Lorsqu'il eut achevé ces mots, il s'avança sur l'échafaud, du côté du midi, et s'écria : « Messieurs, je vous prie de ne pas « vous méprendre en ce jour sur ma conduite : je « pardonne volontairement à tous ceux qui m'ont « offensé et injustement persécuté, comme je dé- « sire obtenir moi-même mon pardon de Dieu. » M. Annand répéta plus haut ces paroles au peuple. Le comte se tourna ensuite sur l'échafaud, du côté du nord, et se servit des mêmes ou de semblables expressions. M. Annand les répéta une seconde fois, et ajouta : « Ce gentilhomme meurt protestant. » Le comte s'avança encore, et dit : « Je meurs, non- « seulement protestant, mais ennemi juré du pa- « pisme, de l'épiscopat, et de toute superstition « quelconque. » Il eût mieux valu peut-être qu'il ne prononçât jamais ces dernières expressions, qui renferment certainement une amertume de langage peu conforme au ton général de ses discours; mais il faut se rappeler d'abord que presque tous les protestants zélés du royaume étaient alors imbus de l'opinion que le pape est l'antechrist; en second lieu, que M. Annand, étant employé par le gouvernement, et probablement partisan de l'épiscopat, le comte pouvait craindre que la déclaration d'un tel ministre n'offrît pas l'idée précise que lui, Argyle, attachait au mot *protestant*.

Il embrassa ensuite ses amis, donna à son gendre, lord Maitland, quelques gages de souvenir pour sa fille et pour ses petits-enfants, se dépouilla d'une partie de ses vêtements, dont il fit aussi des présents, et posa sa tête sur le billot. Après avoir fait une courte prière, il donna le signal au bourreau, qui obéit aussitôt, et sa tête fut séparée de son corps. Tels furent les derniers instants et telle fut la fin de la vie de ce grand homme. Puisse une aussi heureuse sérénité, dans un moment si terrible, puisse une mort non moins glorieuse, être, dans tous siècles et chez toutes les nations, le partage de ceux que la tyrannie, quelque nom ou quelque forme qu'elle emprunte, condamnera à expier leurs vertus sur l'échafaud!

II. Sur les affaires de l'Amérique (1778).

Vous avez devant vous deux guerres entre lesquelles il faut choisir; car vous ne pouvez les soutenir toutes deux. La guerre avec l'Amérique a été jusqu'ici dirigée contre elle seule, dépourvue de tout auxiliaire; mais, quoiqu'elle combattît seule, vous avez été constamment obligés d'accroître vos moyens, et en dernier lieu d'employer tous les efforts dont vous étiez capables, sans pouvoir terminer la lutte; vous avez jusqu'ici sans succès mis en œuvre toutes vos ressources, et vous ne pouvez diviser une force déjà inégale contre un seul adversaire. Mon opinion est de retirer entièrement nos troupes de l'Amérique; vous ne pouvez jamais songer à y soutenir une guerre défensive; une guerre défensive entraînerait la ruine de l'Angleterre, en tout temps et en toute circonstance. La politique nous conseille une guerre offensive, comme favorable à ce pays; notre situation nous l'indique, et le génie de la nation nous dit d'attaquer plutôt que de nous défendre : attaquons la France, car voilà notre intérêt. La nature des deux guerres est absolument différente. La guerre avec l'Amérique est entreprise contre des compatriotes, j'allais dire contre les sujets d'un même royaume : la guerre avec la France est entreprise contre votre implacable ennemie et votre rivale. Tous les coups que vous portez à l'Amérique retournent contre vous-mêmes; ils détruisent tout espoir de conciliation; ils sapent vos intérêts, quand même vous pourriez un jour, ce que vous ne pourrez jamais, la contraindre à se soumettre. Tous les coups que vous porterez à la France vous procureront quelque avantage : plus vous abaisserez le bassin de la balance qui porte cette nation, plus le vôtre s'élèvera, et plus les Américains voudront se détacher d'elle, comme d'une amie inutile. Vos victoires mêmes sur l'Amérique sont profitables à la France de tout ce qu'elles vous coûtent d'hommes et d'argent : vos victoires sur la France frapperont par contre-coup son alliée. Il faut vaincre l'Amérique en France; jamais en Amérique on ne pourra vaincre la France. La guerre des Américains est une guerre de passion : elle est de nature à s'armer des vertus les plus puissantes, l'amour de la liberté et de la patrie, et, en même temps, à soulever dans le cœur humain les passions qui donnent le courage, l'énergie et la constance à l'homme, l'esprit de vengeance pour les injures qu'il a reçues, de représaille pour les maux qu'il a soufferts, et d'opposition au pouvoir injuste qu'on a exercé sur lui. Tout se réunit pour les animer à cette lutte, et une pareille guerre n'a point de terme; car toute l'obstination que le fanatisme inspira jamais à l'homme, vous le trouverez maintenant en Amérique : peu importe ce qui enfante ce fanatisme; que ce soit le nom de la religion ou celui de la liberté, les effets sont les mêmes; il inspire une ardeur indomptable, impatiente de braver les obstacles, les périls et les revers; et tant qu'il y aura un homme en Amérique, un être formé comme nous, vous le rencontrerez devant vous sur le champ de bataille. La guerre de la France est d'une autre sorte : la guerre de la France est une guerre d'intérêt; c'est son intérêt qui lui conseilla d'abord de s'y engager, et c'est par son intérêt qu'elle en réglera le cours. Tournez vos armes contre elle; attaquez-là partout où elle est exposée à vos coups; écrasez son commerce partout où vous pourrez l'atteindre; faites-lui sentir des maux qui pèsent immédiatement sur toute la nation : bientôt le peuple murmurera contre son gouvernement. Tandis que les avantages qu'elle se promet sont éloignés et incertains, accablez-la de revers et de calamités présentes : ses sujets deviendront mécontents et séditieux; elle trouvera qu'elle a fait un mauvais marché en s'embarquant dans cette entreprise; et vous la forcerez d'abandonner un allié qui apporte avec lui tant de troubles, de périls et de désastres, et dont l'alliance ne peut lui offrir que des avantages nuls ou précaires, sans cesse exposés aux attaques de ce pays, comme cela aura toujours lieu en effet, et comme j'ose vous le garantir, si vous vous débarrassez une fois de l'Amérique.

Qu'est devenu l'antique patriotisme de l'Angleterre? où est l'esprit national qui honora toujours cette contrée? Le ministère actuel en a-t-il tari la source, comme il a presque épuisé le dernier schelling de nos trésors? N'est-il pas honteux de temporiser avec la France? Les relations de la France avec l'Amérique, dit-il, ont été clandestines : comparez ce langage avec sa conduite envers la Hollande il y a quelque temps; mais c'est le caractère des âmes faibles de se montrer exigeant dans les petites choses, et de sacrifier ses droits dans les occasions importantes. On appelle clandestines les négociations de la France; reportez vos yeux sur une lettre écrite, il y a un an, par un de vos secrétaires d'état à la Hollande : « C'est avec surprise et indignation qu'on « voit votre conduite. » Il s'agissait de je ne sais quel grief reproché au gouverneur subalterne d'une île, et on affecte d'appeler clandestines les mesures de la France! Est-ce par de tels procédés que les ministres soutiennent la dignité de leur pays, la gloire et l'honneur national? Mais considérez comment on parle aujourd'hui de la Hollande : notre faiblesse paraît tout entière jusque dans nos relations avec elle:

> Pauper et exul uterque
> Projicit ampullas et sesquipedalia verba.

Vous pouvez juger par là de notre situation; vous

pouvez apprendre à quel abaissement nous sommes réduits. Comme le parti français en Hollande va triompher de votre honte et s'affermir! Elle ne sera jamais votre alliée, tant que vous fléchirez bassement devant la France, et que vous n'oserez faire un pas pour vous défendre. Il n'y a rien en effet d'extraordinaire qu'elle répudie votre alliance, tant que vous conserverez le ministère actuel. Aucune puissance en Europe n'est aveugle: il n'y en a point d'assez stupide pour s'allier à la faiblesse, et pour devenir complice d'une banqueroute; il n'y en a point d'assez stupide pour s'allier à l'obstination, à l'absurdité et à l'ineptie.

FRÉRON (ÉLIE-CATHERINE), fameux critique du XVIIIe siècle, naquit à Quimper en 1718. Entré chez les jésuites dès sa première jeunesse, il fut dirigé dans ses études par les PP. Brumoy et Bougeant, et professa ensuite avec succès au collége de Louis-le-Grand, mais quelques désagréments l'ayant obligé de quitter cet institut en 1739, il se produisit dans le monde et fit la connaissance de l'abbé Desfontaines, qui publiait à cet époque ses *Observations sur les écrits modernes*. Fréron, qui n'avait alors que vingt ans, lui offrit de s'associer à ses travaux, et ce fut ainsi qu'il prit goût à un genre d'écrits qui devait lui attirer moins de gloire que d'ennemis. Il est difficile d'attaquer sans cesse de grandes réputations sans compromettre la sienne. Fréron, cependant, était né avec beaucoup d'esprit; il avait fait d'excellentes études; son style était pur et correct, et il maniait la satire avec la plus grande facilité.

En 1746, il voulut s'essayer seul dans la critique littéraire, et fit paraître un petit journal sous le titre de *Lettres de madame la comtesse de* ..., mais les écrivains qu'il avait trop peu ménagé dans ces feuilles, parvinrent à les faire supprimer. Elles reparurent cependant en 1749 sous un autre titre. Ce fut au commencement de cette année, que Fréron publia ses *Lettres sur quelques écrits de ce temps.* Une critique aussi vive que piquante s'y faisait remarquer comme dans celles de *la comtesse* : leur publication fut plusieurs fois interrompue par le crédit de ceux dont elles attaquaient l'amour-propre et les talents; mais le roi Stanislas, qui aimait à lire Fréron, protégea l'ouvrage et préserva l'auteur de la détention dont il était menacé, dit-on, pour deux couplets qu'on l'accusait d'avoir fait contre mademoiselle Clairon. Après avoir donné 13 vol. de ce journal, Fréron le fit paraître en 1754 sous le titre d'*Année littéraire*, et il en publia régulièrement 8 vol. par année, jusqu'à sa mort, arrivée le 10 mars 1776.

« Beaucoup d'esprit naturel, dit l'abbé de Feller,
« de la gaieté, un goût sûr, un tact fin, le talent de
« présenter les défauts d'un ouvrage avec agrément;
« telles furent les qualités de ce redoutable jour-
« naliste. De la partialité, une malignité quelquefois
« marquée, de la précipitation dans ses jugements;
« tels furent ses défauts. »

De tous les ennemis de Fréron, Voltaire fut sans

contredit le plus acharné. On connaît les injures multipliées et les sarcasmes dont il l'accabla; mais à travers sa haine, il regardait Fréron comme un homme de beaucoup d'esprit et de goût. Un seigneur de la cour de Turin l'ayant prié de lui indiquer quelqu'un à Paris, qui fut en état de lui donner une idée de tous les écrits qui paraissaient en France : « Adressez-vous, lui dit le poète, à ce coquin de « Fréron; il n'y a que lui qui puisse faire ce que « vous demandez, » et ce seigneur ayant témoigné beaucoup d'étonnement. « Ma foi oui, reprit Vol- « taire, c'est le seul homme qui ait du goût; je suis « forcé d'en convenir, quoique je ne l'aime pas, et « que j'aye de bonnes raisons pour le détester.» Palissot qui ne haïssait pas moins Fréron, reconnaît aussi en lui « beaucoup d'esprit, une éducation cul- « tivée, un caractère facile et gai, et (quoiqu'en « aient dit ses ennemis) des mœurs plus douces que « ses ouvrages ne le feraient penser. »

Dans la plupart de ses travaux, Fréron s'est associé d'autres écrivains; c'est ainsi qu'il a donné avec l'abbé de Marsy, une *Histoire de Marie Stuart*, 1742, 2 vol. in-12; et avec La Beaumelle, le *Commentaire sur la Henriade*, Berlin (Paris), 1775, in-4°, ou 2 vol. in-8°. Ses autres écrits sont : un recueil d'*Opuscules*, Amsterdam, 1753, 3 vol. in-12, parmi lesquels on trouve des poésies qui ne sont pas sans mérite; son *Ode sur la Bataille de Fontenoy*, passe pour être supérieure au poème de Voltaire, sur le même sujet; une imitation en prose de l'*Adone* du cavalier Marini, intitulée : *les Vrais Plai-*

sirs, ou les Amours de Vénus et d'Adonis, 1748, in-12. Cette imitation a été réimprimée sous le titre d'*Adonis*, poème, Paris, 1775, in-8°; *Description du mausolée érigé dans l'église de Saint-Denis, pour les obsèques de monseigneur le duc de Bourgogne*, 1761, in-12; *Description du catafalque exécuté pour le service de la feue reine d'Espagne*, 1761, in-4°; *Histoire de l'empire d'Allemagne, et principalement de ses révolutions, depuis son établissement par Charlemagne jusqu'à nos jours*, Paris, 1771, 8 vol. in-12, ouvrage peu estimé.

Fréron fut pendant quelque temps l'un des principaux rédacteurs du *Journal étranger*, et l'abandonna ensuite pour s'occuper entièrement de son *Année littéraire*, dont le privilège a été continué à sa veuve. Il est encore auteur ou éditeur de quelques ouvrages peu importants, dont nous nous dispenserons de donner ici l'énumération. Ce critique était membre des académies d'Angers, de Montauban, de Nanci, de Marseille, de Caen, d'Arras et des Arcades de Rome.

FROISSART (JEAN), historien et poète français, naquit à Valenciennes vers l'an 1333. Il fut dès l'enfance destiné à l'église, et reçut l'éducation lettrée qu'on donnait alors aux clercs. Un esprit vif et inquiet ne lui permit pas de se fixer long-temps aux mêmes occupations. Il aimait la chasse, la musique, les fêtes, la parure, et ces penchants de sa jeunesse furent ceux de toute sa vie, qu'il sut varier par les

voyages que son active curiosité lui fit entreprendre pour recueillir les évènements qui se passaient dans les diverses cours. Les récits qu'il en fait dans sa *chronique*, sont interrompus à l'année 1400 ; ce qui fait croire que sa vie finit aussi à cette époque. C'est en Flandre qu'il mourut. « Il n'est pas un his-
« torien, dit M. de Barante, qui ait plus de charme
« et de vérité; son livre est un témoignage vivant
« du temps où il a vécu : aucun art ne s'y fait voir;
« la candeur des sentiments y égale la naïveté de
« l'expression ; on y retrouve la couleur et le charme
« des romans de chevalerie, cette admiration pour
« la valeur, la loyauté, les beaux faits d'armes, pour
« l'amour et le service des dames ; en même temps,
« le désordre, la cruauté, la rudesse des mœurs de
« ces temps barbares, les guerres sans cesse renou-
« velées et renaissantes, l'incendie des villes, les
« massacres des peuples, les provinces rendues dé-
« sertes, les compagnies de gens de guerre devenues
« étrangères à toute patrie, et ne vivant que de ra-
« pine; et pourtant, au milieu de tant d'horreurs,
« les hommes paraissaient remplis de grandeur, de
« franchise et de force : ils sont cruels, ils sont va-
« riables dans leurs affections politiques, mais sin-
« cères et esclaves de leur parole. Tout est vrai dans
« les discours; et dans cet amas de calamités, l'his-
« torien qui en fait le tableau fidèle, ne donne ja-
« mais l'idée de la corruption et de la bassesse.
« Froissart, et on doit le penser ainsi, est souvent
« incorrect, et sur-tout incomplet; les dates, les
« noms propres, la suite des évènements ne se trouve

« pas, dans son livre, aussi bien établie que dans
« un historien moderne. Il a souvent besoin d'être
« éclairci et commenté. Son langage ne semble pas
« trop vieux ni difficile à ceux qui ont la moindre
« habitude de lire le français non classique; il a plu-
« tôt un ton général de naïveté, qui plaît et séduit,
« que des expressions vives et heureuses. Il écrivait
« vite et sans intentions fortes; son style est absolu-
« ment le même que celui des romans de ce temps. »

L'édition originale de la *Chronique de France,
d'Angleterre, d'Écosse, d'Espagne, de Bretagne,*
etc., par J. Froissart, depuis l'an 1326, jusqu'en
1400 (continuée par un auteur anonyme jusqu'en
1498), est en 4 vol. in fol. Paris, Ant. Vérard, sans
date. On l'a réimprimé à Paris en 1503, 1514,
1518, 1530 : l'édition de 1514 contient une conti-
nuation jusqu'à l'an 1513. Denis Sauvage en a donné
une édition *revue et corrigée sur divers exemplaires,
et suivant de bons auteurs*, Lyon, 1559-61, in-fol.;
réimprimée à Paris en 1574. Henri VIII fit traduire
cette histoire en anglais, par J. Bourchied, lord
Bernard, *Chronicles of England*, etc. Londres, 1523-
25, 2 vol. in-fol. Cette version est très recherchée :
W. Middleton en donna une deuxième édition, et
E. V. Utterson une troisième, Londres, 1812, 2 vol.
in-4°. M. Th. Jones a donné une nouvelle traduction
anglaise de Froissart, avec le plus grand luxe typographique, Hafed, 1803-07, 4 vol. in-4°, avec un
supplément, publié en 1810. On cite encore une
traduction flamande par Gerrit Petters Van-der-loo.
Belleforest a donné un abrégé de la chronique de

Froissart, sous le titre de *Recueil diligent et profitable*, etc. Paris, 1572, in-16. L'abrégé latin donné par Sleidan, Paris, 1537, in-8°, a été souvent réimprimé et traduit en anglais par P. Golding, Londres, 1608, in-4°. On prétend qu'il existe à Breslau un très beau manuscrit de la *Chronique de Froissart*, et que lors de la prise de Breslau par les Français, en 1806, les Prussiens pensant bien qu'on pourrait leur demander ce superbe manuscrit, mirent à son intention un article dans la capitulation, pour que la bibliothèque publique fut respectée. M. Buchon publie en ce moment une nouvelle édition de la *Chronique*, d'après les travaux de M. Dacier.

Les poésies de Froissart sont manuscrites à la bibliothèque du roi, et n'ont jamais été imprimées; on en a seulement donné quelques fragments qui auraient dû engager à en faire une édition; elles sont comme son histoire, non un ouvrage de l'art, mais une production toute naïve et naturelle. Son *Horloge amoureuse* se fait particulièrement remarquer. On y trouve des détails curieux sur l'horlogerie au XIVe siècle.

FUZELIER (Louis), né à Paris vers 1672, travailla tous pour les théâtres de Paris, et même pour les marionnettes de la foire, tantôt seul, tantôt en société avec Lesage, d'Orneval, etc. Fuzelier fut rédacteur du *Mercure*, conjointement avec Labruère, depuis le mois de novembre 1744, jusqu'au 19 septembre 1752. Il était petit, trapu, et avait le cou

très court. Il se servait ordinairement d'une brouette, et appelait l'homme qui la tirait son *cheval baptisé.* Souvent il lui disait : « Mon ami, quand tu me trou-
« veras étendu sur le carreau de ma chambre, c'est
« que je serai occupé à quelque chose de sérieux; il
« ne faudra pas m'importuner. » Le 19 septembre 1752, cet homme étant monté chez Fuzelier, et l'ayant vu effectivement le nez contre terre, le laissa, et dit aux voisins : « Notre maître travaille sérieuse-
« ment. » Fuzelier n'existait plus.

JUGEMENT.

Parmi tous ceux qui, sans avoir rien laissé qu'on puisse lire, ont eu des succès de théâtre, et non pas du talent, je ne citerai que Fuzelier, parce qu'il eut de son temps quelque réputation, et qu'il afficha de plus d'une manière des prétentions fort mal placées. Il attaqua très indécemment dans une satire dramatique, intitulée *Momus fabuliste,* un écrivain dont le moindre ouvrage de théâtre valait cent fois mieux que tout ce que Fuzelier a jamais fait, La Motte, et il est aussi avantageux dans ses préfaces que pauvre dans ses productions, non pas, il est vrai, par la quantité, qui est très considérable, mais par le mérite, qui est à peu près nul. C'est bien le plus froid et le plus plat rimeur, le bel esprit le plus glaçant et le plus glacé, qui ait fait chanter à l'Opéra des fariboles dialoguées. En revanche, personne n'a fourni plus abondamment à la musique de ces temps-là ces ressources si triviales dont enfin nous commençons à nous passer.

Je ne sais si on trouverait chez lui une scène sans un couplet où il fait *voler, régner, lancer, triompher*, non pas seulement l'*Amour*, les *Ris*, les *Jeux*, etc., comme de coutume, mais tout ce qu'il y a de plus éloigné du *vol*, du *règne*, du *triomphe*; peu lui importe, pourvu qu'il y en ait dans ses vers. Mais quels vers! ils sont dignes de ses plans; ils sont de la même force et de la même invention. Ce sont des *Amours déguisés*, c'est-à-dire la *haine*, l'*amitié*, l'*estime*, qui sont de l'amour et forment trois actes. Le premier commence ainsi :

>Que la feinte et le silence
>Augmentent la violence
>Des tourments d'*un tendre cœur!*
>Contraint de cacher mon ardeur,
>J'affecte d'éviter *le cher objet que j'aime.*
>L'amour qui cause *ma langueur*
>En est *le confident lui-même.*

Or, devinez quel est ce *tendre cœur* avec sa *langueur* et son *cher objet qu'il aime*. On ne s'y attendrait pas : c'est le plus brutal de tous les héros de l'antiquité, celui qui blessa Vénus elle-même, en un mot, Diomède. Il faut avouer

>Qu'en venant de là jusqu'ici
>Il a bien changé sur la route.

Il nous fallait Fuzelier pour opérer une pareille métamorphose. A l'égard de l'amour qui est *lui-même le confident de la langueur qu'il cause*, ce subtil galimatias est *l'esprit* ordinaire de l'auteur; je dis *l'esprit*, car j'ai sous les yeux la preuve qu'alors bien des gens appelaient cela de l'*esprit*. Ce plan des *Amours déguisés* sous la *haine*, l'*amitié* et l'*estime*, est une petite espèce de *marivaudage* qui, dans le style de Fuzelier, est à Marivaux ce que celui-ci est à Molière. C'est d'abord une Phaétuse qui veut immoler Diomède à cause de son *indifférence*; mais quand le *tendre* Diomède est à l'autel et sous le couteau, il avoue alors sa *langueur*, attendu qu'il est *près d'expirer*. Phaétuse, qui croyait le haïr à la mort (et il n'y avait rien qui n'y parût), en devient folle tout de suite, et lui dit fort ingénieusement :

>Je n'ai connu mon cœur qu'au funeste moment
> Que je voulais percer le vôtre :

en sorte que si le pauvre Diomède n'eût pas parlé fort à propos de sa *langueur*, il était expédié; et voilà l'*Amour déguisé*.

Ce qu'il y a de pis, c'est qu'une si lourde caricature n'est au fond qu'une imitation grossière et insensée de la belle scène d'Atys :

>Qui n'a plus qu'un moment à vivre,
>N'a plus rien à dissimuler.

Mais Quinault a su lui donner les raisons les plus puissantes pour cacher son amour; et si Atys va mourir de son désespoir, il n'est pas sous le glaive; et Sangaride, qui l'aime de tout son cœur, ne songe nullement à *percer le cœur* d'Atys; ce qui serait vraiment une étrange espèce d'amour, même *déguisé*; au lieu que Diomède n'a pas le plus léger motif de *déguiser* son amour; et Phaétuse qui l'aime en secret, va le tuer tout aussi résolument qu'il a autrefois blessé Vénus. Je doute qu'on ait jamais rien imaginé de plus ridicule sous tous les rapports.

Fuzelier n'est pas plus fort pour inventer dans *l'amitié* que dans la *haine*. Son acte d'*OEnone et Pâris* est tout uniment la très jolie églogue de Fontenelle, dialoguée ici en mauvais vers. C'est OEnone qui a de l'amour sous le nom d'*amitié*, comme Ismène, et Pâris qui feint de la quitter pour une autre, et arrache ainsi l'aveu de l'amour comme le berger Corylas. Il n'y a de différence que l'exécution; mais la différence ne saurait être plus grande.

>Près de vous les beautés, *même les plus nouvelles*,
> Perdent le plaisir de charmer;
>Et les cœurs que *l'Amour engage à vous aimer*
> Perdent *le droit* d'être infidèles.

Le droit est plaisant : encore s'il eût dit *le pouvoir*. Et l'*Amour* qui *engage à aimer!* c'est abuser de la platitude. Il est vrai que l'auteur y mêlait ce qu'apparemment il prenait, lui et bien d'autres, pour de la finesse. OEnone dit, en parlant de l'amour qui s'est vengé de son indifférence affectée :

>Si l'Amour ne se vengeait pas,
>Il me punirait davantage.

Et les sots d'applaudir. Que l'auteur eût dit :

>Ah! s'il ne me punissait pas,
>Il se vengerait davantage :

cela était tout aussi joli, c'est-à-dire un jeu de mots tout aussi puéril. Ce jargon a cela de bon, qu'on peut le retourner de toute manière sans y trouver plus de sens.

Il n'a pas mieux choisi pour *l'estime*, et il suffit de dire que c'est Julie qui *estime* Ovide. Pour qu'on n'ait pas ri aux éclats quand elle parlait de son *estime*, il fallait qu'on eût oublié son histoire. Ovide l'attend; et après avoir parlé à son *cœur* et aux *échos*, il ajoute :

Et vous, *volez, jeunes Zéphirs*,
Annoncez dans ces lieux la beauté que j'adore.

Demandez-lui pourquoi il appelle *les Zéphirs* quand il attend sa maîtresse : assurément *les Zéphirs* ne servent à rien en pareil cas, pas même pour *annoncer la beauté qu'on adore;* mais il faut bien que les Zéphirs *volent*.

L'auteur a donné, on ne sait pour quoi, le nom de tragédie à un opéra d'*Arion*, apparemment parce qu'il avait cinq actes : c'est tout ce qu'il a de commun avec la tragédie. Une Irène, amoureuse d'Arion, dit de lui :

Arion sait *tout enchanter;*
De ses divins accords *le pouvoir est extrême*.

On ne s'en aperçoit guère quand l'auteur se charge de ces *accords* : ils ne sont pas plus *divins* que ces deux vers d'Irène. Arion chante :

Lorsqu'un cœur sur tes pas *voit voler l'espérance*

Tendre amour, quels sont tes plaisirs !
Tu sais nous engager à la persévérance,
Sans daigner rien promettre à nos ardents désirs.

*Ainsi l'Amour *ne daigne rien promettre quand l'espérance vole sur ses pas.* Il est difficile de déraisonner davantage : cela n'est pas *divin*, mais ressemble fort à ce vers d'un amphigouri :

Allez, *heureux* troupeau *d'infortunés* moutons.

On demande à cet Arion *ce qu'il prétend en soupirant pour Irène :*

Je ne prétends que soupirer.

Ah! la *prétention* est modeste, et c'est le cas de répondre : A votre aise, ne vous gênez pas; il n'est pas défendu de *soupirer.* Un Eurilas, fils d'Éole, commande en cette qualité à tous les vents; ce qui lui fait dire fort spirituellement :

Mais en vain je commande aux vents les plus terribles,
Si mon cœur ne m'obéit pas.

Il faut avoir bien de l'*esprit* pour saisir le rapport *des vents* avec *le cœur.* Je ne connais de comparable que le *Sophi* de Linguet, *qui satisfait par le plus délicieux de tous les mélanges son appétit et son cœur ;* et ce Linguet, qui écrivait presque toujours dans ce goût, avait aussi ses admirateurs, et en a sans doute encore comme en a eu Fuzelier.

La rivale d'Irène, Orphise, dit au jaloux Eurilas, avec cette élégance qui est partout la même :

Rendez-nous Arion, prenez soin de ses jours.
    Quand vous pouvez lui prêter du secours,
Vous l'immolez vous-même *en le faisant attendre.*

Il est sûr que ce n'est pas là le cas de *faire attendre;* mais en pareil cas aussi, un rival ne se presse pas : et Eurilas pourrait répondre comme dans la chanson:

    Mais dame, c'est qu'un rival
  N'est pas une personne qui nous plaise;

et la réponse vaudrait bien la demande. Orphise est encore plus pressée; elle dit à l'insensible Arion : *Il me faut ton cœur ou la mort.* Cela est net, et l'alternative est tranchante. Je connais des gens qui en pareille occasion diraient : N'y a-t-il pas un moyen terme? Mais Arion est loin d'être si décidé avec son Irène; il veut d'abord se tuer devant elle, parce qu'il *ne peut plus se taire;* mais il lui prend tout de suite un terrible scrupule.

Que dis-je? j'oserais *me punir dans ces lieux?*
    J'offenserais encore
    La beauté que j'adore,
  Si je la vengeais *à ses yeux.*

Je crois que c'est là le *nec plus ultrà* de la délicatesse. Vous ne voyez dans les romans et au théâtre que des amants qui pour toute consolation ne veulent que mourir *aux yeux d'une cruelle* : celui-ci est le seul qui n'ose pas même aller jusque-là. Quel raffinement dans le désespoir!..... Avouons que la musique, quel que soit son pouvoir, en exerce une bien grande partie sur l'oreille seule, puisque non-seulement elle dispense d'esprit et de style, mais qu'elle fait même passer si souvent de si pitoyables sottises.

Le ballet des Ages, *la Reine des Péris*, *les Fêtes grecques et romaines* (et j'ai vu reprendre encore de ce dernier opéra l'acte de *Tibulle*, quoique extrêmement insipide), fourmillent des mêmes platitudes. *Les Amours des dieux* sont ce que l'auteur a fait de plus passable, non pas qu'il y ait encore apparence de talent, mais du moins le mauvais ne va pas jusqu'au ridicule.

La Harpe, *Cours de Littérature*.

GARNIER (Robert), poète tragique, né à la Ferté-Bernard, ville du Maine, en 1545, mort au Mans en 1601, fut lieutenant-général de cette ville, et conseiller au grand-conseil sous Henri IV. La lecture des tragiques anciens lui inspira du goût pour la poésie dramatique : en 1568, il fit paraître la tragédie de *Porcie*. Cette pièce, supérieure à toutes celles qui avaient paru jusqu'alors sur le théâtre français, obtint un grand succès. Garnier donna successivement sept autres tragédies, dont la dernière, *Bradamante*, fut représenté en 1580. Elles ont toutes été réunis en un volume sous ce titre : *les Tragédies de Robert Garnier, conseiller du roi, lieutenant-criminel au siége présidial du Maine*, (dédiées) *au Roi de France et de Pologne*, Paris, 1580, in-12. Elles ont eu beaucoup d'autres éditions : la dernière est de 1618.

Voyez tome IX de notre *Répertoire*, article CORNEILLE, page 45, le jugement de La Harpe sur Garnier.

GAY (Jean), né, en 1688, dans le Devonshire de parents estimables, et considérés malgré la médiocrité de leur fortune, fit ses premières études à Barnstaple ou dans les environs, sous la direction d'un maître habile appelé Luck, qui a laissé un recueil de vers anglais et de vers latins. Au sortir de l'école, il fut mis en apprentissage à Londres, dans la boutique d'un marchand de soierie; et bientôt, dégoûté d'une occupation peu conforme à ses penchants, il abandonna le négoce pour devenir secrétaire de la duchesse de Monmouth, chez laquelle il obtint, sinon plus d'indépendance, au moins plus de loisir. Sa première production (*Rural Sports*) ou les *Amusements Champêtres*, dédiée à un poète du même âge que lui, mais déjà justement célèbre (à Pope) lui valut un ami qui lui fut toute sa vie fidèle, et qui l'introduisit, de bonne heure, dans la société de Swift, dont l'expérience et les longs succès pouvaient lui servir de guide et de modèle.

Deux Anglais avaient essayé de ranimer dans leur pays la muse de l'églogue qui, depuis Spencer, y était resté à peu près muette. Pope n'avait encore que seize ans quand il introduisit, sur la scène, des bergers dont la grace ingénieuse rappelle peut-être celle des pasteurs trop civilisés de Fontenelle. Plus naturel, plus énergique, Philips, son rival dans ce genre, fut comparé par Addison aux maîtres antiques de la flute pastorale, au tendre Théocrite, et à Virgile son brillant successeur. Piqué de cette préférence, Pope engagea son ami Gay à composer des dialogues champêtres où seraient peintes, pour les ridiculiser, les mœurs et les manières des paysans d'une contrée de l'Angleterre, éloignée de la capitale. Gay se livra à ce travail avec tout le zèle de l'amitié et la chaleur de l'esprit de parti. Il plaça même en tête de son ouvrage, un préambule écrit d'un style tellement suranné, que les habitants même de la campagne eussent eu de la peine à le reconnaître. Mais, dit Samuel Johnson, le naturel et le vrai triomphèrent des efforts tentés pour les discréditer; et la *Semaine du Berger (Shepherd's Week)* fit les délices d'une foule de lecteurs qui n'avaient point d'intérêt dans cette dispute littéraire, ou qui étaient peu familiers avec les subtilités de la critique. Il fit hommage de son poème à Bolingbroke, protecteur alors utile, mais qu'il n'eût pas choisi peut-être s'il eût prévu que la mort de la reine Anne seraient si prochaine.

Secrétaire pendant quelque temps de lord Clarendon, envoyé à la cour d'Hanovre, Gay, à son retour en Angleterre, s'empressa de composer une épître à une dame sur l'arrivée de S. A. R. la princesse de Galles. Bientôt après, il fit représenter sur le théâtre une sorte de tragédie burlesque dont l'action était sérieuse et le dialogue comique. Elle avait pour titre *What d'ye Callit, Comment appelez-vous cela?* Les princes daignèrent y assister, et, par des rires obligeants, témoignèrent leur satisfaction à l'auteur, qui avait osé se promettre une plus solide récompense.

En 1717, il eut la douleur de voir repousser par le public une comédie (*Three hours after marriage*) *Trois heures après le mariage*, qu'il avait, dit-on, composée de concert avec Pope et Arbuthnot. Il s'était permis de traduire sur la scène un naturaliste estimé, Woodward; sous ce rapport, du moins, sa chute était méritée.

Malheureux comme auteur, peu favorisé comme courtisan, il chercha des consolations auprès de ses amis, qui procurèrent à ses chagrins la distraction des voyages : il fut amené par M. Pultney, jusqu'à Aix en Provence, puis recueilli par Milord Harcourt dans sa maison de campagne.

Une édition de ses ouvrages, proposée par souscription, valut à Gay 1,000 livres sterling, somme qui bien employée, pouvait le mettre au-dessus du besoin, et préparer son indépendance. Ses amis lui proposèrent plusieurs plans; le plus insensé obtint la préférence. Tandis que la France était en proie aux ruineuses folies de Law, une compagnie débitait en Angleterre des actions sur le commerce de la mer du Sud, dont le produit devait être immense. La crédulité de Gay fut séduite : il perdit en peu de mois une fortune naissante qu'il avait hasardée tout entière.

Un peu remis de ce désastre, il acheva sa tragédie des *Captifs*. Admis à en faire une lecture devant la princesse de Galles entourée de ses dames, à l'heure assignée, il entre dans l'appartement; dans le trouble de la timidité, il fait une maladroite révérence, heurte contre un siége, tombe, et dans sa chute renverse un magnifique écran. Cette lecture exécutée sous de si fâcheux auspices, fut suivie en 1723 d'une représentation publique, dont le succès paraît avoir été assez heureux, puisque Gay se considéra dès-lors comme un favori qui ne serait plus oublié de la cour.

En 1727, Georges Ier mourut; le prince de Galles et son épouse montèrent sur le trône, et Gay demanda vivement l'exécution des promesses qu'il s'était en quelque sorte faites à lui-même. Quel fut son douloureux étonnement, quand il se vit offrir une humble place d'huissier de la chambre de la princesse Louise. Il refusa, alléguant son âge pour excuse. De nouveaux vers, de nouvelles sollicitations ne lui procurèrent que le chagrin de ne pouvoir plus se livrer à des illusions nouvelles.

Si quelque chose avait pu le consoler de ses disgraces, c'était assurément le succès prodigieux dont fut couronné son opéra du *Gueux* (*Beggar's opera*). Soixante-trois représentations consécutives ne suffirent pas pour satisfaire l'empressement des habitants de Londres. La pièce fut reprise bientôt et accueillie avec les mêmes transports. On la joua dans toutes les grandes villes des trois royaumes. Enfin l'opéra italien qui depuis dix ans faisait les délices des Anglais, fut abandonné et exilé, pour un temps, de la Grande-Bretagne.

Cette bizarre production, objet de censures et d'éloges exagérés, a été apprécié avec indulgence et justesse par Johnson, biographe généralement fort sévère, et peu favorable, en particulier, à la personne de Gay ainsi qu'à ses talents. Il absout ce drame singulier de toute mauvaise intention, et même de toute dangereuse influence; il reconnaît son auteur comme le créateur d'un genre qu'il nomme (*ballad opera*), et qui, depuis lors, a obtenu l'assentiment de tous les amateurs dans le pays où il fut introduit. L'opéra du *Gueux* fut traduit en français par M. Patu, 1757.

Cependant tant d'objections tirées de la morale ou de la politique s'élevèrent contre le drame de Gay que le grand-chambellan, refusa la représentation d'une suite de cet ouvrage annoncée sous le titre de *Polly*. L'auteur fut réduit à se contenter de l'impression de sa pièce. Un débit considérable le dédommagea de la sévérité du chambellan.

Gay plus fatigué que guéri des espérances de sa trop crédule jeunesse, dégoûté d'une cour qu'il avait amusée sans profit, n'avait pu soustraire entièrement sa vie à la tutèle de l'opulence et de la grandeur. Il goûtait dans la maison du duc et de la duchesse de Queensberry, les soins d'une amitié vigilante et sincère, et les charmes d'un commerce agréable et délicat, quand une fièvre aiguë termina sa carrière à Londres, au mois de décembre 1732. Il était alors âgé de quarante-cinq ans. Ses hôtes lui élevèrent un monument dans l'abbaye de Westminster où il fut inhumé. Pope qui, dans *la Dunciade*, avait déjà inscrit glorieusement le nom de cet ami, lui composa une épitaphe dont voici l'imitation :

Simple et doux, il joignait au talent le plus mâle,
    L'ingénuité d'un enfant;
D'un siècle corrompu censeur vif et mordant,
Il s'en fit écouter en cachant sa morale
    Sous le voile de l'enjoûment.
Incorruptible en sa pauvreté fière,
Le commerce des grands n'altéra point ses mœurs;
De l'amitié fidèle il connut les douceurs;
    L'estime embellit sa carrière;
Et sur sa tombe on répandit des pleurs.
Voilà les vrais honneurs qui consacrent sa gloire!
Sa cendre qui repose auprès des demi-dieux,
Ce marbre qui gémit, ce bronze fastueux,
    Pour éterniser sa mémoire,
Valent-ils un soupir de l'homme vertueux?

Voici les titres d'autres productions de Gay, dont la réunion plus ou moins complète s'élève quelquefois jusqu'à quatre volumes : trois comédies, *la Veuve de Bath*, représentée d'abord en 1713, et reproduite dix-sept ans après, avec des corrections infructueuses; *la Femme dans l'embarras*, et la *répétition à Gotham*; un opéra d'*Achille* joué après la mort de l'auteur, au profit de ses sœurs; un drame dans le genre de l'*Aminte*, mais dont le dénoûment est tragique; *Trivia* ou *l'Art de marcher dans les rues de Londres* en trois chants, souvent réimprimé : Juvénal ni Boileau ne se sont pas plus poétiquement plaints des embarras de Rome et de Paris.

Nous avons, à dessein, interverti l'ordre chronologique dans lequel il composa ses divers ouvrages, pour signaler particulièrement celui qui a le plus illustré son nom, celui que les presses de l'Angleterre et même de la France, ont tant de fois multiplié, nous voulons dire ses *fables*, entreprises en 1726, pour contribuer à l'éducation du jeune duc de Cumberland, elles parurent d'abord au nombre de cinquante. Encouragé par le succès il en écrivit seize autres qui ne parurent qu'après sa mort. Mais dénaturées par la longueur excessive de leurs préambules, assombries par une teinte de mécontentement qui ne règne pas dans les premières, celles-ci ont été moins goûtées; moins imitées par les littérateurs des différentes nations. Madame de Kéralio en donna en 1759, une traduction complète en prose, suivie de celle du poème de l'*Éventail*. Les cinquante premières traduites en vers par l'auteur de cette notice, ont paru en 1811, Paris, chez Ancelle. M. Amar-Duvivier, en avait introduit vingt-huit dans le *Fablier anglais* 1802. Florian en a emprunté cinq pour son intéressant recueil. *La Coquette et l'Abeille; la Mort; le Lièvre, ses amis et les deux Chevreuils; le Renard qui prêche; le Savant et le Fermier.* Ses admirateurs eux-mêmes lui reprochent d'avoir laissé pâlir l'original sous ses crayons. Madame de Staël a dit avec une laconique supériorité que Gay avait de l'esprit, mais point de naturel. M. J. Chénier juge plus compétent au Parnasse sur-tout, et lui-même très heureux traducteur de la fameuse élégie de Gray, met une douzaine de fables de Gay au nombre des chefs-d'œuvre de la poésie anglaise. Enfin, il peut être considéré comme le premier, et peut-être l'unique fabuliste d'une nation riche d'ailleurs en poèmes allégoriques, tracés sur des dimensions plus étendues, mais qui a cultivé peu, et avec un médiocre succès le genre de l'apologue proprement dit, tel que le créa Bidpay, et que l'a perfectionné La Fontaine.

J. JOLY.

FABLES CHOISIES.

I. Le Sanglier et le Bélier.

Aux branches d'un champêtre ormeau,
Un boucher à la main sanglante
Venait de suspendre un agneau.
Des timides brebis la nation tremblante
De loin, d'un œil d'effroi, regardait le bourreau.
Un sanglier à la dent menaçante
Insulte ainsi le désolé troupeau :
« Que vous méritez bien le sort qui vous opprime!
« Vous avez sous vos yeux le cruel assassin,
   « Qui dépouille encor la victime,
   « Dont il a déchiré le sein :
« Vos frères, vos enfants, égorgés sans défense,
   « Appellent en vain la vengeance,
   « Leurs cris ne sont point entendus.
   « Il n'est que des cœurs sans vertus
   « Qui n'assistent pas l'innocence.
   « Je sais très bien, répond un vieux bélier,
« Que nous ne brillons pas par un aspect guerrier;

« Si nous supportons les outrages,
« Nos cœurs ne les sentent pas moins ;
« Contre des tyrans si sauvages,
« Hé ! que peuvent nos cris, nos inutiles soins ?
« Mais sache que leur injustice,
« Dans l'objet de sa passion,
« Trouve elle-même son supplice,
« Et sa juste punition.
« Notre peau de Thémis alimente la guerre,
« Elle excite aux combats les féroces humains ;
« Nous sommes trop vengés, en fournissant la terre
« De tambours et de parchemins. »

Fable V, *traduction de* J. Joly.

II. La Guêpe et la Coquette.

Que de froids compliments, que d'ennuyeux discours,
Sitôt qu'elle paraît, assiègent une belle !
L'impertinence, à ses charmes fidèle,
Sur ses pas s'empresse toujours.
Pourtant, si ces fadeurs n'avaient l'art de vous plaire,
Mesdames, qu'aisément la source en tarirait !
Un sévère coup-d'œil glacerait l'indiscret,
Comme un geste fait peur à la mouche légère.
Mais qui pourrait détruire un innombrable essaim ?
Chassez un importun, quelqu'autre lui succède :
Un fat de ses pareils se fait suivre sans fin ;
Accueillez-en un seul, il n'est plus de remède ;
L'espèce entière vous obsède,
Ils se tiennent tous par la main.
Aux graves soins de sa toilette
Doris d'un jour d'été consacrait le midi ;
De sa beauté le tendre et doux souci
La rendait tour à tour rêveuse et satisfaite.
Autour de la jeune Doris,

Une guêpe étourdie et voltige et se joue,
Va, recule, revient, sur son cou, sur sa joue,
Vingt postes différents sont pris, quittés, repris.
    L'éventail vainement s'agite;
Rien ne saurait bannir cet insecte effronté;
Contre la résistance il s'échauffe, il s'irrite,
Enfin Doris le sent sur sa lèvre arrêté.
« Ciel! délivrez-moi donc de cette impertinente!
    « Parmi les insectes divers
« Dont les noirs bataillons empoisonnent les airs,
    « La guêpe est la plus malfaisante.
  « Pourquoi, reprit le plaintif animal,
« De propos outrageants accabler l'innocence!
    « Une méprise a causé tout le mal;
« Accusez vos attraits, auteurs de cette offense,
« Ces lèvres d'où s'exhale un parfum délicat,
« La fraîcheur de ce teint, son brillant incarnat
« Ont offert à mes yeux la fleur la plus vermeille,
« Qui jamais du printemps ait orné la corbeille.
    « Lisette! s'écria Doris,
« Cette mouche après tout, me paraît moins coupable;
« Elle est bien familière, il est vrai, je le dis,
« Mais ne la tuons pas, car elle est trop aimable. »
    La guêpe, échappée au danger,
Va se vanter partout des faveurs de la belle,
    Et des délices où, près d'elle,
    On lui permet de se plonger.
    Au bruit de l'heureuse nouvelle,
Tout le peuple guêpier accourut à la fois,
Le succès était sûr, la bonne chère telle,
Que chacun largement put exercer ses droits.
    Aussi fit-on. Bientôt sur la coquette,
Guêpes de toutes parts arrivent à foison,

L'une occupe son nez, une autre son menton ;
On les souffrit long-temps, mais l'on fit maison nette,
Quand on eut à la fin senti leur aiguillon.
Fable VIII, trad. du même.

III. Le Papillon et le Limaçon.

Comme l'orgueil d'un parvenu
Décèle promptement son ignoble origine !
Un papillon un jour à peine était paru,
Qu'il courut s'étaler sur la fleur purpurine
    Du rosier, du roi des jardins.
    Tout bouffi de son importance,
    Il montrait avec assurance
Ses vêtements d'azur, d'or, d'émeraude peints,
Et voyait ses attraits, dans les pleurs de l'aurore,
    Se répéter et s'embellir encore.
    Au pied de ce riant buisson,
Rampait dans sa coquille un humble limaçon.
Le papillon revoit cet ami de la veille,
    Cet ami qu'il vient d'oublier :
    Aussitôt son courroux s'éveille.
    « Eh ! jardinier ! se met-il à crier :
    « Pour extirper les plantes parasites,
    « Travaille donc et les jours et les nuits ;
    « De la gelée ou des chaleurs subites,
    « Défends et tes fleurs et tes fruits.
« Si d'un vif incarnat la prune se colore,
« Si d'un tendre duvet la pêche se décore,
« Est-ce donc pour subir les baisers dégoûtants
    « De cet insecte misérable ?
« Vite qu'on l'extermine, et sans perdre de temps,
« Chasse de ton jardin cette race exécrable.
    « Voisin, reprit le limaçon,

« D'où te vient tout-à-coup ce grand fond d'impudence?
« Sais-tu bien, petit fanfaron,
« Que tu lasses ma patience :
« Comment veux-tu que moi, qui connais ta naissance,
« Je supporte un semblable ton?
« A peine le soleil a sur notre hémisphère
« Huit fois promené son flambeau,
« Depuis que je t'ai vu, de ton grossier berceau,
« Traîner la fange sur la terre.
« Plus humble alors dans tes propos,
« Tu répandais, sur ton passage,
« Le hideux et vile assemblage
« De tes inutiles réseaux.
« Pour moi, de mon état je ne fais point mystère;
« Je suis né limaçon, et tel je dois mourir.
« Un papillon aura beau faire,
« Il n'est qu'un vermisseau qu'on vient de revêtir,
« Qu'une chenille, hélas! qui, pour toute famille,
« Se verra remplacer par une autre chenille. »

Fable XXIV, *trad. du même.*

IV. Le Renard mourant.

Un renard manquait d'appétit :
Pour un renard c'est être à l'agonie;
De plus il était décrépit,
Il fallait s'occuper de bien quitter la vie.
En cercle réunis près de son lit de mort,
Ses enfants attendaient sa volonté dernière;
Le malade, en ces mots, dits non sans grand effort,
La leur expliqua tout entière :
« Ah! fuyez, mes enfants, le vice et ses attraits;
« Mes crimes du remords me font sentir les traits.
« Voyez ces poules égorgées,

« Et ces basses-cours ravagées ;
« Dieux ! quels gémissements et quels funèbres cris !
« C'est une mère en pleurs qui demande son fils ! »
Déjà tous les renards en tressaillent de joie :
Chacun entre ses dents croit tenir une proie.
Mais l'un d'entre eux : « Où donc est ce brillant festin ?
« De poule ou de poulet je ne vois nul atôme ;
« Serait-ce point quelque fantôme,
« Qui trouble votre esprit sans calmer notre faim ?
« — Animaux cruels et voraces,
« A vos goûts carnassiers mettrez-vous donc un frein !
« Craignez le repentir et le cuisant chagrin,
« Qui des forfaits suivent les traces.
« D'infatigables chiens décèleront vos pas ;
« Pourrez-vous éviter les pièges et les armes ?
« User ses jours dans les alarmes !
« Il vaudrait mieux ne vivre pas.
« La vieillesse, aux renards si rarement connue,
« Ne les délivre pas de tous leurs ennemis ;
« La vertu seule assure une paix continue,
« Le bonheur aux méchants ne fut jamais permis.
« Écoutez ces leçons ; que par votre conduite
« Votre nom se relève et se réhabilite.
« Le conseil est bon, dit l'un d'eux,
« Je voudrais qu'il fût praticable ;
« Tu sais ce qu'étaient nos aïeux ;
« Nous descendons, hélas ! d'une race coupable,
« Et de leur renom détestable
« Nous portons le fardeau honteux.
« Ah ! quand nous changerions de mœurs et de langage,
« Quand nous serions de vrais moutons,
« S'il disparaît une poule, je gage
« Qu'on nous appelle encor larrons.

« Le monde est si méchant ! en vain l'on devient sage,
« Les fripons, selon lui, sont toujours des fripons.
« Soit donc, dit le vieillard, mais, paix ! je crois entendre
« Une dinde qui crie, allez voir ce que c'est :
« Soyez sobres sur-tout ; pour moi s'il était tendre
« Je mangerais bien un poulet. »

Fable XXIX, *trad. du même.*

V. Les Jongleurs.

Un jongleur, par toute la ville,
S'était acquis un si grand nom,
Qu'on s'imaginait qu'un démon
Faisait mouvoir sa main subtile.
Le vice un jour entend vanter son art,
Et sûr qu'un tel rival doit lui céder la pomme,
Il s'en va tout droit à mon homme,
Et devant le public l'attaquant sans égard :
« Eh ! d'où provient, dit-il, cette grande affluence ?
« Qu'admire-t-on, messieurs, en ce jongleur fameux ?
« Un instant avec moi qu'il entre en concurrence,
« Vous jugerez entre nous deux.
« —Un tel défi n'a rien qui m'épouvante ;
« Tu serais le premier que ma gloire craindrait ; »
Il dit, et sous ses doits, la balle obéissante
Paraît, se cache, et reparaît.
La carte d'un seul mot se change ;
Elle contenait un oiseau.
Au tour, qu'on croit le plus étrange,
Succède un tour encor plus beau.
Il expose au grand jour ses mains, sa gibecière,
Et quand le vide en est bien constaté,
Aussitôt l'or en coule avec rapidité.
Mais quand, d'un œuf d'ivoire, huit poussins et leur mère
S'élancent d'une aile légère,

L'enthousiasme est au comble porté.
Sur la scène, à son tour, le vice se présente.
Non sans les compliments en ce cas employés,
Il agite une glace. « Elle est toute puissante ;
  « Approchez, Messieurs, et voyez. »
  Chacun brûlait d'éprouver cette glace ;
Chacun s'y voit heureux, chacun s'y voit charmant ;
Il n'en est pas un seul qu'elle ne satisfasse.
A l'un des orateurs du breton parlement,
    Il remet un billet de banque.
« Soufflez. » plus de billet, sur sa lèvre à l'instant
Se place un cadenas ; la parole lui manque.
Un second souffle part, l'enchantement a fui,
    Et cadenat et silence avec lui.
    Douze flacons d'une liqueur vermeille
      Montrent les flots étincelants :
      Ils sont disparus, ô merveille !
      Et l'on voit deux glaives sanglants.
      Un voleur, d'une main avide,
      Plonge en un coffre rempli d'or ;
    Qu'y trouve-t-il ? ô changement rapide !
      Une corde pour tout trésor.
L'ambitieux trompé voit sous sa main flétrie
La marque du pouvoir en hache convertie ;
Un tronc compatissant semble à l'aumône ouvert,
    « Souffle dessus, homme d'église. »
  Le tronc est vide ; et d'une chère exquise
      L'appareil joyeux est offert.
Le vice prend un dez, le remue et le jette ;
Et de chaque passant l'or devient sa conquête.
      « Jeune homme avez-vous jamais vu
        « De plus séduisante peinture ?
      « Quels yeux ! quelle bouche ! quels traits !

« Rien n'est plus beau dans la nature.
« Elle est à vous; prenez le don que je vous fais. »
Il accepte et prend donc; quel présent ridicule!
Au lieu de ce phénix, il trouve une pilule.
   Entre les mains d'un usurier,
   Le vice adroit place un denier,
   Qui sur le champ devient pistole;
   « Prenez-la, monsieur l'héritier; »
   Et de nouveau c'est une obole.
Enfin quoi qu'il touchât on voyait à l'instant,
   Étonnante métamorphose,
L'or, sous ses doigts, produisait toute chose,
Excepté les transports d'un cœur reconnaissant.
Le pauvre escamoteur, honteux de sa défaite,
Du ton le plus modeste, avoua son vainqueur.
« Devant un tel talent il faut battre en retraite,
« Vous connaissez de l'art toute la profondeur.
« Mes soins de temps en temps font triompher l'erreur;
« Votre victoire à vous nuit et jour se répète. »
   Fable XLII, *trad. du même.*

VI. La cour de la Mort.

Du plus sombre appareil la Mort environnée,
Au milieu de la nuit dans son vaste palais,
Convoqua les fléaux, dont la troupe acharnée
Exécute à l'envi ses lugubres arrêts.
  Du haut de son trône sinistre,
  Et renforçant la foudre de sa voix :
  « Comme il nous plaît de choisir un ministre ;
« Dit-elle, que chacun expose ici ses droits.
   « Cette noire baguette
« Du pouvoir en ses mains deviendra l'interprète. »
  Vite chacun la réclame pour soi.

La Fièvre à la brûlante haleine,
Lui dit : « De vos moissons, ô digne souveraine,
« L'abondance toujours de mon zèle a fait foi,
« Vive comme l'éclair, et comme elle soudaine,
   « Nul n'est plus tenace que moi. »
La Goutte à pas traînants avec effort s'avance :
« On sait comme aisément je sais changer de lieux,
« Quand on me croit aux pieds vers le chef je m'élance,
« Des muscles et des nerfs tourment ingénieux;
   « Tel s'applaudit de mon absence,
« Que mes travaux cachés n'affaiblissent que mieux. »
Vient un spectre hagard, l'œil creux, le front livide,
Qui du rang proposé brigue à son tour l'honneur;
C'est lui qui sous l'amour cache un venin perfide,
Et sous la volupté, la honte et la douleur.
A son récit naïf la vérité préside,
   Et son aspect n'est point trompeur.
Après qu'eurent plaidé la Pierre et la Gravelle,
   Arriva la Consomption,
   Qui, d'une voix cassée et grêle,
   Présenta sa pétition.
« Vainement sa lenteur serait-elle accusée,
« C'était de Fabius les délais réfléchis ;
« Quand on a harcelé, lassé ses ennemis,
« On triomphe aisément de leur force épuisée. »
   La Peste dit : « Moi seule, en un clin-d'œil,
« Je plonge, par milliers, les mortels au cercueil. »
   Ainsi chacun, à la baguette,
   Exposait sa prétention.
Mais la Mort fit un signe, et la troupe discrète
Écouta ce discours, pleine d'attention :
   « En tous temps, à la modestie,
   « Le vrai mérite fut uni.

« Quoi pas un médecin ne s'est fait voir ici !
« Peut-être cet honneur flatte peu leur envie.
« O toi qui dans leurs mains fais couler l'or à flots
           « Je te choisis Intempérance,
« Peste, Goutte, Gravelle, impitoyables maux,
           « Renoncez à la concurrence.
« L'homme vous connaît trop, et vous lui faites peur.
       « Dans l'intempérance au contraire,
       « Il trouve, une amie, une sœur.
« C'est au sein du plaisir, et sous un air flatteur,
« Qu'elle exerce sur lui sa fureur meurtrière;
« Puisque chacun de vous devient son serviteur,
       « Elle doit marcher la première.
           Fable XLVII, *trad. du même.*

GENEST (Charles-Claude), né à Paris, le 17 octobre 1639, ne reçut aucune instruction dans son enfance. On lui apprit seulement à lire, et on chercha ensuite à lui former une belle écriture, pour qu'il pût entrer dans les bureaux de Colbert. Mais il préféra suivre un de ses camarades qui allait chercher fortune aux Indes, avec une petite pacotille. A peine embarqués, ils furent pris par les Anglais, et conduits à Londres. Un seigneur du pays prit Genest pour enseigner le français à ses enfants, et, à cet effet, l'envoya à sa maison de campagne. Il y acquit une grande connaissance des chevaux ; et ce fut là l'origine de sa fortune. Un écuyer du duc de Nevers étant venu pour acheter des chevaux en Angleterre pour son maître, et ayant eu à faire à Genest, fut émerveillé de son savoir, lui persuada de revenir en France, et le présenta, comme un homme habile, au duc qui l'emmena avec lui dans les campagnes de 1672-73. Ayant appris des vers dans sa jeunesse, Genest s'imagina d'en composer sur les conquêtes du roi, à qui ils furent présentés; et peu de temps après, il remporta un prix de poésie à l'Académie française. Le P. Ferrier, confesseur du roi, lui avait dit à l'armée : « Je voudrais bien vous « voir plus de sagesse et un autre habit. » D'après cet avis bienveillant, il s'était réformé, et avait adopté le costume ecclésiastique. Il se fit connaître de Bossuet et de Malezieu, qui prirent intérêt à lui, se plurent à l'instruire, et le firent entrer, en qualité de précepteur, auprès de mademoiselle de Blois, depuis femme du régent. Cette éducation terminée, il fut accueilli par la duchesse du Maine, qui lui donna un logement à Sceaux : il contribua beaucoup aux divertissements de cette cour. A l'âge de quarante ans, il se mit à apprendre le latin, et y réussit. Il mourut le 19 novembre 1719, âgé de quatre-vingt-quatre ans. Il avait été reçu à l'Académie française, en 1698. Il a mis en mauvais vers la *Philosophie de Descartes*, sous le titre de *Principes de philosophie*, ou *Preuves naturelles de l'existence de Dieu et de l'immortalité de l'âme*, Paris; 1716, in-8°. « Cet ouvrage, dit Voltaire, signala plus sa « patience que son génie; et il n'eut guère rien « de commun avec Lucrèce, que de versifier une « philosophie erronée presque en tout. » Dans la préface de ses Odes sur les conquêtes de Louis-le-Grand, Genest s'étonne d'avoir quelquefois reproduit *les pensées de ces anciens qu'il n'avait jamais lus*. On trouve dans le *Recueil des vers choisis*, publié par le P. Bouhours, une très belle épître en vers de l'abbé Genest à M. de La Bastide, pour l'engager à abjurer le calvinisme. Ce fut Malezieu qui lui persuada de travailler pour le théâtre, où il a donné *Zélonide*, *Polymnestor*, *Joseph*, *Pénélope*. De ces quatre tragédies, la dernière, qui eut le moins de succès dans le temps, est pourtant la seule qui soit restée. « Elle est, dit encore Voltaire, « au rang de ces pièces écrites d'un style lâche et « prosaïque que les situations font tolérer à la re- « présentation. »

AUGER.

GÉNIE. On demande en quoi le génie diffère du talent. Le voici, ce me semble : le talent est une disposition particulière et habituelle à réussir dans une chose; à l'égard des lettres, il consiste dans l'aptitude à donner aux sujets que l'on traite, et aux idées qu'on exprime, une forme que l'art approuve et dont le goût soit satisfait; l'ordre, la clarté, l'élégance, la facilité, le naturel, la correction, la grace même, sont le partage du talent. Le génie est une sorte d'inspiration fréquente, mais passagère, et son attribut est le don de créer. Il s'ensuit que l'homme de génie s'élève et s'abaisse tour à tour, selon que l'inspiration l'anime ou l'abandonne. Il est souvent inculte, parce qu'il ne se donne pas le temps de perfectionner; il est grand dans les grandes choses, parce qu'elles sont propres à réveiller, cet instinct sublime et à le mettre en activité; il est négligé dans les choses communes, parce qu'elles sont au-dessous de lui et n'ont pas de quoi l'émouvoir. Si cependant il s'en occupe avec une attention forte, il les rend nouvelles et fécondes, parce que cette attention, qui couve les idées, les pénètre, si j'ose le dire, d'une chaleur qui les vivifie et les fait germer, comme le soleil fait germer l'or dans les veines du rocher.

Ce qu'il y aurait de plus rare et de plus étonnant dans la nature, ce serait un homme que son génie n'abandonnerait jamais; et celui de tous les écrivains qui approche le plus de ce prodige, c'est Homère, dans l'*Iliade*.

Si l'on demande à présent quelle est la différence de la création du génie et de la production du talent, l'homme éclairé, sensible, versé dans l'étude de l'art, n'a pas besoin qu'on le lui dise; et le grand nombre même des hommes cultivés est en état de le sentir. La production du talent consiste à donner la forme, et la création du génie à donner l'être : le mérite de l'une est dans l'industrie; le mérite de l'autre est dans l'invention. Le talent veut être apprécié par les détails, le génie nous frappe en masse. Pour admirer le cinquième livre de l'*Énéide*, il faut le lire; pour admirer le second et le quatrième, il suffit de s'en souvenir, même confusément. L'homme de talent pense et dit les choses qu'une foule d'hommes aurait pensées et dites; mais il les présente avec plus d'avantage, il les choisit avec plus de goût, il les dispose avec plus d'art, il les exprime avec plus de finesse ou de grace; l'homme de génie, au contraire, a une façon de voir, de sentir, de penser, qui lui est propre. Si c'est un plan qu'il a conçu, l'ordonnance en est surprenante et ne ressemble à rien de ce qu'on a fait avant lui. S'il dessine des caractères, leur singularité frappante, leur étonnante nouveauté, la force avec laquelle il en exprime tous les traits, la rapidité et la hardiesse dont il en trace les contours, l'ensemble et l'accord qui se rencontrent dans ses conceptions soudaines, font dire qu'il a créé des hommes, et s'il les groupe, leurs contrastes, leurs rapports, leur action, leur réaction mutuelle, sont encore, par leur vérité rare, une sorte de création. Dans les détails, il semble dérober à la nature des secrets qu'elle n'a révélés qu'à lui; il pénètre plus avant dans notre cœur que nous n'y pénétrions nous-mêmes avant qu'il nous eût éclairés; il nous fait découvrir, en nous et hors de nous, comme de nouveaux phénomènes. S'il veut agir sur la pensée et subjuguer l'entendement, il donne à ses raisons un poids, une force d'impulsion à laquelle rien ne résiste. S'il veut agir sur l'âme, il l'attaque, il l'ébranle, il l'agite en tous sens avec tant de vigueur et de violence, il la tourmente si impérieusement, soit du frein, soit de l'aiguillon, qu'il vient à bout de la dompter. S'il peint les passions, il donne à leurs ressorts une force qui nous étonne, à leurs mouvements des retours dont le naturel nous confond; dans le moment où nous croyons leur force et leur véhémence épuisées, son souffle y ajoute des degrés de chaleur dont le cœur humain est surpris d'être susceptible : c'est la colère, la vengeance, l'ambition, l'amour, la douleur exaltée à son plus haut point, mais jamais au-delà; tout est vrai dans cette peinture, quoique tout y soit surprenant. S'il décrit les objets sensibles, il y fait remarquer des traits frappants qui jusqu'à lui nous avaient échappé, des accidents et des rapports sur lesquels nos regards ont glissé mille fois. Le commun des hommes regarde sans voir; l'homme de génie voit si rapidement, que c'est presque sans regarder. S'il creuse le premier dans une mine, il en épuise les grandes veines et il ne laisse que des filons. S'il se saisit d'un sujet connu, il le pénètre si profondément, que ce champ, que l'on croyait usé, devient une terre féconde. Il fait sortir un fleuve de la même source d'où le talent ne tirait qu'un ruisseau. S'il s'enfonce dans les possibles, il y découvre des combinaisons à la fois si nouvelles et si vraisemblables, qu'à la surprise qu'elles causent se mêle en secret le plaisir de penser qu'on a vu ce qu'il feint, ou du moins qu'on a pu l'imaginer sans peine.

Il y a donc en première classe le génie de l'invention, de la composition en grand : c'est ainsi que, chez les anciens, l'*Iliade*, l'*OEdipe*, les deux *Iphigénie*, et chez nous, *Polyeucte*, *Héraclius*, *Britannicus*, *Mahomet*, *Sémiramis*, *le Tartufe*, *le Misanthrope*, sont des ouvrages de génie. Il y a de plus, dans les compositions mêmes que le génie n'a pas inventées, des détails qui ne sont qu'à lui : ce sont des caractères créés, comme celui de Didon; des descriptions d'une beauté inouïe, comme celle de l'incendie de Troie; des scènes sublimes dans leur genre, comme la reconnaissance d'OEdipe et de Jocaste dans l'*OEdipe* français*; la rencontre de l'Avare et de son fils dans Molière, quand l'un va prêter à usure et que l'autre vient emprunter. Enfin ce sont des traits de lumière et de force qui ressemblent à des inspirations, et qui étonnent l'entendement, pénètrent l'âme, ou subjuguent la volonté. De ces traits, il y en a sans nombre dans les écrits de tous les poètes et de tous les hommes éloquents; mais dans tout cela le style est pour fort peu de chose : c'est la conception qui nous frappe, c'est la pensée qui nous reste, et dont le souvenir confus est, si je l'ose dire, un long ébranlement d'admiration. On se souvient que dans l'*Iliade* Priam vient se jeter aux pieds d'Achille et baiser la main meurtrière, la main encore fumante du sang de son fils; on se souvient que dans *le Tartufe*, l'hypocrite accusé se jette aux pieds d'Orgon et lui impose encore en s'accusant lui-même; on se souvient de même de tous les grands traits d'éloquence de Démosthène, de Cicéron, de Bossuet : ces peintures, ces mouvements, ces évolutions imprévues, ces ressources inespérées, ces heureuses témérités, qui ressemblent à celles d'un grand capitaine au moment critique d'une bataille, tout cela, dis-je, nous est présent; mais les paroles sont oubliées, l'impression profonde qui nous reste est l'impres-

---

* Pourquoi pas dans l'*OEdipe* grec, où se trouve précisément ce mérite de l'invention, que célèbre ici Marmontel. H. P.

sion des choses et non celle des mots : voilà le génie de la pensée. Presque tous les traits en sont à la fois rares et simples, naturels et inattendus.

Mais il y a aussi l'expression de génie, c'est-à-dire l'expression que l'on paraît avoir créée pour rendre avec une force ou une grace inouïe la pensée ou le sentiment. Et celui qui a lu Tacite, Montaigne, Pascal, Bossuet, La Fontaine, sait mieux que je ne puis le définir ce que c'est que cette espèce de création. Ce serait au génie à parler de lui-même; mais les faibles traits que je viens d'indiquer suffisent pour le reconnaître et le distinguer du talent.

Du reste, on a vu plus d'un exemple de l'union et de l'accord du talent avec le génie. Lorsque cet heureux ensemble se rencontre, il n'y a plus d'inégalités choquantes dans les productions de l'esprit : les intervalles du génie sont occupés par le talent : quand l'un s'endort, l'autre veille ; quand l'un s'est négligé, l'autre vient après lui et perfectionne son ouvrage. A peine on s'aperçoit des intermittences du génie, parce qu'on est préoccupé par l'illusion que le talent sait faire : car c'est à lui qu'appartient l'adresse, et la continuelle vigilance à nous faire oublier l'absence du génie, en semant de fleurs l'intervalle et le passage d'une beauté à l'autre, en amusant l'esprit et l'imagination par des détails d'agrément et de goût, jusqu'au moment où le génie reviendra se saisir du cœur, le tourmenter, le déchirer, ou s'emparer de l'âme, l'émouvoir, l'étonner, la troubler, la confondre, la transporter et l'agrandir. Pour voir ces deux fonctions du génie et du talent également remplies, on n'a qu'à lire ou Virgile ou Racine ; on distinguera aisément le génie qui les élève, d'avec le talent qui les soutient et qui ne les quitte jamais.

MARMONTEL, *Éléments de Littérature.*

GENLIS (Stéphanie - Félicité DUCRET DE SAINT-AUBIN, comtesse de), est née près d'Autun, en 1746. Plus favorisée par la nature que par la fortune, elle n'apporta dans le monde, où elle parut très jeune, qu'une figure charmante, un esprit très cultivé et un talent admirable pour la musique. De tels avantages devaient nécessairement lui valoir des succès, et bientôt elle se vit accueillie avec le plus vif empressement dans les meilleures sociétés de Paris.

L'esprit d'observation qu'elle y porta, lui fit saisir avec facilité les ridicules, étudier les usages et discerner toutes les nuances qui forment ce qu'on appelle le bon ton. Cette connaissance des formes et du langage de la haute société, s'est fait remarquer dès ses premiers écrits, et elle leur donna ce vernis brillant qui contribua si puissamment à leur succès.

Quoique mademoiselle de Saint-Aubin fût entourée d'un grand nombre d'admirateurs, elle ne dut qu'au hasard cependant, l'avantage de former une union qui lui assurait, indépendamment de ses qualités personnelles, un rang distingué dans le monde. Une de ses lettres à une amie ayant été lue par le comte de Genlis, il y trouva tant d'esprit et de grace, qu'il se passionna à l'instant même pour l'aimable auteur, que pourtant il n'avait jamais vue, et qu'il rechercha bientôt l'occasion de lui offrir son cœur et sa main. Madame de Genlis devint par ce mariage nièce de madame de Montesson, qui ne tarda pas à lui ouvrir un facile accès dans la maison d'Orléans : le duc de Chartres frappé des talents de la jolie comtesse, crut trouver en elle toutes les qualités nécessaires pour présider à l'éducation de ses enfants, et, par une faveur inouïe, il lui accorda, en les lui confiant, le titre de *gouverneur*, si inusité pour une femme.

Madame de Genlis, flattée sans doute d'une telle distinction, réunit tous ses soins pour la mériter ; outre les leçons assidues qu'elle donnait à ses élèves, elle voulut qu'ils trouvassent dans ses propres ouvrages de quoi former leur esprit et leur cœur, et l'on vit sortir de sa plume : le *Théâtre d'éducation*, *Adèle et Théodore*, *les Veillées du Château*, *les Annales de la Vertu*, etc. Ces livres furent très favorablement accueillis du public : « Ils sont écrits « dans les meilleurs principes, dit Dussault ; ils res- « pirent la morale la plus pure ; ils sont dignes d'une « bonne mère de famille. » Madame de Genlis fut moins heureuse dans la composition de deux ouvrages de théologie, qu'elle fit paraître à l'époque de la première communion de l'aîné de ses élèves. Outre les critiques amères que les théologiens et les hommes du monde prodiguèrent à ces deux productions, certains passages excitèrent la gaieté satirique de quelques philosophes, et l'on a remarqué que ce fut dès cette époque, que l'auteur voua à la secte philosophique cette haine, qui semble ne s'être jamais démentie.

Peu de temps après la révolution éclata : forcée de quitter la France pour se soustraire aux orages politiques, madame de Genlis alla d'abord en Angleterre, puis en Belgique, où elle maria sa fille adoptive, la belle Paméla, avec lord Fitz-Gérald, célèbre depuis par sa fin tragique; de-là elle passa en Suisse, se retira au couvent de Sainte-Claire, à Bremgarten, où mademoiselle d'Orléans la laissa pour aller rejoindre à Fribourg la princesse de Conti, sa tante. Après cette séparation, madame de Genlis se rendit en Allemagne, et y demeura jusqu'à sa radiation de la liste des émigrés, qu'elle obtint du gouvernement consulaire. Ce gouvernement lui devint même si favorable qu'il la gratifia en outre d'une pension et d'un logement à l'arsenal, avec la permission de puiser dans la bibliothèque de ce nom tous les livres dont elle pourrait avoir besoin.

Après la restauration, monseigneur le duc d'Orléans a également assigné une pension à cette dame, dont la paix n'a pu être troublée depuis que par les discussions littéraires où elle s'est trop souvent imprudemment engagée. Peu d'auteurs ont été aussi féconds : outre les ouvrages dont nous avons parlé ci-dessus et divers écrits peu importants, madame de Genlis a publié: *les Chevaliers du Cygne ou la cour de Charlemagne*, Hambourg, 1795, 3 vol. in-8°, réimprimé avec changements en 1805; *Précis de la conduite de madame de Genlis, depuis la révolution,* 1796, in-8° et in-12; *Les petits Émigrés ou correspondance de quelques enfants,* 1798, 2 vol. in-8°; *Herbier moral ou recueil de Fables nouvelles et autres poésies fugitives,* 1799, 1 vol. in-12; *les Mères rivales ou la calomnie,* 1800, 3 vol. in-8°; *le petit La Bruyère ou caractères des mœurs des enfants de ce siècle,* 1800, 1 vol. in-8°; *Nouvelle méthode d'enseignement pour la première enfance,* 1800, 1 vol. in-12; 1801, 1 vol. in-8°; *les Vœux téméraires,* 1799, 3 vol. in-12; réimprimé en 1802, 2 vol. in-8°; *Nouvelles Heures à l'usage des enfants,* 1801, 1 vol. in-12; *Mademoiselle de Clermont,* nouvellle historique, 1802, 1 vol. in-12; *Nouveaux Contes moraux et Nouvelles historiques,* 1802, 3 vol. in-12; et 3 autres vol. qui ont paru depuis; *les Souvenirs de Félicie L***,* 1804, 1 vol. in-12; *Suite des souvenirs de Félicie,* 1807, 1 vol. in-12; *la Duchesse de La Vallière,* 1804, 1 vol. in-8°, ou 2 vol. in-12 (plusieurs éditions); *Réflexions sur la miséricorde de Dieu, par madame de La Vallière,* etc., nouvelle édition, 1804, 1 vol. in-12; *les Monuments religieux,* 1804, in-8°; *le Comte de Corke,* suivi de *Six Nouvelles,* 1805, 2 vol. in-12; *Alphonsine,* 1806, 2 vol. in-8°; *Madame de Maintenon,* 1806, 1 vol. in-8°; *le Siège de la Rochelle,* 1808, 1 vol. in-8°; *Saint-Clair, ou la victime des sciences et des arts,* 1808, 1 vol. in-18; *Bélisaire,* 1808, 1 vol. in-8°; *Alphonse ou le Fils naturel,* 1809, 3 vol. in-8°; *Arabesques mythologiques,* 1810, 1 vol. in-12; *la Maison rustique,* 1810, 3 vol. in-8°; *les Bergères de Madian ou la*

GENLIS (MADAME DE). 263

jeunesse de Moïse, poème en prose, en six chants, 1811, 1 vol. in-12; *Mademoiselle de La Fayette ou le Siècle de Louis XIII*, 1813, 1 vol. in-8°; *les Hermites des Marais Pontins*, 1814, 1 vol. in-8°; *Histoire de Henri-le-Grand*, 1815, 2 vol. in-8°; *Jeanne de France*, 1816, 2 vol. in-12; *les Battuécas*, 1816, 2 vol. in-12; *Abrégé des Mémoires du marquis de Dangeau*, 1817, 4 vol. in-8°; *Tableaux de M. le comte de Forbin*, 1817, 1 vol. in-12; *Zuma ou la découverte du Quinquina*, suivie de plusieurs autres contes, 1817, 1 vol. in-12; *les Parvenus*, 3 vol. in-8°; *Pétrarque et Laure*, 1823.

Outre ces nombreux écrits, madame de Genlis s'était associée à la rédaction de plusieurs recueils périodiques, tels que l'ancien *Mercure de France*, la *Bibliothèque des romans*, le *Journal des Dimanches ou de la Jeunesse*, etc. Elle avait même entrepris à elle seule la rédaction d'un journal qui devait servir de modèle à tous les autres et qui portait le titre de *Journal imaginaire*. Elle fit aussi des articles dans la *Biographie universelle*, mais plusieurs discussions qu'elle eut avec ses collaborateurs la forcèrent de renoncer à cette entreprise; elle fit imprimer les articles qu'elle avait composés, et les publia séparément sous le titre *de l'Influence des femmes dans la Littérature*, 1811, 1 vol. in-8°; elle a encore publié *la Botanique historique et littéraire*, 1810, in-8°; *Observations pour servir à l'histoire de la littérature au XIXe siècle*, 1811, 1 vol in-8°; *Examen critique de l'ouvrage intitulé Biographie universelle*, 1811, in-8°; *Suite de l'Examen*, 1812; in-8°. Madame de Genlis publie en ce moment des *Mémoires sur le XVIII*ᵉ *siècle et la révolution française*, 1766-1814, 8 vol. in-8°.

W.

JUGEMENTS.

I.

Le vaste recueil des OEuvres de madame de Genlis assure à son auteur un rang qu'on ne peut lui disputer parmi les plus féconds écrivains: mais ce fardeau n'est-il pas un peu lourd pour la réputation d'une femme qui a passé long-temps pour aimable, et qui pouvait, à moins de frais, acquérir le titre de femme célèbre? Nous avons lu plus d'une fois, et jamais sans plaisir, celui de ses ouvrages qui nous paraît le plus digne d'elle; son *Théâtre d'éducation*, qui lui a valu de très jolis vers, d'autant plus flatteurs pour elle qu'ils sont de M. La Harpe, qui ne loue guère que ce qu'il a fait. Nous nous plaisons à redire ici que ce *Théâtre*, le seul des ouvrages de madame de Genlis que nous ayons conservé, contient plusieurs petites comédies d'une invention heureuse, écrites avec beaucoup de naturel, de facilité, souvent même de grace; que sans annoncer, comme plusieurs autres de ses compositions, la manie de régenter, les principes de la saine morale s'y trouvent développés et mis en action. Il est peu de familles qui ne puissent jouir de l'avantage de faire lire ou d'en permettre la représentation à leurs enfants. Il est même de ces pièces qui auraient pu mériter, à ce qu'il nous semble, les succès du théâtre, *Le Magistrat*, par exemple, fait pour servir de leçon à l'une des classes de citoyens la plus importante à l'ordre public. Le superflu n'est pas toujours le signe de la vraie richesse; et nous croyons que ce petit recueil, choisi dans les nombreux ouvrages de madame de Genlis, est le titre qui peut lui donner le plus de droit à l'estime de son siècle, et peut-être de la postérité *.

PALISSOT, *Mémoires sur la Littérature.*

II.

De toutes les dames françaises qui ont cultivé la littérature, celle qui a produit le plus d'ouvrages, c'est assurément madame de Genlis. Avant la révolution, nous lui devions déjà quinze volumes ; elle en a donné plus de vingt depuis cette époque. La plupart contiennent des romans qui sont estimables dans quelques parties, mais défectueux à plusieurs égards. On n'écrit pas toujours bien quand on veut toujours écrire : l'esprit et l'imagination ne sont pas constamment aux ordres de ceux mêmes qui en ont le plus. Ainsi, dans *les Vœux téméraires*, les vertus de lady Clarendon, ses chagrins, le déchaînement de ses alliés, les froideurs de son époux long-temps abusé, la justice éclatante qu'il lui rend avant de mourir, le serment qu'elle grave sur le tombeau de cet époux chéri, produisent d'assez grands effets. L'intérêt se soutient encore au milieu des calomnies qu'occasionne le séjour de l'héroïne en France ; mais il se ralentit par de nouvelles

* Si Palissot eût connu alors *Mademoiselle de Clermont*, et *Madame de LaVallière* il eût sans doute consenti à faire encore une exception en faveur de ces deux jolis ouvrages de madame de Genlis. W.

amours, et s'anéantit par un dénouement aussi triste que péniblement amené. Dans *Alphonsine*, on est touché des malheurs de Diana, plongée au fond d'un souterrain, où elle fait naître, conserve, élève une fille adorée. On excuse d'assez fortes invraisemblances rachetées par une émotion continue; mais l'émotion cesse quand Diana n'est plus captive; un nouveau roman commence et se traîne longuement sans exciter même la curiosité du lecteur. Dans *les Mères rivales*, la marquise d'Erneville offre sans doute un beau caractère. Mais, sans rappeler des tracasseries provinciales qui tiennent beaucoup d'espace et procurent peu d'amusement, que dire de mademoiselle de Rosmond? elle n'est point vicieuse, au moins dans l'intention de l'auteur, et pourtant facile à l'excès pour un homme qu'elle n'a jamais vu, et qu'elle ne saurait épouser, puisqu'il est marié: elle envoie secrètement le fruit de sa faiblesse, à qui? à l'épouse même de son amant! Pour jouir injustement d'une renommée sans tache, elle fait planer, durant dix-huit ans, sur cette épouse vertueuse, un soupçon que tout confirme, et au bout de dix-huit ans elle en est quitte pour se faire religieuse, après un aveu tardif qui ne rend point à sa victime une jeunesse noyée de larmes, privée du bonheur domestique, incessamment tourmentée par le désolant contraste d'une conduite irréprochable et d'une réputation flétrie. Nous ne déciderons point si cette fois la dévotion peut compenser l'immoralité. Quant au faible ouvrage qui a pour titre *Alphonse*, ou *le Fils naturel*, nous y louerons la tendresse courageuse et passionnée d'une mère, afin d'y pouvoir louer quelque chose. En peignant de nouveau *Bélisaire*, madame de Genlis a tiré de l'histoire plusieurs beaux traits du Vandale Gélimer, qu'elle a rendu plus brillant que son personnage principal ; mais, on est obligé de l'avouer, soit pour la composition, soit pour les détails, soit pour la couleur et l'harmonie du style, la supériorité de l'ancien Bélisaire est très marquée, sur-tout dans ce quinzième chapitre qui valut jadis à Marmontel des anathêmes frivoles, d'éphémères censures, et des éloges que ratifiera la postérité. Dans *les Chevaliers du Cygne*, on aime assez Olivier, son ami fidèle Ysambert, la tendre et douce Béatrix, duchesse de Clèves : mais le caractère et les aventures cyniques d'Armflède, princesse du sang de Charlemagne, repoussent tout lecteur qui a quelque respect pour les dames, pour la décence et pour le goût. La jeune Clara, le père Arsène ont de l'éclat dans *le Siège de la Rochelle*; mais on est surpris que le fameux commandant Lanoue soit resté dans l'ombre; on n'est guère moins étonné d'entrevoir à peine le cardinal de Richelieu, à qui toutefois l'auteur accorde un cœur généreux et sensible, éloge étrange pour un tel ministre, et le seul qui fût resté neuf après les discours qui furent prononcés à l'Académie française par les récipiendaires et les directeurs, durant l'espace de cent cinquante ans. Il y a du beau dans le roman sur *Madame de La Vallière*, au moins ce qui fut dit textuellement par l'héroïne; mais tout en louant Louis XIV sans mesure, l'auteur le représente comme un égoïste, tour-à-tour ardent ou glacé, forçant un cloître pour arracher à Dieu la maîtresse qu'il aime encore, et trop pieux pour lui disputer la maîtresse qu'il n'aime plus. Le sujet de *Madame de Maintenon* pouvait être traité de plus d'une manière; l'auteur a choisi le genre sérieux. La visite de madame de Montespan sur le déclin de sa faveur, à madame de La Vallière, déjà religieuse aux Carmélites, offre une scène très imposante. Sans être de la même force, d'autres détails sont remarquables; mais, pour nous faire croire à la candeur de madame de Maintenon, il fallait la peindre autrement : elle ne parle qu'aux faiblesses du monarque; soit qu'elle le flatte, soit qu'elle le gronde, tout semble manège et calcul; et, quoique tant célébré, Louis XIV paraît un vieillard dévot et blasé que subjugue avec art sa vieille gouvernante. Un roman fort joli d'un bout à l'autre, c'est *Mademoiselle de Clermont*; la brièveté en est le moindre mérite. Les caractères de la princesse, de son frère M. le duc, et de son amant le duc de Melun, sont tracés avec une vérité charmante. Là, ni incidents recherchés, ni déclamations prétendues religieuses, action simple, style naturel, narration animée, intérêt toujours croissant, voilà ce qu'on y trouve. On croirait lire un ouvrage posthume de madame de La Fayette; et s'il nous a été pénible, dans cet article, d'avoir à multiplier les critiques, il nous est doux de le terminer par cette louange.

M. J. Chénier, *Tableau de la Littérature française.*

GEOFFROY (Julien-Louis) naquit à Rennes en 1743. Il commença ses études au collège des jésuites de sa ville natale, et les termina au collège de Louis-le-Grand, le plus célèbre de tous ceux qui aient été dirigés par la même société. Son aptitude au travail, le mérite de ses premières compositions littéraires, lui concilièrent l'estime et l'amitié de ses maîtres, qui le destinèrent à l'enseignement. Mais la suppression de l'ordre le laissa, à l'âge d'environ vingt ans, sans emploi et sans ressources. Pour sortir de cette pénible situation, il fut obligé d'entrer au collège de Montaigu en qualité de *maître d'études* : peut-être y fut-il resté long-temps inconnu, si M. Boutin, riche financier, ne lui eût confié l'éducation de ses enfants. Ce choix influa beaucoup sur sa carrière. En effet, « ce fut, comme « le dit M. Féletz, dans le cours de cette éducation « qu'il prit le goût des spectacles : madame Boutin « les aimait beaucoup, y allait souvent, et y menait « le précepteur de ses enfants. Ce goût ne fut pas « frivole chez lui, puisqu'il l'engagea à étudier l'art, « à en approfondir les règles, à juger et les effets « dramatiques, et le mérite des pièces, et le génie « des auteurs, et le talent des acteurs. »

Il devait chercher à profiter de ses études en ce genre de littérature, et à joindre la pratique à la théorie : il choisit pour sujet de tragédie *la Mort de Caton*. Sa pièce, présentée aux comédiens, fut reçue et lui valut ses entrées. Il borna là son ambition, sans faire aucune démarche pour en obtenir la représentation. Cet acte de modestie tourna contre lui. Quelques personnes, dans l'intention de se venger de ses critiques, imaginèrent cinq ou six vers bien ridicules, et même une tragédie entière qu'elles firent imprimer en son nom. C'était se venger bien méchamment que de prêter leurs œuvres à un homme de goût. Le public ne fut pas dupe de cette supercherie.

Jusqu'à cette époque, Geoffroy avait vécu de son instruction seule. La nécessité d'embrasser un état le détermina à se présenter au concours pour l'agrégation à l'Université. Il se distingua par l'élégance et la pureté de sa diction. Sa vaste érudition lui présagea d'autres succès. Tous les ans, l'Université accordait au meilleur discours latin un prix auquel étaient libres de concourir les maîtres ès-arts. En 1773, l'éloge du chancelier de l'Université Jean Gerson fut proposé. Geoffroy concourut et fut couronné. Il eut le même avantage en 1774, en traitant le discours dont le sujet était : les bienfaits de l'instruction publique indistinctement accordés à tous les citoyens et à toutes les classes de la société. *Sapienter à majoribus institutum esse ut omnium nullo discrimine civium pateant publicæ humaniorum litterarum scholæ.* Enfin, en 1775, une troisième palme lui fut décernée lorsqu'il développa ce passage d'Horace où ce législateur, après avoir demandé si un grand et bel ouvrage peut être le fruit de l'art et de l'étude sans un heureux naturel ou d'un heureux naturel dépourvu d'étude et d'art, décide qu'il faut le concours de toutes ces circonstances, et qu'elles se soutiennent et se perfectionnent mutuellement : *in eloquentiâ maximè et poesi, quid auxilii sibi mutuò conferant ars et ingenium ex illis Horatii verbis : alterius sic altera poscit opem et conjurat amicè.* A l'occasion de ce triple succès, l'Université, craignant un découragement général, défendit que le même athlète fut couronné plus de trois fois. Geoffroy fut, dit-on, moins heureux à l'Académie française dans le concours pour l'éloge de Charles V ; La Harpe remporta le prix. Selon un biographe moderne, c'est là l'origine de la haine de Geoffroy contre son vainqueur, même quand celui-ci devint un ennemi acharné de cette philosophie que lui-même avait combattue.

Geoffroy avait quitté la chaire de rhétorique du collège de Navarre, et occupait celle du collège de Mazarin, quand les propriétaires de l'*Année littéraire* lui offrirent la rédaction de ce journal. Il accepta et réalisa les espérances dont ils s'étaient flattés en choisissant un digne successeur de Fréron ; « car « tous les articles dont il enrichit ce recueil dans le « cours de quinze ans qu'il y travailla, dit M. Féletz, « sont solides, judicieux et remarquables par d'ex- « cellents principes de philosophie, de morale et de « littérature sur-tout. Son esprit est juste, sa logique « ferme et son style clair, pur, correct, mais géné- « ralement grave, quoiqu'il ne manque point de « vivacité : ses articles sont plutôt austères que lé- « gers et badins ; il ne cherche point à faire rire ses « lecteurs, et ne se permet que de loin en loin quel- « ques traits d'ironie. » Geoffroy fut, comme tant d'autres, victime de la révolution ; durant les premières années, il combattit courageusement les principes anarchiques dans le journal de *Monsieur* et dans l'*Ami du Roi*. Mais les excès augmentant de jour en jour, il s'arracha d'un lieu si dangereux pour sa liberté et pour sa vie, et se retira dans un hameau proche de la capitale, où, confondu avec les paysans, couvert des mêmes habits, il exerça l'humble fonction de maître d'école.

Le 18 brumaire il revint à Paris; et, fidèle à son ancienne profession, il se plaça chez un maître de pension, dans un des quartiers les plus reculés. Ses amis ne le perdaient pas de vue. En 1800, la rédaction des articles sur les spectacles, dans le *Journal des Débats*, lui fut confiée. Alors s'ouvrit pour lui une nouvelle carrière et commença une nouvelle célébrité. Il attaqua avec acharnement, et eut à se défendre contre l'amour-propre irrité. Il fit des critiques sévères, quelquefois malignes, souvent justes. C'était un crime difficile à pardonner. Son talent dans ce genre lui créa des ennemis qui le poursuivirent jusqu'au tombeau. Il avait justifié leur ressentiment, pénétré de la vérité de ce vers de La Fontaine :

Tout faiseur de journal doit tribut au malin.

Il se contenta trop souvent d'égayer la malignité du public, et négligea d'être impartial. Cependant on ne peut lui refuser une pénétration d'esprit qui lui fesait saisir sur-le-champ les beautés et les défauts d'un ouvrage, une imagination vive, un goût pur et sain, un jugement sûr et une profonde connaissance des anciens modèles. Il le prouva, lorsqu'au milieu de ses nombreuses occupations, il trouva encore le temps de publier, en 1808, un commentaire sur Racine. On prétendit que c'était un assemblage d'articles disséminés dans le feuilleton du journal, et quelquefois improvisés au hasard en sortant du spectacle. S'il y a quelque chose de vrai dans cette assertion ; peut-elle détruire le mérite de ses excellentes traductions de fragments considérables et d'une tragédie entière des anciens Grecs ou Latins imités par Racine? Il avait un talent remarquable pour traduire : son élégante traduction de Théocrite, publiée en 1800, in-8°, fait regretter qu'il n'en ait pas entrepris d'autres. Au sein des troubles dont notre France était le théâtre, en 1814, la mort vint le frapper dans le mois de février. Cet écrivain dont les talents ont donné lieu à tant de controverses, dont les actions ont été jugées d'une manière si contradictoire, n'en est pas moins, en dépit de ses détracteurs, un des premiers critiques de ce siècle.

Ad. Laugier.

JUGEMENT.

Toutes les fausses doctrines en philosophie, en morale, en politique, en littérature, avaient été proclamées, et regnaient audacieusement sur les esprits subjugués ou épouvantés; le vrai seul dans tous les genres n'avait plus d'interprète et de défenseur, était oublié et devenait presque une nouveauté pour tous les lecteurs. C'était un grand avantage pour la critique, elle pouvait parler de tout, remettre en question ce qui avait été cent fois jugé, reproduire les plus anciens axiomes de philosophie et de morale; apprécier toutes les littératures anciennes et modernes comme si elles ne l'avaient pas été déjà; parler enfin comme d'une nouveauté d'Homère et d'Euripide, de Virgile et de Lucain, de Bossuet et de Boileau. Chose étrange! elle était d'autant plus piquante qu'elle était plus raisonnable, plus juste, plus vraie. Mais il fallait un homme de beaucoup d'esprit et de savoir pour entreprendre et bien remplir une tâche aussi variée et aussi étendue; et comme une pareille entreprise devait être nécessairement un combat opiniâtre et continuel, il fallait un homme aguerri dans ce genre polémique, et fécond en ressources : cet homme fut M. Geoffroy. Chargé de rendre compte de la représentation des pièces de théâtre, il sut ramener dans ce cadre qui paraissait borné, toutes les questions, toutes les discussions; il ne ménagea ni les nouvelles doctrines, ni leurs auteurs. Ceux-ci, accoutumés à vaincre, parce que jusqu'ici ils parlaient tout seuls, s'indignèrent et frémirent; ils discutèrent aussi, plus souvent insultèrent, quelquefois dénoncèrent : M. Geoffroy ne se laissa point intimider par tant de bruit, et ne redouta point des combats dont il sortait presque toujours victorieux : chaque matin il parut sur la brèche, armé de nouveaux arguments, de nouvelles plaisanteries, de nouveaux sarcasmes. Les hommes sensés, qui depuis long-temps n'avaient plus d'interprètes applaudirent; quelques collaborateurs adjoints à M. Geoffroy défendirent les mêmes principes, chacun suivant la nature et la mesure de son esprit et de son talent. Dès lors le *Journal des Débats* fut appelé un journal de parti; au sortir des factions il était impossible qu'il en fût autrement. L'essentiel était que le parti fût bon.

Ceux qui combattaient sous d'autres drapeaux regardaient Voltaire comme leur chef. M. Geoffroy attaqua ce chef avec violence, et, il faut le dire, avec exagération; il y revint trop souvent, et c'était la faute d'un sujet borné dans lequel il était obligé de trouver un fond inépuisable. Il ne distingua pas assez le génie extraordinaire de l'homme, de l'abus qu'il en avait trop souvent fait; parla trop de défauts et ne remarqua pas assez les beautés; et je ne sais quel fut son motif; car assurément personne n'était plus en état de faire cette distinction et cette juste appréciation. Quelques autres exagérations furent commises; mais, en général, on peut dire que M. Geoffroy fut juste à peu près toutes les fois qu'il voulut l'être, et il le voulut souvent. Il eut sans doute beaucoup d'ennemis : comment ne pas en avoir, lorsqu'on a affaire à l'orgueil des poètes, des poètes dramatiques sur-tout, et des comédiens? la colère de ceux-ci a été quelquefois portée jusqu'au scandale. Mais ses ennemis même, ceux du moins qui sont dignes d'avoir un avis, et dont le jugement est compté pour quelque chose, rendent justice à son esprit, à ses connaissances, à sa littérature, à ses talents; ils admirent cette prodigieuse fécondité qui, dans un cadre borné, ne s'épuisait jamais, ne se lassait jamais, qui trouvait dans un fond cent fois exploité de nouveaux et d'ingénieux motifs d'articles. Le naturel, l'abandon, la vivacité étaient le caractère dominant de son style. Il rattachait avec beaucoup d'art les principes de la philosophie usuelle et de la vie commune aux préceptes de la littérature, ingénieux artifice qui faisait le principal agrément de ses articles, comme il fait celui des épîtres d'Horace et de Boileau. Quelquefois il pouvait choquer la vérité, la justice, souvent les préjugés : on était mécontent, mais jamais ennuyé.

Feletz.

GESSNER (Salomon), fut poète, peintre, graveur, et imprimeur-libraire; cette réunion rare de talents divers présente une sorte de phénomène qui dès l'abord saisit l'attention : si l'on réfléchit ensuite qu'à tant de qualités utiles ou agréables, le chantre d'*Abel* et de *Daphnis* sut allier les plus touchantes vertus, on se sent une vive curiosité pour l'examen d'une vie si bien employée.

Fils d'un libraire de Zurich, Gessner naquit dans cette ville le 1er avril 1730. Sa famille a produit plusieurs savants distingués, entre autres le naturaliste Conrard Gessner, surnommé au XVIe siècle *le Pline de l'Allemagne.*

L'enfance de Salomon ne fit point augurer ce qu'il serait un jour; ses maîtres le congédièrent avec un brevet d'incapacité absolue. Sous cet apparent idiotisme se cachaient une âme sensible qui avait besoin d'être comprise, une imagination qui manquait de développement. Toutefois, le jeune Gessner, inhabile aux études scolastiques, montra de bonne heure un penchant prononcé pour les arts d'imitation : le temps destiné aux thêmes et aux versions était par lui consacré à modeler de petites figures en cire, où l'on eût pu entrevoir le germe d'un talent futur. Bientôt, non content d'être artiste, il fut auteur : le roman de *Robinson-Crusoé* étant tombé entre ses mains, il s'engoua pour ce livre, et le voilà composant des *robinsonnades*, dont les héros étaient tous, dit-on, de violents fumeurs. Des occupations de cette nature n'annonçaient pourtant pas un idiot; ainsi en jugea plus sainement un de ses parents, ministre de Berg, petit village aux environs de Zurich. Ce nouvel instituteur, homme sage et instruit, apprécia son élève, et sut donner une direction convenable à son esprit. C'est au sein des campagnes enchanteresses de Zurich, que Gessner ayant eu occasion de lire les pastorales de Brock, auteur allemand maintenant fort oublié, prit un goût décisif pour ce genre de littérature qui devait immortaliser son nom. L'amour acheva de le rendre poète; la fille de son instituteur lui inspira une belle passion, dont le résultat fut un déluge de fables, de chansons et d'odes anacréontiques. Plusieurs de ces essais poétiques ont vu le jour; les fautes qui y fourmillent n'attestent que trop le temps où ils furent composés.

Au bout de deux ans écoulés dans ces heureux loisirs, Gessner se vit rappelé à Zurich par son père qui le destinait au commerce de la librairie, et le jeune homme s'y occupa plus à lire les livres qu'à les vendre. En 1749, dans sa vingtième année, on l'envoie à Berlin, où il est placé chez un libraire fameux, pour y apprendre sa profession; mais dégoûté bientôt de faire le métier de garçon de magasin, et de ne pouvoir s'adonner librement au culte des muses, il prend brusquement son parti, déserte la boutique du libraire, et loue une chambre en ville. Là le manque d'argent ne tarda pas à lui faire sentir cette triste vérité, qu'il ne suffit pas toujours de vouloir être indépendant pour l'être. Néanmoins, il se consolait tant bien que mal en composant des vers et des paysages, car le goût de la peinture avait succédé à son ancien penchant pour la sculpture. A force de peindre, ou, pour mieux dire, de barbouiller de la toile, se complaisant dans ses ouvrages informes, il se persuade un jour qu'il a du talent, et que ce talent peut lui servir de ressource dans sa détresse. Il va trouver Hempel, le peintre de la cour, qui lui marquait de l'amitié; il l'invite à venir voir les paysages qui décoraient son galetas. Hempel vient, et ne peut en croire ses yeux; il reste long-temps immobile, dans l'attitude de l'étonnement. Durant cette scène, dont il attendait l'issue avec anxiété, Gessner explique à l'artiste son regret de ce que ses tableaux ne pouvaient sécher, (ignorant jusqu'aux premiers éléments pratiques de l'art, il avait broyé ses couleurs avec de l'huile d'olive, au lieu d'employer de l'huile de lin) : « Allons, dit Hempel, avec un éclat de rire,

« je vois que vous êtes encore novice dans le métier,
« mais que ne doit-on pas attendre, dans dix ans,
« d'un commençant qui, même en ignorant de pa-
« reils détails, compose de semblables ouvrages ! »

Forcé de ne m'occuper de Gessner que sous le rapport littéraire, je ne puis le suivre dans sa carrière d'artiste. Je me borne donc à dire, en peu de mots, que les espérances conçues par Hempel furent amplement réalisées. Gessner devint plus tard un excellent paysagiste, dans le style de l'école flamande. Ses meilleurs tableaux ont été gravés à l'eau forte par Kolbe. Lui-même, il voulut être graveur, et le fut. Ses premiers essais en ce genre furent de simples fleurons et des vignettes pour les livres qui sortaient de ses presses ; mais à dater de 1765, il publia une assez grande quantité de bonnes estampes burinées de sa main. Ses idées théoriques sur la peinture, et sur la manière dont il était parvenu à surmonter les difficultés de cet art, ont été ingénieusement exposées dans sa *Lettre à Fueslin sur le Paysage.*

Rentré en grace auprès de sa famille, et de retour à Zurich, après un voyage en Allemagne où il avait épuré son goût dans la société des Hagedorn, des Klopstock, des Wieland, des Ramler, des Gleim et des Lessing, Gessner se livra de nouveau à la littérature ; mais il n'oublia pas le conseil que lui avait donné le poète Ramler, de refondre sa versification incorrecte en une prose élégante ; il obéit à cette critique éclairée, et il eut raison sans doute. En 1753, il débuta par son opuscule de *la nuit*, et publia en

1754 son roman pastoral de *Daphnis*, ouvrage gracieux et plein de fraîcheur, qui attache par une foule de détails charmants. Encouragé par un succès qui pourtant n'eut pas lieu sans contradiction, il donna en 1756 un premier recueil de ses *Idylles*, accueillies avec la plus grande faveur. *La mort d'Abel* suivit de près, et fit reconnaître que l'auteur était capable de s'élever jusqu'à l'épopée. Si l'on critique avec justice dans ce poème l'abus des descriptions, et ce défaut germanique d'épuiser les situations par la minutie des détails, on y admire, on y admirera sans cesse les charmes d'un style qui sait habilement colorer des nuances du sentiment le plus délicat des scènes fortes et pathétiques, et représenter avec une touchante vérité de nature les mœurs patriarcales des premiers âges. « Ce charmant ouvrage, suivant l'ex-« pression de J.-J. Rousseau, qui a cherché à l'imiter « dans son *Lévite d'Éphraïm*, ce charmant ouvrage « respire une simplicité délicieuse [*]. » Le poème de *la Mort d'Abel* a été traduit dans presque toutes les langues européennes : Huber est le premier qui nous l'ait fait connaître dans la nôtre : on a fait plusieurs tentatives infructueuses en vers français ; Gilbert a imité les chants VII et VIII, on doit regretter que ce poète infortuné n'ait pas eu le temps de terminer une entreprise dignement commencée.

Ce fut en 1762, que Gessner *imprima* pour la première fois ses *œuvres* réunies en 4 volumes. Indépendamment des ouvrages qui avaient déjà paru, cette édition contient les drames d'*Éraste* et d'*Évan-*

[*] *Émile*, V.

dre, et *le premier Navigateur*, conception très ingénieuse. Le deuxième recueil des *Idylles* ne fut mis au jour que dix ans après. Les éditions complètes renferment d'autres petits morceaux de prose et de poésie parmi lesquels se distingue une *scène du Déluge* : on s'intéresse vivement à ce touchant épisode d'une si terrible catastrophe.

Il n'est pas hors de propos de dire que la France apprécia la première un auteur allemand dont tout le mérite ne fut pas senti dès l'abord en Allemagne. Paris donna le ton, et sa juste admiration fixa l'attention des étrangers. Néanmoins, il faut aussi remarquer que le libraire auquel Huber vint offrir sa traduction de *la Mort d'Abel* ne se décida qu'avec peine à l'imprimer. L'édition, très négligée, parce qu'on n'attendait rien de bon d'un poème suisse, parut remplie de fautes typographiques; et, telle qu'elle était, elle fut épuisée en quinze jours. Des causes particulières influèrent en France sur les succès de Gessner. Le genre bucolique n'était pas alors tombé dans le discrédit où l'a jeté notre dédain philosophique; les églogues et les idylles n'étaient pas encore qualifiées de fades bergeries; Diderot et le ministre Turgot passèrent pour avoir traduit sous le voile de l'anonyme les *Idylles* de Gessner, et cet auteur suisse, si simple et si modeste, se vit fortuitement l'auteur à la mode dans les salons de Paris.

Les *Idylles* de Gessner ne sont pas exemptes de la monotonie inhérente à un genre de composition où la vertu se montre sans le contraste du vice. Aussi pourquoi faut-il que le drame (et l'idylle est souvent une sorte de petit drame) ne puisse nous attacher qu'avec ce triste alliage; et pourquoi les tableaux si purs d'une félicité sans mélange ne suffisent-ils pas pour notre délassement, comme la vertu suffit pour notre bonheur? Quoi qu'il en soit, la bonhomie aimable du chantre de Zurich, la simplesse de ses bergers, son style si bien d'accord avec une nature vierge, conservent leurs droits sur les âmes sensibles, et ceux qui aiment le bon uni au beau, se plaisent à suspendre une lecture plus sérieuse, pour la lecture facile et consolante du Théocrite helvétique.

J'ai dit que Gessner fut imprimeur-libraire. Quoique cette qualité semble contraster singulièrement avec les arts plus spécialement nommés libéraux, plus d'un exemple heureusement sert à démontrer que le culte des arts proprement dits, n'est pas incompatible avec les professions mécaniques. Les noms des Étienne, des Didot, et de tant d'autres imprimeurs ou libraires qui ont cultivé les lettres avec distinction, viendraient à l'appui de cette assertion, si elle avait besoin d'être prouvée, et Gessner en offre lui-même la preuve la plus péremptoire. Sa maison de librairie existe encore à Zurich, sous la dénomination d'Orell, Gessner et compagnie; et une édition allemande récente, que j'ai sous les yeux, des œuvres de cet auteur, porte au frontispice, de l'*imprimerie de Gessner* (*Gessnersche buchhandlung*). Les éditions les plus recherchées sont d'ailleurs celles de Zurich, 1777—78, en allemand, et 1773—77, en français, 2 vol. in-4°. Elles ont le mérite singulier d'avoir été imprimées par l'auteur lui même, et d'être ornées d'estampes sorties de ses mains : une belle édition française est encore celle en 3 vol. in-4°, figures de Le Barbier l'aîné ; et parmi les autres, fort nombreuses, il faut noter celle de Renouard, 4 vol. in-8°, Paris, 1799, elle est très complète, et décorée de charmantes gravures d'après les dessins de Moreau le jeune.

Gessner avait épousé une femme selon son cœur. Une aisance honnête avait couronné ses travaux et la pureté de sa conduite; heureux possesseur d'une solitude champêtre, au bord de la petite rivière de la Sihl, et dans la forêt appelée Sihlwald, c'est là que s'écoulèrent ses derniers jours, au sein de la paix et de l'innocence. Ses amis, dont son habitation était le rendez-vous, ne pouvaient se lasser d'admirer ses vertus modestes, sa gaieté cordiale, la franche aménité de son caractère. C'est dans cet asyle des muses et de la vraie philosophie, que, le 2 mars 1787, ce peintre de la nature s'éteignit paisiblement comme il avait vécu.

Au pied du mont Albis je vois l'aimable asyle
Du vertueux Gessner, ce chantre de l'idylle.
Qui, poète charmant et peintre tour à tour,
Célébra les bergers, l'innocence et l'amour.
Là, tout près de la Sihl, dans ce riant bocage,
Il chantait le printemps, la fraîcheur de l'ombrage,
Les charmes de Chloé, ce trouble séducteur
Que le premier amour cause en un jeune cœur,
De Myrtil, de Daphné la tendresse ingénue;

Et la beauté sans fard, et l'innocence nue;
Là, peignant la vertu dans ses chastes attraits,
Il rêvait l'âge d'or qui n'exista jamais *.

H. LEMONNIER.

GIBBON (ÉDOUARD), historien anglais, naquit à Pudney, le 27 avril 1737. La délicatesse de sa santé, et l'extrême indulgence de ses parents nuisirent à ses études : il sortit de l'université d'Oxford, avec une instruction des plus bornées; mais la vivacité de son imagination, et son goût pour les lectures sérieuses développèrent bientôt en lui des ressources de génie, qui l'engagèrent à entreprendre, à l'âge de quinze ans, un ouvrage historique, intitulé : *le siècle de Sésostris;* et ce qui est digne de remarque, c'est que, laissant de côté les conquêtes de ce prince, il s'appliqua seulement à déterminer la date de son existence. Cependant il ne continua point cet ouvrage.

Gibbon qui lisait beaucoup, lut l'*Histoire des variations des églises protestantes*, par Bossuet; et voilà tout-à-coup sa jeune tête qui réfléchit sur les raisons de l'orateur français, reconnaît la vérité de la religion catholique, et abjure à Londres le protestantisme, le 8 juin 1753. Cette conversion ne plut point à son père, qui l'éloigna de lui, et l'envoya, avec une très modique pension, à Lausanne, chez M. Pavillard, ministre protestant, qui n'eut pas beaucoup de peine à le ramener à la religion

---

* Ces vers sont extraits d'un poème inédit *sur la Suisse*; l'auteur est celui de la présente Notice.   F.

anglicane, qu'il embrassa de nouveau, ou, pour mieux dire, il ne fut ni catholique ni protestant, mais sceptique, comme le prouvent la plupart de ses écrits. Il continua d'habiter Lausanne, où ses connaissances et l'agrément de son esprit, le firent admettre et rechercher dans les sociétés les plus distinguées : mais les plaisirs qu'il y rencontrait ne l'empêchaient pas de poursuivre ses études avec ardeur ; et c'est vers ce temps, qu'il commença les *Extraits raisonnés de ses lectures*, qui n'ont été publiés qu'après sa mort. On ne croirait guère que cet esprit si raisonneur et si raisonnable, pût être susceptible d'un tendre sentiment. Cependant Gibbon nous assure qu'il devint très épris de mademoiselle Curchod (depuis madame Necker); mais que l'opposition de son père, qui le rappela en Angleterre, le força de renoncer à ce mariage. Il écrivit à mademoiselle Curchod pour le lui annoncer, et sa lettre, d'abord pleine de regrets et de douleur, se terminait par ces mots : « C'est pour« quoi j'ai l'honneur d'être, mademoiselle, votre « très humble et très obéissant serviteur, Édouard « Gibbon. »

De retour dans son pays natal, ses travaux littéraires l'occupèrent tout entier. En 1761, parut son *Essai sur l'étude de la Littérature*, ouvrage écrit en français ; ce qui fut cause qu'il obtint bien moins de succès en Angleterre qu'en France. Deux ans après, il fit un voyage à Paris, où il fut accueilli avec empressement des gens de lettres et des gens du monde. Il n'y resta pourtant que trois mois, et partit pour Lausanne, d'où il se rendit en Italie, pays que depuis long-temps il désirait visiter. C'est à Rome, en 1764, qu'assis au milieu des ruines du Capitole, il se sentit frappé de l'idée d'écrire l'Histoire de la décadence et de la chute de cette ville superbe. Toutefois il ne s'en occupa pas sur-le-champ; car après son retour en Angleterre, en 1765, il fit paraître le premier livre de l'*Histoire de la liberté de la Suisse*, et quelques années après, des *Observations critiques sur le* VIe *livre de l'Énéide*, premier ouvrage qu'il ait écrit en Anglais.

En 1770, la mort de son père le laissa possesseur d'une fortune assez considérable. Quatre ans après, il entra au Parlement; mais il n'avait aucune des qualités de l'orateur, et il ne s'y fit nullement remarquer. On lui confia la place de *lord du commerce*, dans le conseil d'état, qu'il conserva jusqu'au renversement du ministère de lord North (1782), qui entraîna la suppression du bureau de commerce. Dès lors il résolut de renoncer à une carrière où ses opinions et sa conduite ne lui avaient pas attiré l'estime publique. Il ne s'occupa plus que du grand ouvrage dont il préparait les matériaux depuis si long-temps. Le premier volume de l'*Histoire de la décadence et de la chute de l'empire romain*, avait paru en 1776. Si le succès en fut grand, s'il fut vivement loué par quelques-uns, en revanche les critiques les plus sévères tempérèrent un peu ce triomphe : le clergé anglican se révolta contre l'impiété d'un livre qui attaquait évidemment, quoique avec adresse, les principes du christianisme. Gibbon publia alors sa *Défense de quelques passages du XVe et XVIe chapitres de l'Histoire de la décadence*, etc. Mais ses réponses étaient faibles et peu solides, et on entrevoyait à travers l'adresse de sa logique, qu'il sentait lui-même la difficulté de se justifier. Les IIe et IIIe volumes publiés en 1781, furent pourtant encore écrits dans les mêmes principes, les trois derniers parurent en 1788. A cette époque, Gibbon avait quitté l'Angleterre depuis quelques années, pour aller s'établir à Lausanne, auprès de son ami, M. Deyverdun. En 1793, il retourna en Angleterre, où il mourut le 16 janvier 1794.

L'*Histoire de la décadence et de la chute de l'empire romain*, a été traduite dans presque toutes les langues de l'Europe. Le premier volume a été traduit en français par Leclerc de Septchènes*, et les autres le furent successivement par MM. Cantwell, Demeunier et Boulard; l'ouvrage entier parut en 18 vol. in-8°. Cette traduction a été refondue par M. Guizot, qui y a joint une *Notice sur la vie et le caractère de Gibbon*, et des notes sur l'Histoire du christianisme, Paris 1812, 13 vol. in-8°. Lord Sheffield a donné en 1814, une édition des *OEuvres diverses de Gibbon*, avec des *Mémoires*, Londres, 5 vol. in-8°. Elles contiennent quelques-uns des petits ouvrages dont nous avons parlé, et plusieurs autres qui n'étaient pas connus.

Pн. T.

---

* On a prétendu, nous ne savons trop sur quel fondement, que Louis XVI était le véritable traducteur de ce premier volume, ou tout au moins du premier chapitre de l'édition de 1788. H. P.

JUGEMENTS.

I.

La grandeur et la décadence des Romains est devenue, en quelque sorte, un lieu commun sur lequel les anciens avaient déjà répandu beaucoup d'idées avant que les modernes vinssent à s'en emparer, et qui, dans l'avenir, exercera peut-être encore la plume de plus d'un écrivain, sans que la curiosité, toujours vivement excitée, soit jamais pleinement satisfaite. Il en est de ce grand phénomène politique comme des phénomènes célestes, qui, toujours expliqués, semblent toujours attendre un interprète; mais il semble que l'abondance des idées provoque la concision du style, et que l'expression doit se resserrer à mesure que les pensées s'étendent et se multiplient sur un sujet. Gibbon ne paraît pas avoir admis ce principe : ce que le génie transcendant de Bossuet a pressé dans quelques lignes, ce que le génie pénétrant de Montesquieu a renfermé dans un très petit livre, ce que l'esprit vif et fin de Saint-Évremont à su réduire à un petit nombre de pages, est devenu, sous la plume riche, féconde, savante et méthodique de l'auteur anglais, un ouvrage très considérable; et cependant Gibbon n'a traité que la moitié du sujet, puisque, négligeant d'examiner comment s'est élevé l'édifice de la domination romaine, il ne cherche à faire connaître que les causes de sa dégradation et de sa ruine; l'étendue qu'il a donnée au développement de la question n'a pas, il faut le dire, tourné au profit de la solution : je ne crois pas qu'il jaillisse de ses nombreux et intéressants volumes plus de lumière et une lumière plus nette sur l'ensemble du problème, que des ouvrages très courts qui les avaient précédés; mais dans le choix d'un si vaste cadre, Gibbon a peut-être suivi plutôt l'instinct de son talent que les vues de son esprit : le génie des auteurs dont je viens de parler était naturellement porté à cette concision abréviatrice, à ces ellipses de la pensée, qui comptent sur l'intelligence du lecteur, à laquelle elles impriment du mouvement, et donnent de la fécondité; celui de Gibbon inclinait vers la douceur et les graces faciles d'un style étendu, périodique, harmonieux : l'auteur anglais eut même à se défier de son goût pour une certaine pompe, qui pouvait trop aisément ressembler à de la déclamation, il est de plus remarquable encore qu'il conçut l'idée d'un ouvrage politique et philosophique, à peu près comme un autre aurait pu concevoir l'idée d'un poème. Ce fut à l'aspect des ruines augustes de l'ancienne capitale du monde, et parmi les décombres imposants de Rome, qu'il se sentit saisi de la pensée qui sert de base à son ouvrage, et que son esprit inspiré crut recevoir la mission de développer les causes de la décadence de cet empire, dont ses yeux attentifs contemplaient les débris et le tombeau. En pensant beaucoup, Gibbon n'a donc pas ce qu'on appelle un style *pensé*; il écrit plus en orateur qu'en philosophe; mais ses observations sont très profondes et très philosophiques; et s'il manque du mérite de la brièveté, s'il a mis l'abondance des détails où d'autres avaient mis la concision du style, il a du moins su rendre cette abondance aussi piquante qu'elle est instructive : il a fondu la philosophie avec l'érudition, alliage qui n'est pas commun.

Ce serait un beau travail, et digne d'une plume meilleure que la mienne, de montrer ce que Gibbon, sur la question qu'il traite dans son ouvrage, a pu ajouter à la somme des idées que renferment les livres de Bossuet et de Montesquieu; et, laissant à part ses erreurs, quand elles sont évidentes, d'examiner s'il a eu des vues véritablement neuves, ou s'il n'a fait que développer ou prouver les idées de ses prédécesseurs. Mais après tout, ces grandes thèses, ces grands problèmes de politique et de philosophie, sont toujours des points plus ou moins obscurs qui servent de centre à une foule de particularités lumineuses, que l'érudition et le génie groupent autour d'eux. Les systèmes conçus par des hommes de talent, comme les Buffon, les Rousseau, les Montesquieu, ont du moins eu l'avantage de donner l'appui de l'unité à cette foule d'observation de détail, de vérités particulières qui germaient isolées dans ces têtes puissantes et fécondes; et, en quelque état que Gibbon ait laissé la question de la *décadence de l'empire romain*, il sera toujours vrai que sur ce texte il a composé un des meilleurs livres, un des ouvrages les plus solides et les plus curieux, que pût produire l'union de la science et du talent.

Dans cette foule brillante d'aperçus que présente

l'histoire *de la décadence et de la chute de l'Empire Romain*, il en est un du moins qui appartient en propre à l'auteur, qui donne à son ouvrage une physionomie particulière, qui même en forme le trait distinctif, et qui a provoqué de vives censures, en même temps qu'il a excité un vif enthousiasme : parmi les questions secondaires qui venaient se rallier naturellement autour de la question principale, la plus importante était celle de savoir qu'elle avait été l'influence du christianisme naissant sur les destinées de l'empire à son déclin, et le développement de cette question, rempli d'ailleurs de recherches intéressantes, de vues neuves et justes, de considérations très instructives, se ressent trop de cette haine puérile que Gibbon avait vouée à la religion chrétienne, et dont l'expression trop marquée révolta les bons esprits, arma les théologiens, et ne flatta que trop ce parti qui décorait du noble et beau nom de philosophie les petitesses aujourd'hui si méprisées, et les fureurs maintenant éteintes du fanatisme anti-religieux. J'ai dit que l'auteur anglais avait conçu son *Histoire philosophique*, comme un autre aurait pu concevoir un poème à l'aspect des ruines de Rome; et, si j'en crois le sage éditeur, la haine de Gibbon contre le christianisme avait aussi quelque chose de poétique : « Gibbon, dit M. Guizot, n'a vu « dans le *christianisme* que l'institution qui avait mis « *vêpres*, des moines déchaussés et des processions, « à la place des magnifiques cérémonies du culte « de Jupiter et des triomphateurs du Capitole. » A quoi tiennent donc les pensées des plus fortes têtes!

et qui ne gémirait de voir un homme tel que Gibbon devenir ainsi le jouet et la dupe de son imagination ! C'est là qu'il force visiblement les faits, et que même il les dénature pour les plier à son système; c'est la partie la plus suspecte de son livre; mais il faut l'avouer, ce n'est pas la moins digne d'être lue et méditée.

On voit donc que l'ouvrage d'Édouard Gibbon est du nombre de ceux qui ont besoin, et qui méritent d'être revus, commentés, rectifiés par un écrivain sensé, instruit et impartial, dont l'utile et laborieuse exactitude ne souffre pas que l'erreur usurpe jamais la place de la vérité, et dont la plume sévère marque les écarts du talent séduit par l'éclat de ses propres conceptions, ou égaré par le prestige de ses passions et de ses préjugés.

Dussault, *Annales littéraires.*

II.

Une érudition vaste, solide et sur-tout bien variée, une critique aussi exacte qu'ingénieuse, un intérêt de narration, sinon toujours égal, du moins toujours assez soutenu pour ne laisser jamais de place à la langueur, des vues quelquefois profondes, souvent étendues et presque toujours justes, des réflexions piquantes, l'art de rattacher les faits à de grandes idées dont l'écrivain ne connaissait peut-être pas toute la fécondité, mais qui excitent à la méditation l'esprit du lecteur : voilà les qualités qui distinguent l'*Histoire de la chute et de la décadence de l'Empire Romain.* Ce sont là sans doute des mérites plus que suffisants pour assurer la durée de l'ouvrage de Gibbon. D'ailleurs ces mérites sont faciles à saisir, tout homme éclairé les aperçoit et en connaît le prix, tandis que les vrais défauts de Gibbon sont du nombre de ceux qui échappent au commun des hommes, et même aux esprits exercés. Le premier et le plus grand tort peut-être qu'on puisse lui reprocher, est cette absence d'élévation dans les sentiments, qui trompe d'autant plus la raison, que l'historien se croit plus raisonnable quand il considère les vices et les vertus avec la même indifférence. L'imagination de Gibbon était mobile, et son caractère froid, il se laissait aller aisément à admirer ce qui l'étonnait, et il jugeait mal en ce qu'il ne savait pas sentir. Après s'être efforcé de rabaisser le courage héroïque des martyrs chrétiens, il prend plaisir à célébrer les féroces exploits de Tamerlan et des Tartares; la grandeur matérielle, si on peut le dire, le frappe beaucoup plus que la grandeur morale, et les élans d'une vertu sublime ne pénètrent point jusqu'à son âme, tandis que les écarts d'une force barbare séduisent son imagination et égarent son jugement. Il n'avait point de principes fixes en morale, en politique, en économie politique, sur tout ce qui constitue l'ensemble de la société et l'histoire de la civilisation : delà résulte dans ses opinions une incertitude très embarrassante ; son ouvrage ne tend point vers un but unique ; la marche n'en est pas ferme, et c'est en un mot l'ouvrage d'un homme éclairé, doué de cet esprit philosophique qui examine, décompose, et peint avec habilité tous les détails de l'histoire dont il s'occupe, plutôt que celui d'un grand philosophe qui fait jaillir du sein d'un nombre inconnu de faits, ces hautes conceptions, ces vérités d'un ordre supérieur qui s'appliquent à toutes les histoires et à tous les siècles.

Guizot, Biographie universelle.

GILBERT (Nicolas-Joseph-Laurent), naquit en 1751, à Fontenoi-le-Château, village près de Remiremont. Ses parents, simples cultivateurs, ne négligèrent rien pour donner à leur fils une éducation soignée; et ses heureuses dispositions secondèrent si bien la sollicitude paternelle, qu'à douze ans il avait, dit-on, terminé ses études avec succès. Sans fortune, sans appui, et sans autre ressource que des talents sur lesquels sa confiance fondait un espoir bientôt et bien cruellement déçu, le jeune Gilbert se flatta de trouver à Paris tout ce qu'il eût vainement attendu dans sa province; un accueil honorable, des amis utiles, et de puissants protecteurs : il y arriva vers la fin de 1770, n'apportant avec lui d'autres moyens d'existence, que les essais informes d'un talent qui n'avait pas encore pris sa véritable direction. Son premier recueil parut en 1771, sous le titre de *Début poétique;* il se composait de trois *Héroïdes* (genre que le grand succès de l'épître d'Héloïse à Abailard, si heureusement imitée de Pope par Colardeau, avait récemment mis en faveur), et de quelques odes. Ce recueil, il faut en convenir, n'était pas de nature à faire extraordinairement remarquer le *débutant*. Fréron cependant, qui partageait alors avec La Harpe l'empire de la critique, mais l'exerçait dans des vues et avec des armes bien différentes, distingua quelques étincelles de génie, au milieu des fautes de tous les genres : il crut devoir, et donna quelques encouragements, qui ne furent perdus ni pour le talent ni pour la reconnaissance du jeune poète. Il est probable même que les liaisons qui durent s'établir alors entre Gilbert et l'infatigable antagoniste des *philosophes*, ne contribuèrent pas peu à fortifier en lui cette haine vigoureuse, qui se déchaîna bientôt après avec tant d'éclat, de verve, et d'audace, contre les nouveautés et les *novateurs* de cette trop mémorable époque.

Malheureux à l'impression, Gilbert voulut tenter un autre moyen de célébrité. Les concours académiques ouvraient alors aux jeunes écrivains une route prompte et facile vers la renommée : Marmontel, Thomas, La Harpe, lui devaient en grande partie la leur. Gilbert crut pouvoir se mesurer avec des rivaux habitués à vaincre *sans péril*, et qui triomphaient *sans gloire*, à ses yeux. Il présenta à l'Académie française son *Poète malheureux*; et si l'Académie fut juste en lui refusant le prix, elle ne le fut pas en ne faisant aucune espèce de mention d'une pièce qui, malgré ses fautes, annonçait du talent, et était d'ailleurs l'ouvrage d'un très jeune homme. Mais les encouragements accordés par Fréron au *Début poétique*, n'étaient pas un moyen de succès auprès de l'Académie. Tentative nouvelle, et même résultat l'année suivante : l'ode sur le *Jugement dernier* ne fut ni couronnée ni mentionnée par l'Académie. L'auteur l'imprima, comme il avait imprimé déjà le *Poète malheureux*, précédée d'une préface, où il s'explique sur le compte de ses juges, de ses concurrents, et de lui-même, avec toute l'imprudence de son âge, et la chaleur d'une âme doublement aigrie par le malheur et par l'injustice. La Harpe, personnellement provoqué, opposa une singulière modération, pour cette fois, aux attaques du fougueux Gilbert; il n'y voit qu'une jeune tête qui fermentait, et qui sans doute se calmerait, *dans une situation plus heureuse.* Du reste, il trouvait dans cette même pièce, à travers le désordre des idées et la foule des incorrections, des morceaux *qui annonçaient de la verve*, des tournures et des mouvements *qui sont d'un poète.* Voilà ce que disait La Harpe dans le *Mercure* d'octobre 1772; mais, quelque temps après, *le Poète malheureux* ne devait plus s'appeler que *le mauvais poète;* et il était impossible, *avec la meilleure volonté du monde*, d'y trouver *quatre vers passables.* Il est vrai que, dans l'intervalle des deux jugements, le *Dix-huitième siècle* et *Mon apologie* avaient paru; et tout s'explique facilement alors.

Ces deux satires, également remarquables par la force des choses, l'énergie du style, et le mérite spécial du genre, la vigueur du trait, tirèrent pour toujours le nom de Gilbert de l'obscurité dont il voulait sortir, à quelque prix que ce fût : il devint, et il est resté, comme il le désirait, *fameux par son audace.*

On conçoit sans peine quelles rumeurs dut exciter dans le parti qu'elles démasquaient, l'apparition de ces véhémentes *Philippiques* contre les vices et les travers du XVIIIe siècle, à l'époque surtout où sa prétendue *philosophie* touchait, pour le malheur et la leçon des peuples, au moment de son triomphe. Mais ce qui s'explique moins facilement, c'est l'aveuglement étrange qui ferma les yeux les plus intéressés sur les bords du précipice dont on leur indiquait la profondeur; c'est le déplorable abandon où fut délaissé l'athlète généreux que le seul instinct de son courage pour la bonne cause avait amené dans la carrière. C'est ainsi que, quelques années auparavant, cette même autorité, qui, justement alarmée des progrès du philosophisme, avait commandé, ou du moins permis à Palissot la comédie des *Philosophes,* abandonna ensuite le poète à la vengeance des sophistes qu'il avait joués. L'infortuné Gilbert trouva cependant de vrais amis dans quelques hommes de lettres, dignes de leur nom, puisqu'ils avaient le mérite de sentir et d'apprécier celui des autres. M. l'abbé Grosier [*], que la mort vient d'enlever aux lettres qu'il honorait par ses vertus, recommanda le jeune poète à la bienveillance éclairée du prélat illustre

---

[*] M. l'abbé Grosier est mort le 8 décembre 1823, âgé de quatre-vingt-trois ans. Il était depuis plusieurs années administrateur de la bibliothèque de S. A. R. Monsieur, à l'Arsenal. Il est sur-tout connu par une *Histoire de la Chine.*

qui occupait alors le siége de Paris. M. de Beaumont accueillit le talent malheureux avec la grace particulière qu'il mettait à ses bienfaits, accorda à Gilbert des secours provisoires, et lui fit obtenir une pension modique, mais qui le mettait à l'abri du besoin, et dont il jouit jusqu'à sa mort. Voilà ce que La Harpe appelait noblement *être au pain de l'archevêque!* Gilbert n'était pas plus *au vin de Fréron*; et c'était calomnier sa mémoire, c'était insulter à sa tombe, à peine encore fermée, que d'ajouter, avec le correspondant russe [*], que *l'habitude du vin* n'avait pas peu contribué à augmenter sa disposition naturelle à la folie. Cette folie prétendue ne fut que la suite malheureuse, mais naturelle, d'une chûte, où une blessure grave à la tête nécessita l'opération du trépan. La bienveillance dont l'honorait le vénérable archevêque ne l'abandonna pas dans cette circonstance : il fut conduit et soigné par ses ordres, et presque sous ses yeux, dans le seul hospice où sa maladie pût être suivie et traitée alors avec succès [**]. On ne peut disconvenir au moins que cette folie n'eût des moments bien lucides, puisque ce fut dans l'un de ces intervalles, et peu de jours avant sa mort, qu'il soupira ces stances, d'une expression si vraie, d'une sensibilité si douce et si touchante! Ses ennemis eux-mêmes (La Harpe excepté) n'ont pu s'empêcher de les citer avec éloge, et on ne les relit pas sans attendrissement.

---

[*] Voyez la Correspondance de La Harpe, lettre CXXXVIII.
[**] L'Hôtel-Dieu.

Au banquet de la vie, infortuné convive,
J'apparus un jour, et je meurs :
Je meurs, et sur la tombe où lentement j'arrive,
Nul ne viendra verser des pleurs !

Salut, champs que j'aimais, et vous, douce verdure,
Et vous, riant exil des bois !
Ciel, pavillon de l'homme, admirable nature,
Salut pour la dernière fois !

Ah ! puissent voir long-temps votre beauté sacrée,
Tant d'amis sourds à mes adieux !
Qu'ils meurent pleins de jours, que leur mort soit pleurée,
Qu'un ami leur ferme les yeux !

Ce fut véritablement pour lui le chant *du cygne* ; et ces accents, où le sentiment religieux se mêle et se confond si heureusement avec les affections d'un cœur sensible, sont les derniers qu'il ait fait entendre. Huit jours après, dans l'un des accès de sa fièvre cérébrale, il avala une clé, qui, arrêtée dans l'œsophage, le fit expirer, au bout de quelques heures, dans les convulsions d'une douleur dont la cause ne fut connue qu'après sa mort, arrivée le 12 novembre 1780. Il n'avait pas trente ans !

Ainsi périt à la fleur de l'âge, et au moment où son beau talent, sensiblement perfectionné, allait prendre sans doute un nouvel essor, un malheureux jeune homme, digne d'un autre sort et d'un meilleur temps; victime de l'indifférence des uns et de la coupable malveillance des autres. Plus justes pour lui que ses ingrats contemporains, honorons sa mémoire, relisons ses beaux vers, et rendons sur-tout hommage au petit nombre d'amis vertueux qui accueillirent son infortune, et adoucirent, autant qu'il fut en eux, son moment d'exil dans cette terre de douleur.

AMAR.

JUGEMENT.

Un jeune étourdi de vingt ans, dans un coup d'essai de trois ou quatre cents vers, qui n'annonçait pas même le talent qu'il montra depuis dans le plus facile de tous les genres, dans la satire, insulte et menace, du haut de son génie, tout son siècle à la fois, coupable à ses yeux de n'avoir pas couru au-devant de sa muse avant même qu'on sût s'il en avait une. Il faudra des citations multipliées pour faire croire à ces phénomènes de l'orgueil en délire, qu'il importe de rappeler, parce qu'ils caractérisent une époque où ce délire s'étendait à tout et tenait à tout. Ce jeune homme, dont la mémoire peut d'ailleurs inspirer quelque intérêt en faveur de ses infortunes, et sur-tout d'une mort déplorable qui l'enleva à trente ans, lorsque peut-être plus de maturité et d'expérience auraient pu calmer sa tête et épurer son jugement et ses principes, était le malheureux Gilbert, qui eut certainement du talent pour la versification, et de la verve poétique, comme on pourra s'en convaincre à l'article de ses satires, et qui même en laissa échapper des étincelles dans quelques-unes de ses odes, généralement au-dessous du médiocre, il est vrai, hors la dernière, où il y a de belles strophes. Quoique ses odes, sans faire la même fortune que ses satires, aient été ridiculement louées par la mauvaise littérature de son temps, qui chérissait en lui l'ennemi de la bonne, je n'aurais pas même fait mention de ces louanges, qui étaient oubliées comme les odes, s'il n'existait aujourd'hui une littérature bien plus mauvaise en tous sens, qui s'occupe à déterrer d'ancienne sottises, comme si elle se défiait des siennes, et qu'elle crût avoir besoin d'auxiliaires. Il faut donc dire un mot de ces odes, pleines d'un faut goût plus contagieux aujourd'hui que jamais, et qu'ici notre objet principal est de combattre sans cesse, pour en préserver ceux de nos jeunes écrivains qui donnent des espérances, et qui n'en sont que plus exposés à la séduction. Je rendis une pleine justice à l'auteur, de son vivant, et relevai d'autant plus ce qu'il avait de bon, qu'il s'était déclaré très gratuitement mon ennemi : il n'y a pas de raison pour que je ne la lui rende pas de même après sa mort; et comme jamais cette conduite ne m'a rien coûté, je suis fort loin de me faire un mérite de ce qui n'est qu'un devoir.

Le premier défaut de ses odes, ou plutôt un vice capital, c'est que le plan en est presque toujours absurde. L'auteur n'était en état ni d'inventer ni de penser; il ne songeait qu'à tourner des vers, il ne connaissait presque point le rhythme de l'ode : cette tournure même du vers, son unique objet, il ne l'a saisie que dans l'hexamètre, qui est celui de ses satires. Il veut célébrer le *jubilé* (celui de 1775); et l'on voit du premier coup-d'œil que, pour nous peindre l'effet du *jubilé*, il imagine le plus mauvais de tous les moyens, une hypothèse fausse par le fait et impossible par l'application. Il établit d'abord, en faisant parler les philosophes, que la religion est totalement détruite en France, que les églises sont désertes, et que les enfants mêmes ne croient plus en Dieu. Cet état de choses, qui ne fut que trop réel en 93, était une exagération folle en 75. Les églises étaient fréquentées; que ce fût par zèle ou par respect humain, ce n'est pas ce dont il s'agit, et après tout Dieu seul en est juge. Dans nos écoles, toutes chrétiennes, on n'eût pas trouvé un seul enfant qui ne crût à ce qu'on lui enseignait : cela même est dans la nature; et quand nous avons vu l'enfance même impie, c'est qu'il était ordonné de lui apprendre à l'être; qu'elle le soit devenue alors, rien n'est plus simple : ce qui ne l'est pas, puisque jamais on n'en avait vu d'exemple, c'est qu'il ait été légalement prescrit de la rendre telle, et c'est ce que l'histoire seule peut expliquer. Mais la seconde hypothèse de l'auteur (et les deux font tout le fond de l'ode) est encore plus insoutenable, lorsqu'il prétend que le jubilé a rétabli tout d'un coup ce que la philosophie avait détruit. Rien de tout cela ne s'opère si vite en bien ou en mal; et je conçois que les philosophes aient pu rire quand ils ont lu, à la fin de cette ode, ces vers, adressés à l'Église de Sion :

Tout marche, tout fléchit sous ta loi fortunée;
    Et l'impiété détrônée
Cherche où fut son empire, et ne le trouve pas.

Elle touchait précisément alors à ce *trône* que l'on suppose ici renversé, et y touchait malgré le jubilé. J'avoue qu'elle ne l'a pas occupé long-temps ; mais du moins le règne a été mémorable, et ce n'est pas un jubilé qui pouvait y mettre fin.

Voulez-vous voir si la forme vaut mieux que le fond ? Cela n'est pas difficile à juger :

J'ai vu l'impiété de forfaits *surchargée*,
Triomphante, et partout en sagesse érigée,
Sur nos autels détruits marcher impunément.
Ses soldats, du Très-Haut vainqueurs imaginaires,
 Par des blasphèmes téméraires
Annonçaient aux mortels leur gloire d'un moment.

De forfaits surchargée est une expression bouffie et fausse : pour qu'elle eût du sens, il faudrait que les forfaits pesassent à l'impiété, et c'est tout le contraire : le mot *surchargée* est donc employé à contre-sens. Elle ne *marchait* point *sur les autels détruits*, puisque tous étaient debout ; et l'homme instruit se rappelle tout de suite ces deux vers de *la Henriade* sur le calvinisme, qu'on a vu

Se placer sur le trône, insulter aux mortels,
Et d'un pied dédaigneux renverser les autels.

C'est dire la vérité, et la dire en poète. Ces *soldats de l'impiété*, qui

Annonçaient aux mortels *leur gloire d'un moment*.

offre une amphibologie inexcusable : à quoi se rapporte *leur gloire d'un moment* ? hémistiche qui d'ailleurs est partout. Est-ce aux *soldats?* est-ce aux *mortels?* Ce peut être à l'un comme à l'autre sans manquer de sens; et par la construction, c'est aux *mortels*, ce qui est contraire au sens de l'auteur. L'homme instruit, que frappent toutes ces fautes, dit sur-le-champ : Vers d'écolier! et il a raison.

Dans la strophe suivante, le poëte, faisant parler les philosophes au Christ, leur fait dire :

Où règne enfin ta loi frivole?

Il ne faut prêter à personne des faussetés absurdes qui n'ont pas été dites. Aucun de nos philosophes n'a demandé *où régnait* le christianisme, qui régnait, comme il règne encore, sur la moitié de l'univers. Jamais là-dessus, comme sur tout le reste, ils ne se sont vantés que dans l'avenir, et il est plus que probable que c'est là seulement qu'ils habiteront toujours. Je n'ignore pas que, pendant la révolution, ils ont parlé autrement, et qu'ils ont mille fois tenu pour fait ce qu'ils désiraient de faire : c'était même le protocole universel des discours et des écrits; mais Gilbert écrivait en 75, et il n'y avait alors rien de pareil. Il continue à les faire parler :

Tombez, temples chrétiens, désormais inutiles.
L'oiseau seul de la nuit et des prêtres *serviles*
Fréquentent de vos murs la sombre et vaste horreur,
Embrasez-vous, autels! rentrent dans la poussière,
  Avec leur idole grossière,
Tous ces tyrans sacrés qui *trafiquent l'erreur*.

Trafiquer l'erreur est un solécisme : *trafiquer* n'admet que le régime indirect. *Embrasez-vous, autels,* pour dire qu'on brûle ces autels, est un contre-sens ridicule; *embrasez-vous* exprimerait un miracle, comme dans ce vers d'*Athalie;*

Temple, renverse-toi; cèdres, jetez des flammes.

Tyrans sacrés était une belle expression la première fois qu'elle a été employée : il n'y a point de mérite à la répéter depuis qu'elle est partout; et, encore une fois, toutes ces assertions sur la solitude des temples n'étaient que risibles. Il y aurait eu plus de vérité à peindre la mauvaise humeur de ces philosophes-là, dont j'ai été plus d'une fois témoin sans la partager en aucune façon, lorsqu'ils voyaient la foule des voitures devant Saint-Roch à la messe de midi, et l'affluence aux processions de la Fête-Dieu.

Gilbert adresse ensuite la parole à la ville de Paris, changée tout-à-coup par le jubilé :

O Babylone impure! ô reine de nos villes!
Long-temps d'un peuple athée exécrable séjour,
Dis-nous : n'es-tu donc plus cette cité hautaine
    Où l'impiété souveraine
Avait placé son trône et rassemblé sa cour.

Le peuple de Paris et de la France n'était point *athée;* il s'en fallait de tout; et même en 93 et 94 il n'y avait d'*athée* que le *peuple révolutionnaire,* qui, graces aux ciel, a toujours été le petit nombre. Mais sur-tout on ne saurait trop redire combien il est insensé de supposer un peuple *athée* redevenu chrétien en un moment : on n'a jamais plus mal imaginé, et de semblables défenseurs de la religion la servaient trop mal pour déplaire beaucoup à ses ennemis.

Ciel! quel vaste concours! *Agrandissez-vous, temples.*

Il fallait que l'auteur eût encore bien peu d'oreille pour supporter une chute si misérable. Mais voici, au milieu de tout ce fatras, quatre beaux vers qu'on est tout étonné de trouver là. Il faut même passer par-dessus les deux premiers de la strophe, dont le second est détestable :

Ainsi parlait hier un peuple de faux sages.
Si ce roi des soleils, sensible à leurs outrages...

Qui jamais a désigné le Très-haut par cette dénomination de *roi des soleils?* Voilà pour Dieu une plaisante royauté! On reconnaît bien là cette manie puérile des figures usées, devenues parasites même quand elles ne sont pas mal employées, tant elles l'ont été souvent. Cette recherche, qui occupe continuellement le vulgaire des rimeurs, est un signe infaillible de stérilité, et montre évidemment que ces emprunts maladroits, qu'ils mendient de toutes parts, paraissent à leur ignorance l'équivalent de tout ce qu'ils n'ont pas. Cet autre expression, *sensible à leurs outrages*, ne convient pas plus à Dieu que celle de *roi des soleils;* mais tout cela ne détruit pas le mérite des quatre vers suivants :

Si l'Éternel

Eût dit dans sa pensée : « Ingrats, vous périrez ! »
Le tonnerre, attentif à son ordre suprême,
 Se fût éveillé de soi-même,
Et les eût parmi nous choisis et dévorés.

Cela est absolument dans le goût de l'Écriture, et n'en est pas traduit ; cela est de verve, et n'est pris nulle part. Le même connaisseur qui aura méprisé le reste de la pièce, dira en lisant ces quatre vers d'un jeune homme : il y a là le germe d'un talent. Il dira la même chose de ces trois vers, qui terminent une ode sur le *Jugement dernier* :

L'Éternel a brisé son tonnerre inutile ;
Et d'ailes et de faux dépouillé désormais,
Sur les mondes détruits le Temps dort immobile.

Ces images sont grandes et originales. D'ailleurs, l'ode ne vaut pas même celle du jubilé : son excessive faiblesse devient encore plus sensible par la richesse du sujet. L'éditeur posthume de Gilbert, qui même en lui attribuant, suivant l'usage, beaucoup plus de mérite qu'il n'en eut, ne laisse pas de convenir, avec une bonne foi très louable, de tout ce qui lui a manqué, nous dit que Gilbert « ne pou-
« vait pardonner à l'Académie de n'avoir pas cou-
« ronné cette ode, où se trouvent, au milieu d'une
« foule de défectuosités, des strophes qui respirent
« le noble enthousiasme de J. B. Rousseau. » Si l'Académie avait besoin de justification, il suffirait de lire la pièce pour avouer qu'il n'était pas pos-

sible, malgré trois beaux vers, je ne dis pas de couronner, mais même d'honorer d'une mention une pièce où le sujet n'est pas même ébauché, où il n'y a pas même ce qu'on appelle des *strophes*, puisqu'elle n'est qu'un amas confus de vers de toute mesure, entassés pêle-mêle sans le moindre sentiment du rhythme, et dans de longues phrases qui ne sont qu'un mélange de prosaïsme, d'enflure et de déraison. L'auteur fait dire aux impies :

Et c'est là ce Dieu *généreux!*
Et vous pouvez encore espérer qu'il s'éveille!
Allez, imitez-nous; et tandis qu'il sommeille,
Soyez *coupables*, mais heureux.

Il y a du malheur à prêter des sottises à ceux qui vous en laissent tant à choisir. Y a-t-il l'ombre du sens commun à supposer que les impies, à l'instant même où ils nient qu'il existe un Dieu disent aux hommes : *Soyez coupables*, comme si on pouvait l'être en violant des lois qui n'existent pas? Jamais ils n'ont tenu un pareil langage : ils ont dit et disent encore tout le contraire, ramenant tout à leur axiome, que *tout ce qui est dans la nature est bon*. Le fait est que Gilbert ne les avait pas même lus; mais fallait-il même les lire, pour sentir que personne ne dit : *Soyez coupables?*

On a retenu d'une autre ode un beau vers sur Rome :

Veuve d'un peuple roi, mais reine encor du monde.

C'est le seul qu'on y puisse louer, et tout à côté

se trouvent des vers absurdes sur l'empire romain.

>Cet immense colosse, élevé par la guerre
>   Au trône de la terre,
>Tombe, et n'est plus, *hélas! qu'un nom jadis fameux.*

Hélas! est ici une cheville d'autant plus froide! qu'elle a l'air d'affecter fort mal à propos le sentiment; mais ce qui est bien pis, c'est ce *nom jadis fameux*, comme s'il y en avait un plus fameux à jamais que celui de l'empire romain.

Une ode *au roi* ne contient rien autre chose, si ce n'est que les arts, tombés dans le mépris parmi nous, passeront dans les forêts de l'Amérique, qui mettra l'*Europe entière dans les fers.* Je ne crois pas qu'ici l'auteur soit meilleur prophète que poète. Rien dans une ode *sur la mort de Louis XV*; rien dans celle *au prince de Salm*; rien dans celle *sur la mort de la Princesse de Lorraine*: déclamation, mauvais goût et prose rimée, voilà tout. La dernière, celle qui a pour titre, *Sur la guerre présente, après le combat d'Ouessant*, est la seule où l'on puisse enfin citer des strophes entières. Elle est de 1778; et la versification de l'auteur, habituellement dure et pénible, hors dans ses deux satires, commençait à s'assouplir un peu, à force de travail, en même temps que sa verve se fortifiait et s'éclairait. C'est ce progrès réel qui fait regretter davantage qu'il n'ait pas eu le temps de le pousser plus loin. Ce n'est pas que cette ode soit généralement bien conçue, et qu'il n'y ait encore quantité de fautes de sens ou d'expression; mais la marche en est lyrique, et le style a des beautés. Il est fâcheux que l'auteur, à propos d'un évènement aussi peu décisif que celui d'une flotte anglaise qui se retire sans aucune perte devant des forces très supérieures, se soit livré à une jactance hyperbolique, qui passe de beaucoup les privilèges de la poésie : elle peut, elle doit agrandir les objets, mais non pas les outrer jusqu'à un excès qui touche au ridicule. Il ne faut pas insulter et menacer l'ennemi de manière à lui donner le droit de se moquer de vous. Si l'on a reproché (quelquefois assez mal à propos) l'abus de la louange et le ton de la présomption aux panégyristes de Louis XIV, qui célébraient quarante ans de prospérités non interrompues, que dira-t-on d'un poète qui voit l'Angleterre perdue dans l'humiliation et le néant parce qu'une flotte est rentrée dans le port? Il avait un si beau champ, et un champ tout neuf, à faire sentir aux Anglais leur imprudence orgueilleuse, qui avait forcé l'Amérique à s'armer contre eux, et la France à créer une marine capable de balancer la leur, ce qui n'était pas arrivé depuis Louis XIV; à leur prédire l'indépendance, déjà très vraisemblable, de leurs colonies, et la gloire qui en rejaillirait sur la France, dont la protection puissante et nécessaire assura en effet la liberté des Américains. Mais ce n'étaient pas là des lieux communs, et il n'entre presque jamais autre chose dans ces têtes à hémistiches, d'ailleurs si vides et si stériles. Voyons donc les vers. Des deux premières strophes, la première n'est pas bonne, quoique le ton soit du moins celui de l'ode, la seconde est fort belle :

Il a fui devant nous, pour retarder sa perte,
Ce peuple usurpateur de l'empire des eaux.
A peine pour combattre ont paru nos vaisseaux
  Il laisse au loin la mer déserte.
Des Français menaçants l'image le poursuit ;
 Il fuit encor, cachés sous de lâches ténèbres,
  Et dans ses ports, *jadis célèbres*,
Il court de son salut rendre grace à la nuit.

Il y a là de la tournure, si ce n'est qu'*à peine pour* commence assez mal un vers d'ode; mais vous revoyez encore ici cette absence totale de raison, dans ces ports *jadis célèbres*, comme tout à l'heure le nom de Rome était *jadis fameux*. Quoi! les ports de l'Angleterre ne sont plus *célèbres* depuis que trente-deux vaisseaux s'y sont retirés devant soixante? Qui croirait qu'on affectionnât le mot *jadis* au point de lui sacrifier deux fois le bon sens? C'est pourtant l'exacte vérité : c'est parce que ces phrases, *jadis fameux*, *jadis célèbres*, sont d'un tour poétique, que Gilbert a voulu les employer à tout prix. Quelle pitié! et soyez sûrs que cent exemples pareils ne corrigeront point nos métromanes, qui se croient poètes : la vérité ne peut rien sur eux; elles les irrite et ne les instruit pas : aussi n'est-ce pas pour eux qu'on la dit :

Tu disais cependant, anarchique insulaire :
Environné des mers, seul je suis né leur roi.
L'orgueil des nations s'abaisse avec effroi
  Sous mon trident héréditaire.
Les Français sont ma proie : ils n'affranchiront pas

Les humbles pavillons que mon mépris leur laisse,
　　Déjà vaincus de leur mollesse
Et du seul souvenir de nos derniers combats.

Voilà des vers pour cette fois, des vers excellents : il n'y en a pas un qui ne soit beau à la fois et de pensée et d'expression; et l'une et l'autre sont à l'auteur. Joignons-y, pendant que nous sommes en fortune, une autre strophe qui n'est pas moins belle :

Vengez-nous : il est temps que ce voisin parjure
Expie, et son orgueil, et ses longs attentats.
D'une servile paix, prescrite à nos états,
　　C'est trop laisser vieillir l'injure.
Dunkerque vous implore : entendez-vous sa voix
Redemander les tours qui gardaient son rivage,
　　Et de son port dans l'esclavage
Les débris s'indigner d'obéir à deux rois?

J'aime à répéter ici ce que j'imprimais dans le temps en rendant compte de cette pièce, qui venait de paraître. « Ces vers sont également beaux par le « mouvement, par la tournure, par l'expression; et « c'est en écrivant ainsi que l'on peut parvenir à ma- « nier la lyre de Rousseau. » Je remontrais ensuite à l'auteur, il est vrai (et le temps n'a que trop justifié ce que je disais il y a vingt-quatre ans), combien devaient nuire au talent ces préjugés accrédités par l'ignorance, et qui n'étaient propres qu'à dépraver le style, après avoir égaré le jugement; cette doctrine de convention établie par de nouveaux critiques et d'apprentis rimeurs, qui avaient juré de ne trouver rien de beau que ce qui sort du naturel, de n'admirer que ce qui est extraordinaire, et de ne voir de langage poétique que dans celui qui n'est plus humain, *plus poetici quàm humani*, comme disait Pétrone. C'est ainsi, ajoutais-je, qu'on se fait un style systématiquement mauvais, et qu'en se guindant de toute sa force pour s'élever au sublime, on retombe de tout son poids dans le galimatias; en sorte que l'on pourrait appliquer à la poésie ce qu'on a dit de la morale, que *certains hommes s'efforcent d'être pis qu'ils ne peuvent*. Cette même ode n'offrait que trop d'exemples de cette corruption de goût.

>   L'onde y promène
> Des forêts, *des cités enceintes de guerriers*.

L'auteur croyait justifier cette énorme bouffissure par une expression de Virgile qu'il citait en marge, *machina fœta armis*, sans songer que le génie d'une langue n'est pas celui d'une autre; que le goût consiste à les distinguer et à les accorder, et qu'en français *des forêts enceintes de guerriers* sont quelque chose d'aussi pittoresque qu'une ville *grosse d'habitants*. Boileau a dit :

> Mon esprit n'admet point un pompeux barbarisme,
> Ni d'un vers ampoulé l'orgueilleux solécisme;

et vous trouvez dans cette ode *vaisseaux heurtant vaisseaux, empire élevé contre empire. Vaisseaux contre vaisseaux, empire contre empire*, est une construction très française, comme dans ces vers :

> Romains contre Romains, parents contre parents...
>   Aigle contre aigle, et Rome contre Rome.

Mais le verbe entre les deux substantifs rend la phrase barbare. Cette autre phrase ne l'est pas moins :

Chacun de vous *aura son père spectateur.*

Ce n'était pas la peine de faire un vers sans césure pour y coudre un barbarisme tel qu'*avoir son père spectateur* : *pour spectateur* est la traduction française.

L'apostrophe est une figure poétique, et faite sur-tout pour l'ode : mais l'excès des meilleures choses est vicieux. Elle est ici prodiguée au point qu'il semble que l'auteur ne puisse s'exprimer autrement :

Aux armes, fils des rois ; nos vaisseaux vous demandent.
. . . .
  Soldats, illustrés d'un succès,
  Fendez les eaux, fuyez la terre...
. . . .
Français, vous combattez pour l'honneur des Français.
. . . .
Dieu, qui tiens sous tes lois la fuite et la victoire...
. . . .
Naissez, fils de l'état, pour le voir triomphant...
. . . .
Grand Dieu, tu ne veux point déshonorer nos armes.
. . . .
Non, généreux guerriers, cet enfant vous présage...
. . . .
Nuit, qui sauvas l'Anglais prompt à fuir nos vaisseaux...
. . . .
O vous qu'il opprimait, fils des mêmes ancêtres...
. . . .

Colons républicains, par la victoire *absous* *...
. . . .
Les voyez-vous, guerriers, ces fantômes terribles...
. . . .
Mânes de nos héros, vous serez satisfaits, etc.
. . . .

En voilà-t-il assez? et dans une pièce de cent vers. Supprimez les deux tiers de ces apostrophes, celles qui resteront peuvent avoir de l'effet : cette surabondance n'en a d'autre que le dégoût que produit cette monotonie, qui prouve la stérilité. Je conçois fort bien que ceux qui appellent cela *de la chaleur* trouvent froid tout ce qui ne va pas ainsi par sauts et par bonds; mais les connaisseurs ne confondent pas le mouvement nécessaire à la poésie pour transporter le lecteur, avec les saccades et les secousses qui l'essoufflent et le rebutent. Ils ne peuvent souffrir non plus qu'un auteur contredise à la fin d'une ode ce qu'il a dit de vingt manières dans le cours de la pièce, comme a fait ici Gilbert, qui, après avoir annoncé aux Anglais *la dernière ruine pendante sur leur front,* finit par invoquer *la plus noble*

---

* « *Absous* est un contresens; car c'est les supposer coupables ».

a Cette critique me semble bien sévère, comme beaucoup d'autres du même article où La Harpe montre contre Gilbert une prévention qui n'a rien d'étonnant, mais qui le rend injuste envers ce poète alors même qu'il a raison. *Summum jus summa injuria.* Sans doute le mot *absous*, pris à la rigueur présente le contre-sens que relève La Harpe. Mais Gilbert a voulu dire que si *ces colons républicains* n'eussent été vainqueurs, on les eût traités en coupables. Or le mot *absous* se prête fort bien à cette interprétation et a été souvent employé en ce sens. Ne pourrait-on pas faire avec autant d'apparence de raison et aussi peu de fondement, la même critique de l'*absolvit Deos* si vanté de Claudien.   H. PATIN.

paix comme le digne prix de nos armes. Rien n'était plus raisonnable, et tel fut en effet pour nous l'évènement de cette guerre; mais il fallait amener autrement ce vœu, qui en lui-même terminait fort bien la pièce.

Sur la seconde Satire de Gilbert, intitulée *Mon Apologie*.

Voici un de ces hommes qui s'appellent disciples de Boileau; il faut donc leur apprendre leur devoir, les comparer à leur maître.

Boileau, dans la satire adressée *à son esprit*, ne se dissimule pas tout le mal qu'on dit de lui :

Mais savez-vous aussi comme on parle de vous?
Gardez-vous, dira l'un de cet esprit critique;
On ne sait bien souvent quelle mouche le pique.
Mais c'est un jeune fou qui se croit tout permis,
Et qui pour un bon mot va perdre vingt amis.
Il ne pardonne pas aux vers de *la Pucelle*,
Et veut régler le monde au gré de sa cervelle.
Jamais dans le barreau trouva-t-il rien de bon?
Peut-on si bien prêcher qu'il ne dorme au sermon?
Mais lui qui fait ici le régent du Parnasse,
N'est qu'un gueux revêtu des dépouilles d'Horace.
Avant lui Juvénal avait dit en latin,
Qu'on est assis a l'aise aux sermons de Cotin, etc.

Il y a du sel dans ces vers, de la bonne plaisanterie, de la gaieté, de ces traits heureux qui frappent et qu'on ne peut pas oublier, tels que celui des deux derniers vers; et voyez d'ailleurs comme la tournure en est aisée, comme ils sont du ton de la conversation, sans rien perdre du côté de la précision et de l'élégance, comme le satirique trouve à mordre gaiement, jusque dans le mal qu'il suppose qu'on dit de lui Voilà comme avec un bon esprit, un goût délicat, un vrai talent, on sait égayer la satire et faire pardonner ce qu'elle peut avoir d'odieux quand elle n'est pas une juste représaille. On y voit d'ailleurs un honnête homme qui se respecte lui-même, qui avoue qu'on peut lui reprocher son penchant à la médisance, mais qui sent qu'on ne peut lui imputer des motifs bas, ni attaquer son caractère et ses mœurs. Voilà le maître, voyons le disciple. Il introduit un philosophe qu'il se donne pour interlocuteur, et qui lui dit dans un lieu public et devant des témoins :

De la religion soldat déshonoré,
Vous qui croyez en Dieu dans un siècle éclairé,
Gilbert, de votre cœur savez-vous ce qu'on pense?
Hypocrite, jaloux, cuirassé d'impudence,
Vous ne l'ignorez pas : votre méchanceté
Donne seule à vos vers quelque célébrité.

Je ne sais pas qui a pu fournir à l'auteur le modèle d'un pareil dialogue. Il n'est pas dans les convenances ordinaires ; et à moins que M. Gilbert ne nous assure qu'on lui a dit en face et publiquement qu'il était hypocrite, jaloux, cuirassé d'impudence, et déshonoré, on trouvera la vraisemblance poétique un peu blessée. Il faut absolument que la vérité vienne ici au secours de la fiction, et, dans tous les cas, l'on aura toujours peine à comprendre qu'un homme avoue au public qu'il se méprise assez lui-même pour supposer qu'on lui tienne ce langage, ou qu'on le méprise assez pour le lui tenir en effet.

Il me semble que la satire a changé de ton depuis Boileau, et que les disciples n'ont pas le style du maître. Ce qui rend la neuvième satire de Boileau si piquante, c'est sur-tout l'excellent dialogue que l'auteur établit avec son esprit. Il ne se ménage pas dans les objections, et se fait alléguer de très bonnes raisons, parce qu'il est sûr de la réponse. M. Gilbert, soit qu'il ait moins d'esprit que Boileau, soit que sa cause soit un peu moins bonne, trouve plus commode de se mettre en tête un adversaire maladroit, et même imbécile, qui lui reproche d'abord d'avoir *noirci les mœurs de cet âge innocent*. *Cet âge innocent*, ce n'est pas l'enfance, c'est notre siècle. Un philosophe peut croire le XVIIIe siècle meilleur qu'un autre, mais il y a quelque simplicité à le croire *innocent*. M. Palissot lui-même, le général de l'armée anti-philosophique, a reproché à M. Dorat d'avoir peint les philosophes, dans ses *Prôneurs*, comme des sots et des imbéciles. Ce reproche du chef aurait dû corriger le soldat déshonoré. Cependant M. Gilbert se fait dire ailleurs :

Infortuné censeur qu'*un peu d'esprit décore*.

Décore rime bien richement à *encore* ; mais d'ailleurs, quand on a vu et lu Gilbert, on trouve assez plaisant de le voir *décoré d'un peu d'esprit*. Il y a de quoi rire de cette *décoration* qu'il se donne à lui-même. Peut-être est-ce une faute d'impression, et faut-il lire que *peu d'esprit décore*. Ce qui pourrait le faire croire, c'est qu'un moment auparavant on lui dit que *l'oubli cacherait sa muse, s'il n'avait pas médi de l'Encyclopédie*. Or, un homme *décoré d'un peu d'esprit* pourrait se passer de cette grande ressource. Il est vrai que l'interlocuteur Psaphon ne se pique pas d'être fort conséquent. Il accorde, comme on l'a vu ci-dessus, à la muse de M. Gilbert *quelque célébrité*, et un moment après il lui dit :

Votre jeune Apollon, *qui n'a point réussi*,
Dans la satire encor ne peut être endurci.

C'est raisonner étrangement que de dire à un homme qu'il n'a dû *quelque célébrité* qu'à sa *méchanceté*, et de l'inviter à renoncer à la seule chose qui a pu le rendre célèbre ; on voit que M. Gilbert n'a pas voulu se faire pousser trop vivement, de peur d'être obligé de renoncer à sa *célébrité*.

...... Quel corps académique
Vous a pensionné d'un prix périodique ?

Je suis obligé en conscience de prendre pour moi ce vers emprunté de la vieille prose de la défunte *Année littéraire*, et l'une des plus fortes plaisanteries de feu M. Fréron, l'un des plus forts plaisants de France. Je vois qu'il y a communauté de biens entre les auxiliaires du même parti. Je conçois encore que M. Gilbert, qui a concouru trois fois pour le prix de poésie, trouve fort mauvais que l'on ne l'ait pas *pensionné*. Mais les pièces sont sous les yeux du public, ou du moins dans la boutique du libraire, et il faut les citer. L'une est *le Poète malheureux*; elle pouvait s'appeler *le mauvais Poète*. J'en rendis compte dans le temps; et il me fut impossible, avec la meilleure volonté du monde, d'y trouver quatre vers passables. Elle était dépourvue, non-seulement de style, mais de sens commun; cependant on y entrevoyait de la disposition à la tournure des vers. Si cette pièce existe encore quelque part, j'invite les curieux à essayer de la lire; et j'ose attester M. Gilbert lui-même, qui depuis a appris à versifier un peu mieux, qu'il n'y a pas, je le répète, quatre vers que l'on puisse louer. Cependant il ne manqua pas d'invectiver contre l'Académie, et prétendit qu'elle n'était pas capable de l'entendre. L'Académie ne l'avait que trop entendu.

Sa seconde pièce de concours fut une ode sur *le Jugement dernier*. A une strophe près, c'était un plat lieu commun, quelquefois même ridicule, comme je l'ai prouvé dans le chapitre de l'ode. Je m'en rapporte à ceux qui pourront la lire. La troisième pièce n'a pas été imprimée. Je demande si, sur de pareils titres, l'Académie est blâmable de n'avoir pas *pensionné* M. Gilbert. J'ose l'assurer que les pensions auxquelles il peut prétendre ne peuvent jamais venir de l'Académie. Il peut les avoir toutes hors celle-là.

> Aux cris religieux d'un parterre idolâtre,
> En face de vous-même, au milieu du théâtre,
> Jamais en effigie assis sur un autel,
> Vous a-t-on couronné d'un laurier solennel?

Pour ceci, j'avoue qu'il est difficile de satisfaire M. Gilbert. Ce qu'il demande n'est jamais arrivé qu'une fois, et probablement n'arrivera plus. D'ailleurs, il est trop au-dessus de M. de Voltaire, pour n'être traité que comme lui.

Ce que je viens de dire a l'air d'une plaisanterie. Je vais parler sérieusement. Peut-être aura-t-on d'abord quelque peine à me croire; mais en y réfléchissant, on sera de mon avis. Il m'est démontré que M. Gilbert se croit tellement supérieur à M. de Voltaire, qu'il serait offensé de la comparaison, et que l'honneur de le surpasser lui paraît au-dessous de l'ambition qui lui convient. Cela semblera un peu fort; eh bien! rappelez-vous avec quel mépris il a parlé de M. de Voltaire, dans sa première satire, de *tous ses vers faits sans art, à moitié rimés; importunant l'oreille de leur uniformité.* Songez qu'il l'appelle ailleurs le *Sénèque* de notre siècle, le *corrupteur du goût*; songez que M. Gilbert est bien persuadé que ses vers ont autant d'*art*, que ceux de M. de Voltaire en ont peu; songez (et ceci est bien remarquable) qu'il existe un essaim de versificateurs tellement enivrés de la vanité poétique, si follement entêtés du mérite de tourner des vers, qu'à leurs yeux il n'y en a point d'autres; que quatre vers bien tournés leur inspirent plus d'admiration que le drame le plus touchant ou le plus éloquent discours, ou le meilleur ouvrage de littérature, d'histoire ou de philosophie; toutes choses qui pour eux sont à peu près comme n'étant pas. Mettez ensemble toutes ces illusions nécessairement portées au plus haut degré dans un homme qui ose prendre le ton qu'a pris M. Gilbert, et vous concluerez qu'il ne voit dans M. de Voltaire qu'un talent fort superficiel, une réputation fondée sur le prestige, et qui ne résistera pas au temps, et dans lui-même le vrai génie du style, qui à la longue l'emportera sur tout. En veut-on la preuve évidente? Écoutez-le lui-même :

Qu'ils tremblent ces faux dieux dans leur temple insolent!
Je l'ai juré, je veux vieillir en les sifflant.
D'ennuyer nos neveux vainement ils *se flattent :*
Si *soixante ans* de gloire en leur faveur combattent,
Je suis contre leur gloire armé de leurs écrits.
Je ne m'aveugle point d'un sot orgueil épris :
Mon crédule Apollon sur son faible génie
N'a point fondé l'espoir de leur *ignominie ;*
Mais sur l'autorité de ces morts immortels,
Des peuples différents flambeaux universels,
Grands hommes éprouvés, dont les vivants ouvrages
Sont autant de censeurs des livres de nos sages;
Qui, parlant par mes vers, du goût humbles soutiens,
Couvrent de leurs travaux l'impuissance des miens;
Aux regards du public que *ma voix désabuse,*
De leur antiquité semblent vieillir ma muse ;
Et devant mes écrits de leurs noms appuyés,
Font taire *soixante ans* de succès mendiés.

Cela est-il clair? M. de Voltaire seul peut se vanter aujourd'hui de *soixante ans* de gloire. Eh bien! pour M. Gilbert, ce sont *soixante ans de succès mendiés*, qui se taisent devant les écrits de M. Gilbert. *Sa voix désabuse le public*, et ceux qu'il attaque *se flattent en vain d'ennuyer nos neveux*. Peut on douter encore de l'opinion que je lui attribue? En un mot, je m'en rapporte à lui. Il dit dans sa satire :

Philosophe, excusez ma candeur insolente.

C'est la première fois qu'on a si bizarrement accouplé deux mots dont l'un exprime ce qu'il y a de plus aimable, et l'autre ce qu'il y a de plus odieux. Rien ne ressemble moins à la *candeur* que l'*insolence*, et cela fait voir, en passant, dans quelles fautes grossières peut faire tomber la perversité d'esprit qui cherche à se persuader que l'*insolence* est de la *candeur*. Mais enfin j'atteste cette *candeur insolente* de M. Gilbert, et je le somme de nous déclarer, dans sa première satire, de combien de degrés il se croit élevé au-dessus de M. de Voltaire.

Quant à ce qu'il peut y avoir de mérite réel dans sa diction, on peut en juger par le morceau que je viens de citer. Ses vers sont en général d'une tournure ferme, et quelquefois d'une expression heureuse. Je l'ai répété plus d'une fois en marquant le progrès de ses différents essais, et en y recherchant curieusement ce qu'il y avait de louable. Il y a des vers bien tournés parmi ceux qu'on vient de lire, mais il y en a aussi de très mauvais :

Des peuples *différents* flambeaux *universels*,

est un vers platement chevillé. *Ces morts immortels* est pris des odes de Rousseau, et ce sont de ces expressions qu'on ne saurait prendre sans être plagiaire.

> De leur antiquité semblent vieillir ma muse,

est un vers obscur et recherché. *Vieillir de leur antiquité* est une tournure baroque, qui approche de la barbarie. Il y en a beaucoup de ce genre dans M. Gilbert. Le caractère de son style est de chercher l'expression figurée, et de transporter à un mot l'épithète qui appartient à un autre. Cet artifice, louable en lui-même, devient un défaut quand il se fait trop sentir; car M. Gilbert, qui parle tant de vers faits avec *art*, devrait savoir que cet art doit être caché. De là naissent la facilité et la grace, qualités dont il doit faire peu de cas, parce qu'il n'en a pas l'idée. Son style est pénible, martelé, quelquefois même du plus mauvais goût :

> Je veux de vos pareils ennemi sans retour,
> *Fouetter d'un vers sanglant* ces grands hommes d'un jour.

Je ne doute pas que M. Gilbert n'ait cru ce vers d'une hardiesse énergique. Il est ridicule. *Fouetter d'un vers!* quel intolérable abus de figures! C'est en écrivant ainsi qu'on ferait renaître le style du P. Lemoine et de Ronsard. M. Gilbert en a souvent la dureté; témoins ces vers :

> *Échue à l'Opéra par un rapt solennel*,
> Sa honte la *dérobe au pouvoir paternel.*
> Cependant une vierge aussi sage que *belle*,
> Un jour à ce sultan se montra plus *rebelle.*
> Tout l'art des corrupteurs auprès d'elle assidus
> Avait, pour le servir, *fait des crimes perdus.*
> Pour son plaisir d'un soir que *tout Paris périsse.*

Voilà que dans la nuit, de ses fureurs complice,
Tandis que la beauté, victime de son choix,
Goûte un chaste sommeil sous la garde des lois,
Il arme d'un flambeau ses mains *incendiaires*;
Il court, il livre au feu les toits *héréditaires*,
Qui la voyaient braver son amour *oppresseur*,
Et l'emporte mourante en son char *ravisseur*.

A l'opéra par un rapt, dérobe au pouvoir paternel.
En deux vers, voilà-t-il assez d'*r*? Et ces quatre rimes en *el* et en *elle*, *solennel*, *paternel*, *belle* et *rebelle*, sont-elles faites pour flatter l'oreille? *Faire des crimes perdus* est de la prose plate : perdre ses crimes aurait été poétique et élégant. *Que tout Paris périsse* : cet hémistiche déchire l'oreille. *Voilà que dans la nuit*, tournure triviale et déplacée. *Incendiaires*, *héréditaires*, *oppresseur*, *ravisseur*; cette accumulation d'épithètes dans le goût de Brébeuf, l'*amour oppresseur* et le *char ravisseur*, voilà donc ce que M. Gilbert et consorts appellent de la *poésie*, de la *verve*, de l'*énergie!* Je conçois le mépris que M. Gilbert doit avoir pour les vers de M. de Voltaire : ils ne sont pas faits avec cet art là.

On pourrait pousser bien loin cet examen critique, si l'on ne craignait d'ennuyer le lecteur :

Et de trésors pieux dépouillant son palais,
Porte à la veuve en pleurs de *pudiques* bienfaits.

Encore le même travers et le même jargon. On dit bien qu'il y a une sorte de pudeur dans la bienfaisance, parce que le mot de pudeur, dans notre langue, ne se borne pas à la chasteté. Mais *pudique* est tout différent. Il n'est point le synonyme de modeste : il ne se dit jamais que dans le sens de chaste. M. Gilbert est très sujet à ces sortes de méprises, et ne se souvient pas assez de ce précepte de Boileau :

Mon esprit n'admet point un pompeux barbarisme.

J'en suis fâché pour ceux à qui en impose cette prétention à la force, qui martèlent vingt vers pour en frapper deux ; pour ces rimeurs à tête exaltée, qui ne peuvent jamais soupçonner de mérite dans ce qui n'offre pas l'empreinte du travail et de l'effort. Ils ressemblent à une multitude ignorante, qui ne suppose de la valeur aux soldats qu'autant qu'ils ont un habillement bizarre et un air farouche. Je leur répéterai que ce ce style n'a jamais été celui des écrivains supérieurs ; qu'il n'exclut pas, comme je l'ai dit, un certain degré de talent, mais qu'il exclut tout ce qui fait le charme d'un ouvrage, la facilité gracieuse, la variété piquante, la sensibilité aimable. Aussi M. Gilbert en est-il entièrement dépourvu : sa verve n'est qu'un égoïsme furieux, un emportement monotone et insensé[*]. Il paraît s'être

---

[*] On conçoit aisément que La Harpe pouvait trouver un emportement monotone et insensé dans les vers suivants de Gilbert, vers à jamais célèbres :

Sous une périphrase étouffant ma franchise,
Au lieu de d'Alembert, faut-il donc que je dise :
C'est ce joli pédant, géomètre orateur,
De *l'Encyclopédie* ange conservateur,
Dans l'histoire chargé d'inhumer ses confrères.

proposé Juvénal pour modèle : il est souvent déclamateur comme lui ; mais il n'a point les traits sublimes qui ont fait la réputation de Juvénal, malgré les nombreux défauts qui en rendent la lecture fatigante. Il n'a pas non plus, il s'en faut de beaucoup, ce fond de raison et ce bon sens qui donnent du prix aux satires de Boileau. Jamais Boileau n'eût introduit un stupide Psaphon, capable d'un dialogue aussi inepte que celui-ci :

C'est toi seul que je plains, intraitable rimeur,
Ta mère te conçut dans un accès d'humeur.
Depuis, cherchant à nuire, et nuisant à toi-même,
Tu devins satirique et méchant par système.

GILBERT.

Ne me prêche donc plus.

PSAPHON.

Hélas ! l'humanité,
Mon frère, à vous prêcher excite ma bonté.

Passe-t-on aussi promptement de cette violence grossière à cette douceur de Tartufe ? Quelle ineptie ! Ceux qui ont tant loué M. Gilbert ont-ils méconnu

Grand homme, car il fait leurs extraits mortuaires ?
Si j'évoque jamais du fond de son journal
Des sophistes du temps l'adulateur banal ;
Lorsque son nom suffit pour exciter le rire,
Dois-je, au lieu de La Harpe, obscurément écrire :
C'est ce petit rimeur de tant de prix enflé,
Qui, sifflé pour ses vers, pour sa prose sifflé,
Tout meurtri des faux pas de sa muse tragique,
Tomba de chute en chute au trône académique.

F.

tant de fautes et de ridicules, ou les ont-ils dissimulés? Dans le premier cas, que penser de leurs lumières? dans le second, que dire de leur bonne foi? et dans l'un et l'autre, que reste-t-il de leurs louanges?

Boileau, qui a toujours parlé de sa personne et de ses écrits avec cette réserve qui sied aux honnêtes gens, Boileau eût-il fait ces deux vers :

Ma muse est *vierge* encore; et mon nom respecté,
Sans tache ira peut-être à la postérité.

Observez que le même homme qui se fait dire qu'il est *déshonoré, jaloux, hypocrite, cuirassé d'impudence*, etc., finit par dire que son nom est *respecté, sans tache*; que sa *muse est vierge*. Un homme qui aurait été sûr de mériter le respect d'autrui en se respectant lui-même n'eût jamais rien écrit de semblable. Il saurait qu'il ne convient ni de s'injurier ni de se louer ainsi. Et qu'est-ce qu'une *muse vierge*? Et qu'a fait M. Gilbert pour que son nom soit *respecté*? Le nom de M. Gilbert! A-t-il pris cette morgue pour de la dignité?

Je finis par une réflexion sur les satiriques de nos jours. Si Boileau n'eût fait que ses satires, qui pourtant sont de très bons ouvrages, il serait loin du premier rang. Ce sont ses *Épîtres*, son *Art poétique* et son *Lutrin*, qui l'ont mis à côté de nos grands poëtes, et qui en ont fait un de nos premiers auteurs classiques. Que peuvent espérer ceux dont les déclamations satiriques sont si inférieures aux bonnes satires de Boileau, et qui parviennent

GILBERT.

à peine à tourner péniblement une trentaine de bons vers? S'ils n'ont pas bonne grace de médire de leur siècle, leur sied-il mieux de parler de la postérité* ?

La Harpe, *Cours de Littérature.*

MORCEAUX CHOISIS.

I. Le Jugement dernier.

Quel bruit s'est élevé? la trompette sonnante
    A retenti de tous côtés,
Et, sur son char de feu, la foudre dévorante

---

* Malgré le mépris avec lequel La Harpe traite les vers de Gilbert, la *postérité* s'en occupe encore, et elle a oublié ceux du censeur, qui semble dans cet article s'accorder, en jugeant son rival, une grande supériorité. Peut-être La Harpe eût-il dû laisser à d'autres le soin de démontrer qu'il était un bien meilleur poète que Gilbert, et bien plus digne de *la pension académique.* Le souvenir de son injure personnelle lui ôte toute impartialité; il aperçoit les défauts avec toute la sagacité d'un ennemi, mais les beautés lui échappent, et quelquefois même il les travestit en défauts. Rien de plus facile que de dénaturer une expression poétique, en la séparant de ce qui l'amène et la prépare, en forçant le sens naturel qu'elle présente par une interprétation rigoureuse.

Philosophe excusez ma *candeur insolente.*

Ces derniers mots se repoussent, dit le critique; mais qu'a voulu dire le poète, que *sa candeur* doit paraître au philosophe de *l'insolence.* Qu'y a-t-il là que de très simple et de très bien dit?

Cet exemple et celui que nous avons cité plus haut suffisent pour donner une idée du peu de bonne foi, et, on doit le dire, de générosité que porte La Harpe dans cet examen. Sans doute Gilbert a des défauts; on lui reproche des attaques téméraires et injustes contre des hommes d'un mérite éminent; des idées hasardées et même quelquefois peu raisonnables; une expression quelquefois dure, bizarre, néologique; mais on ne peut le nier aussi, c'est un satirique plein d'audace, de verve, d'énergie et dont les premières productions, empreintes de toutes les imperfections d'un talent qui s'essaie et se forme, resteront parmi les monuments de notre langue, et se placeront avec quelque gloire après les satires de Boileau.   H. Patin.

          Parcourt les airs épouvantés.
Ces astres teints de sang, et cette horrible guerre
          Des vents échappés de leurs fers,
Hélas! annoncent-ils aux enfants de la terre
          Le dernier jour de l'univers?

L'Océan révolté loin de son lit s'élance,
          Et de ses flots séditieux,
          Court en grondant battre les cieux
Tout prêts à les couvrir de leur ruine immense.
C'en est fait: l'éternel, trop long-temps méprisé,
          Sort de la nuit profonde,
Où loin des yeux de l'homme il s'était reposé;
Il a paru: c'est lui; son pied frappe le monde,
          Et le monde est brisé.

  Tremblez, humains! Voici de ce juge suprême
          Le redoutable tribunal.
Ici perdent leur prix l'or et le diadème;
          Ici l'homme à l'homme est égal;
Ici la Vérité tient ce livre terrible,
          Où sont écrits vos attentats;
Et la Religion, mère autrefois sensible,
S'arme d'un cœur d'airain contre ses fils ingrats.

          Sortez de la nuit éternelle,
          Rassemblez-vous, âmes des morts;
          Et, reprenant vos mêmes corps,
Paraissez devant Dieu; c'est Dieu qui vous appelle.
          Arrachés de leur froid repos,
Les morts du sein de l'ombre avec terreur s'élancent,
Et près de l'Éternel en désordre s'avancent
Pâles, et secouant la cendre des tombeaux.....

. . . .
. . . .

Que sont-ils devenus, ces peuples de coupables,
    Dont Sion vit ses champs couverts?
Le Tout-Puissant parlait: ses accents redoutables
    Les ont plongés dans les enfers.
Là tombent condamnés et la sœur et le frère,
Le père avec le fils, la fille avec la mère;
Les amis, les amants, et la femme et l'époux,
Le roi près du flatteur, l'esclave avec le maître;
Légion de méchants, honteux de se connaître,
Et livrés pour jamais au céleste courroux.

    Le juste enfin remporte la victoire,
Et de ses longs combats, au sein de l'Éternel,
    Il se repose, environné de gloire.
Ses plaisirs sont au comble, et n'ont rien de mortel:
    Il voit, il sent, il connaît, il respire
Le Dieu qu'il a servi, dont il aima l'empire:
    Il en est plein, il chante ses bienfaits.
L'Éternel a brisé son tonnerre inutile;
Et, d'aîles et de faux dépouillé désormais,
Sur les mondes détruits le Temps dort immobile.

II. Adieux d'un jeune poète à la vie.

J'ai révélé mon cœur au Dieu de l'innocence;
    Il a vu mes pleurs pénitents;
Il guérit mes remords, il m'arme de constance:
    Les malheureux sont ses enfants.

Mes ennemis riants ont dit dans leur colère:
    Qu'il meure et sa gloire avec lui!
Mais à mon cœur calmé, le Seigneur dit en père:
    Leur haine sera ton appui.

A tes plus chers amis ils ont prêté leur rage;
    Tout trompe la simplicité:

Celui que tu nourris court vendre ton image,
    Noire de sa méchanceté.

Mais Dieu t'entend gémir, Dieu vers qui te ramène
    Un vrai remords né des douleurs ;
Dieu qui pardonne enfin à la nature humaine
    D'être faible dans les malheurs.

J'éveillerai pour toi la pitié, la justice
    De l'incorruptible avenir;
Eux-mêmes épureront, par leur long artifice,
    Ton honneur qu'ils pensent ternir.

Soyez béni, mon Dieu ! vous qui daignez me rendre
    L'innocence et son noble orgueil;
Vous qui, pour protéger le repos de ma cendre,
    Veillerez près de mon cercueil !

Au banquet de la vie infortuné convive,
    J'apparus un jour, et je meurs :
Je meurs, et sur ma tombe, où lentement j'arrive,
    Nul ne viendra verser des pleurs.

Salut, champs que j'aimais ! et vous douce verdure !
    Et vous, riant exil des bois !
Ciel ! pavillon de l'homme, admirable nature,
    Salut pour la dernière fois *!

---

  * M. Holmon Durand a imité fort heureusement ces deux dernières strophes :

    Pour la dernière fois j'ai salué l'aurore,
    Pour la dernière fois m'a lui ce beau soleil ;
    De ses feux expirants l'horizon se colore,
        Je ne verrai pas son réveil.

    C'en est fait ! sur mon front une brûlante haleine
    Tout-à-coup de la vie a fané les couleurs;
    A ce banquet d'un jour je m'asseyais à peine,
        A peine, et voilà que je meurs !...
                      E.

Ah! puissent voir long-temps votre beauté sacrée
  Tant d'amis sourds à mes adieux!
Qu'ils meurent pleins de jours, que leur mort soit pleurée,
  Qu'un ami leur ferme les yeux!

III. Les mœurs pendant le XVIIIe siècle.

Eh! quel temps fut jamais en vices plus fertile*?
Quel siècle d'ignorance en beaux faits plus stérile,
Que cet âge nommé siècle de la raison?
Tout une populace, en style de sermon,
De longs écrits moraux nous ennuie avec zèle;
Et l'on prêche les mœurs jusque dans *la Pucelle***.
Je le sais; mais ami, nos modestes aïeux
Parlaient moins des vertus et les cultivaient mieux.
Quels demi-dieux enfin nos jours ont-ils vu naître?
Ces Français si vantés, peux-tu les reconnaître?
Jadis peuple-héros, peuple-femme en nos jours,
La vertu qu'ils avaient n'est plus qu'en leurs discours.

Suis les pas de nos grands : énervés de mollesse,
Ils se traînent à peine, en leur vieille jeunesse***,
Courbés avant le temps, consumés de langueur,
Enfants efféminés de pères sans vigueur;
Et cependant, nourris des leçons de nos sages,

---

 * Racine a dit: (*Athalie*, act. I, sc. 1.)

  Et quel temps fut jamais si fertile en miracles?

 ** Allusion au commencement du cinquième chant de *la Pucelle* :

  O mes amis, vivons en bons chrétiens,
  C'est le parti croyez-moi, qu'il faut prendre;
  A son devoir il faut enfin se rendre.

 *** Racine a dit encore, dans *Britannicus*, act. I, sc. 2 :

  Dans une longue enfance ils l'auraient fait vieillir.

Vous les voyez encore, amoureux et volages,
Chercher, la bourse en main, de beautés en beautés,
La mort qui les attend au sein des voluptés;
De leurs biens, prodigués pour d'infâmes caprices,
Enrichir nos Phrynés dont ils gagnent les vices;
Tandis que l'honnête homme, à leur porte oublié,
N'en peut même obtenir une avare pitié.
Demi-dieux avortés qui, par droit de naissance,
Dans les camps, à la cour, règnent en espérance,
Que d'exploits leurs talents semblent nous présager!
Ceux-ci font avec art courir ce char léger
Que roule un seul coursier sur une double roue;
Ceux-là, sur un théâtre où leur mémoire échoue,
Savent, non sans honneur, se jouer dans ces vers
Où Molière prophète exprima leurs travers;
Par d'autres, avec gloire, une paume lancée
Va, revient tour à tour poussée et repoussée :
Sans doute c'est ainsi que Turenne et Villars,
S'instruisaient dans la paix au triomphe de Mars.

La plupart, indigents au milieu des richesses,
Achètent l'abondance à force de bassesses.
Souvent à pleines mains d'Orval sème l'argent;
Parfois, faute de fonds, monseigneur est marchand.
Que dirai-je d'Arcas, quand sa tête blanchie,
En tremblant, sur son sein se penche appesantie;
Quand son corps, vainement de parfums inondé,
Trahit les maux secrets dont il est obsédé?
Scandalisant Paris de ses vieilles tendresses,
Arcas, sultan goutteux, veut avoir vingt maîtresses;
Mais, en fripon titré, pour payer leurs appas,
Arcas vend au public le crédit qu'il n'a pas.
Digne fils d'un tel père, Iphis, chargé de dettes,
Met ses jeunes amours aux gages des coquettes:

Plus philosophe encor, Lisimon ruiné
Épouse un riche opprobre en épousant Phryné.

Qui blâmerait ces nœuds? l'hymen n'est qu'une mode,
Un lien de fortune, un veuvage commode,
Où chaque époux, brûlé d'adultères désirs,
Vit, sous le même nom, libre dans ses plaisirs.

Vois-tu parmi ces grands leurs compagnes hardies
Imiter leurs excès, par eux-mêmes applaudies,
Dans un corps délicat porter un cœur d'airain,
Opposer au mépris un front toujours serein;
Et, de l'homme en public affectant l'assurance,
Sous leur casque de plume étaler l'impudence?

Assise dans ce cirque où viennent tous les rangs
Souvent bâiller en loge, à des prix différents,
Cloris n'est que parée, et Cloris se croit belle.
En vêtements légers, l'or s'est changé pour elle:
Son front luit, étoilé de mille diamants;
Et mille autres encore, effrontés ornements,
Serpentent sur son sein, pendent à ses oreilles:
Les arts, pour l'embellir, ont uni leurs merveilles:
Vingt familles enfin couleraient d'heureux jours,
Riches des seuls trésors perdus pour ses atours.
Malgré cet appareil d'un luxe héréditaire,
Cloris, on le prétend, se montre populaire;
Oui, déposant l'orgueil de ses douze quartiers,
Madame en ses amours déroge volontiers :
Indulgente beauté, Zélis la justifie;
Zélis qui, par bon ton, à la philosophie
Joint tous les goûts divers, tous les amusements;
Rit avec nos penseurs, pense avec ses amants;
Enfant sophiste, au fond coquette pédagogue;
Qui gouverne la mode; à son gré met en vogue

Nos petits vers lâchés par gros in-octavo,
Ou ces drames pleureurs qu'on joue incognito;
Protège l'univers, et, rompue aux affaires,
Fournit vingt financiers d'importants secrétaires;
Lit tout, et même sait par nos auteurs moraux
Qu'il n'est certainement un Dieu que pour les sots.
Parlerais-je d'Iris? chacun la prône et l'aime;
C'est un cœur, mais un cœur... c'est l'humanité même.
Si d'un pied étourdi quelque jeune éventé
Frappe, en courant, son chien qui jappe épouvanté,
La voilà qui se meurt de tendresse et d'alarmes;
Un papillon souffrant lui fait verser des larmes :
Il est vrai; mais aussi qu'à la mort condamné,
Lally soit en spectacle à l'échafaud traîné,
Elle ira la première à cette horrible fête
Acheter le plaisir de voir tomber sa tête.

. . . .
. . . .

Vois ce marchand flétri, philosophe en boutique,
Qui, déclarant trois fois sa ruine authentique,
Trois fois s'est enrichi d'un heureux déshonneur,
Trancher du financier, jouer le grand seigneur.
Monsieur, pour ses amis, entretient une actrice;
Madame, des beaux-arts bourgeoise protectrice,
En couvent d'esprits forts transforme sa maison,
Et fait de son comptoir un bureau de raison.
Par-tout s'offre l'orgueil, et le luxe, et l'audace.
Orgon, à prix d'argent, veut anoblir sa race :
Devenu magistrat de mince roturier,
Pour être un jour baron, il se fait usurier.
Jadis son clerc Mondor enviait son partage;
Tout-à-coup, des bureaux secouant l'esclavage,

GINGUENÉ.

Il loge sa mollesse en un riche palais,
Et derrière un char d'or promenant trois valets,
Sous six chevaux pareils ébranle au loin la rue.
Mais sa fortune, ami, comment l'a-t-il accrue?
Il a vendu sa femme; et ce couple abhorré,
Enveloppé d'opprobre, est pourtant honoré.

Eh! quel frein contiendrait un vulgaire indocile
Qui sait, grace aux docteurs du moderne évangile,
Qu'en vain le pauvre espère en un Dieu qui n'est pas,
Que l'homme tout entier est promis au trépas?
Chacun veut de la vie embellir le passage;
L'homme le plus heureux est aussi le plus sage;
Et, depuis le vieillard qui touche à son tombeau,
Jusqu'au jeune homme à peine échappé du berceau,
A la ville, à la cour, au sein de l'opulence,
Sous les affreux lambeaux de l'obscure indigence,
La débauche, au teint pâle, aux regards effrontés,
Enflamme tous les cœurs vers le crime emportés.
C'est en vain que, fidèle à sa vertu première,
Louis instruit aux mœurs la monarchie entière :
La monarchie entière est en proie aux Laïs;
Leurs vices sont les dieux qu'adore mon pays;
Et la religion, mère désespérée,
Par ses propres enfants sans cesse déchirée,
Dans ses temples déserts pleurant leurs attentats,
Le pardon sur la bouche, en vain leur tend les bras.
Le Dix-Huitième siècle, sat. I.

GINGUENÉ (Pierre-Louis,) né à Rennes, le 25 avril 1748, fit ses études au collège de sa ville natale où il fut condisciple de Parny. Grace aux heureuses dispositions dont la nature l'avait doué et aux efforts que son père fit pour les développer, il eut, à l'âge d'environ vingt ans, une instruction presque universelle: les belles-lettres, l'histoire et la philosophie lui étaient connues.

Paris est le centre où se réunissent ordinairement les talents qui doivent briller un jour; Ginguené vint s'y fixer en 1772. Il avait composé à Rennes plusieurs pièces de vers : il en lut une dans diverses sociétés intitulée: *les Confessions de Zulmé* : elle circula bientôt dans le monde : obtint un succès mérité, et plusieurs littérateurs notamment Pezai, Borde et un M. de La Fare se l'attribuèrent complaisamment; elle fut imprimée en 1777, dans la gazette des *Deux-Ponts;* mais en 1791 l'auteur désabusa enfin le public en la publiant dans l'*Almanach des Muses*, après y avoir fait quelques corrections.

En 1775, Ginguené inséra des articles de littérature dans différents journaux, et, pendant quelques années, travailla au *Mercure de France*, avec Marmontel, La Harpe, Chamfort, MM. Garat et Lacretelle aîné.

En 1780, il fut placé dans les bureaux du ministère des finances, alors appelé *Contrôle général.* Cette place lui fut d'une grande utilité; car si elle occupait une partie de son temps, elle le mettait à même de consacrer l'autre à des travaux littéraires. A l'occasion de ses nouvelles fonctions, il composa une pièce de vers intitulée : *Épître à mon ami, lors de mon entrée dans les bureaux du Contrôle général,* à la publication, comme le titre portait lors de mon entrée au *Contrôle général*, Rivarol et Champenets ne manquèrent pas de faire force plaisanteries, bonnes ou mauvaises.

En 1787 et 1788, Ginguené concourut sans succès pour les deux prix, l'un de poésie, l'autre d'éloquence, proposés par l'Académie française. Il fallait célébrer en vers le courage du prince Léopold de Brunswick, qui s'était précipité dans l'Oder pour sauver des malheureux. Il ne réussit pas, et s'en consola en recueillant d'autres suffrages que ceux des académiciens. Le sujet du prix d'éloquence était l'*Éloge de Louis XII*, son ouvrage se distingua par une profonde érudition et par l'expression des plus honorables sentiments. Le premier *Éloge* fut publié en 1784, le second en 1788.

A la fin de l'année 1776, Piccini vint à Paris : il parvint avec peine à faire paraître sur le théâtre lyrique, la musique nouvelle du *Roland* de Quinault. Une guerre se déclara entre ses partisans et ceux de Gluck. Ginguené prit parti pour Piccini qui devint dès lors son ami intime.

Musicien distingué, il pouvait mieux que personne défendre la cause qu'il avait embrassée. Il fit à cette occasion divers pamphlets, l'un des plus piquants a pour titre : *Lettre de Mélophile*. Ces écrits furent imprimés en 1801, avec une Notice sur la vie et les ouvrages de Piccini.

En 1789, il célébra par une ode l'ouverture des États-Généraux. Il travaillait pour les journaux et publiait avec Fremery, dans l'*Encyclopédie méthodique*, les premiers tomes du *Dictionnaire de mu-*

sique, au moment où il coopérait avec Cerutti et Rabaud-Saint-Étienne à la rédaction de la *Feuille villageoise* destinée à éclairer les habitants des campagnes sur les excès auxquels on cherchait à les entraîner et à répandre parmi eux des notions d'économie rurale et domestique. On attribue à Ginguené une brochure d'environ 150 pages, intitulée : *De l'autorité de Rabelais dans la révolution présente*; publiée en 1791, elle eut du succès. C'était une traduction ou plutôt un commentaire d'extraits de cet auteur spirituel. Dans la même année il donna au public un ouvrage d'un intérêt plus grand : ses quatre *Lettres sur les confessions de J. J. Rousseau.*

Dans cet ouvrage, et dans *la Feuille villageoise*, Ginguené avait montré sa haine pour les discordes, son amour pour la justice. La modération est trop souvent un crime dans les convulsions politiques, il n'échappa point aux fureurs révolutionnaires de 1792 et 1793. Il fut espionné, arrêté et jeté dans les cachots de Saint-Lazare, avec Roucher et André Chénier. Il les eût probablement suivis à l'échafaud, si, comme il arrive heureusement, quand le despotisme est à son comble, un évènement inespéré, n'eût renversé la tyrannie et la terreur. Il sortit enfin de prison, et son premier devoir fut d'honorer la mémoire de son ami Chamfort, qui n'avait pu survivre à sa captivité; il recueillit et publia, sous le titre de *Notice*, un tableau de ses travaux littéraires et de son caractère moral. Après la chute du décemvirat, il fut nommé, en 1795, et demeura jusqu'en 1797, directeur général de la commission exécutive d'instruction publique. Au milieu de ses nombreuses occupations il trouva encore le temps de coopérer aux travaux de l'Institut, où il remplissait les fonctions de secrétaire.

En 1797, Ginguené fut envoyé à Turin en qualité de ministre plénipotentiaire de la France. Il ne réussit pas : il était étranger à l'adresse nécessaire dans ces sortes de missions. Élu membre du tribunat en 1799, il défendit avec énergie la cause qu'il croyait bonne, il en fut puni : car plusieurs mois après on épura le tribunat et il fut compris dans les vingt premiers éliminés. Dépouillé de ses fonctions publiques, il reprit avec plus de zèle ses travaux littéraires. Dans l'hiver de 1802 à 1803, au sein de l'Athénée de Paris, il fit un cours de littérature italienne, qu'il recommença en 1805 et en 1806.

Dès 1803, il lut à la classe de littérature ancienne les premiers chapitres de son *Histoire littéraire d'Italie;* mais il ne continua pas ces lectures dans la crainte de s'engager dans d'inutiles controverses. Cet ouvrage dont les trois derniers volumes n'ont paru que trois ans après la mort de l'auteur, est remarquable par son exécution et l'élégance du style. Il ne s'attacha pas exclusivement aux hommes véritablement illustres; et il ne négligea aucun de ceux dont il restait quelque souvenir. Les avis ont été partagés : si ses juges s'accordent à lui rendre justice sous le rapport du travail, ils signalent avec franchise ses imperfections : voici l'opinion de M. Hoffman :

« Ce littérateur, recommandable à tant d'égards,
« et fort estimable sous le rapport même de son
« *Histoire littéraire de l'Italie*, a rempli sa tâche en
« conscience, en y apportant tout le soin dont il
« était capable et toute l'instruction qu'il avait ac-
« quise. Ses jugements sont pleins de goût et de rai-
« son, quand ils sont le résultat des lectures qu'il a
« faites lui-même, et quand il ne craint pas d'irriter
« l'orgueil national en combattant des erreurs ac-
« créditées. Mais qui trop embrasse mal étreint, et
« Ginguené n'a pu faire l'impossible; versé dans la
« littérature française de manière à prouver qu'il en
« a fait une longue étude; assez bon latiniste pour
« avoir traduit sinon élégamment, du moins exacte-
« ment, un poème assez difficile de Catulle (*Thétis*
« *et Pélée*); il s'est encore occupé de la littérature
« anglaise et de celle des Espagnols. Au temps si
« considérable qu'il a dû employer à tant de tra-
« vaux, a-t-il pu joindre le temps nécessaire, je ne
« dis pas pour étudier, mais pour connaître toute la
« littérature italienne, depuis les ouvrages latins du
« moyen âge, jusqu'aux derniers écrits en italien
« moderne, depuis le berceau de la langue vulgaire,
« jusqu'aux siècles qui ont suivi les chefs-d'œuvre?
« Cela n'est pas supposable, puisque cela n'est pas
« possible et d'autant moins possible que Ginguené
« a été plus scrupuleux dans ses recherches, n'ayant
« pas voulu perdre un seul épi d'une si ample
« moisson, ayant recueilli avec une malheureuse
« diligence les plus mauvais grains comme les plus
« belles gerbes. »

GINGUENÉ.

En 1807, la classe de littérature ancienne le chargea de rédiger, chaque année, l'analyse de tous les mémoires lus dans son sein. Pendant sept ans il se livra à ce travail : et cela ne l'empêcha pas de coopérer encore à l'*Histoire littéraire de la France*, dont il existait 12 tomes in-4°.

En 1810, il publia cinquante *Fables*, dont les sujets sont presque tous empruntés à des auteurs italiens. Elles sont remarquables par leurs formes ingénieuses et piquantes.

En 1811, Ginguené se chargea de diverses notices dans la *Biographie Universelle*; ouvrage immense, digne des écrivains distingués qui l'ont entrepris. Il fut aussi éditeur des *OEuvres de Lebrun*, son ami : il les enrichit d'une excellente notice.

En 1801, un mal d'yeux l'avait forcé d'interrompre ses travaux. Il fut guéri par M. Leroy, mais étant tombé plus dangereusement malade quelque temps après, il alla à Laon chez un de ses frères, et s'y établit. En 1815, il se détermina à voyager en Suisse, toujours dans l'espoir d'améliorer sa santé. Ce fut inutilement, il revint à Paris comme il en était parti, languissant et maladif, et il y mourut le 16 novembre 1816, regretté de tous ses amis.

Un âme noble, une sensibilité exquise, un esprit fin et délicat distinguèrent cet homme d'un talent vrai et remarquable. Son tombeau, placé au Père La Chaise, se trouve près de ceux de Delille et de Parny. M. Daunou à donné, en 1821, une nouvelle édition des *OEuvres de Ginguené*, précédée d'une notice dont nous avons extrait la nôtre.

M. Salfi a publié un dixième volume, faisant suite aux neuf premiers de l'*Histoire littéraire d'Italie.*

A. D. LAUGIER.

GOETHE (JEAN WOLFGANG), est né à Francfort-sur-le-Mein, le 28 août 1749. Fils d'un jurisconsulte célèbre, il fut destiné à suivre la carrière du barreau et après avoir fait son droit à Leipsick, il alla, en 1771, s'établir à Wetzlar, siège de la chambre impériale. Une aventure tragique, dont il connut le héros, et qui l'affecta vivement, lui donna l'idée de composer un roman sur ce sujet. Il le publia sous le titre des *Souffrances du jeune Werther.* Cet ouvrage qui eut beaucoup de succès, fit connaître l'auteur et l'introduisit dans les sociétés les plus distinguées. Le jeune prince Charles-Auguste de Weimar, se l'attacha plutôt en qualité d'ami que de protégé, et voyagea avec lui en Allemagne et en Suisse. Ce fut à son retour, en 1782, que Goëthe fut nommé conseiller privé, et président de la chambre ducale de Weimar. Quatre ans après, il partit pour l'Italie, qu'il désirait ardemment de visiter; et, après l'avoir parcourue, il s'établit à Rome, pour se livrer à l'étude des antiquités, et ne revint à Weimar qu'en 1789. Cette ville réunissait alors un grand nombre d'hommes célèbres qui y avaient été attirés par la protection que son souverain accordait aux lettres et aux arts; dans les premiers rangs, on remarquait Schiller, Wieland, Herder et Goëthe.

Peu d'écrivains ont pu se flatter d'avoir vu, pendant leur vie, leurs travaux toujours appréciés dignement. Mais Goëthe est du petit nombre de ces écrivains heureux : ses premiers, comme ses derniers pas, dans la longue carrière littéraire qu'il a parcourue, ont été signalés par des succès constants, et l'estime et la vénération qu'il a inspirées, même à ses nombreux rivaux, tient en Allemagne d'une espèce de culte.

Le génie de Goëthe a embrassé toutes les parties de la littérature, les sciences physiques, l'histoire naturelle, les beaux-arts : il a publié des ouvrages en tout genre; chansons, ballades, poèmes épiques, tragédies, opéra, comédies, proverbes, romans, etc., il a tout essayé et a partout réussi. Nous allons citer ses principaux ouvrages. Sa première pièce fut *Goetz de Berlichingen ou le Chevalier à la main de fer*, drame historique. Il donna ensuite *Faust*, pièce étincelante de beautés originales; *Iphigénie en Tauride*, *le Tasse*, *la Fille naturelle*, *Clarijo*, drame tiré des *Mémoires* de Beaumarchais, qui est lui-même le héros de la pièce, *Stella*, *le Comte d'Egmont*, etc., son poème épique, *Hermann et Dorothée* a été traduit en français par Bitaubé et par le baron de Humboldt. Le roman de *Werther*, traduit dans toutes les langues de l'Europe, l'a été en français par Aubry, Dejaure, Sevelinges et La Bédoyère. Goëthe a publié, en 1813, la première partie des *Mémoires de sa vie*, qui comprend ses voyages en Italie. Ses *OEuvres* complètes ont été publiées par livraison à Tubinge, de 1806 à 1810. Les meilleures pièces dramatiques de Goëthe ont été traduites en français dans les *Chefs-d'œuvre des théâtres étrangers*, publiés par Ladvocat. M. Albert Stapfer vient de faire paraître une traduction de son théâtre, précédée d'une excellente notice sur l'auteur, et madame Panckoucke une traduction de ses *Poésies diverses*, Paris, 1825, in-32.

JUGEMENT.

Goëthe pourrait représenter la littérature allemande tout entière; non qu'il n'y ait des écrivains supérieurs à lui sous quelques rapports; mais seul il réunit tout ce qui distingue l'esprit allemand, et nul n'est aussi remarquable par un genre d'imagination dont les Italiens, les Anglais, ni les Français ne peuvent réclamer aucune part. On trouve en lui, à un degré éminent, une grande profondeur d'idées, la grace qui naît de l'imagination, grace plus originale que celle formée par l'esprit de société; enfin une sensibilité quelquefois fantastique, mais par cela même plus faite pour intéresser des lecteurs qui cherchent dans les livres de quoi varier leur destinée monotone, et veulent que la poésie leur tienne lieu d'évènements véritables.

La carrière dramatique de cet auteur peut être considérée sous deux rapports différents : Dans les pièces qu'il a faites pour être représentées, il y a beaucoup de grace et d'esprit, mais rien de plus. Dans un de ses ouvrages dramatiques, au contraire, qu'il est très difficile de jouer, on trouve un talent extraordinaire. Il paraît que le génie de Goëthe ne peut se renfermer dans les limites du théâtre; quand il veut s'y soumettre il perd une portion de son originalité, et ne la retrouve tout entière que quand il peut mêler à son gré tous les genres.

Mme DE STAEL, *De l'Allemagne**.

GOLDONI (CHARLES), célèbre poète comique, naquit à Venise en 1707. Il reçut de ses contemporains le surnom de *Molière de l'Italie*, titre glorieux dont il se montra digne sous beaucoup de rapports. Comme Molière, il eut à vaincre le mauvais goût qui infectait le théâtre, lorsqu'il donna ses premiers ouvrages. Il fut obligé de créer un nouveau genre plus noble, plus décent, qui fit rougir le public des sottises qu'il applaudissait la veille. Mais il n'arriva à cette perfection qu'à travers bien des obstacles, et en faisant de temps en temps quelques concessions aux vieux usages établis sur la scène: il vint enfin à bout de les en déraciner tout-à-fait, et, nous le répétons, c'est avec justice qu'on l'a surnommé le *Molière de l'Italie*, puisqu'il a fait faire au théâtre de sa patrie, les progrès que la scène française doit à son premier comique.

Goldoni passa tout le temps de sa première enfance dans les fêtes et les plaisirs. Son grand père, chez qui il était élevé, aimait passionnément le spectacle : dans une maison de campagne qu'il pos-

---

* Voyez dans la seconde partie de cet ouvrage, ch. XXI, XXII et XXIII, l'analyse des principales pièces de Goethe. F.

sédait à six lieues de Venise, on jouait fort souvent la comédie et l'opéra. C'est au milieu de ces joyeux ébats que le jeune Goldoni puisa sans doute son insouciance, sa gaieté et le goût qu'il eut toujours pour les spectacles, les plaisirs du monde et les amusements bruyants. Malheureusement la m... du propriétaire amena un changement fâcheux dans les affaires de la famille : de telles prodigalités avaient épuisé sa fortune, tellement que le père de Goldoni, ennemi des affaires contentieuses, laissa l'administration des siennes à sa femme, et partit pour Rome où il se fit recevoir médecin.

Pendant ce temps-là, le jeune Charles, livré à des études sérieuses, ne perdait pas son goût pour les productions dramatiques : il dévorait, dans ses moments de loisir, les opéra, les comédies dont la bibliothèque de son père était abondamment pourvue. Il essaya même de composer à l'âge de huit ans une comédie du genre romanesque qui commençait à être à la mode. Ce croquis fut envoyé à son père, qui, charmé de ses heureuses dispositions, l'appela aussitôt près de lui, pour donner une nouvelle direction à ses études. Après avoir achevé sa philosophie à Rimini, ennuyé de ses professeurs et de son collège, il l'abandonna brusquement et partit avec une troupe de comédiens qui devait aller jouer à Venise. Ils s'arrêtèrent quelques jours à Chiozza où se trouvait alors la mère de Goldoni qui pardonna facilement cette équipée; mais son père arriva, et ne consentit à s'appaiser qu'à condition que Charles se ferait médecin. Tout s'arrangea : le père exerça son état à Chiozza, et mena son fils dans ses visites; il alla à la comédie, et ne manqua pas de l'y conduire régulièrement. Les comédiens partirent; Chiozza et la médecine devinrent insupportables au jeune Goldoni, alors âgé de seize ans. Sur ces entrefaites, un de ses parents, le marquis Goldoni obtint pour Charles une bourse dans le collège du pape à Pavie : il fallut partir et se faire tonsurer; mais au lieu de s'enfoncer dans la science théologique, il revenait toujours à ses goûts chéris. Son père lui ayant donné à lire la *Mandragore* de Machiavel, il en fut si enchanté qu'il la relut dix fois de suite. Il allait passer les vacances à Chiozza près de ses parents : sa mère lui demanda un jour de faire un sermon pour un jeune abbé qu'elle protégeait; le sermon ayant eu un brillant succès, la gloire rejaillit sur l'auteur, qui rentra au collège avec une réputation d'éloquence. Malheureusement de perfides amis lui en firent bientôt une autre. Ils l'avaient engagé sous le sceau du plus profond secret à composer une satire bien scandaleuse; mais les vers ne furent pas plus tôt publiés qu'ils le trahirent et le firent connaître. Charles fut chassé du collège, et obligé de quitter la ville, où il n'eût pas été en sûreté. Rentré dans le sein de sa famille, les conseils de son père l'engagèrent à suivre la carrière du barreau; il étudia avec zèle, ce qui ne l'empêcha pas de composer deux petites comédies, *le bon Père* et *la Cantatrice*, et d'arranger en tragédie la *Didon* et le *Siroë* de Métastase. Ces pièces qu'il joua avec quelques amis dans une salle de spectacle du palais du gouverneur, commencèrent sa réputation d'auteur dramatique.

Son père étant mort, il se rendit à Venise, où il fut reçu avocat en 1732. Mais les clients venaient lentement, et Goldoni dont les ressources n'étaient pas étendues, composa, sous le titre d'*Expérience du passé*, *Astrologue de l'avenir*, un almanach en prose et en vers qui amusa beaucoup le public. Il fit aussi un opéra d'*Amalasonte*; mais les comédiens l'ayant refusé, il le brûla. Il quitta Venise à la suite d'un mariage manqué, et se rendit à Milan, où il fit représenter la première production qu'il livra au public, l'intermède en musique du *Gondolier vénitien*, qui fut très bien accueilli. Les évènements de la guerre de 1733, qui fit perdre l'Italie à la maison d'Autriche, interrompirent les travaux de Goldoni, et le chassèrent successivement de Milan, de Creme, de Pizzighitone et de Parme. Cette vie errante lui fit perdre sa petite fortune : par bonheur il s'attacha aux comédiens de Vérone qui allaient s'établir à Venise. C'est dans cette ville, le 24 novembre 1734, qu'ils représentèrent sa tragédie de *Bélisaire* avec le plus grand succès. Elle se soutint pendant toute la saison théâtrale, et ayant été reprise l'année suivante, avec une petite comédie fort gaie du même auteur, ces deux pièces alimentèrent le théâtre jusqu'à la clôture. Une seconde tragédie, *Rosimonde*, ne réussit point. Goldoni se rendit ensuite à Padoue, où il travailla pour la troupe de cette ville, qui ne joua presque d'autres pièces que les siennes. Il continua cette vie avantureuse jusqu'en 1736. A cette époque, il épousa la fille d'un notaire de Gênes, et retourna à Venise avec sa femme, qui le rendit parfaitement heureux pendant tout le cours de sa vie. De retour à Venise, il se remit à travailler pour le théâtre, mais sans s'être encore arrêté au genre qui devait l'illustrer. Il traitait indifféremment des tragédies, des comédies ou des opéra; mais ce qui est à remarquer, c'est qu'il chercha toujours à corriger les défauts grossiers auxquels le public était accoutumé : il y avait toujours moins d'extravagance, d'invraisemblance dans ses pièces que dans celles des auteurs ses rivaux. La comédie de caractère et de mœurs qui était son véritable élément ne s'était encore que faiblement offerte à son imagination; et cependant il avait fait un grand pas, puisqu'il reconnaissait Molière pour le plus grand des poètes comiques anciens et modernes. Mais il n'osait tenter brusquement une réforme qu'il craignait avec raison de voir rejeter par le public habitué à des usages dramatiques qu'il lui paraissait dangereux de modifier. Goldoni se prêta donc à ses goûts bizarres, et tenta peu à peu et avec beaucoup de ménagement les innovations qui avaient illustré la scène française.

Après quelques années d'une vie errante occasionnée en partie par la guerre de 1741, après avoir repris et quitté la profession d'avocat à Pise, Goldoni se décida enfin à ne travailler que pour le théâtre. Il se fixa à Venise et s'attacha au théâtre de Saint-Ange, qu'il soutint par le grand nombre de ses ouvrages. C'est à cette époque, en 1758, qu'il commença la régénération de la comédie italienne. Il remplaça les canevas ou pièces improvisées, par la comédie régulière, et les farces par la comédie de mœurs; enfin il fit quitter les masques aux acteurs, qui dès-lors jouèrent à visage découvert. Ces changements ne purent s'exécuter sans attirer à Goldoni une foule d'ennemis, sur-tout chez les auteurs qui ne se sentaient pas assez de talent pour faire des pièces dans le nouveau genre. On ne cessait de lui répéter que Molière, qu'il voulait imiter, lui était bien supérieur. Il l'avouait lui-même, et pour prouver qu'il reconnaissait mieux que personne la supériorité de ce grand comique, il fit une pièce dont Molière lui-même était le sujet. Cet ouvrage a été traduit en français, par Mercier, sous le titre de *Molière*.

Depuis long-temps, Goldoni désirait faire un voyage en France; mais ses travaux obligés, pour les théâtres auxquels il avait été attaché successivement, y avaient mis obstacle. Une circonstance imprévue vint lui en faciliter les moyens. La comédie italienne, alors établie à Paris, ayant joué son *Enfant d'Arlequin perdu et retrouvé*, le succès qu'obtint cette pièce, engagea les premiers gentilshommes de la chambre du roi, à faire venir Goldoni à Paris, afin qu'il travaillât pour ce théâtre qui avait grand besoin de ce nouvel appui. Goldoni n'hésita point à accepter les offres avantageuses qu'on lui fit; il prit un engagement de deux ans, et partit de Venise en 1761, pour se rendre à Paris, où sa réputation lui assurait d'avance les succès les plus flatteurs.

Accueilli de toutes parts avec le plus vif empressement, il s'attacha de plus en plus à la France, et désira bientôt de ne plus la quitter. Ayant eu occasion d'être présenté à madame la Dauphine, il trouva un appui dans cette princesse, et fut nommé lecteur et maître de langue italienne de Mesdames, filles du roi. Il quitta alors le théâtre pour se livrer tout entier aux devoirs et aux agréments de cet emploi. Logé au château de Versailles, admis à tous les voyages et à toutes les fêtes de la cour, n'ayant que de courtes leçons à donner, sa vie était douce et sa dépendance fort légère.

Lorsque, au bout de quelques années, Goldoni quitta cet emploi, ses illustres écolières lui en firent conserver le titre et le traitement. De retour à Paris, il reprit ses anciennes occupations et fit quelques pièces pour le théâtre de Venise. Elles n'eurent plus autant de succès que lorsqu'il dirigeait lui-même ses acteurs; mais il s'en mit peu en peine; ce qu'il ambitionnait le plus alors, était d'obtenir le suffrage des Français par une comédie écrite dans leur langue. Le mariage de la nouvelle Dauphine fut encore un autre aiguillon pour son génie. Il fit paraître le *Bourru bienfaisant*, pièce en 3 actes et en prose qui fut jouée pour la première fois à Paris, le 4 novembre 1771, et le lendemain à Fontainebleau, avec un égal succès. Cette pièce est restée au théâtre, et se revoit toujours avec plaisir. L'auteur fut moins heureux dans la composition de son *Avare fastueux*, comédie en 5 actes, qu'il fit jouer à Fontainebleau en 1773. Cette pièce n'ayant eu aucun succès, il la retira, et ne la fit jamais reparaître.

Rappelé à la cour, en 1775, pour y donner des leçons d'italien à Madame Clotilde, qui devait épouser le prince de Piémont, Goldoni fut chargé ensuite d'enseigner la langue et la littérature italienne à Madame Élisabeth, mais il obtint au bout de quelque temps de se faire remplacer par son neveu, et revint à Paris jouir de son indépendance.

Ce fut alors qu'il composa ses *Mémoires* pour servir à l'histoire de sa vie et à celle de son théâtre. Cet ouvrage, qui eut beaucoup de succès, parut en 1787, 3 vol. in-8°. L'auteur avait alors quatre-vingts ans, et son heureuse vieillesse n'était atteinte d'aucune infirmité; mais la révolution vint lui ôter tout-à-coup ses moyens d'existence, qui consistaient dans une pension de 4000 fr., inscrite sur la liste civile, qui fut supprimée au 10 août. Réduit à un dénuement absolu, Goldoni tomba malade, et ce ne fut que lorsqu'il était à ses derniers moments que la convention décréta, sur un rapport de Chénier, que sa pension lui serait payée à l'avenir par la trésorerie nationale, et que l'arriéré serait acquitté sur-le-champ. Goldoni mourut le 8 janvier 1793, le lendemain de ce décret, et le même rapporteur en fit rendre un second qui faisait à sa veuve une pension de 1200 fr.

Les éditions des *OEuvres de Goldoni* sont très nombreuses. La dernière et la plus complète a paru à Lucques, en 1809, 26 vol. in-18. Plusieurs de ses pièces ont été traduites en français, dans les *Chefs-d'œuvre des théâtres étrangers* publiés par Ladvocat.

Ph. Taviand.

JUGEMENT.

Sans vouloir en rien rabaisser la gloire d'un auteur qui a tant contribué à celle de sa patrie, on peut dire que, dans la volumineuse collection de ses œuvres, non-seulement tout n'est pas bon, mais que même, dans ce qui est bon, il se rencontre des inégalités, des tributs payés aux vieilles habitudes, et des vices particuliers introduits jusque dans la réforme par la faute du réformateur : enfin, en lui accordant le titre glorieux du *Molière de l'Italie*, on est obligé de convenir que si celui de France, qui n'eut point de modèle dans ce qui constitue véritablement la révolution qu'il a faite, n'avait pas existé, Goldoni n'aurait vraisemblablement pas fait la sienne. L'un des reproches les plus fondés, et qui lui ont été faits le plus généralement en Italie, c'est d'avoir blessé la langue, et d'en avoir même, à ce qu'il semble, ignoré la pureté, l'élégance et la propriété. On ne trouve d'aisance, de tours originaux, et, si l'on peut parler ainsi, de pureté de style, que dans ses comédies écrites en dialecte vénitien, qui était sa langue naturelle. Ces pièces sont reconnues supérieures à toutes les autres. L'un des défauts que pourraient lui reprocher dans tous les pays ceux qui n'aiment pas le comique larmoyant, c'est de l'avoir souvent employé dans ses grandes comédies, et d'avoir passé trop brusquement, de la farce dont il désabusa ses compatriotes, à ce genre bâtard nommé *drame*, dont on n'a point encore pu dégoûter tout-à-fait les nôtres. Quelquefois il emploie avec trop peu de scrupule des moyens auxquels le public s'est habitué en Italie, et qui y sont de tristes preuves d'une grande corruption de mœurs. Un projet d'empoisonnement presque exécuté dans la famille de *l'Homme prudent*, et dont il est lui-même l'objet, se trame sur le théâtre, entre sa seconde femme qui veut se défaire de lui, et son propre fils, d'un premier lit, qui n'est pas moins scélérat qu'elle. Le poison est jeté dans un potage. Un accident découvre le crime; les coupables sont dénoncés à la justice : mais *l'Homme prudent* est parvenu à cacher le corps du délit, et se rend lui-même le défenseur des accusés. Les preuves contre eux manquent; son éloquence pathétique fait le reste : les deux criminels sont absous. Ce trait de bonté les ramène à lui; il leur pardonne un si grand crime comme s'ils n'eussent commis qu'une faute, et sa prudence sauve l'honneur de sa famille. Mais voici quelque chose de bien plus fort. Dans une autre comédie qui suivit immédiatement, le poison est non-seulement préparé, il est pris; l'homme empoisonné meurt, et c'est en excitant parmi les spectateurs de bruyants éclats de rire. La pièce est intitulée : *Les deux Jumeaux Vénitiens;* ce sont *les Ménechmes* de Plaute, arrangés à la vénitienne. L'un des deux frères, nommé *Zanetto*, est un parfait imbécile. Il vient pour épouser une jeune personne, qu'un madré coquin, nommé Pancrace, veut lui enlever. Celui-ci persuade à Zanetto, qui n'a pu encore se faire aimer d'aucune femme, qu'elles sont toutes, sans exception, ce qu'il y a de plus dangereux au

monde. Mais la nature parle pour elles; comment réussir à s'en défendre? Le scélérat lui indique pour remède une poudre dont il consent à se défaire en sa faveur; le pauvre diable l'avale, et s'empoisonne. Resté seul, il ne tarde pas à sentir les effets du poison. Il crie, il se plaint; « mais ce n'est rien, dit-il en-
« suite, il faut bien que la poudre opère. » Il fait un mélange ridicule des promesses de Pancrace et des plaintes que la douleur lui arrache. Il ne peut plus se tenir debout; il tombe en criant : Je me meurs. Colombine sort de la maison et lui demande ce qu'il a. « Voyez, dit le pauvre empoisonné, si
« Pancrace n'avait pas raison; les femmes courent
« après moi. — O diable! s'écrie Colombine, il a
« l'écume à la bouche. Au secours, au secours! —
« Zanetto : entendez-vous comme elle est amoureuse
« de moi? elle est réduite au désespoir.... Mais moi....
« ferme..... ferme..... Ahi!... Le cœur me manque;
« je meurs.... je meurs. » Il se tord les membres; et, après plusieurs passages convulsifs de la joie d'être vainqueur des femmes, aux angoisses de la mort, il a une dernière convulsion, et meurt. Se figure-t-on le public français témoin d'un pareil spectacle, et croit-on qu'il l'eût souffert jusqu'au bout? Cette pièce, et particulièrement cette scène, eurent cependant à Venise le plus grand succès. Lorsqu'elle fut imprimée, l'éditeur, dans un avis qui la précède, trouve tout cela fort bouffon. Il dit : « L'un des
« jumeaux meurt sur le théâtre; mais sa mort n'a
« rien de triste : la sottise qu'il montre, tandis qu'il
« se meurt, vous divertit; c'est un des morceaux les

« plus risibles et les plus neufs de toutes nos co-
« médies. »

C'est en effet une chose fort divertissante qu'un malheureux empoisonné, qui *ha la schiuma alla bocca, si va torcendo sul teatro e muore*. Le traître avoue son crime à la fin de la pièce, et s'empoisonne lui-même pour rendre le divertissement complet. Mais ce qui met le comble à l'étonnement, c'est que Goldoni, dans sa vieillesse et en écrivant ses Mémoires, n'était point encore revenu de l'illusion que le succès de cette comédie lui avait faite. S'il se reconnaît un tort, c'est d'avoir employé du poison dans deux pièces consécutives. « Il savait, dit-il, « comme un autre, que ces moyens n'étaient pas « ceux *de la bonne comédie*; mais la réforme n'était « encore que dans son berceau. D'ailleurs, quelle « différence entre les effets du poison dans la pre- « mière et ceux qui en dérivent dans la seconde! Le « crime, dans *l'Homme prudent*, fournit du pathé- « tique qui intéresse et touche : celui des *Deux ju- « meaux* produit, malgré son horreur, des *incidents « amusants* et d'un *vrai comique*. Il n'est *rien de « plus plaisant* que la folie de ce nigaud, qui, « croyant se venger de la perfidie des femmes par « mépris, souffre et *s'égaie* en même temps! » O Molière! Molière! Mais des traits aussi marqués et aussi forts sont rares; et ceux de bon et vrai comique sont, au contraire, très communs, même dans les moindres pièces de l'auteur. Il a presque partout ce qui distingue le véritable poète comique, c'est le talent d'observer et de peindre les caractères et les mœurs. L'extrême variété de ses sujets lui a fourni l'occasion de mettre en scène toutes les clases d'hommes, depuis les gens de cour jusqu'au peuple; et en se les représentant tels qu'ils étaient dans son pays et de son temps, on trouve ses tableaux d'une vérité frappante. L'homme, en général, y est aussi peint fidèlement dans ses affections, ses habitudes, ses ridicules et ses vices. Nous avons parlé de la variété des sujets; elle est réellement surprenante. Tantôt ce sont des scènes domestiques, des familles peintes dans l'intérieur, comme *il Padre famiglia, il Padre per amore, la Buona madre, la Madre amorosa* (ce qui signifie la tendre mère, et non pas la mère amoureuse); tantôt des états de la société, et des hommes publics, représentés dans leurs fonctions, tels entre autres que *l'avvocato veniziano*; et tantôt des caractères particuliers, soit d'hommes, soit de femmes, dans des situations qui les font ressortir; ce sont les pièces les plus nombreuses, la comédie de caractère étant le fonds de sa réforme et le principal objet de ses travaux. On y trouve *l'Adulatore, il Bugiardo, il Guiocatore, l'Avaro geloso, il Vecchio bizarro* (ce qui ne veut pas dire *bizarre*, mais *gai, jovial, aimable*), *il Cavalier di buon gusto, la Donna volubile, la Vedova scaltra, la Donna di garbo, la Donna di testa debole* (c'est-à-dire à la tête légère), *le Donne de casa soa* (les femmes maîtresses chez elles), etc. Ici ce sont des usages nationaux, des habitudes sociales, et les petits évènements qu'elles fournissent, comme *il Cavaliere et la Dama, o i Cicisbei, la Villegiatura, le Smanie della villegiatu-*

ra, *il Ritorno della villegiatura*. Là, le théâtre même et les lieux publics lui fournissent des scènes pleines de mouvement et de vérité, comme *il Teatro comico*, *la Bottega del caffè*, *il Campiello* (le Carrefour.) Au comique noble, succèdent des intérêts et des personnages populaires, comme dans *I Rusteghi* (les Rustres), *le Massere* (les femmes de service, les servantes, etc.), où l'on peut même accuser l'auteur d'être descendu quelques rangs trop bas. Quelquefois c'est un homme célèbre dans les lettres, mis personnellement en action, avec les traits généraux qui peuvent convenir à tous les hommes de cette classe, et les passions auxquelles ils sont sujets eux-mêmes, et celles qu'ils excitent ordinairement autour d'eux, et avec les traits particuliers du caractère et de la vie du grand homme représenté; telles sont les trois pièces remarquables, et que l'auteur affectionnait particulièrement : *Terenzio*. *Molière* et *Torquato Tasso*. Quelquefois, enfin, Goldoni se jette dans l'idéal, et dans des peintures de mœurs qui n'ont peut-être de vrai que ce qu'elles ont de romanesque, comme dans *la Sposa persiana*, *Ircana in Iulfa*, *Ircana in Ispaan*, *la Peruviana*, *la Bella selvaggia*; ou ce sont même des romans connus, mis en action et en scène, tels que *Pamela*, et *Pamela Maritata*. Quoique Goldoni, trop modestement peut-être, ne reconnût point en lui les attributs du génie, on ne peut nier du moins qu'il n'eût à un rare degré le don de l'invention, qu'il n'y joignît celui d'observer finement et avec justesse, et le talent d'imiter et de mettre en jeu les passions, les ridicules, les qualités bonnes et mauvaises des hommes qui avaient été l'objet de ses observations; et il faut avouer que cette réunion de dons et de talents forme la plus grande partie du génie comique, quoiqu'elle ne le constitue pas tout entier.

Ginguené.

GOLDSMITH (Olivier), célèbre écrivain anglais, naquit en 1728, dans le comté de Longfort en Irlande. Son père, ministre peu fortuné, et chargé d'une nombreuse famille, le destinait au commerce; mais les heureuses dispositions qu'il annonçait décidèrent sa famille à faire des sacrifices pour lui donner une éducation classique. Il fut placé, à quinze ans, à l'Université de Dublin, où malheureusement son instituteur immédiat se trouva être un homme d'un caractère austère et violent, qui ne fit que gâter son bon naturel et lui inspirer du dégoût pour l'étude.

Vers 1747, le jeune Olivier figura dans une sédition formée par les étudiants pour délivrer les prisonniers de Newgate; il obtint le pardon de sa faute par l'aveu sincère qu'il en fit.

Quoique ses progrès à l'Université eussent été peu sensibles, on le jugea capable cependant de diriger l'éducation d'un jeune homme de bonne famille. Il remplit cet emploi pendant quelque temps; mais dès qu'il eut amassé une petite somme d'argent, tourmenté du désir de voyager, il se rendit à Corck, où il paya son passage sur un bâtiment destiné pour l'Amérique, et que les vents contraires retinrent dans le port durant plusieurs semaines; Olivier, en attendant, s'amusait à visiter les curiosités de la ville et des environs. Pendant une de ses excursions, le capitaine mit à la voile, emporta son argent, et le laissa dénué de presque toutes ressources.

Ayant trouvé à emprunter quelques guinées pour retourner dans sa famille, il y fut accueilli avec bonté, et ses parents lui fournirent les moyens d'aller étudier la jurisprudence à Londres; mais, en passant à Dublin, un escroc lui enleva au jeu tout l'argent dont on l'avait pourvu, et il fut obligé de retourner sur ses pas.

Il prétendit alors avoir une grande vocation pour la médecine, et obtint en conséquence de se rendre, en 1752, à l'Université d'Édimbourg. Ses liaisons avec des jeunes gens dissipés l'eurent bientôt détourné de ses études; s'étant ensuite rendu caution, pour un de ses camarades, du paiement d'une somme considérable, que ni l'un ni l'autre ne purent remplir, il jugea prudent de quitter l'Écosse, et s'embarqua pour la Hollande.

Arrivé à Leyde, il y suivit le cours d'anatomie d'Albinus, et les leçons de chimie de Gaubius; mais la passion du jeu, en entravant l'usage de ses facultés, absorbait la meilleure partie de son temps, et le tenait constamment dans la détresse.

En quittant Leyde, il imagina de se faire une ressource de quelque talent qu'il avait à jouer de la flûte. Ce fut en effet son gagne-pain. Quand il avait marché toute la journée, il s'arrêtait sur le soir à l'entrée d'un village, et attirait, par ses accords, les paysans émerveillés, qui le récompensaient ordinairement en lui offrant un gîte pour la nuit, et de quoi vivre le lendemain. C'est ainsi qu'il parcourut la Flandre, le midi de la France et la Suisse.

Pendant son séjour à Genève, un jeune Anglais, nouvellement enrichi, l'ayant pris pour son gouverneur, ils visitèrent ensemble une partie de l'Italie; mais l'élève était aussi avare que le maître était prodigue, et cette différence de goûts les força de se séparer à Marseille. On présume que c'est pendant ce voyage que Goldsmith fut reçu à Padoue docteur en médecine.

Il retourna en Angleterre vers 1756, et arriva à Londres dénué de tout. Sa figure peu agréable, son accent irlandais, qu'il ne perdit jamais, sa tournure et son costume grotesques, étaient peu propres à prévenir en sa faveur; aussi fut-il rebuté par des chefs de maisons d'éducation et des apothicaires auxquels il offrit d'abord ses services. Enfin il fut admis dans le laboratoire d'un chimiste; il entra ensuite comme sous-instituteur dans une école à Peckham, et finit par s'établir médecin à Londres; mais il y eut peu de succès. Il écrivait à ce sujet à un de ses amis : « Vous pouvez vous imaginer les « obstacles que je rencontrai, dépourvu, comme je « l'étais, d'amis, de recommandations, d'argent ou « d'impudence, et cela dans une ville où il suffisait « que je fusse Irlandais pour rester sans emploi. »

Son peu de vogue comme médecin lui permettant de se livrer à loisir à des travaux littéraires, ce fut alors qu'il publia ses premiers ouvrages, qui obtinrent un succès si prodigieux, que les libraires se les disputaient. Mais Goldsmith était trop désintéressé pour profiter de cette concurrence. Ayant reçu d'un libraire un billet de cent guinées pour son poème du *Village abandonné*, et trouvant le prix trop fort, en comparaison du peu d'étendue de ce poème, il dit à un de ses amis : « Depuis que j'ai « reçu ce billet, je n'ai pas eu un moment de tran- « quillité : je suis résolu de ne pas le garder. » Il le rendit en effet, ne consentant à être payé qu'à raison du débit de l'ouvrage, qui heureusement fut considérable.

Cependant ses affaires s'étaient sensiblement améliorées : il occupait un appartement brillant, et recevait à sa table les hommes de lettres les plus distingués; mais son imprévoyante libéralité lui faisait encore éprouver des moments de gêne. Souvent il avait dissipé tout le produit d'un ouvrage avant même qu'il ne fût publié, et lorsque le besoin d'argent se faisait sentir, il allait se réfugier dans une ferme voisine de Londres, ignoré de tous ses amis, et s'y livrait pendant quelques semaines à des travaux qui le mettaient à même de reprendre son train de vie ordinaire. Néanmoins la passion du jeu, dont il n'était pas guéri, finit par le ruiner; il y fit des pertes si considérables, que les dernières années de sa vie se passèrent dans la détresse. Il mourut d'une fièvre nerveuse le 4 avril 1774, âgé

seulement de quarante-cinq ans. On lui éleva dans l'abbaye de Westminster un monument en marbre, avec une inscription latine composée par le docteur Johnson, qui avait été son ami. Ce moraliste célèbre, qui lui adressait souvent de dures, mais d'utiles vérités, disait que c'était le plus sage des hommes la plume à la main, et sans la plume, le plus sot. L'acteur Garrick, qui aspira à la réputation d'écrivain par ses épilogues, a fait de Goldsmith un portrait que nous citerons ici, à cause de sa singularité. Il suppose Jupiter, enivré de nectar, disant à Mercure : « Viens, apporte-moi de l'argile, je vais faire un plai-
« sant original, j'y amalgamerai le bon et le mauvais,
« beaucoup d'or et d'alliage; il sera gai sans sujet, et
« maussade sans cause. Aie soin, tandis que je serai
« à l'ouvrage, d'y mettre en contradiction un grand
« amour de la vérité, et un esprit romanesque; puis
« mêles-y les ingrédients qui, échauffés dans le
« creuset, prennent la forme du savoir et du jeu,
« de la religion et de la débauche. Malgré son pen-
« chant pour les femmes, que ses écrits soient chas-
« tes; imprègne sa langue d'une substance impure,
« sa plume de bon goût; mets le feu aux pieds,
« mets le feu à la tête; pour l'amusement des deux
« sexes, j'enverrai au monde cet être bizarre, *sa-*
« *vant, débauché, chrétien, dupe, joueur,* et *poète :*
« avec de si étranges disparates, il méritera une
« grande renommée, et, parmi ses frères, son nom
« sera Goldsmith. Quand ce météore singulier aura
« disparu de la terre, toi, Mercure, amène-le ici
« pour nous divertir. »

Les œuvres poétiques et dramatiques de Goldsmith ont été réimprimées à Londres, 1786, 2 vol. in 12. Parmi les derniers, on distingue ces deux comédies : *The good natured tan*, l'Homme bon, 1768; et *The Mistakes of a night*, les Méprises d'une nuit, 1773. Ses *OEuvres mêlées* furent imprimées à Edimbourg, 1792; Londres, 1802, 4 volumes in-8°. Plusieurs de ses ouvrages ont été traduits en français, tels que : *Histoire de la Grèce*, par Aubin, Paris, 1802, 2 vol. in-18; *Histoire romaine*. M. V. D., ibid., 1803, 2 vol. in-18; *Abrégé de l'histoire romaine*, par Musset-Pathay, *ibid.*, 1801, in-12; *Abrégé de l'histoire grecque*, id., ibid., 1802, in-12; *le Citoyen du monde*, par Poivre, 1763, 3 vol. in-12, *le Vicaire de Wakefield*, traduit pour la sixième fois par Aignan, 1803, un vol. in-12; *Lettres sur l'histoire d'Angleterre*, par madame Brissot, avec le titre de *Lettres philosophiques et politiques*, etc., 1786, 2 vol. in-8°; *Contes moraux de Goldsmith*, 1805, in-8°; *le Retour du philosophe*, ou *le Village abandonné*, paraphrasé par le chevalier Rudlipge, 1772, in-8°. Le libraire Peytieux publie en ce moment l'*Histoire d'Angleterre*, de Goldsmith, continuée jusqu'à nos jours, par Ch. Coote, 6 vol. in-8°, traduit par M⁶ A. Aragon.

W.

MORCEAUX CHOISIS.

I. Le curé de campagne.

Près de ce taillis, où l'on voyait jadis un riant jardin, et où plus d'une fleur vermeille naît encore sans culture; à l'endroit où quelques arbrisseaux épars couvrent à peine le sol, s'élevait le modeste presbytère du ministre du hameau. C'était un homme cher à tout le voisinage, et riche au-delà de ses vœux avec mille livres de revenu. Loin des cités, il parcourait sa généreuse carrière; jamais il n'avait changé, ni voulu changer de séjour : étranger à l'intrigue, et à l'art d'obtenir les faveurs par des doctrines conformes aux mobiles opinions du jour, il avait appris à estimer d'autres succès; plus habile à soulager les malheureux qu'à s'élever. Sa demeure était connue de tous les vagabonds; il blâmait leur vie errante, mais il adoucissait leurs maux. Le mendiant, de retour après une longue absence, et dont la barbe blanchie descendait sur sa poitrine, était son hôte : le dissipateur dans l'indigence, abjurant désormais un vain orgueil, cherchait près de lui un refuge, et voyait sa prière accueillie : le soldat courbé par les ans trouvait chez lui un gîte, s'asseyait près de son feu, passait la nuit à causer, se plaignait de ses blessures, ou, las de redire ses traverses, mettait sa béquille sur son épaule, et montrait comme on gagne des batailles. Charmé de ses hôtes, l'homme de bien se sentait attendrir, et oubliait presque leurs vices en faveur de leurs disgrâces: peu jaloux de peser leurs bonnes œuvres et leurs fautes, sa pitié donnait avant que son zèle s'exerçât.

Ainsi secourir les misérables était tout son bonheur, et ses faiblesses mêmes inclinaient vers la vertu : mais, prompt à remplir ses devoirs, au premier signal il allait veiller et pleurer, prier et gémir pour son troupeau. Comme l'oiseau emploie les plus tendres caresses, pour entraîner vers les cieux sa naissante famille, il avait recours à tous les moyens, gourmandait leur funeste lenteur, les invitait à un meilleur séjour, et leur montrait la route.

Au chevet du lit où un souffle errant était près de s'évanouir, où régnait tour à tour le chagrin, le crime et les remords, le vénérable pasteur prenait sa place. A sa voix, le désespoir et les alarmes s'éloignaient de l'âme inquiète; la consolation descendait sur le coupable éperdu; ses derniers accents et sa voix mourante murmuraient les louanges du Seigneur.

A l'église, avec une grace aimable et naturelle, sa présence ajoutait à la pompe du lieu saint; la vérité sortait de ses lèvres avec un double empire, et les libertins venus pour se divertir restaient pour prier. Après le service, les honnêtes villageois s'empressaient avec zèle autour de l'homme pieux : les enfants même le suivaient avec une innocente importunité, et le tiraient par sa robe pour partager le sourire du bon pasteur. Son gracieux sourire exprimait une tendresse paternelle; il était heureux de leur bonheur, et s'attristait de leurs peines : son cœur, ses affections, ses alarmes étaient pour eux; mais ses plus sérieuses pensées étaient toutes pour le ciel. Ainsi, au milieu des vallons, s'élève une montagne majestueuse; les orages n'arrivent pas jusqu'à son sommet : autour de ses flancs se heurtent les fougueuses tempêtes, mais une paix éternelle règne sur son front serein.

Le Village abandonné.

II. Le maître d'école de campagne.

Non loin de cette haie touffue, où l'inutile parure du genêt en fleur orne le bord du chemin, là, dans sa bruyante demeure, habile à régenter, le magister du village tenait sa petite école : c'était un homme sévère et d'un esprit rébarbatif; je le connaissais bien, et chaque vaurien le connaissait. Ses tremblants auditeurs avaient appris à lire le matin les désastres du jour sur sa face prophétique; ils savaient rire d'une joie complaisante à tous ses bons mots, car il avait plus d'un bon mot; ils savaient, par un prompt chuchotement, annoncer à la ronde la sinistre nouvelle, quand il fronçait le sourcil. Il était bon pourtant, ou s'il se montrait sévère parfois, l'amour qu'il portait à la science en était cause. Tout le village attestait combien il était savant : il est certain qu'il pouvait écrire, voire chiffrer, qu'il pouvait mesurer la terre, prédire les fêtes, la pluie et le beau temps; et le bruit courait même qu'il savait jauger. Dans l'argumentation aussi le curé avouait son mérite, car, quoique battu, il pouvait argumenter encore; tandis que des mots d'une savante longueur et d'un son retentissant émerveillaient alentour les villageois ébahis: ils ne comprenaient pas, et leur surprise redoublait à chaque instant, qu'une si petite tête pût contenir tout ce qu'il connaissait. Mais sa gloire est passée: le lieu même où il triompha tant de fois est inconnu aujourd'hui [*].

Ibid.

---

[*] *Voyez* ce portrait et le suivant imités par Delille, t. X, p 290 de notre *Répertoire.* F.

III. Matilde.

Matilde avait été mariée fort jeune à un gentilhomme napolitain de la première distinction, et s'était trouvée veuve et mère à l'âge de quinze ans. Comme elle caressait un jour son jeune fils à la fenêtre d'un appartement qui donnait sur le Volturne, l'enfant, par un mouvement soudain, échappa de ses bras, et tomba dans le fleuve, où il disparut en un instant. Matilde, saisie d'effroi, se précipita dans les flots pour le sauver : mais, loin de pouvoir secourir son fils, elle parvint elle-même avec beaucoup de peine à la rive opposée, dans le moment où quelques soldats français pillaient aux environs. Ils l'emmenèrent aussitôt prisonnière.

Comme la guerre se faisait alors entre les Français et les Italiens avec la dernière inhumanité, ils allaient exécuter sur elle les deux crimes qu'inspirent la débauche et la cruauté, mais un jeune officier s'opposa à cette basse résolution, et, quoique sa retraite exigeât la plus grande célérité, il plaça Matilde derrière lui, et la conduisit en sûreté dans la ville où il avait reçu le jour. Sa beauté l'avait d'abord ému : bientôt son mérite le charma. Ils se marièrent : l'officier parvint aux premiers emplois ; ils vécurent long-temps ensemble et furent heureux. Mais le bonheur d'un soldat ne peut jamais passer pour durable. Après un intervalle de plusieurs années, les troupes qu'il commandait ayant éprouvé un échec, il fut obligé de se réfugier dans la ville où il avait vécu avec son épouse. Là ils souffrirent un siége, et enfin la ville fut prise. Peu d'histoires citent des excès de cruauté plus révoltants que ceux que les Français et les Italiens exerçaient, à cette époque, les uns envers les autres. Il fut décidé par les vainqueurs, dans cette occasion, que tous les Français prisonniers seraient mis à mort, et sur-tout le mari de Matilde, auquel on attribuait principalement la longueur du siège. Les résolutions étaient en général exécutées presque aussitôt qu'adoptées. Le prisonnier fut amené, et l'exécuteur avec son glaive se tenait prêt, tandis que les spectateurs attendaient, dans un sombre silence, le coup fatal, qui n'était suspendu que jusqu'au moment où le général, qui présidait comme juge, donnerait le signal. Ce fut dans cet intervalle d'une douloureuse attente que Matilde vint recevoir les derniers adieux de son mari et de son libérateur, déplorant son infortune et la cruauté de son sort qui ne l'avait sauvée d'une mort prématurée dans le Volturne que pour la rendre spectatrice de malheurs encore plus grands. Le général, qui était un jeune homme, avait été frappé de surprise par sa beauté et touché de compassion pour son infortune; mais il éprouva de plus fortes émotions quand il l'entendit rappeler ses premiers dangers. C'était son fils, l'enfant pour qui elle avait couru un si grand péril : il la reconnut pour sa mère et tomba en même temps à ses pieds. Le reste peut se deviner aisément : le captif fut mis en liberté, et tous trois jouirent de tout le bonheur que procurent l'amour, l'amitié et le devoir.

Le Ministre de Wakefield, ch. XXIII.

IV. L'attachement.

Notre attachement pour les choses qui nous environnent s'accroît d'ordinaire en proportion du temps depuis lequel nous les connaissons. L'homme accoutumé de longue date à un certain ordre d'objets, se familiarise avec eux insensiblement, les revoit par habitude, et s'en sépare avec répugnance. C'est de là que naît l'avarice des vieillards, dans chaque genre de possession. Ils aiment le monde et tout ce qu'il produit; ils aiment la vie et tous ses avantages; non qu'elle leur offre des plaisirs, mais parce qu'ils l'ont connue long-temps.

Chinvang-le-Chaste, à son avènement au trône de la Chine, ordonna que tous ceux qui avaient été détenus injustement en prison, sous le règne précédent, seraient mis en liberté. Parmi ceux qui vinrent en cette occasion remercier leur libérateur, on vit paraître un vieillard vénérable qui se jeta aux pieds de l'empereur, et lui adressa ces mots :

« Père et souverain de la Chine, contemplez un malheureux, âgé de quatre-vingt-cinq ans, qui a été renfermé dans un cachot à l'âge de vingt-deux ans. Je fus emprisonné, quoique étranger au crime, sans avoir même été confronté avec mon accusateur. Il y a maintenant plus de soixante années que je vis dans la solitude et dans les ténèbres, et je me suis familiarisé avec l'infortune. Encore ébloui de la lumière du soleil à laquelle vous m'avez rendu, je parcourais les rues pour trouver un ami qui daignât me secourir, me consoler, ou du moins se souvenir de moi; mais, hélas! mes amis, ma famille, mes parents n'existent plus, et je suis oublié. Permettez-moi donc, ô Chinvang, d'achever le reste de ma misérable vie dans mon ancienne prison : les murs de mon cachot me sont plus agréables que le palais le plus brillant : je n'ai plus long-temps à vivre, et je serai malheureux si je ne puis passer mes derniers jours où j'ai passé ma jeunesse, dans cette prison d'où votre bonté m'a retiré. »

La passion de ce vieillard pour la captivité est semblable à celle que nous avons tous pour la vie. Nous sommes habitués à notre prison, nous jetons autour de nous des regards de mécontentement, nous ne sommes pas satisfaits de notre demeure; et cependant la longueur de notre captivité ne fait qu'accroître notre attachement au cachot.

Les arbres que nous avons plantés, les maisons que nous avons bâties, les enfants à qui nous avons donné le jour, tout sert à nous attacher plus fortement à la terre, et à remplir notre départ d'amertume. La vie recherche les jeunes gens comme une nouvelle connaissance; c'est une compagne dont ils ne sont pas encore las, qui les instruit et les amuse; sa société leur est agréable : avec tout cela ils y tiennent peu. Pour nous, qui touchons au déclin de nos ans, la vie nous semble un vieil ami : ses bons mots ont été entendus dans les premières conversations; il n'a plus de nouveau conte pour nous faire sourire, ni de nouveau talent pour nous surprendre; cependant nous l'aimons encore : privé de tous ses agréments, nous l'aimons encore; nous épargnons avec une économie toujours croissante le trésor qui s'épuise, et nous éprouvons toutes les angoisses de la douleur, au moment de la fatale séparation.

GOUT. Dans l'acception la plus étroite, ce mot, pris figurément, est le sentiment vif et prompt des finesses de l'art, de ses délicatesses, de ses beautés les plus exquises, et même de ses défauts les plus imperceptibles et les plus séduisants.

Le goût, dans une acception plus étendue, est la prédilection ou la répugnance de l'âme pour tels ou tels objets du sentiment ou de la pensée.

Dans le premier sens, on dit d'un homme qu'il a du goût; dans l'autre, on dit que chacun a son goût.

On a remarqué avant moi l'analogie du goût physique avec le goût intellectuel, c'est-à-dire du sens qui juge les saveurs, avec le sens intime qui juge en nous les productions des arts d'après l'impression de plaisir ou de peine qu'en reçoivent l'esprit et l'âme. Je me bornerai donc à dire que l'un comme l'autre de ces deux sens est une faculté naturelle, perfectible, mais altérable; que l'un comme l'autre varie et diffère selon le temps, les lieux, les mœurs, les habitudes; qu'enfin, l'un comme l'autre ne laisse pas d'avoir ses principes d'analogie, ses moyens d'assimilation.

Commençons par examiner si dans cette diversité de goûts qui semble être dans la nature, il peut y avoir un goût par excellence, et si ce qu'on appelle éminemment le goût a jamais d'autre prérogative que d'être le goût dominant.

Le goût physique semble avoir son caractère de bonté dans la préférence qu'il donne aux nourritures les plus saines; et combien les raffinements du luxe n'ont-ils pas encore altéré ce discernement de l'instinct? Le goût intellectuel a-t-il été plus inaltérable? et, soit dans la multitude, soit dans le petit nombre, a-t-il le droit de se croire plus infaillible dans son choix?

L'opinion a pour objet la vérité, qui n'est qu'un point; et il est possible qu'à la longue les opinions particulières se réunissent au même centre, puisque de tous côtés la raison tend au même but; mais y a-t-il de même pour les goûts un point de ralliement et une tendance commune? L'agréable comme l'utile a-t-il un caractère évident et invariable?

Nous vivons en société, et par la communication des sentiments et des idées, par l'exercice habituel de notre sensibilité sur des objets communs, par cet attrait qui nous rapproche et qui nous fait trouver tant de plaisir à penser, à sentir de même, nos goûts s'assimilent, si bien qu'on dit communément d'une société, qu'elle a son goût, comme on le dirait d'un seul homme; mais jusque-là ce goût n'est que le sien.

Cette société s'étend; ce n'est plus un cercle, c'est une ville, un pays, tout un peuple; et, par une longue cohabitude, le goût y devient uniforme. C'est alors qu'il commence à prendre une sorte d'autorité; et si la nation est réellement plus éclairée, plus cultivée que ses voisines, si elle est plus fertile en objets d'agrément, elle aura quelque droit de servir de modèle dans l'art de plaire et de jouir; mais encore chaque nation peut-elle prétendre, de son côté, savoir aussi ce qui lui est convenable; et, comme en raison de son caractère, il est possible que ses affections aient quelque singularité, elle aura droit aussi de les prendre pour règle; son goût ne sera pas le goût de ses voisins; mais ce sera le bon goût pour elle.

A présent, supposons qu'à de longs intervalles, soit dans le temps, soit dans l'espace; que, par exemple, à deux mille ans et à deux mille lieues de distance, le goût d'une nation se communique et se répande, et que, malgré les différences d'usages, de mœurs, de coutumes, malgré la diversité même des climats et leur influence sur le caractère des peuples, ce goût soit presque universellement reconnu pour être le bon goût : rien de plus décisif sans doute que ce témoignage unanime; et toutefois, si quelque nation s'excepte et se réserve le droit d'avoir un goût qui lui soit propre, ou de modifier à son gré le goût universel, personne encore n'aura le droit de la soumettre à la loi commune; et il ne sera point prouvé pour elle que le goût dominant soit meilleur que le sien.

Il n'y a donc qu'un juge suprême, un seul juge qui, en fait de goût, soit sans appel : c'est la nature. Heureusement presque tout est soumis à cet arbitre universel.

Avant qu'il y eût des arts, il y avait des hommes

sensibles et bien organisés; avant qu'il y eût des arts, il y avait pour le sens intime, des objets de prédilection et des objets d'aversion, des sources de plaisirs et des sources de peines; et ce sens, exercé par la nature avant que l'art se fît un jeu de l'émouvoir, avait pour juge dans le choix des objets, leur attrait ou sa répugnance.

Ainsi les convenances qui intéressent le goût ne sont pas toutes accidentelles et factices, il en est d'immuables, il en est d'éternelles comme les essences des choses.

Or le sentiment des convenances accidentelles en suppose l'étude; et quoique la faculté de les apercevoir soit donnée par la nature, elle a besoin que l'usage l'instruise des conventions qu'il établit. Ainsi le goût qui les fait observer, comme le goût qui juge si elles sont observées, est un discernement acquis; mais pour les convenances essentielles et immuables, il doit y avoir un goût indépendant, comme elles, de toute espèce de convention : la nature les a établies, la nature les fait sentir.

Lorsqu'on a défini le goût, le sentiment des convenances, on a donc reconnu un goût naturel et antérieur à toute espèce de convention, et un goût soumis aux mêmes variations que les mœurs et les conventions sociales. Or la règle de celui-ci sera toujours de garder avec l'autre le plus d'affinité possible, et de s'attacher aux objets qui peuvent les concilier.

Supposons d'abord l'homme sauvage et purement sauvage, comme on n'en a point vu, mais comme on peut l'imaginer, en qui nulle convention, nulle habitude sociale n'ait encore altéré la pensée et le sentiment; il est difficile de concevoir comment il peut manquer aux convenances naturelles, puisqu'elles ne sont que l'accord de la nature avec elle-même, et que ni l'opinion, ni la coutume, ni le caprice de l'usage n'ont rien falsifié en lui; tout y est vrai, simple, ingénu; il aime ce qui lui ressemble, rien d'artificiellement composé ne le touche, rien d'affecté ne le séduit.

Dans les sauvages même, tels que nous les voyons, réunis en société, quoique l'exemple, l'opinion, la coutume, aient déjà travaillé à corrompre leur naturel, il est facile encore de voir que plus l'homme est près de la nature, plus il a d'ingénuité. On sait quelle est en eux la bonté de la vue et la finesse de l'ouïe; et si le sens intime auquel répondent ces deux organes, n'a pas la même subtilité, au moins doit-il avoir la même netteté de perception et la même justesse. Il est moins exercé dans le sauvage que dans l'homme civilisé, sans doute; mais aussi est-il moins troublé. L'analyse, l'abstraction, la combinaison des idées, l'art de les composer, de les décomposer, d'en saisir les nuances, d'en apercevoir les rapports, ce travail de l'esprit, d'où naissent tant de lumières et tant de nuages, n'éclaire pas son entendement, mais aussi ne l'offusque pas. Ses idées sont des images; sa pensée est le résultat prompt et rapide de ses sensations; mais elle n'en est que plus vive. Sa morale n'est pas sublime, mais aussi n'est-elle point fardée; et les vertus qui sont à son usage, la bonté, la sincérité, la bonne foi, l'équité, la droiture, l'amitié, la reconnaissance, l'hospitalité, le mépris de la douleur et de la mort, ont à ses yeux toute leur noblesse et toute leur beauté; il y attache la gloire qu'il préfère à la vie; il a donc en lui-même le sentiment du beau moral; il l'a de même du beau physique. Le soleil, le torrent, la foudre, la tempête, sont les objets de son étonnement, quelquefois de son culte. La familiarité des grands tableaux de la nature n'épuise pas son admiration; et lorsqu'il parle de lui-même avec orgueil, c'est toujours à ce qu'il y a de plus naturellement noble qu'il se compare. Toutes nos figures de rhétorique, tous nos mouvements oratoires, il les invente, il les emploie, mais à propos, et c'est toujours le sentiment qui les lui inspire. Il adresse la parole aux absents, aux morts; il croit les voir et les entendre; il parle aux choses insensibles, et il croit en être entendu; mais c'est lorsque son âme est fortement émue et son imagination exaltée : c'est le délire de la passion, mais d'une passion véritable et sincère dans ses erreurs. Écoutez-le au moment qu'il a perdu son ami, qu'il pleure son fils ou son père, qu'il vient de recevoir une injure et qu'il en médite la vengeance, ou qu'il rend grace d'un bienfait, il sent tout ce qu'il doit sentir; il le sent au degré qu'il le doit sentir; et, autant que sa langue peut le permettre, il le dit comme il doit le dire. Pas un tour qui ne rende le mouvement de sa pensée, pas une épithète ambitieuse ou superflue, pas une hyperbole excessive, pas une fausse métaphore, quoique tout y soit en images, pas un trait de sensibilité qui ne soit juste et pénétrant. Pourquoi cela? parce que la nature est toujours vraie, et que tout ce qui est exagéré, maniéré, forcé, mis hors de sa place, est de l'art.

Dans les harangues des sauvages, qui sont leurs discours préparés, on aperçoit, il est vrai, des formules traditionnelles; mais la manière même en est encore décente et noble; leur laconisme a de la dignité, leurs figures de la justesse, leur éloquence de la franchise et quelquefois de l'élévation. On voit bien qu'ils ont peu d'idées : mais cette pauvreté même a je ne sais quoi d'imposant. On reconnaît ce caractère de simplicité et de noblesse dans la poésie des bardes et de tous les peuples du nord, pris dans les temps où leur génie, comme leurs mœurs, était encore à demi-sauvage; et lorsqu'on les a fait parler, il n'a fallu pour les rendre éloquents à leur manière, que leur prêter fidèlement le langage de la nature. Voyez, dans Tacite, la harangue du Breton Galgacus; dans Quinte-Curce, la harangue du député des Scythes à Alexandre; dans La Fontaine, celle du paysan du Danube au sénat romain.

Comment se pourrait-il en effet, que l'homme qui ne parle que pour exprimer ce qu'il sent, dît autre chose que ce qu'il sent, et ne le dit pas comme il convient à son âge, à son caractère, à sa situation? Son langage n'est que l'effusion ou l'explosion de son âme. Pourquoi, dans ses récits, dans ses descriptions, emploierait-il des détails superflus, des circonstances inutiles? Il ne songe à dire que ce qu'il a vu, et dans ce qu'il a vu, que ce qui l'a frappé. En un mot, il ne veut pas être spirituel, singulier, merveilleux; il veut être vrai, ou plutôt il l'est sans le vouloir, et sans songer à l'être.

Pourquoi nous-mêmes avons-nous donc aujourd'hui tant de peine à être simples et naturels? C'est que nos institutions nous ont pliés et repliés de cent manières toutes contraintes; qu'après avoir, comme dirait Montaigne, *artialisé* la nature, nous sommes obligés de *naturaliser* l'art. Je dis l'art, dans nos habitudes les plus familières et les plus libres, et, à plus forte raison dans nos compositions, dans nos imitations, dans notre poésie inventive, dans notre éloquence factice, dans nos peintures étudiées, dans nos passions de commande, où il faut prendre à chaque instant une âme étrangère et nouvelle; croire voir ce qu'on ne voit pas; penser et sentir et parler, non comme soi, mais comme un autre; en un mot, se faire à soi-même l'illusion qu'on veut répandre, et se tromper si bien dans ses propres mensonges, que tout le monde y soit trompé. C'est là sur-tout qu'il est difficile de retrouver en soi ces mouvements naturels, ces accents, ces tours d'expression, qui échappent à l'homme sauvage sans qu'il y pense, et mieux que s'il y avait pensé.

Voyez les graces de l'enfance, la facilité, la souplesse, le charme de ses attitudes et de ses mouvements; bientôt vient l'éducation qui détruit tout cela, et qui met à la place la gêne et l'affectation; alors, que l'on regrette ces graces fugitives! que de soins, que de peines ne se donne-t-on pas pour en retrouver quelques traces! Ce n'est de même qu'à force d'art que l'art peut se rectifier.

Mais la grande difficulté pour accorder l'art avec la nature, c'est que le naturel, comme nous l'entendons, n'est pas celui de l'homme inculte. Aux convenances universelles, qui seraient des règles constantes, les institutions sociales, la coutume, l'opinion, la fantaisie, en ont mêlé d'artificielles et de changeantes, comme leurs causes; et c'est à l'égard de celles-ci que le goût n'ayant plus de type inaltérable, est devenu lui-même variable et divers. Les idées de bienséance, de noblesse, de dignité, de politesse, d'élégance, d'agrément, de délicatesse, enfin tous les raffinements de l'art de plaire et de jouir, étant venus successivement, et puis en foule, solliciter l'attention du goût, il en a été comme étourdi; et au milieu de cette multitude de lois nouvelles et fantasques, il s'est trouvé comme un jurisconsulte, que ses études même et son habileté rendent encore plus incertain et plus irrésolu dans ses opinions.

A mesure donc que l'art de plaire est devenu plus compliqué, le goût, qui en est le juge, le conseil et le guide, a dû être plus indécis. La nature n'a qu'une route; l'habitude a mille sentiers tortueux et entrecoupés. Aussi l'art le moins composé est-il toujours le plus infaillible; et l'avantage des arts naissants, comme des sociétés naissantes, c'est leur grande simplicité.

Homère, en comparaison de Virgile et de Racine, était presqu'un sauvage. Encore tout près de la nature, les convenances qu'elle avait établies étaient presque les seules dont il eût l'idée et le sentiment. Je suis loin de penser qu'il fût né dans un siècle absolument inculte, et qu'il eût lui seul inventé ses fables, ses dieux, ses héros, sa langue poétique; mais on se tromperait si, par un siècle de culture, on entendait, en parlant du sien, un siècle de lumière pareil à ceux qui l'ont suivi. Il n'y avait de son temps rien de semblable aux fêtes qu'on célébrait du temps de Périclès, et aux spectacles qu'on y donnait à toute la Grèce assemblée. Il n'y avait aucune ville comme Athènes et Corinthe, où la poésie et l'éloquence, la philosophie et les arts, rassemblés, cultivés avec émulation, s'éclairassent mutuellement. Mais dans un climat où les hommes avaient reçu de la nature une sensibilité vive, une imagination facile à exalter, une finesse, une délicatesse, une subtilité d'organes dont on n'a jamais vu d'exemple; dans un climat où le commerce, l'agriculture, le soin des troupeaux, peu de luxe, assez d'abondance, et pour délassement, des fêtes, des sacrifices et des festins, formaient le tableau de la vie; dans ce climat, dis-je, de longues paix donnaient aux peuples et aux princes un loisir que les arts embellissaient à peu de frais; et comme les mœurs étaient simples, et que le naturel des hommes n'était pas encore altéré, le goût se réduisait au choix d'une nature intéressante.

La politesse n'avait point appris aux héros d'Homère à se quereller noblement, et la crudité des injures qu'Achille dit à Agamemnon n'était encore que de la franchise. Il n'était pas encore indigne d'une princesse de laver dans les eaux d'un fleuve les tuniques du roi son père; il n'était pas indigne d'un héros de faire lui-même griller la chair des animaux qu'il avait immolés; tout cela peut blesser notre délicatesse : les bouffonneries de Vulcain ne nous semblent pas plus décentes; la querelle d'Irus avec Ulysse ne nous choque pas moins; et quant à ces formes locales, accidentelles et mobiles, Homère n'était pas et ne pouvait pas être ce que trois mille ans après lui on appelle un homme de goût; mais la partie essentielle des mœurs, qui jamais l'a saisie et exprimée mieux que lui? Dans les trois harangues d'Ulysse, de Phénix et d'Ajax, dans les adieux d'Hector et d'Andromaque, dans la douleur d'Achille sur la mort de Patrocle, dans celle de Priam suppliant aux genoux du meurtrier de ses enfants, y a-t-il un mot qui s'éloigne des convenances? Elles y sont gardées avec un naturel qui étonne l'art et le confond. Pourquoi cela? c'est que la mode, le caprice, les conventions, les petites formules de la société, n'ont presque point touché aux grands objets de la nature. Nous sourions en voyant Hélène et Ménélas si bien ensemble dans leur palais, après la ruine de Troie; et Ménélas nous semble avoir bien doucement oublié le passé; mais, lorsqu'avant de connaître Télémaque, Ménélas lui parle d'Ulysse avec une estime si tendre, et que le fils, en entendant l'éloge de son père, se couvre le visage pour cacher les larmes qui coulent de ses yeux, alors nous tressaillons de joie et d'attendrissement, en reconnaissant, dans ce trait de sensibilité, le maître de Virgile, le modèle de Fénelon. Nous ne voulons plus entendre dans la bouche d'Achille enfant, le gazouillement du vin que Phénix lui fait boire; et cette espèce de naturel n'a plus assez de noblesse pour nous; mais que Phénix, pour émouvoir Achille, fasse parler le vieux Pélée, que pour lui rendre la colère odieuse, il lui raconte incidemment qu'un jour lui-même, dans un accès de cette passion funeste, il fut tenté de tuer son père; c'est un genre de vérité que le temps et la mode respecteront toujours.

Un sentiment plus exalté de l'héroïsme, nous fait trouver mauvais que l'ombre d'Achille, dans l'*Odyssée*, regrette si fort la lumière, et qu'il aimât mieux vivre encore dans le pénible état d'un homme obscur que de régner aux enfers sur des ombres; mais ce n'est pas nous, c'est la nature qu'Homère a consultée dans cette révélation naïve des faiblesses du cœur humain. Telle est la différence des convenances inaltérables, et des convenances passagères qui dépendent de l'opinion.

L'analogie et la simplicité étaient le grand secret d'Homère. Dans la composition de ses caractères, ce n'est pas lui, c'est la nature même qui en assortit les couleurs et les traits. S'il donne à Ulysse la prudence, il l'accompagne, non pas à la manière des temps modernes, de qualités purement nobles et louables, mais comme la nature même, de dissimulation, d'artifice, de patience à tout endurer, jusqu'aux dernières humiliations; d'un courage dont le sang-froid prévoit tout, ne hasarde rien, ne craint pas de se montrer timide, met sa gloire non pas à braver le péril, mais à voir dans le péril même, les moyens de s'y dérober, et d'y engager son ennemi; ne compte la force pour rien, tant que la ruse peut agir, laisse l'audace à l'homme à qui manque l'adresse et ne regarde la témérité que comme la ressource du désespoir.

Si dans Achille c'est la colère dont il veut faire craindre les funestes effets; la sensibilité, la bonté, la droiture, la valeur au plus haut degré, une fierté que l'orgueil irrite, une équité que l'injure soulève, sont les éléments de ce caractère à la fois aimable et terrible; et par un trait sublime de vérité donné par la nature, il fait de l'ennemi le plus inexorable dans ses ressentiments l'ami le plus doux, le plus tendre, le plus passionné dans ses affections. Voilà le goût par excellence, le sentiment juste et profond de ce qui doit plaire, attacher, intéresser dans tous les temps.

C'est à ce même sentiment des convenances immuables qu'Euripide et Sophocle ont dû ce long succès, que leurs beautés ont encore parmi nous. Du *Philoctète* de Sophocle notre délicatesse n'a retranché que l'appareil rebutant de la plaie*; les deux *Œdipe* et les deux *Iphigénie* sont d'un goût aussi pur que les belles scènes d'Homère; enfin dans aucun temps le goût n'a été plus sain, que lorsqu'en s'abreuvant aux sources de cette antiquité voisine

---

* *Voyez* sur cette critique, qui se retrouve dans un autre article de Marmontel, ce que nous en avons dit, t. X, p. 57 de notre *Répertoire*.

H. P.

encore de la nature, elle y a puisé le sentiment des convenances inaltérables et de ces vérités de mœurs qui sont universellement inhérentes au cœur humain.

La simplicité, qui fut toujours le caractère de la nature, est aussi très distinctement le caractère du goût antique et le vrai symbole des Grecs. En sculpture, en architecture, en poésie, leurs compositions étaient simples, leurs formes étaient simples, leurs ornements même étaient simples; on n'y voyait rien de compliqué, rien de confus, rien de péniblement composé, sur-tout, rien qui ne fût ensemble, et qui dans les rapports de la cause à l'effet ne fût réduit à l'unité.

Denique sit quodvis simplex duntaxat et unum.
(Horat. *De art. poet.*, v. 23.)

C'était la devise, la règle et la magie de leurs arts.

Mais ce caractère de simplicité était lui-même pris dans les mœurs; car les mœurs des Grecs étaient simples, si on les compare avec les nôtres. D'abord elles étaient plus libres et plus généralement populaires, par cela seul qu'elles étaient républicaines; elles étaient aussi moins façonnées et moins polies, parce que l'absence des femmes laissait au naturel des hommes sa franchise et son abandon.

Qu'on veuille donc faire attention à cette foule de nouvelles idées, de nouveaux sentiments, de manières nouvelles, de bienséances multipliées, qu'ont dû introduire dans nos mœurs le commerce des femmes, la galanterie, le point d'honneur, le manége des cours; à ces raffinements de l'art de flatter et de feindre, de taire ce qu'on veut faire entendre, de voiler à demi ce qu'on veut laisser entrevoir, de dire et de ne dire pas; à toutes ces lois de décence, de ménagements et d'égards, qu'impose une société où les deux sexes vivent ensemble, où l'inégalité des conditions et des rangs doit se laisser sentir, sans que la vanité ait à se plaindre de l'orgueil; où la pudeur, l'innocence même, admise aux plaisirs de l'esprit, n'y doit rien trouver qui la blesse; on ne sera plus étonné que l'opinion, la coutume, l'exemple, et plus que tout, la métaphysique de l'amour et de l'amour-propre, ayant successivement et diversement associé aux convenances immuables de la nature, une foule de convenances accidentelles et factices qu'il a fallu sentir, démêler, observer, la théorie du goût soit devenue si compliquée, si savante, et enfin si problématique.

Le goût, chez les Romains, fut d'abord analogue à la rudesse de leurs mœurs, à l'âpreté de leur génie, à l'état d'inculture de leur société; et si de cet état, il passa tout-à-coup et sans gradation à un si haut degré de politesse et d'élégance, c'est qu'il leur vint tout formé de la Grèce, d'où le prirent les Scipion, et d'où Ménandre le transmit à Térence; mais ce ne fut jamais, dans Rome, que le goût des hommes instruits; celui du peuple se ressentait, même du temps d'Horace, de son ancienne grossièreté. Cette nation politique et guerrière ne fit jamais assez de cas des arts purement agréables, pour y appliquer une attention sérieuse ; le caractère de son génie n'était pas la délicatesse ; et si elle montra un discernement juste et fin, ce ne fut qu'en fait d'éloquence, le seul des talents de l'esprit qu'elle estima sincèrement, et dont, par un long exercice, elle devint un excellent juge. Mais les écoles de l'éloquence furent des écoles de goût, et l'histoire et la poésie profitèrent de ses leçons.

Ce fut sur-tout à la cour d'Auguste, et dans l'élite des esprits cultivés, que le goût des Athéniens se conserva et se polit encore, comme il est naturel au goût républicain de se raffiner en passant par l'oisive cour d'un monarque. Seulement pour les bienséances, les Romains ainsi que les Grecs, furent toujours moins sévères que nous.

On a dit que leur langue était moins chaste que la nôtre ; c'était leur politesse qui était moins délicate. La langue de Térence, de Cicéron et de Virgile, était chaste quand on voulait et tant qu'on voulait : l'*Énéide* en est bien la preuve ; mais l'*Énéide* devait être lue dans le salon de Livie, et c'était pour le cabinet de Julie que l'*Art d'aimer* était écrit. Virgile et Ovide, Tacite et Pétrone, Sénèque et Juvénal, parlaient la même langue et non pas le même langage. Horace était sévère et chaste le matin, licencieux le soir, selon qu'il écrivait pour le lever d'Auguste, ou pour le souper de Mécène.

Si donc le goût moderne a des lois plus austères, c'est dans l'esprit de la société, non dans le génie de la langue qu'en est la véritable cause ; c'est parce que l'imprimerie donne aux écrits tant de publicité, que la licence n'a plus de voile; c'est parce qu'un style trop libre manquerait aux égards que l'usage prescrit; c'est que tout ce qu'on met au jour doit pouvoir passer sous les yeux de ce sexe aimable et difficile dont le point d'honneur est dans la décence, et qui ne consent à venir animer, adoucir, embellir la triste société des hommes, qu'à condition que leur liberté respectera sa fière modestie. Ainsi la première des graces à laquelle nos écrivains doivent sacrifier, c'est la pudeur.

De là, tous ces ménagements, toutes ces adresses de style, toutes ces expressions vagues, ou détournées, ces demi-jours, ces demi-teintes, en un mot, ces délicatesses et ces finesses de langage qui rendent aujourd'hui si difficile l'art d'écrire avec goût les choses de pur agrément. Et combien cet art d'éluder, de voiler, de dissimuler, de rendre l'expression timide et modeste, lors même que la pensée ne l'est pas, combien cet art a dû se raffiner dans une langue où la galanterie et l'amour ont été si subtilement et si savamment analysés! De combien de nuances devait être assortie la palette d'un peintre comme Racine, pour exprimer le caractère de Phèdre de manière que d'honnêtes femmes pussent l'admirer sans rougir! Ainsi le désir de leur plaire, le devoir de les ménager, l'avantage que la nature leur a donné sur nous, pour la finesse des organes et l'extrême délicatesse de perception dans les détails; enfin un droit acquis et assez légitime de juger les arts d'agrément, une influence continuelle sur l'esprit de société, et un empire presque absolu sur l'opinion et l'usage, ont érigé les femmes en arbitres du goût; et il leur doit en même temps ses finesses les plus exquises, sa mobilité perpétuelle et son excessive timidité.

Après avoir considéré le goût dans ses deux grandes relations, d'un côté avec la nature, de l'autre avec la société, il sera aisé de concevoir ce qu'il a dû souffrir de la dépravation des esprits et des âmes dans des siècles de barbarie, à quelle perfection il a pu s'élever dans des temps de culture et d'émulation, et quelles ont été, depuis, les causes de sa décadence.

Entre l'état de l'homme sauvage et l'état de l'homme civilisé, et dans le passage de l'un à l'autre, est l'état de l'homme barbare. Le sauvage comme je l'ai conçu, serait l'homme de la nature; le barbare, au contraire, est un homme dénaturé : sa raison, ses mœurs, ses idées, ses sentiments, sont pervertis par des conventions et par des habitudes, tout aussi artificielles que les modes du luxe et de la vanité.

Lorsque des hommes vagabonds, incultes, effrénés, se réunissent pour vivre ensemble, leurs passions ne tardent pas à fermenter; et, de leur mélange s'exhalent des opinions insensées, d'absurdes superstitions, des mœurs bizarres ou atroces. C'est par ces dégradations qu'on a vu passer, dans tous les temps, l'espèce humaine, avant de recevoir les formes régulières de la civilisation.

Or, on sent bien que dans cet état, toutes les

idées de convenances doivent être obscurcies; que toutes les sources des plaisirs intellectuels sont corrompues, et que l'homme ainsi dépravé, n'est plus susceptible d'aucun discernement dans les prédilections du sentiment et de la pensée.

Tirer les hommes de la barbarie, c'est donc commencer par les rendre à la nature, en corrigeant en eux tous ces vices acquis, tous ces travers de l'esprit et de l'âme; et à mesure que l'un et l'autre se relèvent et se rectifient, le sentiment du vrai, du bien, du beau moral, enfin tous les rapports, soit de l'homme avec l'homme, soit de l'homme avec la nature, se rétablissent par degrés.

Mais dans ce passage il doit y avoir un temps où les opinions, les mœurs, les formes sociales, à demi dégagées de leur ancienne rouille, sont un mélange de barbarie et de civilisation. D'un côté l'on commence à retrouver dans l'homme les traits d'une belle nature, et de l'autre, on y voit les marques encore récentes de l'abrutissement par où il a passé, et d'où il commence à sortir. Les nations alors ressemblent à ces figures monstrueuses qu'on a peut-être imaginées pour exprimer allégoriquement l'état de l'homme à demi-barbare, lorsqu'il commence à s'éclairer et à reprendre sa première noblesse. On voit, dans ces symboles, l'assemblage bizarre de la figure humaine et de celle des animaux. Tel a été l'esprit de l'homme et son caractère moral dans de longues suites de siècles; et la discordance de ses idées et de ses sentiments a produit celle de ses goûts.

Les erreurs de l'esprit, les écarts de l'imagination, les fictions absurdes, les compositions déréglées n'ont pas été l'effet de l'ignorance, mais de la dépravation; car l'ignorance ne produit rien; c'est la nuit, le néant de l'âme; la barbarie en est le chaos : *Discordia semina rerum*. Mais le propre de l'ignorance est de faire tout admirer. Les ébauches les plus grossières, les productions les plus informes de l'art naissant, lui ont paru merveilleuses. Les poésies de Ronsard, les tragédies de Jodelle, ont été, dans leur temps, des chefs-d'œuvre inimitables. L'art et le goût ont fait un pas de plus, et sont tombés dans une autre erreur.

L'art s'est persuadé que son mérite consistait dans des tours de force et d'adresse, dans de vaines subtilités, dans de puérils raffinements, dans une recherche pénible de sentiments outrés, d'expressions étranges, d'antithèses forcées, d'hyperboles extravagantes. La danse noble et simple n'est venue que long-temps après les sauteurs et les voltigeurs; il en est de même de la saine éloquence et de la belle poésie. Rappelons-nous ce qu'on a raconté des sauvages de la Louisiane, lorsque dans le butin fait sur les Espagnols, ayant trouvé des ornements d'église, ils s'en firent des vêtements si ridiculement bizarres. C'est ainsi que des écrivains ignorants et grossiers s'ajustent par lambeaux la dépouille des anciens :

Purpureus, latè qui splendeat, unus et alter,
Assuitur pannus.
(Horat. *De Art. poet.*, v. 15.)

et s'ils ont eux-mêmes quelque génie, leurs propres idées ne sont encore qu'un tissu bigarré de quelques beautés de rencontre, et d'une foule d'inepties ou de grossières absurdités.

De ce mélange, les exemples sont rares dans les ouvrages des anciens, parce que rien ne reste de leurs siècles de barbarie. Parmi nous, Français, le contraste n'est pas encore assez marqué, parce que nos premiers artistes n'ont pas été des hommes de génie, et que dans leur grossièreté, on ne retrouve rien du grand caractère de la nature; chez nous le génie et le goût sont presque nés en même temps. Mais l'Angleterre nous présente deux exemples fameux de cet étonnant assemblage des plus grandes beautés de l'art et de ses plus bizarres difformités.

Que dans un extrait fait avec choix, quelqu'un rassemble tous les traits de vérité, de naturel, d'éloquence et de force vraiment tragique dont le génie de Shakspeare a été l'inventeur, il n'est personne qui ne s'écrie: Voilà le peintre de la nature, le confident de ses profonds secrets, l'homme de goût de tous les temps; mais que dans ses ouvrages on trouve à chaque instant les plus absurdes invraisemblances, les plus dégoûtantes horreurs; que les mœurs en soient un mélange de bassesse et d'atrocité; que l'action la plus noble y soit interrompue par de froides bouffonneries; que les héros et la canaille s'y confondent, et qu'à côté d'un mot simple et sublime, se présente l'expression la plus outrée, la plus grossière, la plus rampante, on dira de lui:

Voilà le poète de la nature, que la barbarie de son siècle et de son pays a dépravé.

Milton est d'un temps plus récent, et l'on ne laisse pas de voir encore dans son poème, à côté des tableaux les plus touchants, les plus sublimes, les traces de cette barbarie qui dégrade l'esprit humain. Quoi de plus fortement conçu que ce caractère de Satan, qu'Homère lui aurait envié? Quoi de plus pur, de plus aimable que la peinture de l'innocence et de la félicité de nos premiers pères, dans ce jardin où l'imagination du poète a reproduit l'univers naissant, et l'ouvrage de la création dans sa plus naïve beauté? Quoi de plus absurde et de plus monstrueux que cet amas de fictions dont il a chargé son poème? Et peut-on ne pas reconnaître les rêves de la barbarie dans la transformation de l'ange rebelle en crapaud, dans ce vilain amas d'accouplements incestueux de Satan avec le péché, et du péché avec la mort, et dans l'atelier des démons fabriquant du canon pour foudroyer les anges, et dans ces batailles où les démons sont cuirassés, et où les anges sont pourfendus, etc., etc.

Cet exemple et mille autres prouvent que l'imagination est la plus corruptible des facultés de l'âme. C'est par elle que la barbarie fait produire ses monstres, la superstition ses fantômes, l'erreur ses systèmes bizarres; et de là toutes les fantaisies qui obscurcissent l'entendement et corrompent le sens intime, soit dans l'opinion et dans les mœurs des hommes, soit dans les conceptions du génie et les productions des arts.

La première cause de ces écarts de l'imagination, c'est sa liberté naturelle. Feindre et créer lui semble être pour elle un privilége sans limite, qui l'affranchit de toutes les règles de vraisemblance et de convenance. Ainsi, plus la raison s'altère et le sentiment s'obscurcit, plus on voit que l'imagination est hardie, mais vagabonde; impétueuse, mais déréglée et fertile en inventions qui ne diffèrent plus des rêves d'un malade :

> Velut ægri somnia, vanæ
> Finguntur species.
> (Horat. *De art. poet.*, v. 7.)

A cet égard, rectifier l'esprit, ce n'est donc que le ramener à la raison et à la nature ; c'est le bon sens qui est le précurseur, le restaurateur du bon goût.

Nous en voyons les effets dans la Grèce, où trois siècles après Homère, et plus d'un siècle avant Sophocle et Euripide, la philosophie précéda les arts, et fut, pour ainsi dire, l'institutrice du génie. L'opinion, les préjugés, les conventions qui l'avaient devancée, la forcèrent de composer avec la superstition, et de capituler avec la barbarie; de là, une foule d'erreurs qu'elle fut obligée de laisser subsister; mais dans tout le domaine qui lui fut accordé, et jusque dans ses fictions (car elle-même elle eut ses fables), l'analogie et les convenances furent ses règles et ses lois. Aussi, dès la renaissance des lettres dans la Grèce, au temps d'Eschyle et Sophocle, le goût se trouva-t-il formé : il n'y eut que Thespis de barbare *.

---

* Il n'est pas bien certain que Thespis n'ait été qu'un *barbare*. *Voyez* ce

Il n'en a pas été de même pour l'Europe moderne, où la philosophie n'est venue que très longtemps après les arts; il a fallu que, par instinct, le génie se soit rendu lui-même à la nature, et que de sa propre lumière, il ait percé l'épais nuage où dix siècles de barbarie l'avaient enseveli.

Mais à cet avantage qu'eurent sur nous les Grecs se joint une autre cause des progrès que, d'un pas égal, firent chez eux l'art et le goût; et cette cause fut l'importance sérieuse et réelle qu'eurent d'abord les talents de l'esprit, et l'essor que prit le génie, animé par de grands objets.

Je ferai bientôt remarquer ailleurs quel était dans la Grèce l'objet politique et moral de la poésie héroïque, et sur-tout de la tragédie; quel était le rôle, ou plutôt le ministère du poète lyrique, dans les conseils, dans les armées, dans les jeux solennels et à la cour des rois. On verra de même quelle était la fonction de l'orateur dans la tribune; il était le conseil, le guide, le censeur de la république; il attaquait, il protégeait les premiers hommes de l'état.

L'historien, avec moins de crédit, n'avait pas moins de dignité : dépositaire de la gloire, organe de la renommée, témoin permanent de son siècle auprès de la postérité, quoi de plus imposant pour une nation amoureuse de la louange? et quel ascendant de tels hommes n'avaient-ils pas sur l'opinion et sur le goût de la multitude? En cherchant à lui

que nous avons dit des premiers commencements du théâtre grec, t. XII, p. 453 de notre *Répertoire*. H. P plaire, ils l'instruisaient eux-mêmes. Ses écoles étaient le théâtre, la tribune, les fêtes olympiques; ses maîtres étaient ceux qu'elle y allait applaudir. C'est de Sophocle, d'Euripide, de Périclès, de Démosthène, qu'elle apprenait à sentir le prix et l'excellence de leur art.

Mais si le peuple s'élevait à la hauteur des hommes de génie, ceux-ci, quelquefois, descendaient et s'abaissaient jusqu'au niveau du peuple. C'est une condition que le goût doit subir dans les états républicains. Car lorsqu'il s'agit de remuer une multitude assemblée, si les bienséances y peuvent moins qu'une grossière liberté, les lois du goût doivent dormir ou se taire pour un moment. Les invectives dont s'accablaient Eschyne et Démosthène ne nous blessent pas moins que les sales plaisanteries et les injures dégoûtantes qu'Aristophane faisait vomir à ses acteurs. Mais ce n'est pas à nous que parlait Démosthène, ce n'est pas nous qu'Aristophane voulait soulever contre Cléon; l'un et l'autre auraient manqué leur but, si à la place de ces grossièretés, ils avaient mis ou la politesse d'Isocrate, ou l'élégance de Ménandre; et Cicéron savait comme eux ce qu'il faisait, lorsque, pour accabler Antoine, pour dégrader et avilir Pison, il oubliait les bienséances. Le peuple est toujours peuple; et il est des moments où, pour s'en rendre maître, il faut savoir lui ressembler. Catilina prenait toute espèce de mœurs; l'éloquence républicaine prend toute espèce de langage. Il est impossible qu'à Londres, un poète comique soit un homme de goût; et un orateur des communes perd son temps s'il s'occupe à l'être.

Il n'en est pas moins vrai que plus l'art en lui-même a de puissants moyens, plus il est dispensé de ces indignes condescendances; et ce sera toujours l'avantage de la haute littérature; car, tandis que les petites choses éprouvent les révolutions des mœurs locales, des modes fugitives, et attendent tout leur succès des convenances du moment, les grandes choses participent de la stabilité des principes de la nature, et de ses rapports éternels.

L'art d'étonner l'imagination, d'élever les esprits, de remuer les âmes, d'exciter, d'appaiser les passions du cœur humain, est presque le même aujourd'hui que du temps de Sophocle, et que du temps de Démosthène; au lieu que les frivoles jeux de l'esprit de société sont soumis à tous les caprices d'un goût fantasque et passager.

Chez les Grecs, lorsque l'éloquence devint oiseuse, elle fut vague et vaine. Il y avait parmi les sophistes des hommes de génie, auxquels il ne manquait qu'une tribune, un peuple libre, et un Philippe, un Catilina, un Verrès, pour les émouvoir. La preuve en est que, lorsque l'éloquence, dans ces temps de corruption, rencontra des objets véritablement dignes d'elle, on la vit reprendre aussitôt sa simplicité, sa vigueur et son antique majesté. Je n'en veux pour témoins que Libanius et Thémiste. Ce n'est donc jamais que par l'importance de ses fonctions que l'art est averti de sa dignité naturelle. Si sa propre gloire lui manque, il en cherche une autre, et celle-ci n'est que vanité. Ce fut le vice d'Isocrate, et de tous ceux qui, comme lui, ne s'occupant que du soin de plaire, firent servir à divertir la Grèce, l'art que Périclès et Démosthène employaient à la dominer; et ce que je dis de l'éloquence, je le dis des lettres en général. L'affaire du goût dans les petites choses, c'est la parure; dans les grandes c'est la décence et une noble simplicité.

Dans les arts intellectuels, comme dans les arts mécaniques, tout n'est pas riche par le fond; c'est assez souvent le travail qui fait le prix de la matière; et ce prix est aussi une valeur de convention. Alors ce n'est pas la beauté, mais la singularité du travail qui obtient la faveur de la mode. Au contraire, quand la nature en elle-même a sa beauté, son éclat, sa valeur, comme l'or et le diamant, peu d'industrie la met en œuvre; une forme simple, élégante et régulière lui suffit; et le génie, en produisant une grande pensée, un grand caractère, une situation pathétique, un sentiment sublime et vrai, un mouvement de passion entraînant par sa véhémence, déchirant par son énergie, défend en même temps à l'art de le gâter, et de l'embellir. Le goût consiste alors à respecter l'ouvrage de la nature, et à la laisser se montrer dans sa belle ingénuité. Telle est la différence des productions durables du génie et des curiosités brillantes et fragiles qu'on appelle ouvrages de goût.

Mais dans les plus petites choses, la Grèce avait encore le sentiment d'un naturel aimable. Les modèles de la délicatesse se trouvent dans l'*Anthologie*; des graces et de la volupté dans les poésies d'Anacréon ; de la sensibilité la plus vive dans l'ode de Sapho, ainsi que dans les élégies que les Latins ont imitées de Mimnerme et de Callimaque. Théocrite a quelques détails dont la grossièreté nous blesse ; mais il a des peintures d'une grace touchante, et d'un naturel précieux. Enfin, dès que la comédie cessa d'être satirique et mordante, et qu'au lieu d'irriter le peuple, elle ne voulut que l'instruire en l'amusant, rien ne fut comparable à l'élégance de Ménandre, si l'on en juge par celle de Térence, qui l'avait, nous dit-on, si fidèlement imité.

Ainsi dans tous les genres de littérature, les Romains eurent de bons modèles ; et s'ils ne furent pas toujours assez heureux pour les atteindre, ils le furent assez pour les surpasser quelquefois. Ceci demande quelques réflexions sur les moyens donnés par la nature, d'étendre la sphère des arts.

Il en est du goût comme des mœurs ; ce n'est pas en s'éloignant du naturel que les mœurs se perfectionnent ; c'est en le redressant lui-même, en corrigeant ce qu'il a d'âpreté, de grossièreté, de rudesse, en lui donnant, s'il a trop de mollesse, plus de vigueur et de ressort. De même, en fait de goût, l'art ne consiste pas à contrarier la nature, mais à l'améliorer, à l'embellir en l'imitant, à faire mieux qu'elle en faisant comme elle, en suivant ses inclinations, ses directions, ses mouvements, en observant ses révolutions et ses diverses métamorphoses, surtout, en choisissant en elle les traits, les formes, les aspects, les accidents où la vérité donne le plus de charme à l'imitation. Je m'explique.

La vérité dans les sciences exactes, n'a qu'un point ou n'a qu'une ligne que doit suivre l'observateur. La vérité, dans les arts d'agréments, a une grande latitude. De là les différences et les gradations du bien au mieux, du commun à l'exquis, du médiocre à l'excellent, en fait de goût comme en fait de génie.

Une pensée, un sentiment, une image, un tableau, un caractère, une action, a de la vérité, toutes les fois qu'on y reconnaît la nature; et telle est, comme je l'ai dit, la vérité que l'on voit exprimée dans l'éloquence des sauvages. Mais le naturel se compose de qualités et d'accidents qui varient selon les âges, les conditions, les climats, les formes de la société, et les plis divers qu'elle donne à l'esprit et au caractère. Ainsi la vérité diffère d'elle-même, non seulement d'un peuple à l'autre, d'un siècle à l'autre, mais dans le même lieu et dans le même temps, d'un homme à l'autre, et dans le même homme, au gré des passions et des évènements. Tout se ressemble au premier coup-d'œil; mais bientôt, parmi ces ressemblances génériques on aperçoit des différences spécifiques et locales, et puis encore des différences individuelles et accidentelles à l'infini. De là, mille peintures du même caractère, de la même passion, du même vice, de la même vertu, qui ont toutes leur vérité. Mais cette vérité sera plus ou moins curieuse et intéressante, plus ou moins finement saisie, ou ingénieusement exprimée; elle attachera plus ou moins l'esprit et l'âme; elle aura plus ou moins d'agrément et d'attrait, selon le choix de son objet et les couleurs dont il sera peint. C'est ici que le goût s'exerce dans l'invention et le discernement du bien, du mieux, du mieux encore; et qu'on voit l'art réfléchi sur lui-même, s'observant, s'essayant, déployant ses moyens, creusant plus avant dans ses sources, enfin se corrigeant, se surpassant lui-même, et, non content de ses succès, se provoquant à de nouveaux efforts.

Voyez cent élèves rangés autour d'un modèle commun; leurs dessins lui ressemblent tous, et il n'y en a pas deux qui se ressemblent ; telle est la nature, au milieu des orateurs et des poètes. De-là, cette diversité inépuisable dans les productions de l'esprit et du génie imitateur.

Si donc chacun, dans son point de vue, a bien saisi l'objet, et l'a bien exprimé, chacun, me direz-vous, n'a-t-il pas réussi? Non, car ils n'ont pas tous également rempli l'intention de l'art, qui est d'intéresser et de plaire. C'est un talent que de bien rendre ce que l'on voit; mais tout ce qui frappe la vue n'est pas digne de la fixer; tous les évènements ne sont pas mémorables, tous les caractères ne sont pas attachants; toutes les situations, tous les accidents, tous les détails de la vie humaine ne sont pas curieux à peindre ; et dans l'action même la plus intéressante, toutes les circonstances ne le sont pas. Une nature froide, commune, indifférente, une nature qui ne dit rien à l'âme et à l'esprit, ou qui ne dit pas ce que l'objet de l'art veut qu'elle dise, ou qui le dit trop faiblement, aura sa vérité, mais une vérité sans énergie, sans intérêt, sans agrément. Trouver en soi, ou dans la nature, la vérité relative à l'effet que se propose l'art, c'est l'invention du génie; la choisir ou la composer, comme le peintre sa couleur, et telle que l'art la demande, c'est l'inspiration du goût, et du goût le plus éclairé. Or on sent bien qu'il ne peut l'être ainsi, que par une étude assidue et profondément réfléchie, non-seulement de la simple nature, non-seulement de la nature cultivée et modifiée, mais des moyens, des procédés et des productions de l'art, des tentatives qu'il a faites, des succès qu'il a obtenus, des progrès qu'il peut faire encore; et tel fut le goût des Romains.

Le mérite éminent des Grecs, et une gloire qui les distingue, est d'avoir été inventeurs, et de n'avoir eu pour modèles et pour objets de comparaison, que la nature et leurs propres ouvrages. Les Romains, au contraire, furent imitateurs. La Grèce leur transmit les arts : ce fut sa plus riche dépouille :

Græcia capta ferum victorem cœpit, et artes
Intulit agresti Latio.
(Horat.)

Tous ces arts ne leur semblèrent pas également dignes de leur émulation; mais dans celui de parler et d'écrire, après avoir été les disciples des Grecs, ils en devinrent les rivaux; et en s'efforçant de les atteindre ils eurent quelquefois la gloire de les surpasser.

A ne regarder la poésie et l'éloquence que du côté du naturel, de l'énergie et de ces beautés principales que le génie enfante, rien sans doute n'est au-dessus d'Homère, de Sophocle et de Démosthène. Mais si l'on réfléchit aux nouveaux dégrés de perfection où l'art s'est élevé, toujours guidé par la nature dans la poésie de Virgile, dans l'éloquence de Cicéron, l'on avouera que l'abondance, la variété, la souplesse, l'artifice prodigieux et les ressources infinies de Cicéron dans ses harangues; que la richesse, l'économie, la perfection des détails, le mélange et l'accord de toutes les beautés et de toutes les graces, dans les deux poèmes de Virgile, sont, au moins du côté du goût, des avantages que les imitateurs se sont donnés sur leurs modèles; et ces deux exemples suffisent pour marquer les progrès du goût, lorsque l'art veut se consulter en même temps que la nature, voir dans ce qu'il a fait, ce qui lui reste à faire, et se donner pour règle l'exemple de César :

Nil actum reputans, si quid superesset agendum.
(Lucan, *Phars.*)

J'ai dit qu'à Rome, la poésie s'était formée à l'école de l'éloquence; et en effet, de l'une à l'autre, l'art d'intéresser et de plaire a tant d'analogie et tant d'affinité, que tous les grands moyens en sont presque les mêmes, et que les règles de vraisemblance, de convenance, de bienséance, sont presque absolument communes au poète et à l'orateur : *Est finitimus oratori poeta*. Cic.

Voyez dans les livres de Cicéron, sur les procédés de son art, quelles sont les sources du pathétique, et quelle espèce d'émotion il est possible de tirer de la nature et du fond de la cause, de la condition, de l'âge, du caractère, de la fortune, de la situation des personnes et de leurs relations diverses; c'est pour le poète tragique la plus profonde des études. Voyez pour la narration, les circonstances où l'orateur doit appuyer, celles qu'il doit omettre, ou sur lesquelles il doit glisser rapidement, ce qu'il doit relever, ce qu'il doit affaiblir, ce qu'il doit esquisser ou peindre; comment il peut rendre sensible l'action qu'il décrit, et de quels mouvements il la doit animer; c'est encore là pour l'épopée la meilleure des théories. Consultez enfin ce grand maître sur les manœuvres du plaidoyer, sur l'attaque et sur la défense, la preuve et la réfutation, l'emploi des moyens pathétiques; ce même art, s'il est appliqué à la scène passionnée (sauf le degré de véhémence et de chaleur qu'elle doit avoir); cet art, dis-je, nous donnera le dialogue le plus naturel, le plus vif et le plus pressant.

Je ne doute pas que les Grecs n'eussent la même théorie; mais les Romains me semblent l'avoir portée encore plus loin, soit parce qu'ils partaient du point jusqu'où les Grecs étaient allés, soit parce qu'ils étaient pressés par cette ingénieuse et inventive nécessité, qui, dans l'urgence continuelle des grands périls et des grands besoins, aiguise l'industrie des hommes comme l'instinct des animaux.

Dans Athènes, comme dans Rome, un citoyen

fait pour les grandes places avait un intérêt pressant et capital de se rendre éloquent. Sa fortune, son rang, ses fonctions publiques, l'exposaient tous les jours à la censure de la haine, aux délations de l'envie; il fallait qu'il fût en défense; mais à Rome, il avait à remuer et à conduire un peuple différent du peuple athénien. Il s'agissait pour lui de ménager non-seulement l'arrogance républicaine et l'orgueil des maîtres du monde, mais l'esprit plus jaloux, plus ombrageux encore des partis et des factions. De là cette frayeur avec laquelle Cicéron regardait les détroits, les écueils, les naufrages de l'éloquence populaire; de là, ces précautions timides avec lesquelles il naviguait sur cette mer si dangereuse, *scopulosum atque infestum* : précautions que Démosthène ou négligeait, ou prenait rarement avec un peuple qui n'était difficile que sur l'article de ses dieux; qui se laissait tout dire avec franchise, pourvu qu'on dit tout avec grace; et qu'on pouvait, en flattant son oreille, réprimander comme un enfant.

Aussi, comme pour la vigueur et la hardiesse de l'éloquence, Rome n'avait rien de semblable aux harangues de Démosthène, la Grèce n'eut-elle jamais dans l'éloquence insinuante, rien de pareil aux plaidoyers et aux harangues de Cicéron. L'un n'eut besoin que du courage d'un citoyen libre et sincère; l'autre, au sénat et devant le peuple, autant et plus que devant César, eut besoin de toute la souplesse du plus habile courtisan.

Or ces tours, ces détours, ces finesses de style, ces

mouvements si mesurés, même avec l'air de l'abandon, ces couleurs si bien ménagées, ces touches quelquefois si fermes et quelquefois si délicates, et toujours au plus haut degré la convenance et l'àpropos, furent autant de leçons de goût que la poésie reçut de l'éloquence. Ajoutons-y l'urbanité, qui répondait à l'atticisme, mais qui tenait plus aux mœurs qu'au langage; un sentiment de dignité plus délicat et plus exquis; une philosophie qui dans les bons esprits, ainsi que dans les belles âmes, avait acquis plus de maturité; enfin une connaissance du cœur humain, une analyse des passions plus méditée et plus profonde, et nous ne serons plus surpris de trouver dans les ouvrages des Latins des beautés, des nuances, des développements, des traits d'un naturel exquis, que les Grecs ne connaissaient pas. On peut, je crois, dire avec assurance, que ni les plaidoyers *pour Ligarius* et *pour Milon*, ni la harangue *pour Marcellus*, n'avaient de modèles dans la Grèce; et l'on peut assurer de même que la Grèce ne fut jamais en état de produire un poète galant comme Ovide, solide et brillant comme Horace, et accompli comme Virgile.

Le siècle même de Périclès ne concevait rien au-dessus d'Homère; et, du côté de l'invention et des belles formes poétiques, il n'a point encore son égal. Toutes les hautes conceptions qui appartiennent au génie, la grandeur de l'action, celle des caractères, leur variété, leur contraste, leur vérité frappante, l'abondance et l'éclat des images, la rapidité des peintures, le mouvement, la chaleur et la vie répandue dans les récits, ont fait d'Homère le premier des poëtes, et Virgile lui-même ne l'a point détrôné Mais, du côté du goût, combien n'a-t-il pas sur lui d'avantages! Quelle dignité dans les mœurs de ses dieux, quelle noblesse dans leur langage, quel sentiment délicat et juste des convenances, des bienséances, dans les harangues de ses héros! quel choix dans tous les traits qui expriment la douleur de la mère d'Euryale et les regrets d'Évandre sur la mort de leur fils! quelle supériorité d'intention et d'intelligence dans tous les moyens qu'il a pris d'annoncer les destins de Rome et de flatter Auguste et les Romains! quel art dans le bouclier d'Énée, que d'y faire tracer de la main d'un dieu l'histoire future de sa patrie, et de manière à pouvoir dire, lorsque Énée a reçu de la main de sa mère ce divin bouclier et qu'il le charge sur ses épaules :

Attollens humero famamque et fata nepotum!

Quel art plus merveilleux encore, et quel sublime accord du génie et du goût dans la description des enfers! *Tu Marcellus eris.* — *His dantem jura Catonem*, ne sont pas du siècle d'Homère.

Homère a pu trouver dans la nature la scène des adieux d'Hector et d'Andromaque, et celle de Priam aux pieds d'Achille; il aurait pu imaginer de même celle d'Euryale et de Nisus; mais il fallait toute l'éloquence du théâtre et de la tribune pour préparer Virgile à peindre le caractère de Didon. Euripide lui-même n'avait pas fait encore des études assez savantes de la passion de l'amour pour l'exprimer comme Virgile : la preuve en est le rôle de Phèdre, dans lequel Racine a laissé Euripide si loin de lui. Virgile devait être égalé, peut-être surpassé, dans l'art de faire parler une amante; mais ce ne pouvait être que dans un siècle où le sentiment de l'amour serait encore plus développé, plus exalté que dans le sien; et entre Virgile et Racine, il devait s'écouler de longs siècles de barbarie.

A la renaissance des lettres, l'Italie moderne eut le même bonheur qu'avait eu l'Italie ancienne, d'être voisine de la Grèce, et d'en tirer immédiatement ses lumières et ses exemples.

L'Orient, sous les empereurs, jusqu'à l'invasion des Turcs, n'avait jamais été barbare : les muses y étaient endormies; mais n'en étaient pas exilées *. Les lettres n'y fleurissaient pas, mais elles y étaient cultivées. Ce fut de là que l'Italie en tira comme les semences. Un siècle avant la chute de l'empire, on voit déjà les Grecs venir les répandre à Venise, à Florence, à Pavie, à Rome. Pétrarque et Boccace furent les disciples d'un savant de Thessalonique; mais à la prise de Constantinople par Mahomet II, ce fut une émigration de gens de lettres, échappés des ruines de leur patrie et réfugiés en Toscane, où l'immortel Laurent de Médicis les reçut comme dans son sein.

Il ne faut donc pas s'étonner de l'avantage que l'Italie eut, au XVe et au XVIe siècles, sur tout le reste de l'Europe; de plus, elle avait eu celui d'être le centre de l'Église, dont le latin était la

---

* Photius est du IXe siècle, et Suidas est du Xe.

langue, corrompue à la vérité, mais assez analogue encore à celle du siècle d'Auguste pour en faciliter l'étude et en accélérer l'usage. L'italien lui-même en était dérivé, et son affinité avec elle la rendait comme populaire. Enfin, pour l'Italie, la lumière des lettres n'eut jamais d'éclipse totale.

Le commerce avec l'Orient, les relations des deux Églises, leur rivalité, leurs querelles, le mouvement que donnaient aux esprits les hérésies et les conciles, la lecture habituelle des livres saints, l'étude des Pères de l'Église, dont le plus grand nombre étaient nourris d'une saine littérature, et dont quelques-uns ne manquaient ni d'éloquence, ni de goût; d'un autre côté, le souvenir, l'exemple de l'ancienne Rome, les monuments de ses beaux-arts, et je ne sais quelle ombre de son génie, qui errait toujours sur ses débris n'avaient cessé d'entretenir une communication d'idées entre l'Italie et la Grèce, entre la Rome d'Auguste et la Rome de Léon X. Ainsi tout s'accorda pour hâter le progrès des lettres, renaissantes en Italie.

A Rome, on couronnait Pétrarque ; Dante et Boccace florissaient; et nous en étions à Joinville ; Jodelle, Ronsard et Garnier, faisaient l'admiration et les délices de la France, et ses seuls écrivains en prose, au moins dans la langue vulgaire, étaient Comines et Rabelais, tandis que l'Italie avait déjà produit Léonard, l'Arétin, l'historien de Florence, Ange Politien, Machiavel, Paul Jove, Guichardin, Jovian Pontanus ; et en poètes, Frascator, Sannazar, Vida, l'Arioste, Lasca, le Rusante, Dolcé ;

enfin le Tasse avait précédé Brébeuf et Chapelain de soixante à quatre-vingts ans; et le siècle des Médicis, qui fut pour l'Italie le règne le plus florissant des lettres et des arts, était pour nous à peine le faible crépuscule d'un siècle de lumière.

Ce n'est pas qu'il n'y eût en France des hommes très instruits et très judicieux : dans aucun temps, on n'en a vu à côté desquels on ne pût nommer Lhospital, Turnèbe, Muret, Amyot, Montaigne, Bodin, Charron, La Boétie, d'Ossat, de Thou, Du Vair, Janin, les deux Étienne; mais le savoir était isolé, la raison presque solitaire : ni l'esprit de la nation n'était encore assez débrouillé, ni ses mœurs assez dégrossies, ni sa langue assez défrichée pour que les lettres, transplantées dans un climat si nouveau pour elles, y pussent de long-temps prospérer et fleurir.

La France avait de bons esprits, d'habiles politiques, de grands jurisconsultes, et même quelques philosophes; mais le public y était encore superstitieux et fanatique.

L'astrologie, la magie, les possédés, les revenants, les sortilèges, les maléfices, les combats judiciaires, les lois qui les autorisaient, la théologie des écoles, la morale des casuistes, le batelage de la chaire, les farces pieuses du théâtre, les prestiges religieux dont on frappait la multitude, le zèle aveugle et sanguinaire dont l'enivraient des imposteurs, tout se ressentait du mélange d'un peuple esclave des Druides et du peuple barbare qui l'avait subjugué. Ainsi du reste de l'Europe.

Partout la lumière des lettres avait à dissiper les ténèbres de l'ignorance; partout il fallait enlever cette rouille épaisse et profonde que dix siècles de barbarie avaient comme incrustée dans les esprits et dans les âmes, rendre l'entendement humain aux lumières de la nature, et redonner un caractère de noblesse et de dignité aux mœurs publiques, défigurées et dégradées jusqu'à l'abrutissement.

Sans cette grande métamorphose, quel moyen d'assimilation pouvait-il y avoir entre le goût des nations antiques et le grossier instinct des nations modernes? Tirer l'homme de cet état et lui donner le discernement du vrai dans ses justes rapports, du bien, du beau, dans sa juste mesure, ne pouvait être que l'ouvrage du temps.

Cependant, comme il est des erreurs compatibles avec le génie des arts, le grand obstacle à la régénération des lettres et du goût ne venait pas de cette cause; et, en effet, au milieu même des superstitions et des préjugés fanatiques, le Tasse avait fait un beau poème et l'Arioste un poème charmant. Mais à la faveur d'une langue déjà épurée et polie, ils avaient su tout ennoblir; et la langue française, quoique assez abondante, était encore loin d'acquérir ce caractère de noblesse, d'élégance et de pureté, que Pétrarque et Machiavel, avant l'Arioste et le Tasse avaient donné à la langue toscane. C'était cet instrument du génie et du goût qu'il fallait d'abord façonner.

Une langue répugne aux ouvrages de goût, non seulement lorsqu'elle est pauvre, rude et grossière, mais aussi lorsqu'elle n'a qu'un ton, ou que tous les tons s'y confondent. C'est la souplesse et la variété qui font la grâce et le charme du style; c'est par ses modulations qu'il s'élève ou s'abaisse au gré de la pensée, et qu'il se met d'accord avec les caractères et à l'unisson des sujets. Or une langue n'est susceptible de ces convenances du style qu'autant qu'elle a des tons gradués et distincts, depuis l'humble jusqu'au sublime, depuis le populaire jusqu'à l'héroïque, et qu'elle a de même des modes analogues à la douceur, à la mollesse, à l'énergie, à tous les sentiments, à toutes les passions, à tous les mouvements de l'âme; et c'est ce qui manquait même à la langue de Montaigne.

Cette langue est franche, énergique et d'un tour vif et pittoresque; mais elle est trop souvent ignoble; et, quoique par sa liberté, sa familiarité même, elle plaise dans des écrits dont l'abandon est le caractère, il n'en est pas moins vrai que dans les genres qui demandent toutes les nuances du style et toutes ses délicatesses, dans les sujets sur-tout où la majesté du langage en est la bienséance, cette familiarité continue aurait été peu convenable. Lorsque Montaigne fait parler Auguste à Cinna, ou qu'Amyot traduit quelques vers d'Euripide, il n'est personne qui ne sente combien ce vieux langage manque de dignité.

Qu'on ne m'accuse pas de vouloir déprimer deux écrivains si recommandables; ce vieux naturel de leur style a son attrait, et je le sens; mais plus il était convenable dans un récit naïf et simple, et dans le libre épanchement des pensées d'un philosophe, moins il était propre à la majesté de l'éloquence et de la poésie; et Montaigne lui-même nous l'aurait avoué, lui qui a si bien apprécié les écrivains de l'antiquité, même du côté du langage; lui qui avait l'oreille et l'âme assez sensibles aux beautés de style pour avoir reconnu que le poème des *Géorgiques* et le cinquième livre de l'*Énéide* étaient ce que Virgile avait le mieux écrit. Il savait comme nous, sans doute, quelle diversité de couleurs et de tons une langue devait avoir pour s'élever à la hauteur de l'éloquence de Cicéron, de la poésie de Lucrèce, pour se donner la dignité et les graces décentes du style de Virgile, et pour s'abaisser noblement à l'élégante familiarité du style de Térence, qu'il appelait lui-même *la mignardise du langage latin.*

Je dirai plus : si du temps de Montaigne, quelqu'un avait été capable d'assigner à la langue ses divers caractères, et d'en classer les mots, les tours et les images comme on a fait depuis, pour varier les tons et les degrés du style, c'eût été Montaigne lui-même; mais son inclination pour un genre d'écrire libre, indolent, abandonné, coulant de source au gré de son humeur et de sa fantaisie, l'éloignait trop de ces recherches. Tout dans sa langue lui a été bon, parce que tout lui était commode, et ce qu'il nous dit de ses études, nous pouvons l'appliquer à ses compositions « Il n'est rien pourquoi je me « veuille rompre la tête, non pas pour la science « de quelque grand prix qu'elle soit. »

Marot, qui dans quelques épigrammes eut un peu de délicatesse, fut trop souvent grossier et bas. Les poètes du même temps qui voulurent hausser le ton donnèrent dans l'enflure, et furent durs et guindés sans noblesse. Malherbe, le premier, sentit quel heureux choix de mots pouvait donner aux vers français de la pompe et de l'harmonie, et jusqu'où le style de l'ode pouvait s'élever sans effort. Ce fut une grande leçon de goût pour les poètes à venir.

Balzac essaya d'ennoblir de même et d'élever la prose au ton de l'éloquence ; mais il l'essaya dans des lettres et avec une emphase et une affectation tout opposée au naturel et à la liberté du style épistolaire. Cette tentative ne laissa pas d'avoir un succès éclatant ; et Balzac parut un prodige, pour avoir appris à son siècle que notre prose, comme nos vers, pouvait être nombreuse et noble.

Dès-lors, le secret de donner à la langue de l'harmonie et de l'élévation cessa d'être inconnu. Lingende en profita, et il fut le premier qui mit de la décence et de la dignité dans le langage de la chaire.

Mais le grand apôtre du goût, le grand maître dans l'art d'écrire et de parler la langue sur tous les tons, ce fut Pascal *.

Corneille qui l'avait devancé, avait brillé d'une lumière plus éclatante, mais moins pure ; il avait créé les deux théâtres ; il avait donné le *Menteur*,

---

* Marmontel, en traçant cette histoire de notre langue, commet, ainsi que bien d'autres, l'injustice d'oublier Descartes, parmi ceux qui l'ont formée les premiers. H. Patin.

le modèle du bon comique; il avait inventé un
genre de fable tragique, qui n'était pas celui des
Grecs, et qui était plus analogue à nos mœurs; en
l'inventant il l'avait élevé au plus haut degré du
sublime; il en avait pris le vrai ton, parlé souvent
le vrai langage; et ses beaux vers sont beaux si naturellement, si simplement, si pleinement qu'il n'y
a rien de plus accompli. Personne enfin n'a autant fait que lui pour agrandir en nous l'idée du
beau moral en poésie, et pour nous en faire éprouver le sentiment dans toute sa hauteur, et en cela
le goût lui a dû infiniment plus qu'on ne pense. Je
dis le goût, quoique ce fût ce qui lui manquait à
lui-même; car des inspirations lumineuses et fréquentes lui en tenaient lieu; et pour profiter des exemples d'un homme de génie, ce n'est pas à ses fautes
que les habiles gens s'arrêtent; ils s'attachent à ses
beautés; et, lorsqu'il a fait le mieux possible, ils tâ-
chent de faire comme lui, aussi bien que lui, mieux
que lui. Qu'importait à Racine et à Voltaire que
Corneille eût fait *Théodore*, et *Pertharite*, et *Su-
réna?* Tout cela était nul pour eux, comme il
devrait l'être pour nous. Ce sont les belles scènes
du *Cid*, de *Cinna*, des *Horaces*, de *Polyeucte*, de
Rodogune, qu'ils méditaient dans leur jeunesse et
qui étaient pour eux des leçons de goût dans ce
qu'il y a de plus rare, de plus difficile à saisir, le
beau idéal dans les mœurs, le sublime dans l'expression. Mais si Corneille fut pour le goût un
merveilleux inspirateur, il fut encore un plus dangereux guide; il donna de hautes leçons, mais il

donna de mauvais exemples, même dans ses plus beaux ouvrages, et la gloire d'être infaillible était réservée à Pascal.

Cet esprit, à la fois original et naturel, et aussi simple que transcendant, semblait fait pour être le symbole, l'image vivante du goût. Ce fut de lui que son siècle apprit à cribler, si j'ose le dire, à purger la langue écrite des impuretés de la langue usuelle, et à trier, non-seulement ce qui convenait au langage de la satire et de la comédie, mais au langage de la haute éloquence, mais au style plus tempéré de la saine philosophie. Les premières des *Provinciales* furent des leçons pour Molière; les dernières pour Bossuet; et ses pensées ont appris aux philosophes qui l'ont suivi quelle devait être la pureté et la dignité de leur langue. Jamais homme n'a eu dans un plus haut degré de justesse le sentiment des convenances et des convenances durables: aussi voit-on qu'il n'a point vieilli, et il ne vieillira jamais.

Avec tant de délicatesse dans l'organe du goût, il put ne pas aimer Montaigne; mais il l'estimait plus qu'il ne croyait, ou qu'il n'osait se l'avouer; il parcourait ce champ fécond et négligé en botaniste habile et sage; c'est là qu'il s'était enrichi; et il est aussi vraisemblable que sans Montaigne, on n'eût pas eu Pascal, qu'il l'est que sans Corneille on n'eût pas eu Racine. Les Romains chargés des dépouilles de leurs voisins les méprisaient : Port-Royal et Pascal eurent le même orgueil. Soyons plus justes à leur égard, et reconnaissons que le goût sévère et pur de cette école contribua grandement à former celui des gens de lettres et celui du public.

Dans la jeunesse de Louis XIV, l'amour des lettres, passion nouvelle, était dans toute sa ferveur. L'Académie française était fondée et s'occupait assidûment à former, à fixer la langue, en assignant à chaque mot son vrai sens, sa valeur, ses acceptions diverses, et le caractère de noblesse ou de familiarité qui devait lui marquer sa place. En même temps, les mœurs de la société se polissaient. La fleur de la noblesse, attirée à Paris par le cardinal de Richelieu, formait la cour d'un roi jeune, heureux, galant, magnifique, passionnément épris de toutes les sortes de gloire, délicat sur les bienséances, sensible à tous les plaisirs nobles, fait pour être lui-même un modèle de dignité, et par un naturel qui suppléait en lui aux lumières qu'il n'avait pas, juste appréciateur du mérite dans les lettres et dans les arts. Autour de lui, et à son exemple, sa cour, attentive aux progrès des talents, occupée de leurs travaux, intéressée à leur rivalité, à leurs succès, à leurs querelles, se plaisant à les animer pour jouir de leur jalousie et de leur émulation; la ville, à l'envi de la cour, s'étudiant à suivre tous les goûts du monarque; enfin, soit l'attrait de la mode, soit l'attrait de la nouveauté, tout un monde passionné pour les productions du génie, s'instruisant pour en mieux jouir, et faisant foule avec la même ardeur autour des chaires de Bourdaloue, de Bossuet et de Fléchier, et aux théâtres de Corneille, de Molière et du jeune Racine; telle fut, dans tous les esprits l'action et la réaction des gens de lettres sur le public, et du public sur les gens de lettres*. Il fallait alors, ou jamais, que le goût se perfectionnât.

On conçoit bien pourtant qu'il y eut d'abord, dans ce concours d'écrivains et de connaisseurs, une infinité de prétentions manquées et de fausses lueurs d'esprit, de talent et de goût. Chaque société eut ses prédilections, chaque bel-esprit eut son cercle, chaque talent ses ennemis. Avant de juger, c'était peu de ne pas entendre; on se passionnait. Les tribunaux les plus célèbres étaient souvent les plus injustes. Ici, Pradon avait des Mécènes, et Racine des détracteurs; là, Chapelain était admiré en récitant les vers de *la Pucelle;* ailleurs, c'étaient les Scudery qu'on exaltait, en déprimant Corneille; Boursault avait des partisans qui le préféraient à Molière. Tout semblait confondu. C'était dans ce moment de fermentation et de trouble que l'esprit public s'épurait comme le vin, en jetant son écume. Tout ce que demande l'opinion pour se rectifier, tout ce que demande le goût pour se polir, c'est du mouvement. Ce n'est même qu'à force d'agitation, de combats, de révolutions en tous sens, que la vérité se dégage; car après ce tumulte, les pas-

---

* « C'était un temps digne de l'attention des temps à venir, dit Voltaire, que celui où les héros de Corneille et de Racine, les personnages de Molière, les voix des Bossuet et des Bourdaloue se faisaient entendre à Louis XIV, à Madame, si célèbre par son goût, à un Condé, à un Turenne, à un Colbert, et à cette foule d'hommes supérieurs en tout genre. Ce temps ne se trouvera plus où un duc de la Rochefoucauld, l'auteur des *Maximes*, au sortir de la conversation d'un Pascal, d'un Arnaud, allait au théâtre de Corneille. »

sions se calment, les partialités cessent, les préventions se dissipent, l'opinion se fixe à la fin ; et regardez au fond du creuset, la vérité y reste pure comme l'or.

Ce n'est donc pas ce flux et ce reflux de sentiments contraires, de jugements épars, d'opinions hétérogènes, qui décident du goût de tout un siècle; c'est leur résultat, c'est l'ensemble et la somme de l'opinion publique. Or, voyez sous Louis XIV, quels furent les hommes vraiment célèbres, et à leur tête, vous trouverez les auteurs de *Cinna*, du *Misanthrope*, d'*Iphigénie*, des oraisons funèbres du grand Condé et de Turenne ; vous y trouverez ce La Fontaine que la cour dédaignait et mettait en oubli ; ce Fénelon que Louis XIV avait eu le malheur de ne pas aimer, et le malheur plus grand de regarder comme un bel-esprit chimérique ; vous y trouverez ce Boileau qui s'était fait tant d'ennemis ; et ce Quinault, que Boileau lui-même s'efforçait inutilement de décrier et d'avilir. Tout le monde avait eu ses torts ; le public seul enfin se trouva juste. Concluons que le siècle du génie fut aussi le siècle du goût : ajoutons, et d'un goût plus délicat, plus fin, plus éclairé que celui de Rome et d'Athènes.

Les Romains, je l'avoue, ont, en fait d'éloquence, l'avantage d'un artifice plus savant et plus raffiné ; et, quoique Bourdaloue et Massillon m'étonnent, l'un par l'accord parfait de son langage avec son ministère et par le secret merveilleux de concilier, comme sans art, l'esprit de l'évangile avec celui du monde, et toutes les bienséances du caractère apostolique avec le ton et le langage que la cour la plus spirituelle et la plus polie de l'univers exigeait de son orateur; l'autre pour avoir su jeter sur l'éloquence la plus soignée, la plus étudiée, un voile de décence, de dignité, de simplicité même, qui, en déguisant le soin de plaire, n'y laisse voir que le don naturel de persuader et de toucher; enfin dans l'éloquence de Bossuet, tout inculte qu'elle veut paraître, quoique je sois bien éloigné de prendre pour un manque de goût, ces négligences réfléchies, ces licences préméditées, ces savantes incorrections, qui lui donnent en même temps plus de force et de vérité; cependant, vu la différence de la tribune et de la chaire, la liberté, l'autorité, la sécurité que donne celle-ci, et les détresses continuelles où l'autre engageait l'orateur, je crois encore que du côté du goût comme de l'art et du génie, notre éloquence n'a rien d'égal à l'éloquence des Romains. Il était plus facile d'excuser Turenne devant un auditoire pour qui la guerre civile était un songe, que de justifier Ligarius devant César.

Mais, à l'égard de la poésie, j'oserai dire que le génie antique n'a rien produit, en fait de goût, d'aussi difficile et d'aussi parfait que nos chefs-d'œuvre dramatiques. Pour s'en convaincre, il suffirait de comparer la *Phèdre* et l'*Iphigénie* de Racine, à celles d'Euripide; il suffirait de mettre Aristophane, Plaute et Térence lui-même à côté de Molière. Ce beau tissu de l'action, où tout est si bien à sa place, si bien lié, si bien d'accord ensemble; ces gradations, ces nuances dans la peinture des caractères, cette profonde intelligence des affections de l'âme et de ses passions; tous ces secrets que nos deux poètes ont dérobés à la nature, et si subtilement tirés du fond du cœur humain; tout cela, dis-je, aurait peut-être fort étonné Ménandre et Euripide. Le rôle de Joad, ni celui de Roxane, ni celui d'Hermione, ni ceux de Néron, d'Agrippine et de Narcisse et de Burrhus, quoique tracés d'après Tacite, ne sont pas esquissés à la manière antique; ils sont peints et finis d'un goût que les Grecs ne connaissaient pas :

Souffrez quelques froideurs, sans les faire éclater,
Et n'avertissez pas la cour de vous quitter.
Britannicus, act. I, sc. 2.

sont des vers faits au retour de Versailles. Il y en a mille dans Racine qui n'auraient jamais pu venir à un poète grec ou latin. Ce sont des fruits uniquement propres au climat qui les a fait naître; je veux dire les fruits d'une société continuellement occupée à démêler tous les mouvements, tous les intérêts, tous les ressorts du cœur humain, à épier toutes ses faiblesses, et à saisir dans les caractères tous les reflets des vertus sur les vices, et des vices sur les vertus. Ce fut ce monde, plus raffiné que le peuple d'Athènes et que celui de Rome, qui fut l'école de Racine.

Les mœurs comiques sont plus locales que celles de la tragédie. Mais l'idée que nous avons du comique ancien ne nous y fait rien voir d'un discernement aussi vif, d'une science aussi profonde et de l'homme et des hommes, que le comique de Molière; et dans leur genre, le *Tartufe*, le *Misanthrope*, les *Femmes savantes*, ne sont pas moins, comme ouvrages de goût, que comme ouvrages de génie, ce qu'il y a de plus rare au monde. Molière a su, comme les anciens, faire parler des valets fourbes, des vieillards chagrins ou crédules; mais lequel des anciens aurait fait parler comme lui, un Alceste, une Célimène, un Tartufe, une Agnès, un Chrysale? Aristophane et Plaute ne sont que des farceurs auprès d'un comique si vrai, si fin, si naturel. Térence est plus délicat, il est vrai, mais est-il aussi pénétrant? Son comique a-t-il le relief et la vigueur de celui de Molière? Térence a-t-il ce coup-d'œil à la fois philosophique et poétique, auquel un ridicule n'a jamais échappé? Cette pénétration, me direz-vous, est du génie. Oui, j'en conviens; mais cette justesse est du goût.

L'art dramatique n'est pas le seul où la finesse du sens, du goût, soit plus marquée dans les modernes. Athènes et Rome n'ont jamais eu rien de comparable au naturel ingénieux, sensible, animé, plein de graces de madame de Sévigné : au naturel plus précieux encore de ce bon La Fontaine, qui a laissé Phèdre si loin de lui. Dans les lettres de Sévigné, l'on voit distinctement ce que l'esprit de société avait acquis de politesse, d'élégance, de mobilité, de souplesse, d'agrément dans sa négligence, de finesse dans sa malice, de noblesse dans sa gaité, de graces et de décence dans son abandon même et dans toute sa liberté; on y voit les progrès rapides que le bon esprit avait fait faire au goût, depuis le temps peu éloigné où Balzac et Voiture étaient les merveilles du siècle. Dans les fables de La Fontaine, on voit tout ce que l'art avait appris à faire, sans se décéler un moment, et sans cesser de ressembler au pur instinct de la nature. Madame de Sévigné a laissé douter si elle avait le goût des grandes choses; mais celui des petites ne fut jamais plus pur, plus délicat que dans ses lettres; elles en sont un modèle achevé. La Fontaine a persuadé qu'il n'y avait dans son talent qu'une simplicité naïve, et jamais la sagacité de l'intelligence et de l'observation n'a été à un plus haut point. Le goût, dans Sévigné, était le sentiment exquis des convenances sociales; le goût, dans La Fontaine, était le sentiment profond des convenances naturelles; et ce sentiment, il l'avait appliqué, non seulement aux mœurs des hommes, mais à celles des animaux. Phèdre est simple, élégant, précis : c'est beaucoup : ce n'est rien au prix de La Fontaine. Celui-ci est riche, abondant, varié, brillant d'inventions dans les idées, de coloris dans les images, et d'un bonheur si imprévu, si singulier dans tout ce qu'il invente, qu'on croit toujours que c'est une rencontre, tant ce qu'il a de plus ingénieux paraît simple et peu réfléchi.

L'Arioste a mêlé le plaisant avec le sublime; mais on voit que ce n'est qu'un jeu. On dit : l'Arioste s'égaie : et l'on veut bien s'égayer avec lui. La Fontaine a mêlé le sublime avec le naïf; il a changé de ton et de couleur aussi hardiment que l'Arioste, plus souvent même et plus rapidement ; non pas en poète folâtre, et qui se joue de son art, mais sans y entendre finesse, et de l'air de la bonne foi ; cependant, telle est sa magie, que ce mélange est d'un goût exquis, parce que l'à-propos en fait la vraisemblance, et que, sur tous les tons il conserve son naturel. Examinez bien les peintures où il a mis le plus de poésie ; vous n'y trouverez pas un trait que l'art se soit permis comme pur ornement de luxe. L'esprit, le génie y étincelle, sans qu'une fois on le soupçonne d'avoir voulu briller. Ce qu'il a dit, il fallait le dire, et pour le dire le mieux possible et le plus naturellement, il fallait le dire comme il l'a dit, quoiqu'il soit, dans l'expression, le plus hardi de tous nos poètes. Assurément, cet art de dissimuler l'art n'était pas connu des anciens.

Le goût en était là, lorsque Boileau composa l'*Art poétique*. Cet ouvrage, qui mit le comble à sa célébrité et à l'autorité qu'il avait dans les lettres, fut donc un peu tardif ; il ne laissa pas d'être utile ; il n'apprit rien aux maîtres de l'art, mais il grossit le nombre de leurs justes appréciateurs. Il acheva d'apprendre à la multitude à n'estimer que des beautés réelles ; il acheva de la guérir de ses vieilles admirations pour des poèmes sans poésie, pour des romans sans vraisemblance ; il acheva de décrier ce faux bel-esprit dont Molière avait fait justice en plein théâtre, et qui ne laissait pas encore de se produire dans le monde. Ainsi Boileau, critique peu sensible, mais judicieux et solide, ne fut pas le restaurateur du goût ; il en fut le vengeur et le conservateur. Il n'apprit pas aux poètes de son temps à bien faire des vers; car les belles scènes de *Cinna* et des *Horaces*, ces grands modèles de la versification française, étaient écrites lorsque Boileau ne faisait encore que d'assez mauvaises satires; et le *Misanthrope*, le *Tartufe*, les *Femmes savantes*, *Britannicus*, *Andromaque*, *Iphigénie* et les *Fables* de La Fontaine avaient précédé l'*Art poétique*; mais il fit la guerre aux mauvais écrivains, et déshonora leurs exemples; il fit sentir aux jeunes gens les bienséances de tous les styles; il donna de chacun des genres une idée nette et précise; et s'il n'eut pas cette délicatesse de sentiment qui démêle, comme dit Voltaire, *une beauté parmi des défauts, un défaut parmi des beautés*; s'il mit Voiture à côté d'Horace; s'il confondit Lucain avec Brébeuf dans son mépris pour la *Pharsale*; s'il ne sut point aimer Quinault *; s'il ne sut point admirer le Tasse; si dans l'*Art poétique* il oublia ou dédaigna de nommer La Fontaine, il connut du moins ces vérités premières qui sont des règles éternelles; il les grava dans les esprits avec des traits ineffaçables; et c'est peut-être grace aux lumières qu'il nous transmit dans sa vieillesse, que la génération suivante a été plus juste que lui **.

* Si on trouvait dans l'antiquité un poème comme Armide ou comme Atys, avec quelle idolâtrie il serait reçu! Mais Quinault était moderne.... Il manquait à Boileau d'avoir sacrifié aux Graces. Il chercha en vain toute sa vie à humilier un homme qui n'était connu que par elles.   VOLTAIRE.

** Voyez au sujet de ce jugement, d'une sévérité souvent téméraire, que Marmontel porte sur Boileau ce qui en a été dit dans notre *Répertoire*, t. I, p. 395; V, 23; IX, 421, XII, 382, 384, 403; XIII, 145. H PATIN.

Je vais hasarder un paradoxe que je tâcherai d'expliquer : c'est que notre siècle a été, en même temps, l'époque de la perfection du goût et de sa décadence.

Il s'annonça d'abord sous de mauvais auspices, par la trop célèbre dispute sur les anciens et les modernes. Je crois avoir fait voir ailleurs, que, dans cette querelle, tout le monde avait tort. Mais ce qu'on y aperçoit bien clairement du côté des modernes, c'est que le goût des lettres avait perdu de son attrait; que, dans un grand nombre de bons esprits, une raison analytique avait éteint l'imagination; et que des arts où elle domine, le charme était presque détruit, et l'illusion dissipée. Alors on donna dans l'excès opposé à l'enthousiasme. La critique devint subtile, et fut sèche et minutieuse. L'esprit, pour juger le génie, se mit à la place de l'âme. On voulut tout assujettir aux lois de nos usages fugitifs, ne rien céder à la nature, ne rien passer aux mœurs antiques, rien à l'essor de l'imagination et aux élans de la pensée; réduire la poésie à la précision des idées métaphysiques, et la contraindre à raisonner ce qui n'est fait que pour être senti. C'en était fait du goût si ce système eût prévalu.

C'en était fait encore, si la doctrine du parti des anciens avait été prise à la lettre, car pour avoir la foi que demandaient leurs zélateurs, il aurait fallu renoncer aux lumières du sens intime, tout admirer jusqu'au sommeil et aux rêveries du bon Homère, et, au moyen des commentaires, des autorités, des exemples, il n'était rien qu'on n'eût fait passer pour être beau et dans le goût antique. Le poème de Chapelain, avec des notes à la Dacier, eût été une œuvre admirable.

Heureusement il s'éleva un homme digne d'apprécier les anciens et les modernes, qui commença par les étudier avec l'avidité d'une jeunesse ardente, et qui, bientôt s'égalant lui-même aux plus illustres, acquit le droit de les juger.

Jamais homme de lettres, dans aucun siècle, n'a essuyé autant de contradictions et d'iniquités que Voltaire, en éclairant le sien. Mais tout sensible qu'il était à l'injure, il eut le courage de la souffrir; et après avoir soixante ans lutté contre l'envie, il a fini par l'étouffer. Cette gloire, si long-temps disputée à celui qui faisait celle de son siècle, est venue enfin, aux acclamations de tout un peuple reconnaissant et juste, couronner la vieillesse de ce grand homme, et environner son tombeau.

C'était sous lui que s'était formée cette école de goût, qui, sans distinction ni de temps ni de lieux, sans partialité, sans envie, et l'esprit également libre de superstition pour les anciens, de complaisance pour les modernes, les pesa tous dans la même balance, en connut le fort et le faible, et, tenant un juste milieu entre une admiration folle, et un dénigrement encore plus insensé, reçut les impressions de l'art, comme celles de la nature avec cette bonne foi simple, que doit toujours avoir la conscience du goût.

Ce fut alors que les beaux siècles de Périclès, d'Alexandre et d'Auguste, de Léon X et de Louis XIV, eurent de vrais estimateurs. Ce fut alors que cet Homère, qui fait son époque à lui seul, fut admiré, non pas comme un dieu infaillible, mais comme un génie étonnant ; et qu'en faveur de ses grandes beautés on lui passa ses contes puérils, ses comparaisons exubérantes, ses harangues hors de saison, ses combats trop accumulés, ses faiblesses et ses longueurs. Virgile, son rival, fut apprécié de même et avec la même équité. Jamais admiration plus pure que celle dont jouit encore cette belle moitié de l'*Énéide*, qu'il avait perfectionnée ; et dans celle qu'il a laissé imparfaite en mourant, s'il n'y a pas un défaut que l'on n'ait aperçu et modestement observé, y a-t-il une seule beauté qu'on n'ait pas vivement sentie ?

Quelques faux brillants dans le Tasse ont-ils détruit pour nous l'effet de ses peintures ? *Tancrède*, *Herminie* et *Clorinde*, *Renaud* et *Armide*, ne sont-ils pas aussi présents à nos esprits que *Hector*, *Achille*, *Andromaque* et *Didon*? et dans les combats qu'il décrit, dans les scènes attendrissantes qu'il y mêle avec tant de charme, dans ces tableaux si variés, dans cette poésie aimable et belle encore auprès de celle de Virgile, est-ce par du *clinquant* que nous nous laissons éblouir ?

Il en est de la tragédie comme de l'épopée. Dans les anciens, la simplicité, la vérité, le pathétique, le naturel dans le dialogue ; chez les modernes, la belle ordonnance de l'action, le tissu de l'intrigue, l'art, plus savant qu'il ne le fut jamais, d'amener les situations, et d'en préparer les effets, le jeu des passions actives, leurs développements et leurs gradations, la grande manière de fondre l'histoire dans la poésie, tout a été senti et justement apprécié.

Quels monuments de goût que les éloges de Fénelon, de Molière, de La Fontaine que nous avons vu couronner! Quels monuments de goût que les éloges de Bossuet, de Massillon, de Destouches, par d'Alembert! Quels monuments de goût que cet ouvrage que Thomas a eu la modestie d'intituler : *Essai sur les Éloges*, et auquel nul ouvrage de critique, soit ancien, soit moderne, à la réserve du livre de Cicéron sur les illustres orateurs, n'est digne d'être comparé!

Enfin, quel monument de goût que les notes de Voltaire sur le théâtre de Corneille!

Mais ce qui est plus rare encore que ce goût de critique et de spéculation, quels modèles de goût dans les écrits de ce grand homme! Depuis le ton familier jusqu'au ton le plus héroïque, qui jamais a eu comme lui ce sentiment délicat et fin des propriétés du style, et de ses différences; et qui jamais avec plus de justesse nous en a marqué les degrés! quelle élégance et quelle aisance noble dans ses poésies fugitives! quelle belle simplicité dans le style attrayant dont il écrit l'histoire! quelle grace et quel enjouement il prête à la philosophie! quelle majesté, quel éclat, quelle diversité de tons et de couleurs il donne au langage tragique! moins fini que Racine, moins châtié, moins pur, moins attentif, ou si l'on veut, moins adroit à lier ensemble tous les ressorts de l'action; mais plus véhément, plus fécond, plus varié, plus profondément pathétique et plus fidèle aux mœurs locales, auxquelles Racine, quelquefois, avait trop mêlé de nos mœurs.

Je ne dis pas que dans le poème épique, du côté de l'invention, il ait égalé ses rivaux. Le dessin de *la Henriade* avait été conçu dans un âge où la pensée n'a pas encore acquis tout son accroissement, ni le génie toutes ses forces : l'ouvrage s'en est ressenti. Mais du côté du goût, y a-t-il rien de plus achevé? récits, descriptions, images, comparaisons, portraits, détails de toute espèce, emploi du merveilleux et de l'allégorie, discours et scènes dramatiques, tout dans ce poème est aujourd'hui d'une correction presque irréprehensible. S'il n'a pas l'intérêt du Tasse, le charme de Virgile, la magnificence d'Homère, au moins n'a-t-il aucun de leurs défauts.

Mais le goût de Voltaire a-t-il été le goût du siècle où Voltaire a fleuri? D'abord il a été le goût de presque tous les écrivains célèbres; et si l'on m'oppose cette foule de critiques ineptes, de satires obscures, de productions éphémères, dont le public a été inondé, je répondrai qu'une douzaine de bons auteurs ont décidé le caractère et la réputation du siècle de Louis XIV; qu'il n'en reste pas même autant du beau siècle d'Auguste, ni de celui de Périclès; qu'il en reste encore moins du temps des Médicis; et qu'il est juste de ne compter de même du siècle où nous vivons, que ce qui est digne de mémoire.

Si de loin nous jettons les yeux sur une prairie émaillée, nous n'en voyons que la surface, elle nous paraît toute en fleurs ; si nous la traversons, nous y trouvons à chaque pas des chardons hérissés et des ronces rampantes ; les fleurs, plus clair-semées, ne nous enchantent plus. C'est là notre façon de voir les siècles passés et le nôtre. Mais supposons-nous à la même distance où seront nos neveux, de ce champ que nous parcourons : et de ce temps si décrié par des gens qui se vantent de n'être d'aucun siècle, et qui en effet ne seront d'aucun, ne voyons plus que ce qui domine, et ce qui seul en restera : au barreau, les Cochin, les Le Normand, les de Gênes et les élèves qu'ils ont formés ; en chaire, non pas des émules de Bossuet et de Massillon, mais des hommes, qui, par le goût et quelques-uns par l'éloquence, sont dignes d'être appelés leurs disciples ; sur la scène tragique, un Voltaire (j'ajouterais un Crébillon si je parlais seulement de génie), et sur les traces de Voltaire, d'heureux talents qu'il a cultivés de ses mains ; sur le théâtre de Molière, *le Philosophe marié*, *le Glorieux*, *la Métromanie*, *les Dehors trompeurs*, *le Méchant*, et un grand nombre de petites pièces comiques d'une touche fine et légère, riants tableaux qui attesteront des mœurs frivoles, mais un goût épuré ; dans le genre lyrique, un Rousseau, aussi harmonieux que Malherbe, et supérieur à lui par l'éclat des images, la richesse, la majesté et la pompe de l'expression ; dans le didactique, des poèmes d'un style pur, mélodieux, sensible, d'un coloris brillant et vrai, tels que Racine les eût écrits, tels que Boileau eût voulu les écrire, s'il eût célébré la campagne et les saisons, s'il eût enseigné l'art d'embellir les jardins, s'il eût traduit *les Géorgiques*; des poésies familières du tour le plus ingénieux, du naturel le plus aimable, moins négligées que celles de Chaulieu, et d'un sel plus fin, plus piquant que les poésies de Deshoulières et que celles de Pavillon; des romans d'un goût aussi pur que ceux de La Fayette et d'un style plus animé; les uns brillants d'un coloris qui était inconnu à la prose, les autres brûlants de passion et d'un intérêt déchirant; des morceaux d'histoire aussi dignes d'être comparés à Salluste que le chef-d'œuvre de Saint-Réal; des traductions dont quelques-unes ont effacé les originaux; enfin, dans presque tous les genres, des ouvrages du meilleur ton et du meilleur esprit. Voilà du côté des gens de lettres ce qui marquera notre siècle, et je n'en ai pas dit assez.

Voltaire a loué Bossuet d'avoir appliqué l'éloquence à l'histoire : ne peut-on pas le louer lui-même, et un grand nombre d'écrivains après lui, d'avoir associé l'éloquence avec la philosophie, et celle-ci avec l'art des vers? Dans quel autre siècle a-t-on vu les idées morales et politiques si abondamment répandues, si éloquemment exprimées ? La prose avait-elle autrefois cette précision, cette rapidité, ce mouvement, cette couleur, cette âme enfin, qu'elle a reçue de nos modernes écrivains ? Le siècle de Louis XIV, a-t-il un ouvrage philosophique à mettre à côté de l'*Émile?* et si le goût par excellence, consiste à réunir l'utile et l'agréable, dans quel temps, l'un a-t-il donné à l'autre plus d'attrait et plus d'influence ? Les sciences même les plus abstraites, ne doivent-elles pas au goût cette facilité d'accès qui nous les rend familières, ce charme qui de leur étude nous a fait un amusement ? Le siècle de Louis XIV a-t-il entendu parler des lois avec une précision aussi énergique et aussi lumineuse que l'a fait Montesquieu ? de l'homme et de ses facultés intellectuelles, avec un intérêt plus doux, plus attrayant que Vauvenargues ? avec une sagacité plus pénétrante qu'Helvétius ? avec une clarté plus limpide que Condillac ? a-t-il entendu parler de la nature, avec la verve, l'élégance et la majesté de Buffon ? des progrès de l'esprit humain dans les sciences, avec la supériorité de lumières et la noble simplicité d'élocution de d'Alembert ? des talents, des travaux, des vertus des grands hommes, avec la splendeur, l'abondance, la force et l'élévation de l'éloquence de Thomas ? des qualités, des fonctions, des devoirs de l'homme public, avec la chaleur, la noblesse, l'ingénuité d'âme et de langage de celui qui a loué Colbert et qui nous a rappelé Sully ? et quel est de ces écrivains, celui qui, pour la pureté du goût n'est pas digne d'être classique ?

Or, dans l'hommage que je leur rends, je ne suis que l'écho de la voix publique. Leur réputation est dès à présent aussi unanimement établie qu'elle peut jamais l'être ; et ils ont trouvé dans leur siècle cette justice impartiale qu'on ose à peine espérer d'obtenir d'une tardive postérité ? cela prouve que le goût du public a suivi de près celui des gens de lettres ; et ce qui le prouve encore mieux, c'est la docilité avec laquelle son opinion est tant de fois revenue sur elle-même, et a reconnu ses erreurs. Pour relever *Brutus*, *Oreste*, *Sémiramis*, *Adélaïde Duguesclin*, il n'a pas fallu, comme pour *Phèdre* et *Athalie*, attendre un siècle plus équitable : le même public qui, entraîné par les factions littéraires, et dans des moments de vertige, avait réprouvé ces ouvrages, a senti l'injustice de ses arrêts et les en a vengés. Enfin, qu'on examine quel choix il a fait des écrits que lui laissait le siècle précédent, et la préférence éclairée qu'il a donnée aux beautés durables ; on avouera que dans aucun temps ce discernement n'a été aussi juste, aussi délicat, aussi fin. Ce n'est donc pas (et je l'ai déjà dit en parlant du siècle de Louis XIV) sur l'opinion tumultueuse, précipitée et passagère qui s'élève et qui se dissipe du jour au lendemain, qu'il faut juger le goût de tout un siècle ; mais sur l'opinion réfléchie et dominante, qui se fixe et qui s'affermit, quand tous les débats de l'envie, de la rivalité, de la malignité, des partialités pour et contre, sont appaisés dans les esprits, et que le public, calme et désintéressé, se consulte soi-même, et ne juge que d'après soi.

Comment donc se peut-il que ce même temps où le goût semble si perfectionné, soit le temps de sa décadence ? c'est que le goût perfectionné est un goût de spéculation ; et que le goût de sentiment ne tient pas aux mêmes principes. L'un est l'amour de la beauté réelle, l'autre est l'amour de la nouveauté.

« Quiconque approfondit la théorie des arts, pu-

« rement de génie, doit savoir, dit Voltaire, s'il a
« quelque génie lui-même, que ces premières beau-
« tés, ces grands traits naturels, qui appartiennent
« à ces arts, et qui conviennent à la nation pour
« laquelle on travaille, sont en petit nombre. Les
« sujets, et les embellissements propres aux sujets,
« ont des bornes bien plus serrées qu'on ne pense.
« Il ne faut pas croire que les grandes passions
« tragiques et les grands sentiments puissent se va-
« rier à l'infini. Il n'y a dans la nature humaine
« qu'une douzaine tout au plus de caractères vrai-
« ment comiques, et marqués à grands traits. Les
« nuances, à la vérité, sont innombrables, mais les
« couleurs éclatantes sont en petit nombre ; et ce
« sont ces couleurs primitives qu'un grand artiste
« ne manque pas d'employer. »

Voilà dans tous les temps une première cause de la décadence des lettres, après un règne florissant. On dirait que chaque climat n'ait pu donner qu'une seule moisson et que le sol épuisé une fois par sa propre fécondité, il ait fallu des siècles de repos pour le renouveler et le rendre fertile.

En effet, ce qui rajeunit l'esprit humain, et donne lieu à de nouvelles générations de pensées, ce sont les grandes révolutions, les grands changements arrivés dans les empires, dans les lois, dans les mœurs, dans le culte, dans les usages, dans les idées morales, dans les opinions religieuses, dans la guerre et la politique, dans les sciences et dans les arts. Voyez ce que les différences de *la Henriade* et de *l'Énéide*, du poème du Tasse et de ceux d'Homère, supposent de diversité dans le cours des choses humaines.

Après un siècle de culture et de grande abondance, il semblerait donc qu'il faudrait laisser le temps et la nature reproduire les germes de la fécondité. Mais au lieu de jouir modérément des biens acquis, ce qui serait si sage, on en veut toujours de nouveaux, résolu même à perdre au change, plutôt que de ne pas changer; et c'est ici la grande cause de corruption du goût.

Un exercice continuel de notre sensibilité sur des objets du même genre a deux effets contraires: d'abord, il aiguise nos goûts; mais bientôt il les use, et finit par les émousser. L'âme se lasse de ses plaisirs, comme elle s'endort sur ses peines; c'est par faiblesse qu'elle a besoin, dans ses émotions, de nouveauté et de variété. Supposez donc les arts d'agrément à leur plus haut degré de charme : il n'y a qu'un seul moyen d'en perpétuer les jouissances, c'est de les rendre peu fréquentes. Si elles sont communes, elles s'attiédiront, et n'auront plus aucun attrait.

Dans la Grèce, où la tragédie était réservée pour les grandes fêtes, le goût d'une belle simplicité pouvait se conserver toujours. Dans l'intervalle d'un spectacle à l'autre, la sensibilité reposée avait le temps de se ranimer; et le goût, le temps de reprendre sa sagacité naturelle. Mais dans une ville où depuis cent cinquante ans, le même genre de spectacle se reproduit sans cesse, où une habitude journalière en a rendu tous les moyens familiers, tous les tableaux présents; comment veut-on que le goût conserve quelque vivacité, à moins qu'il ne varie et que l'art ne change avec lui? Or, varier sans cesse, est un moyen sans doute de faire une fois le mieux possible; mais un moyen plus infaillible encore de faire mal mille autres fois.

J'entends dire que telle et telle des plus belles pièces de Corneille et même de Racine, auraient aujourd'hui peu de succès, si on les donnait pour la première fois; que le tragique en paraîtrait faible, et que l'éloquence qui les anime suppléerait mal aux mouvements et aux coups de théâtre qu'on demande à présent, pour être ému comme on se plaît à l'être. Cela est affligeant à croire; mais cela n'est que trop croyable. Voltaire qui l'a pressenti, a mis dans l'action théâtrale plus de chaleur et d'énergie; il a donné aux passions, sur-tout à celle de l'amour dans les hommes, plus de force et de véhémence; il a trouvé dans les liens du sang de nouvelles sources de pathétique; il a su prendre habilement du théâtre anglais des moyens de rendre la terreur plus profonde et la pitié plus déchirante; et par lui, le tragique a fait sur notre scène un pas de plus vers la perfection. Mais après ces nouveaux ressorts, qu'il a su manier avec tant d'art et de génie, après ces nouvelles combinaisons d'intérêts et de caractères, si l'on demande encore du nouveau et du plus tragique, d'où le tirer, si ce n'est du milieu des tortures et des supplices? Et lorsque l'habitude nous aura refroidis sur les spectacles de *Tancrède*, de *Mahomet* et de *Sémiramis*, que nous restera-t-il, que les dernières atrocités du crime, et les horreurs de l'échafaud? On commence en effet à les risquer sur le théâtre, et si notre sensibilité y répugne encore, ce n'est pas pour long-temps : l'habitude l'y endurcira.

Observez ce qui arrive à nos Trimalcions, dans les délices de leurs tables. Nul art d'assaisonner les mets ne peut surmonter les dégoûts d'une longue satiété; et ni les sels les plus stimulants, ni les liqueurs les plus brûlantes, ne réveillent plus les langueurs d'un sens blâsé à force de jouir. C'est ainsi que l'intempérance des plaisirs de l'esprit nous les rendra tous insipides; et l'art même aura beau s'épuiser en recherches et en raffinements pour ranimer le goût. La sobriété seule aurait pu le sauver de cette espèce de paralysie; et aux excès qui en sont la cause, s'il est quelque remède, c'est l'abstinence et le besoin. Mais ce serait demander l'impossible. Le public veut jouir, au risque même de détruire tout ce qu'il peut avoir de sensibilité.

On va me dire, qu'à la génération dont le goût s'affaiblit et s'altère de jour en jour, en succède une dont le goût sera jeune et ingénu comme elle, et que d'un âge à l'autre le public est renouvellé. Je conviens en effet qu'au premier essor de la jeunesse dans le monde, elle se livre avec une sensibilité vive et neuve encore à tous les plaisirs de l'esprit; mais dans l'usage de ces plaisirs comme de tous les autres, ne voit-on pas avec quelle impatience les jeunes gens se pressent de vieillir; avec quelle rapidité la contagion de l'exemple et de l'opinion les gagne, et comme à peine arrivés dans le monde, ils en ont déjà pris les goûts et les dégoûts? Ne les entendez-vous pas dire qu'on sait Racine et Molière par cœur; que, graces au ciel, on ne lit plus Virgile; qu'on a été bercé avec Télémaque; qu'ils laissent Massillon aux dévotes, Pascal aux jansénistes, La Fontaine aux enfants; qu'on ne lit pas deux fois *la Henriade*, et que le goût des vers est un goût suranné?

Leurs pères au moins se souviennent d'avoir aimé ce qu'ils n'aiment plus; et en le négligeant, ils l'estiment encore, et l'admirent de souvenir. J'en ai vu quelquefois qui faisaient l'aveu de Médée:

> Video meliora, proboque,
> Deteriora sequor.
> (Ovid.)

Mais la jeunesse érige tous ses goûts en système, et ne connaît dans l'art de l'amuser d'autre règle que son plaisir. Essayez de lui faire entendre que ce qui lui plaît n'est pas digne de lui plaire; elle vous répondra par un sourire dédaigneux. Que veut-on qu'elle estime si ce n'est pas ce qui lui plaît, et ce qui plaît à la société qu'elle fréquente obscurément? C'est là que ses idées et ses sentiments se dégradent; c'est là que son goût s'avilit, et que, perdant toute pudeur et toute délicatesse, elle habitue son oreille et son âme, à la bassesse, à l'indécence, à la grossièreté de mœurs et de langage qui caractérise le nouveau genre dont elle fait ses amusements.

Ce qui fonde un État le peut seul conserver.

C'est une maxime applicable à la culture de tous les arts, et singulièrement au goût. Or, dans tous les temps où il a fleuri, comment s'est-il formé? par l'instruction et l'exemple, de proche en proche, à la faveur d'une communication habituelle des esprits cultivés et des esprits qui demandaient à l'être. Ceux-ci daignaient écouter et s'instruire : ou, si la déférence personnelle était pénible pour l'amour-propre, au moins recevait-on des morts les inspirations de goût qu'on eût rougi de prendre des vivants. On lisait de bons livres, on étudiait ceux qui, de l'aveu des gens instruits, étaient les modèles de l'art. Le temps en est passé : depuis qu'une culture superficielle a établi entre les esprits une apparence d'égalité, tout le monde décide, personne ne consulte. On ne lit plus, et pourquoi lirait-on? désormais la littérature, je dis l'ancienne et la plus exquise, n'étant plus dans la société un objet d'entretien où l'on puisse briller, la vanité, le grand mobile de l'émulation, n'est plus intéressée à donner à l'étude des moments qu'elle croit pouvoir mieux employer.

Ce n'est pas que dans cette société renaissante, il n'y ait une élite de jeunes gens très cultivés, très éclairés, et d'un goût délicat et pur. Mais je parle ici du grand nombre; et, dans tous les temps, le grand nombre ne cultive de son esprit que les facultés usuelles. Les lumières et les talents, qui le soir trouveront leur place, font l'occupation du matin. On n'entendra parler dans le monde où l'on vit, ni d'Euripide, ni de Térence, ni de Virgile, ni d'Horace, ni de Bossuet, ni de Massillon, et rarement de La Bruyère. On aura lu la brochure du jour, on va voir la pièce nouvelle; et si de l'une ou de l'autre on ne sait que penser, on sait du moins où en prendre un jugement très décidé ; seulement qu'on ait parcouru à sa toilette une feuille volante, on a son mot à dire, on s'est mis au courant, on est au pair de tout le monde.

Il est difficile de motiver un sentiment que l'on emprunte et qu'on adopte sans examen ; mais dans un monde où rien ne se raisonne, et dont la mobilité perpétuelle ne laisse aucun repos à la pensée, l'opinion n'est jamais compromise. Un mot tranchant suffit pour éviter toute espèce de discussion; et si ce mot est un trait piquant, il est dispensé d'être juste.

L'amour des lettres, dans sa première ardeur, faisait du jugement des ouvrages de goût, une occupation sérieuse; aujourd'hui c'est à peine un jeu. L'avis courant passe de bouche en bouche; on le reçoit et on le donne avec la même indifférence, ou si deux sentiments se croisent, c'est en glissant l'un à côté de l'autre, et tout au plus avec un choc léger, d'où ne sort aucune lumière. Personne n'a besoin d'examiner ce qu'un autre pense, chacun prétend se suffire à soi-même, et cette suffisance est ce qu'il y eût jamais de plus funeste pour le goût; car l'ignorance toute simple, se laisse guider par la nature, et le sentiment lui tient lieu souvent des lumières qu'elle n'a pas; mais avec de fausses lueurs, la vanité qui se croit éclairée s'égare et ne revient jamais. J'ai ouï dire plus d'une fois à une actrice très célèbre, que les jours de réjouissance où les spectacles sont ouverts gratuitement au peuple, elle avait peine à concevoir la promptitude, la justesse, la rapide unanimité avec laquelle, non seulement les endroits frappants d'une tragédie, mais le sublime simple, les mots touchants, les vers de situation, les traits de sensibilité les plus délicats, étaient saisis par cette multitude inculte. Et c'est précisément parce qu'elle est inculte, qu'en elle au moins rien n'est factice, qu'elle se livre de bonne foi à l'impression qu'elle reçoit, et que tout ce qui est naturellement beau, la touche et la ravit. Elle n'a pas ce goût de relation et de comparaison qui fait apercevoir les finesses de l'art et les adresses de l'artiste; qui démêle dans un ouvrage ce qu'il y a de rare et d'exquis, d'avec ce qu'il y a de commun; qui mesure et la difficulté et le talent qui l'a vaincue, et considère les effets dans leur rapports avec les moyens; elle n'a pas non plus ce goût d'éducation qui, comme je l'ai dit, peut seul juger des convenances d'opinion et de fantaisie; mais aussi n'a-t-elle pas ce goût de personnalité qui, dans l'ouvrage, ne considère que l'auteur; ce goût de vanité et de malignité qui s'attache à des minuties, et parmi des beautés qui ne le touchent point, attend avec impatience quelque ridicule à saisir, ou quelques défauts à reprendre; ce goût de parodie et de dénigrement, qui s'applaudit d'avoir trouvé le faux jour d'une allusion ou d'une grossière équivoque ; l'à-propos d'un méchant bon mot, ou quelque moyen de travestir un caractère noble ou une scène intéressante. Elle a ce sens droit et naïf des convenances de la nature, qui dans *Mérope*, dans *Idamé*, dans *Inès*, dans *Zaïre*, saisit avidement la vérité des mouvements du cœur humain.

Pourquoi donc, me dira quelqu'un, les gens du monde n'auraient-ils pas au moins ce goût naturel qui est donné même au peuple ? Parce que le goût naturel est réservé à des âmes neuves, et que les leurs ne le sont pas ; qu'en eux le goût est aussi factice que les manières et les mœurs ; que leur esprit n'ayant aucune consistance, il obéit comme une cire molle aux impressions de l'exemple, et qu'à moins de s'instruire, et de se prémunir de lumières et de principes qui donnent à leur jugement un peu de rectitude et de solidité, ils seront toujours à la merci de l'opinion du moment.

Cependant, au milieu de tant de variations, de contrariétés et d'inconséquences, que deviendra le goût des gens de lettres? dans quelques-uns, il restera fidèle à la nature, et aux vrais modèles de l'art, au risque même de n'obtenir que les suffrages du petit nombre, dans tous les autres, il sera incertain, étourdi, égaré, variable au gré de la mode, et se contentera de succès passagers.

Ce qui rend l'art si difficile, comme l'a dit Voltaire, c'est que dans le temps même où l'on est le plus avide de nouveautés, il semble qu'il n'y ait presque plus rien de nouveau à produire dans aucun genre. Environné de toutes parts de modèles inimitables, chacun veut être original. Mais l'originalité doit être dans le génie et non pas dans le goût. C'est l'idée, le sentiment, l'image, la pensée, qui doit distinguer l'écrivain; c'est l'invention des traits de caractère, des mouvements de l'âme, de l'accent des passions, des moyens d'instruire et de plaire, de séduire et d'intéresser, de persuader et d'émouvoir; c'est aussi l'invention du mot piquant, du mot sensible, du mot juste dans sa nuance, du mot rare et propre à la fois, du tour élégant et précis, de l'expression vive et saillante, souvent inattendue, mais toujours naturelle; enfin, c'est l'invention du style, mais d'un style analogue au sujet que l'on traite, et dont le ton et la couleur répondent à l'objet que l'on peint.

C'est ainsi que sans rien outrer, sans forcer l'art ni la nature, Virgile a su se rendre original après Homère; Horace, après Pindare; Cicéron, après Démosthène; Racine, après Euripide et Corneille; Voltaire, après Racine; et que Molière, La Fontaine et La Bruyère ont passé de si loin tout ce qui dans leur genre les avait précédés. Aucun d'eux ne s'est donné la peine de sortir de son caractère : chacun a obéi à son propre génie; et, par la raison même qu'ils étaient naturels, ils ne se sont point ressemblés; c'est ce qui n'est donné qu'au vrai talent; mais c'est ce que le vrai talent sera sûr d'obtenir toujours, s'il résiste à l'ambition d'être mieux que naturel et simple.

L'esprit qu'on veut avoir gâte celui qu'on a.

Ce vers dit ce qui est arrivé partout à la décadence des lettres; chez les Grecs, du temps des sophistes; chez les Romains, après le beau siècle d'Auguste; en Italie, après le siècle de Léon X; en France, dès la fin du règne de Louis XIV, et je n'ai pas besoin de rappeler à combien d'excellents esprits a nui l'envie de renchérir sur les autres et sur eux-mêmes.

Mais c'est sur-tout lorsqu'on n'a pas à soi un talent propre et véritable, et qu'on veut se donner, à force d'art, une originalité factice; c'est, dis-je, alors qu'il faut que l'on épuise les raffinements d'un faux goût et les inventions d'une fausse industrie.

De là, ce fard, ce vernis, cette enluminure du style, qu'on donne pour du coloris, cette manière de contourner une idée commune, ou de l'entortiller d'une expression fausse, qu'on appelle de la finesse; ce vain fracas de mots incohérents et de métaphores outrées qu'on fait passer pour de l'éloquence; enfin, cette prétention de créer des genres nouveaux, et de passer pour inventeur, en ramassant tout ce qui, jusqu'à nous, avait été le rebut de l'art.

Mon dessein n'est pas de faire une satire. J'observe seulement qu'il n'est aucune de ces ressources des hommes sans talent, qui n'ait eu, et qui n'ait encore des partisans et des succès; et c'est ce qui les encourage. Par exemple, puisque Molière ne nous attire plus, ou ne nous fait que faiblement sourire, qui sait si quelque facétie, quelque grossière caricature, quelque scène bouffonne et triviale, ne nous fera pas rire avec le peuple des guinguettes? si un public, dès long-temps fatigué de son admiration pour les beautés sublimes, ne daignera pas s'occuper d'un amas d'incidents pris dans les mœurs des halles? si le tableau de l'indigence et de la mendicité, n'aura pas quelque attrait? si le pathétique des galetas, des prisons et des hôpitaux n'aura pas ses succès comme de viles bouffonneries? On n'osera pas dire, on ne croira pas même que ces spectacles soient préférables à ceux qu'on aura désertés pour y courir en foule, trois mois de suite, et avec plus d'ardeur qu'on ne courut jamais à *Cinna*, au *Tartufe*, à *Britannicus*, au *Glorieux*, à *Zaïre*, à *Mérope* ; mais on dira que ce sont là des amusements d'une autre espèce; qu'il ne faut rien exclure; qu'à la fin tout vieillit; que dans les plaisirs du public il faut de la variété; et que, sans renoncer aux goûts et aux passe-temps de nos pères, on se permet d'en avoir de nouveaux. En un mot, toutes les raisons dont l'homme blâsé s'autorise pour excuser de mauvaises mœurs, il les alléguera de même pour justifier de mauvais goûts.

Voilà comment s'explique bien naturellement cette soudaine métamorphose du public en passant d'un lieu dans un autre. On n'a qu'à l'observer, lorsqu'il va quelquefois encore admirer d'anciennes beautés. Aucun trait de génie, aucune finesse de l'art, aucune délicatesse de pensée, de sentiment ou d'expression ne lui échappe; il en saisit la vérité dans ses éclairs les plus rapides; et j'oserais bien assurer que de leur temps, Corneille, Racine et Molière auraient été flattés d'avoir un parterre aussi clairvoyant.

Est-ce donc là, me direz-vous, le même public qui va se délecter cent fois de suite à des spectacles si différents de ceux-là? C'est le même; mais son goût change, ou, pour mieux dire, il a deux goûts : là, c'est un goût traditionnel qui s'est épuré d'âge en âge, et qui se rend sévère et difficile jusqu'au dernier scrupule, lorsqu'on lui donne à juger des ouvrages qui prétendent à son estime; ici, c'est un goût de complaisance et d'indulgence qui s'interdit tout examen, qui réduit l'âme à l'usage des sens, en intercepte la lumière, met en oubli toutes les règles de bienséance et de vraisemblance; et ne veut que de l'émotion. Que si l'on demande pourquoi cette délicatesse qu'on témoignait hier n'a plus lieu aujourd'hui, c'est que la vanité du spectateur n'y est plus intéressée; on ne veut que le divertir sans rien prétendre à ses éloges; son amour-propre est à son aise : même en applaudissant il pourra mépriser.

Il s'agit maintenant de voir lequel de ces deux goûts nous voulons préférer; car les concilier ensemble, et laisser germer le mauvais, sans qu'à la fin le bon soit étouffé, c'est ce que je crois impossible. Il n'est que trop aisé de voir dès à présent ce qui résulte de leur mélange. Il fut un temps où le petit nombre influait sur la multitude; alors le progrès de l'exemple était en faveur du bon goût; aujourd'hui c'est la multitude qui domine le petit nombre; et la contagion du mauvais goût se répand dans tous les états. Que la révolution s'achève, c'en est fait des arts et des lettres; tous les soins que l'on aura pris de les faire fleurir et prospérer seront perdus; c'est ce que leur patrie ne veut voir sans quelque regret.

Pour tout le reste, la France a des émules : c'est dans les arts d'agrément et de goût, c'est sur-tout dans les belles-lettres qu'aucune nation ne lui dispute cette supériorité, cette célébrité brillante, qui, d'un côté, répand sa langue, ses usages, ses productions industrieuses aux extrémités de l'Europe; et qui, de l'autre, attire dans son sein ces étrangers dont l'affluence ajoute à sa richesse, et contribue à sa splendeur. Il serait donc intéressant pour elle d'examiner comment ce goût national, ce goût du beau, du vrai, de l'exquis en tous genres, se pourrait ranimer encore, et s'il serait possible de le perpétuer.

Ce goût existe en sentiment dans la plus saine partie du public, et il existe en spéculation dans la partie la plus nombreuse. Peut-être même est-il encore au fond des âmes, comme ces germes de vertu que le vice enveloppe, et qu'il ne peut détruire.

Mais l'habitude est comme un ruisseau auquel il faut tracer son cours si l'on ne veut pas qu'il s'égare; et les moyens de diriger nos inclinations et nos goûts se réduisent presque à deux points : l'un, de nous présenter l'attrait du bien; l'autre, plus essentiel encore, de ne jamais nous exposer à la tentation du mal. C'est l'abrégé de l'éducation des peuples comme de celle des enfants; et c'est d'abord par celle des enfants que commence celle des peuples. La source du goût sera donc la même que celle des mœurs publiques, une première institution ; et le succès dépend du soin de pourvoir les écoles de professeurs habiles, et de les y attacher par de solides avantages. Un Porée, un Rollin, un Le Beau, sont des hommes dont il est juste d'honorer la vieillesse, et de couronner les travaux.

Une école plus solennelle est celle du théâtre ; car il y a pour les esprits une électricité rapide, dont chacun, au sortir d'une grande assemblée, remporte chez soi l'impression, et dont il est presque impossible que le sens intime, le sens du goût, ne soit pas habituellement et profondément affecté. Si donc un monde poli s'accoutume aux divertissements du peuple, il est à craindre qu'il ne finisse par devenir peuple lui-même. Heureusement ce qui peut le sauver de la contagion, est aussi simple que salutaire ; c'est de rendre exclusivement populaires les spectacles faits pour le peuple, de ne les donner que les jours de repos, afin, sur-tout, que la dissipation ne prenne rien sur le travail, de les tenir à un prix très modique ; enfin, de n'y laisser aucune distinction de place, et de réduire les gens du monde, ou à s'en abstenir, ou à s'y voir mêlés et confondus avec la foule, moyen que je crois infaillible pour les en éloigner sans violence et sans retour.

Quant aux spectacles destinés pour un public au-dessus du peuple, ce public lui-même y fera justice de ce qui blessera le goût et la décence, et l'on peut s'en fier à lui, lorsqu'il ne viendra plus de voir et d'applaudir ailleurs l'indécence et le mauvais goût. Mais en attendant qu'il ait perdu des habitudes qui le dégradent, le plus sûr, à ce qu'il me semble, serait d'exclure de nos grands théâtres ce qui est indigne d'y paraître; et sur-tout de ne pas souffrir que pour favoriser des genres méprisables, on y prodiguât sans mesure tout ce qui peut les décorer. Car en déguiser la bassesse et la grossièreté par toute espèce d'embellissements, c'est, pour nous faire avaler à longs traits un poison qui nous abrutisse, renouveler l'art de Circé.

Enfin la sauve-garde, et en même temps le fléau du goût, c'est la critique. Impartiale, juste et décente, rien de plus utile sans doute : aussi modeste dans ses censures que mesurée dans ses éloges, elle éclaire sans offenser. Mais, passionnée, insultante, sans discernement, sans pudeur, elle fait plus qu'importuner et que rebuter les talents, elle accrédite la sottise, elle ôte au goût naturel du public sa candeur et sa rectitude; et à la place d'un sentiment naïf et juste qu'il aurait eu s'il n'eût consulté que lui-même, il reçoit d'elle une impression fausse qui lui altère le sens intime et lui déprave le jugement.

Mais comme le remède à ce mal est encore infaillible, lorsqu'on daignera l'employer, rien n'est désespéré pour le salut du goût et la prospérité des lettres; et si depuis près de deux siècles, la poésie et l'éloquence semblent avoir tari les sources du génie, au moins ce règne peut-il être celui d'une raison solide et lumineuse, parée des fleurs de l'imagination, et revêtue avec décence de toutes les graces du style.

Peut-être même y aura-t-il encore dans cette mine que l'on croit épuisée, quelques veines d'or échappées aux recherches et aux travaux de ceux qui nous ont devancés; et le jeune homme, que la nature aura doué d'un esprit pénétrant, d'une âme active, élevée et sensible, se souviendra de ces vers de Voltaire :

> La nature est inépuisable;
> Et le travail infatigable
> Est un dieu qui la rajeunit.
>   MARMONTEL, *Essai sur le Goût*[*].

GRACIEUX. Le sens de ce mot n'est pas toujours absolument analogue à celui de grace. On dit bien : *Un pinceau gracieux, un style gracieux, un tour gracieux* dans l'expression ; et cela signifie un pinceau, un style, un tour qui a de la grace. Mais on dit aussi : *Un objet gracieux*, et *des images gracieuses*; et alors gracieux signifie ce qui porte à l'esprit, à l'imagination, à l'âme, des idées, des peintures, des sentiments doux et agréables. Le gracieux se compose de l'élégant, du riant et du noble. Un tableau de l'Albane, du Corrège, de Claude Lorrain, est gracieux; un tableau de Téniers, de Rembrandt,

---

[*] On peut encore consulter sur cet article, l'*Essai sur le Goût* de Montesquieu, *le Temple du Goût* de Voltaire, le discours préliminaire du *Traité des Études* de Rollin.   F.

de Michel-Ange, ne l'est pas. Une scène du *Pastor Fido*, ou de *l'Aminte*, est gracieuse, une scène de Molière est plaisante, une scène de Corneille est sublime. On trouve dans l'Arioste, dans le Tasse, dans le *Télémaque*, des peintures gracieuses. On en voit peu dans Homère, si ce n'est l'allégorie de la ceinture de Vénus.

MARMONTEL, *Eléments de Littérature*.

GRAFFIGNY (FRANÇOISE D'ISSEMBOURG-D'APPONCOURT, dame de), naquit à Nancy, en 1694. Son père était major de la gendarmerie du duc de Lorraine, et sa mère petite nièce du fameux graveur Callot*. Elle fut mariée à François Hugo de Graffigny, chambellan du duc de Lorraine, homme dont la violence et la brutalité lui firent souvent courir des risques pour sa vie. Les enfants qu'elle eut de lui étant morts en bas âge, et ne voulant pas s'exposer plus long-temps aux cruels traitements qu'il lui faisait subir, elle sollicita une séparation judiciaire, et son coupable époux finit ses jours dans une prison, où l'avait fait renfermer sa mauvaise conduite.

Délivrée d'un joug si odieux, madame de Graffigny, suivit à Paris mademoiselle de Guise, destinée à M. le duc de Richelieu, et se vit bientôt accueillie avec empressement dans la société des beaux-es-

---

* Madame de Graffigny racontait elle-même, dit-on, un trait curieux de l'ignorance de sa mère. Cette dame, ennuyée d'avoir chez elle une quantité de planches de cuivre gravées par son grand oncle, fit venir un chaudronnier pour les convertir en batterie de cuisine. On peut en conclure que sa fille ne lui dut rien de son instruction.

prits, où son goût pour les lettres se développa. Elle débuta par une nouvelle espagnole, intitulée : *Le mauvais exemple produit autant de vices que de vertus,* qui fut insérée dans le *Recueil de ces Messieurs*, en 1745. Ce morceau qui péchait déjà par le titre, essuya des critiques et est à peu près oublié. Madame de Graffigny se vengea de cet échec en publiant les *Lettres Péruviennes*, qui eurent un succès prodigieux, et qui immortaliseront sa mémoire. C'est le premier roman épistolaire qui ait été composé en France. L'idée et le cadre de cet ouvrage sont également ingénieux; le style en est aussi élégant que naturel, mais on lui reproche des traits de métaphysique qui le déparent, et certaines maximes peu réfléchies.

Le succès de ce roman fit naître à madame de Graffigny l'idée d'en composer un autre, mais sous une forme dramatique; elle publia *Cénie*, drame en 5 actes et en prose, « qui n'est, dit La Harpe, « qu'une copie faible et maniérée de *la Gouver-* « *nante,* de La Chaussée ; elle eut un succès passa- « ger du vivant de l'auteur, qui dut cette indul- « gence à son sexe et à la réputation que lui avaient « faite à bien plus juste titre les *Lettres Péru-* « *viennes.* »

La fille d'Aristide, autre pièce en 3 actes et en prose, lui est encore très inférieure et tomba complètement. Madame de Graffigny, qui attachait un grand prix aux succès littéraires, ne sut point supporter cette disgrace; née avec une vive sensibilité, on prétend que le chagrin qu'elle en conçut abrégea sa vie. Elle mourut à Paris le 12 décembre 1758, à l'âge de soixante quatre ans.

Le caractère de cette femme célèbre avait une teinte sérieuse et mélancolique. Son esprit se montrait peu dans la conversation, mais la douceur de son commerce et la solidité de son jugement lui faisaient beaucoup d'amis. Elle en eut de très illustres : la famille impériale lui accordait une protection particulière et plusieurs princes de l'auguste maison de Lorraine entretenaient avec elle une correspondance suivie.

Madame de Graffigny avait été admise au nombre des membres de l'académie de Florence. Ses ouvrages ont eu de nombreuses éditions, la meilleure est celle de 1788, 4 vol, in-12. *Cénie* fut mise en vers par Longchamps et traduite en italien par Deodati. Les *Lettres Péruviennes* ont été traduites en anglais par Robert, en 1775, mais on préfère à cette traduction celle que M. W. Mudfort en a donnée en 1809, où se trouve la traduction de la suite des *Lettres d'Aza*. Deodati a aussi traduit ces lettres en italien, et sa traduction est très estimée.

W.

GRAVE. On se méprendrait au sens de ce mot, si l'on croyait que, dans notre langue, les voyelles graves ont un son plus bas que les voyelles claires. Le caractère de nos voyelles graves n'est pas l'abaissement, mais le volume, la qualité du son; par exemple, dans *repasser, détrôner, goûter*, l'*a*, l'*o*, et l'*ou* sont plus renflés et plus sourds que dans *pla-*

cer, *raisonner*, *douter*, mais l'intonation est la même.

Les sons graves, pour la même cause, sont naturellement longs; mais ce caractère ne les distingue pas des sons clairs, qui peuvent aussi s'allonger, et c'est à quoi l'on s'est mépris : le son grave ne peut pas être bref à cause de son renflement; mais le son clair peut être long. Par exemple, l'*o* de *voler*, *dérober*, est long et n'est point grave; et, soit, dans la prononciation naturelle, soit dans le chant, rien n'empêche la voix d'appuyer sur l'*a* de *bocage* et sur l'*o* de *couronne*. Le son clair, en se prolongeant, ne devient pas pour cela plus grave, parce que l'émission en est toujours égale, et que sa durée n'ajoute rien à son volume naturel. Ainsi, en donnant la même durée au son clair et au son grave, à l'*a* de *sage* et à celui d'*âge*; à l'*o* de *couronne*, et à celui de *trône*, à l'*é* de *tête*, et à l'*e* de *musette*, on les distinguera toujours.

Marmontel, *Éléments de Littérature.*

GRAY (thomas), que les critiques anglais mettent au premier rang de leurs poètes du XVIIIe siècle, quoiqu'il n'ait composé qu'un très petit nombre de vers, naquit à Londres le 20 décembre 1716, d'un agent de change de cette ville. Il commença ses études au collège d'Eton, et les termina à celui de *Peter-House*, à Cambridge. Ce fut au collège d'Eton que se formèrent ses liaisons d'amitié avec Richard West, fils du lord chancelier d'Irlande, et avec Horace Walpole, depuis lord Orfort. Il accompagna ce dernier dans son voyage d'Italie, mais s'étant brouillés pour des motifs, qu'on n'a jamais bien connus, ils se séparèrent à Reggio et ne se revirent que long-temps après.

A son retour en Angleterre, en 1741, Gray se rendit à Cambridge pour y continuer ses études en jurisprudence, et prit ses degrés de bachelier, quoiqu'il n'eût pas l'intention de suivre la profession d'homme de loi. Son goût pour la poésie s'était manifesté dès le collège par diverses productions; mais ce fut en 1742, que sa muse prit l'essor : il composa dès-lors, les odes sur *le Printemps*, sur *le collège d'Eton*, l'hymne *à l'Adversité*, et il ébaucha sa célèbre *Élégie, écrite dans un cimetière de campagne*, qu'il ne donna que sept ans après, et qui immortalisa son nom. « Il n'existe peut-être pas dans
« une autre langue, dit M. Walckenaer (dans la *Biographie universelle*), une pièce de vers qui surpasse
« celle-ci par la beauté et la plénitude des
« pensées, l'énergique précision et l'harmonie imitative
« du style, la solennité du sujet, la teinte
« sombre, religieuse et touchante des sentiments et
« des images. L'admiration, dont cette célèbre
« élégie a été l'objet, a rejailli sur les autres pièces
« de l'auteur, qu'on a voulu considérer comme autant
« de chefs-d'œuvre. C'est sans doute cette admiration
« superstitieuse qui a excité Johnson à les
« critiquer avec âpreté. Nous convenons cependant
« de la justesse d'une partie de ses critiques, relativement
« aux deux odes de Gray, intitulées, *les*

« *Progrès de la poésie*, et *le Barde;* mais Johnson
« nous paraît extrêmement injuste dans celles qu'il
« fait de l'ode sur *le Printemps*, qu'Horace n'aurait
« point désavouée, et que M. Wakefield regarde
« comme le plus beau modèle de composition clas-
« sique, qu'aient produit les temps modernes. John-
« son a poussé encore plus loin ses préventions dans
« ses critiques sur l'ode écrite à la vue du *collège*
« *d'Eton;* c'est, selon nous, la meilleure pièce de
« Gray, après son élégie. Cette ode nous semble
« même supérieure à son hymne *à l'Adversité*, que
« l'aristarque anglais trouve poétique et pleine de
« raison, et dont, dit-il, je n'ose offenser la subli-
« mité par de légères critiques. »

Ce fut en 1747, que Gray fit paraître pour la première fois in-fol. son ode au *Collège d'Eton;* vers cette époque, il écrivit ses stances sur la *Mort d'un chat favori*, badinage charmant où l'on remarque autant de facilité que de grace, et que Johnson a critiqué avec trop de rigueur.

Quelques années après, Gray perdit sa mère, qu'il avait toujours aimée avec la plus vive tendresse. Jusque-là, son caractère n'avait été que sérieux, Il devint mélancolique, et cette disposition, qui s'accrut encore avec l'âge, le conduisit au tombeau, le 30 juillet 1771. Il fut enterré dans le cimetière de Stoke (comté de Buckingham) où reposaient déjà les cendres de sa mère.

Outre les ouvrages que nous avons cités, Gray est encore auteur d'un poème latin intitulé *de Principiis cogitandi*. Il entreprit aussi un poème sur l'alliance *l'éducation et du gouvernement*, qu'il n'a point achevé, mais dont les fragments, qu'on a conservés, font regretter le reste. Il avait écrit, pour son amusement, un *Catalogue des antiquités et des maisons d'Angleterre*, qui a été imprimé après sa mort. Gray a laissé de nombreux manuscrits, dont M. T. H. J. Mathias, a imprimé un choix dans une édition qu'il a donnée des *OEuvres de Gray*, Londres, 1814, 2 vol. in-4°. On estime aussi beaucoup celle que Masson a fait paraître en trois vol. in-8°, avec des Mémoires sur la vie de l'auteur, et celle de M. John Mitford, Londres, 1816, 2 vol. in-4°, où l'on trouve, outre les poésies anglaises et latines, avec des variantes et des notes critiques, une *Vie de Gray*, un *Essai sur sa poésie*, ses *Lettres* publiées par Masson, celles qui sont imprimées dans les *OEuvres de Walpole*, et d'autres qui avaient paru dans le *Gentleman's magazine*, et dans différents recueils. Lemierre neveu, a donné une traduction française des *Poésies de Gray*, Paris, 1798, 1 vol. in-8°. M. Dubois, curé d'Angers, en a donné une autre en Angleterre.

MORCEAU CHOISI.

Le Cimetière de campagne.

Le jour fuit; de l'airain les lugubres accents
Rappellent au bercail les troupeaux mugissants;
Le laboureur lassé regagne sa chaumière;
Du soleil expirant la tremblante lumière
Délaisse par degrés les monts silencieux;
Un calme solennel enveloppe les cieux,

Et sur un vieux donjon que le lierre environne,
Les sinistres oiseaux, par un cri monotone,
Grondent le voyageur dans sa route égaré,
Qui vient troubler l'empire à la nuit consacré.

    Près de ces ifs noueux dont la verdure sombre
Sur les champs attristés répand le deuil et l'ombre;
Sous ces frêles gazons, parure du tombeau,
Dorment les villageois, ancêtres du hameau.
Rien ne peut les troubler dans leur couche dernière,
Ni le clairon du coq annonçant la lumière,
Ni du cor matinal l'appel accoutumé,
Ni la voix du printemps au souffle parfumé.
Des enfants, réunis dans les bras de leur mère,
Ne partageront plus, sur les genoux d'un père,
Le baiser du retour, objet de leur désir,
Et le soir au banquet la coupe du plaisir
N'ira plus à la ronde égayer la famille.

    Que de fois la moisson fatigua leur faucille!
Que de sillons traça leur soc laborieux!
Comme au sein des travaux leurs chants étaient joyeux,
Quand la forêt tombait sous les lourdes coignées!
Que leurs tombes du moins ne soient pas dédaignées;
Que l'heureux fils du sort, déposant sa grandeur,
Des simples villageois respecte la candeur;
Que ce sourire altier sur ses lèvres expire :
Biens, dignités, crédit, beauté, valeur, empire,
Tout vient dans le lieu sombre abîmer son orgueil.
O gloire! ton sentier ne conduit qu'au cercueil.

    Ils n'obtinrent jamais, sous les voûtes sacrées,
Des éloges menteurs, des larmes figurées;
Les ministres du Ciel ne leur vendirent pas

Le faste du néant, les hymnes du trépas :
Mais, perçant du tombeau l'éternelle retraite,
Des chants raniment-ils la poussière muette?
La flatterie impure, offrant de vains honneurs,
Fait-elle entendre aux morts ses accents suborneurs?

 Des esprits enflammés d'un céleste délire,
Des mains dignes du sceptre, ou dignes de la lyre,
Languissent dans ce lieu par la mort habité.
Grands hommes inconnus, la froide pauvreté
Dans vos âmes glaça le torrent du génie ;
Des dépouilles du temps la science enrichie
A vos yeux étonnés ne déroula jamais
Le livre où la nature imprima ses secrets ;
Mais l'avare océan recèle dans son onde
Des diamants, l'orgueil des mines de Golconde ;
Des plus brillantes fleurs le calice entr'ouvert
Décore un précipice ou parfume un désert.
Là, peut-être sommeille un Hamden de village,
Qui brava le tyran de son humble héritage ;
Quelque Milton sans gloire ; un Cromwel ignoré,
Qu'un pouvoir criminel n'a point déshonoré.

 S'ils n'ont pas des destins affronté la menace,
Fait tonner au sénat leur éloquente audace,
D'un hameau dévasté relevé les débris,
Et recueilli l'éloge en des yeux attendris,
Le sort, qui les priva de ces plaisirs sublimes,
Ainsi que les vertus borna pour eux les crimes :
On n'a point vu l'épée, ivre de sang humain,
Leur frayer jusqu'au trône un horrible chemin ;
Ils n'ont pas étouffé dans leur âme flétrie
Et la pitié qui pleure, et le remords qui crie ;
Jamais leur main servile aux coupables puissants

N'a des pudiques Sœurs prostitué l'encens ;
Et leurs modestes jours, ignorés de l'envie,
Coulèrent sans orage au vallon de la vie.

Quelques rimes sans art, d'incultes ornements,
Recommandent aux yeux ces obscurs monuments :
Une pierre attestant le nom, le sexe et l'âge,
Une informe élégie où le rustique sage
Par des textes sacrés nous enseigne à mourir,
Implorent du passant le tribut d'un soupir.

Et quelle âme intrépide, en quittant le rivage,
Peut au muet oubli résigner son courage ?
Quel œil, apercevant le ténébreux séjour,
Ne jette un long regard vers l'enceinte du jour ?
Nature, chez les morts ta voix se fait entendre ;
Ta flamme dans la tombe anime notre cendre ;
Aux portes du néant respirant l'avenir,
Nous voulons nous survivre en un doux souvenir.

Et toi, qui pour venger la probité sans gloire,
Du pauvre dans tes vers chantas la simple histoire,
Si, visitant ces lieux, domaine de la mort,
Un cœur parent du tien veut apprendre ton sort,
Sans doute un villageois, à la tête blanchie,
Lui dira : traversant la plaine rafraîchie,
Souvent sur la colline il devançait le jour :
Quand au sommet des cieux le midi de retour
Dévorait les coteaux de sa brûlante haleine,
Seul, et goûtant le frais à l'ombre d'un vieux chêne,
Couché nonchalamment, les yeux fixés sur l'eau,
Il aimait à rêver au doux bruit du ruisseau :
Le soir, dans la forêt, loin des routes tracées,
Il égarait ses pas et ses tristes pensées :

Quelquefois, en quittant ces bois religieux,
Des pleurs mal essuyés mouillaient encor ses yeux.
Un jour, près d'un ruisseau, sur le mont solitaire,
Sous l'arbre favori, le long de la bruyère,
Je cherchais, mais en vain, la trace de ses pas;
Je vins le jour suivant, je ne le trouvai pas :
Le lendemain, vers l'heure où naissent les ténèbres,
J'aperçus un cercueil et des flambeaux funèbres;
A pas lents vers l'église on portait ses débris :
Sa tombe est près de nous; regarde, approche, et lis!

ÉPITAPHE.

Sous ce froid monument sont les jeunes reliques
D'un homme, à la fortune, à la gloire inconnu :
La tristesse voilait ses traits mélancoliques;
Il eut peu de savoir, mais un cœur ingénu.

Les pauvres ont béni sa pieuse jeunesse
Dont la bonté du ciel a daigné prendre soin;
Il sut donner des pleurs, son unique richesse;
Il obtint un ami, son unique besoin.

Ne mets point ses vertus, ses défauts en balance;
Homme, tu n'es plus juge en ce funèbre lieu :
Dans un espoir tremblant il repose en silence,
Entre les bras d'un père et sous la loi d'un Dieu.

Trad. de M. J. Chénier.

GRÉGOIRE DE NAZIANZE (saint), dit *le théologien*, naquit vers l'an 328 à Arianze, petit bourg du territoire de Nazianze en Cappadoce. Il était fils de saint Grégoire, évêque de Nazianze, et de sainte Nonne, tous deux également illustres par leurs vertus et par leur piété.

Après avoir fait ses premières études à Césarée de Palestine et à Alexandrie, il se rendit à Athènes, où il reçut les leçons des plus habiles maîtres, et où il se fit bientôt distinguer par la pureté de ses mœurs et la supériorité de ses talents. C'est dans cette ville qu'il connut Julien l'apostat, qui, frappé de son mérite, chercha vainement à l'attirer près de lui. Grégoire dédaignait les grandeurs humaine; il les considérait comme l'écueil de la vertu, et n'aspirait qu'à se consacrer tout entier au service de Dieu

Lié de la plus étroite amitié avec saint Basile, qui était venu aussi étudier à Athènes, ils se retirèrent tous deux, avec une égale dévotion, dans les déserts du Pont, que la religion couvrait alors de pieuses retraites. Grégoire n'en sortit que pour aller soulager son père du fardeau de l'épiscopat. Élevé au sacerdoce, et ensuite sacré évêque de Sazime, en Cappadoce, par saint Basile, il quitta ce siège pour retourner dans la solitude qu'il chérissait. Cependant, son père accablé de vieillesse, l'ayant rappelé près de lui, et lui ayant remis le soin de son église, qu'il ne pouvait plus gouverner lui-même, Grégoire se vit forcé de remplir les fonctions d'évêque; mais lorsqu'en 374, la mort de son père lui permit de suivre son inclination, il se hâta de reprendre le chemin du désert, et ne le quitta que pour se rendre à Constantinople, où les orthodoxes, opprimés par les ariens, sollicitaient ses conseils et son appui.

Dès qu'il parut, les hérétiques furent terrassés et confondus. En vain ils s'armèrent de la calomnie et de l'imposture; la fermeté de saint Grégoire triompha de toutes leurs attaques, et son éloquence opéra même un grand nombre de conversions parmi ses ennemis.

Bientôt Théodose-le-Grand vint prêter son appui au zèle du saint évêque; il l'installa sur le trône archiépiscopal de Constantinople, malgré l'opposition des ariens, qui poussaient de tous côtés des cris d'étonnement et de fureur, et fit ensuite assembler les prélats d'Orient pour confirmer cette élection. Mais après la mort de Mélèce, évêque d'Antioche, qui avait soutenu saint Grégoire, celui-ci se vit de nouveau en butte aux dissentions et aux cabales. S'étant enfin lassé de ces débats il se démit du gouvernement d'une église qu'il avait presque créée, et retourna paisiblement dans sa solitude de Cappadoce, où il employa les dernières années de sa vie à des ouvrages de poésies et de dévotion. Saint Grégoire mourut en 389, à l'âge de soixante-deux ans. Il reste de lui beaucoup d'ouvrages, dont les principaux sont cinquante-cinq *Sermons*; un grand nombre de *Lettres*, la plupart intéressantes, et des *Poésies* qui furent presque toutes le fruit de sa retraite et de sa vieillesse, mais où l'on trouve cependant tout le feu et toute la sensibilité d'un jeune poète. Son imagination vive et fleurie est en général naturelle et féconde; il est aussi exact que sublime dans l'explication des mystères; ce qui lui a mérité

le nom de *théologien* par excellence, mais on peut lui reprocher quelquefois de l'affectation et du faux brillant. « Si l'on veut, dit M. de Villemain, se for-
« mer une idée générale du talent de saint Grégoire,
« on doit le considérer comme un écrivain agréable
« et brillant, plein de politesse et d'élégance. Ce
« n'est pas un orateur sublime : il a trop peu de
« mouvement et trop d'artifice dans le style; peut-
« être aussi manque-t-il de pathétique. Il ne sait pas,
« dans l'oraison funèbre, fondre assez habilement
« les faits et la morale; il fait des digressions sans
« mesure et sans intérêt. Son goût n'est pas irrépro-
« chable, non qu'il laisse échapper des idées et des
« expressions bizarres; mais il a les défauts d'une
« composition trop soignée, trop symétrique. Ses
« pensées, vives et brillantes, se forment presque
« toujours d'un contraste ingénieux, d'un rappro-
« chement inattendu. Sa diction, qui paraît d'une
« extrême pureté, devient uniforme, par le retour
« trop fréquent des antithèses. Fénelon le trouve
« plus concis et plus poétique que saint Chrisos-
« tome; mais cette concision ne produit pas la rapi-
« dité dans le style; elle tient à la coupe des phrases,
« à l'opposition des mots; elle ressemble à celles de
« Pline le jeune et de Sénèque, qui tournent très
« vite, mais très long-temps, autour de la même idée.
« Saint Grégoire a souvent été comparé à Isocrate,
« dont il paraît l'imitateur. Sans doute il n'est pas
« au-dessous de son modèle, on lui trouvera même
« plus de grandeur et de feu, grace aux inspirations
« d'un ordre supérieur; riche en images, en simi-

« litudes, en termes métaphoriques, il plaît sur-tout
« à l'imagination. Il a quelques morceaux d'une élo-
« quence aussi forte que pure, et qui prouvent que
« s'il se borne habituellement à l'élégance timide
« et soignée du style tempéré, ce n'est pas faute de
« vigueur et d'élévation dans la pensée. Il excelle,
« comme Fléchier, à saisir finement les idées mo-
« rales, et à les rendre avec cette expression piquante
« qui leur donne plus de prix et même plus de nou-
« veauté. » (*Essai sur l'Oraison Funèbre.*)

Les œuvres de saint Grégoire ont été imprimées à Bâle en 1550. L'abbé de Billy en a donné, depuis, une version avec le texte grec en regard; Paris, 1609—11, 2 vol. in-folio. D. Marand en préparait une autre dont un vol. a paru. On trouve dans *Tollii Insignia itinerarii italici*, Utrecht, 1696, in-4°, des *Poésies*, de saint Grégoire de Nazianze, qui n'avaient pas encore été imprimées. Muratori a aussi publié grand nombre d'épigrammes du saint, qui n'étaient pas connues. M. Herman a écrit sa vie avec exactitude, Paris, 1675, in-4°.

W.

GRÉGOIRE DE TOURS (SAINT) non moins célèbre par ses talents, que par ses vertus et les hautes dignités dont il fut revêtu, naquit en Auvergne le 30 novembre de l'an 544. Une faute, qu'on ne peut attribuer qu'à l'imprimeur de la *Biographie universelle*, le fait naître en 359. Son père Florentius était frère de saint Gal, évêque de

Clermont, et sa mère Armentaire était petite fille de saint Grégoire, évêque de Langres. Ainsi, sa famille voyait se perpétuer dans son sein la double illustration de la naissance et des dignités.

Saint Grégoire reçut en naissant les noms de Florent et de Georges, qui étaient ceux de son père et de son aïeul; ce ne fut que long-temps après qu'en mémoire de son bisaïeul, Grégoire de Langres, il prit celui sous lequel il est connu aujourd'hui. Il fut élevé auprès de saint Gal; c'était alors parmi les ecclésiastiques seulement que l'on rencontrait quelque teinture des lettres. La littérature ancienne, oubliée dans ces temps de trouble, s'était réfugiée dans l'église, et Grégoire de Tours sut unir l'étude des auteurs profanes à celle des écrivains et orateurs ecclésiastiques

Nous envisageons, maintenant sous un double aspect, comme écrivain et comme évêque, la vie de ce père de notre histoire. Ce fut, au récit de saint Odon, son historien latin, après une maladie qui laissait peu d'espoir, que Grégoire embrassa l'état ecclésiastique et reçut la tonsure des mains de son oncle.

Après la mort de saint Gal, il persévéra dans ses vœux, et trouva dans saint Avit un guide et un appui. La réputation de sainteté et l'éclat du mérite de Grégoire lui acquirent les respects et l'hommage de tous les habitants de Tours, lorsqu'il fit en cette ville un voyage de dévotion au tombeau de saint Martin; aussi, après la mort de l'évêque de Tours, fut-il élu d'une voix unanime pour lui succéder.

Grégoire, après avoir résisté quelque temps, accepta cette haute dignité et fut sacré le 22 août 573 à l'âge de près de trente ans, dans la douzième année du règne de Sigebert roi d'Austrasie, comme il le dit lui-même dans son *Histoire* (liv. II, chap. 43 et liv. X, chap. 31, n° 19).

Chargé du poids de l'épiscopat, il travailla à réparer les églises et à soutenir la foi et la piété de son clergé. Il y réussit, et fut regardé comme un digne successeur des hommes qui avaient le plus honoré l'église. Sa fermeté se déploya dans le cinquième concile de Paris, où fut jugé, en présence de quarante-cinq prélats, Prétextat évêque de Rouen, qui avait béni le mariage de Mérovée avec Brunehaut. Chilpéric, père du prince, et sur-tout, Frédégonde, poursuivaient sans relâche la condamnation du prélat. Grégoire de Tours osa embrasser sa défense, et méprisa les présents qui lui furent offerts pour le gagner. Prétextat fut cependant exilé dans un cloître, et ce ne fut que quelques années après, que la demande de ses diocésains le fit rétablir sur son siège, après la mort de celui qui l'avait occupé.

Les travaux apostoliques de Grégoire de Tours ne l'empêchèrent pas d'être mêlé dans les affaires temporelles du siècle. Gontran et Childebert l'employèrent tous deux; et sa conduite montra toujours un zèle ardent pour le bien public et l'intérêt de l'église, liés dans ces temps malheureux où les discordes sanglantes des princes, et la division des provinces faisaient de l'autorité spirituelle, la seule qui fut généralement respectée.

On conteste le voyage à Rome, qu'entreprit Grégoire de Tours. Ce voyage, affirmé par saint Odon, eut lieu, suivant lui, en 594, tandis que la *Biographie universelle* le fait mourir en 593. Il reste quelque incertitude sur l'époque précise de la mort de saint Grégoire de Tours. Dans la *Bibliothèque des auteurs ecclésiastiques*, Dupin le fait mourir en 596. L'opinion la plus généralement suivie place cette mort le 17 novembre 595. C'est l'époque que donnent Moréri et Dom Rivet, *Histoire littéraire de la France*, t. III, p. 375.

Le principal ouvrage de Grégoire de Tours est son *Histoire de France*. C'est celui qui a mérité à son auteur le titre de père de notre histoire. En effet, c'est à ce seul ouvrage que nous devons nos connaissances sur les premiers temps de la monarchie. On en peut sans doute critiquer le style, on peut reprocher à l'historien de n'avoir pas tenu une balance parfaitement égale dans les querelles de Frédégonde et de Brunehaut; mais l'importance des faits et le ton de vérité qui règne dans cet ouvrage en font un monument unique et dont rien n'aurait pu faire oublier la perte.

La meilleure édition est celle de dom Ruinart, réimprimée par dom Bouquet dans la précieuse collection des *Historiens de France*, in-folio.

Je n'entrerai pas dans le détail des différents ouvrages qui nous restent de cet homme célèbre. L'*Histoire littéraire de la France* en donne un tableau exact et complet, ainsi que celui des différentes éditions. On y trouve la liste de ses écrits perdus et de ceux qu'on lui a attribués, tom. III, p. 372—397. Grégoire de Tours a été traduit par Claude Bonnet, l'abbé de Marolles, et Sauvigny.

DE BROTONNE.

FIN DU QUATORZIÈME VOLUME.

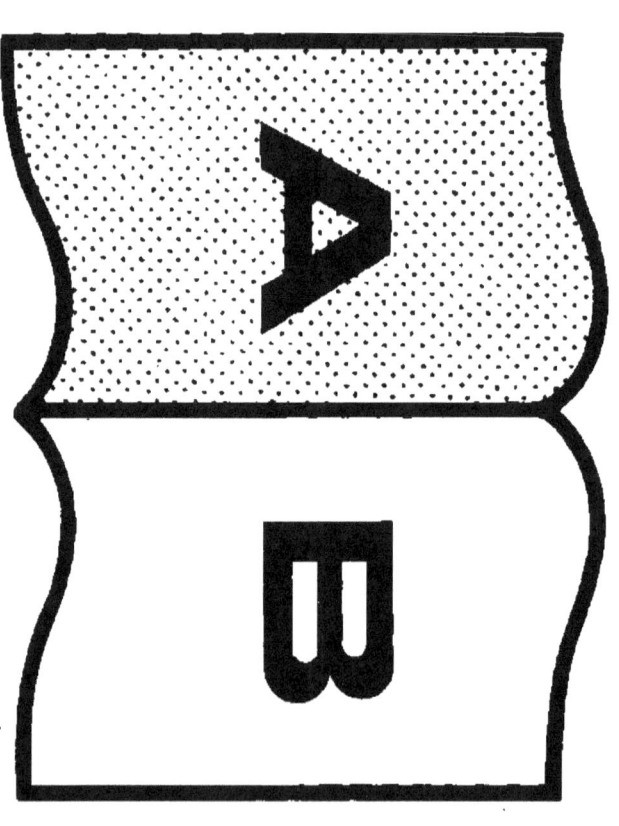

Contraste insuffisant

www.ingramcontent.com/pod-product-compliance
Lightning Source LLC
Chambersburg PA
CBHW072110220426
43664CB00013B/2067